FRIEDRICH KIESLER

Lebenswelten

Life Visions

Architektur – Kunst – Design

Architecture—Art—Design

Friedrich Kiesler vor seinem Modell für ein *Endless House,* New York, 1959, Foto: Hans Namuth, SW-Foto; Silbergelatineabzug auf Barytpapier
Frederick Kiesler in front of his model for an *Endless House,* New York, 1959, Photo: Hans Namuth, BW photo; Gelatin silver print on baryta paper
ÖFLKS, PHO 801/0

FRIEDRICH KIESLER Lebenswelten Life Visions

Architektur – Kunst – Design
Architecture—Art—Design

Herausgegeben von Edited by

Christoph Thun-Hohenstein, Dieter Bogner, Maria Lind und and **Bärbel Vischer**

In Kooperation mit der Österreichischen Friedrich und Lillian Kiesler-Privatstiftung
In cooperation with the Austrian Frederick and Lillian Kiesler Private Foundation

Katalogkonzept Catalog Concept

Dieter Bogner

Texte von Texts by

Dieter Bogner
Peter Bogner
Almut Grunewald
Barbara Lesák
Maria Lind
Megan R. Luke
Vanessa Joan Müller
Spyros Papapetros
Hani Rashid
Christoph Thun-Hohenstein
Bärbel Vischer
Gerd Zillner

Birkhäuser
Basel

MAK

Impressum Imprint

Dieser Katalog erschien anlässlich der Ausstellung
This catalog has been published on the occasion of the exhibition

FRIEDRICH KIESLER. Lebenswelten
FREDERICK KIESLER: Life Visions

MAK, Wien Vienna
15.6. – 2.10.2016 15 Jun – 2 Oct 2016

KuratorInnen Curators
Dieter Bogner, Gastkurator Guest Curator
Maria Lind, Gastkuratorin Guest Curator
Bärbel Vischer, Kustodin MAK-Sammlung Gegenwartskunst
Curator, MAK Contemporary Art Collection

Ausstellungsorganisation Exhibition Management
Sabrina Handler

Technische Koordination Technical Coordination
Christine Schwaiger, Philipp Krummel

In Kooperation mit der Österreichischen Friedrich und Lillian Kiesler-Privatstiftung
In cooperation with the Austrian Frederick and Lillian Kiesler Private Foundation

Wissenschaftliche Beratung der KuratorInnen
Expert curatorial advice
Gerd Zillner

MAK
Stubenring 5, 1010 Wien Vienna, Austria
T +43 1 711 36-0, F +43 1 713 10 26
office@MAK.at, MAK.at

MAK Center for Art and Architecture, Los Angeles at the Schindler House
835 North Kings Road, West Hollywood,
CA 90069, USA

Mackey Apartments
MAK Artists and Architects-in-Residence Program
1137 South Cochran Avenue, Los Angeles,
CA 90019, USA

Fitzpatrick-Leland House
Laurel Canyon Boulevard/Mulholland Drive
Los Angeles, CA 90046, USA
T +1 323 651 1510, F +1 323 651 2340
office@MAKcenter.org, MAKcenter.org

Josef Hoffmann Museum, Brtnice
Eine Expositur der Mährischen Galerie in Brno und des MAK, Wien
A joint branch of the Moravian Gallery in Brno and the MAK, Vienna
náměstí Svobody 263, 588 32 Brtnice,
Tschechische Republik Czech Republic
T +43 1 711 36-220
josefhoffmannmuseum@MAK.at, MAK.at

HerausgeberInnen Editors
Christoph Thun-Hohenstein, Dieter Bogner, Maria Lind und and Bärbel Vischer

Katalogkonzept Catalog Concept
Dieter Bogner

Katalogredaktion Catalog Editing
Dieter Bogner, Janina Falkner, Jill Meißner, Bärbel Vischer, Gerd Zillner

Lektorat Copy Editing
Bettina R. Algieri (Leitung Head), Cornelia Malli; Claudia Mazanek

Übersetzungen Translations
Eva Ciabattoni (DE>EN): S. pp.13–15, 17–21, 109–113, 117–123, 137–143, 179–183, 194–200, 202–217
Anthony DePasquale (DE>EN): S. pp. 9–11, 151–153
Claudia Fuchs (EN>DE): S. pp. 58–66, 72–80, 164–168

Grafische Gestaltung Graphic Design
Maria-Anna Friedl, Wien Vienna

Reproduktionen Reproductions
Pixelstorm, Wien Vienna

Schrift Type
Avenir

Papier Paper
Holzfrei Premium Naturpapier naturweiß
(Einband 300 g/m², Kern 150 g/m²)
Woodfree premium uncoated paper, natural white
(Binding: 300 g/m², interior: 150 g/m²)

Druck und Bindung Printing and Binding
Holzhausen Druck GmbH, Wolkersdorf

Informationen zu MAK-Ausstellungen finden Sie unter MAK.at, zu MAK-Ausstellungskatalogen und weiteren MAK-Publikationen siehe MAKdesignshop.at.
For more information on MAK exhibitions please visit MAK.at, on MAK exhibition catalogs and other MAK publications MAKdesignshop.at.

Umschlagabbildungen Cover Illustrations

Cover
Raumstadt, *Exposition internationale des Arts décoratifs et industriels modernes*, Paris, 1925
City in Space, *Exposition internationale des Arts décoratifs et industriels modernes*, Paris, 1925
ÖFLKS, PHO 6417/0

Backcover
Friedrich Kiesler an seinem Arbeitstisch, New York, 1960, Foto: Jesse A. Fernández, SW-Foto; Silbergelatineabzug auf Barytpapier
Frederick Kiesler at his writing desk, New York, 1960, Photo: Jesse A. Fernández, BW photo; Gelatine silver print on baryta paper
ÖFLKS, PHO 4799/2

Erschienen bei Published by

Birkhäuser Verlag GmbH
P.O. Box 44, 4009 Basel, Switzerland
Part of Walter de Gruyter GmbH, Berlin/Boston
www.birkhauser.com

ISBN 978-3-0356-1108-3

www.birkhauser.com

Das MAK bemüht sich in seinen Publikationen um eine gendergerechte Schreibweise. The MAK strives for gender-appropriate spelling in its publications.

Library of Congress Cataloging-in-Publication data A CIP catalog record for this book has been applied for at the Library of Congress.

Bibliografische Information der Deutschen Nationalbibliothek:
Die Deutsche Nationalbibliothek verzeichnet diese Publikation in der Deutschen Nationalbibliografie; detaillierte bibliografische Daten sind im Internet über http://www.dnb.de abrufbar.

Bibliographic information published by the Deutsche Nationalbibliothek:
The Deutsche Nationalbibliothek lists this publication in the Deutsche Nationalbibliografie; detailed bibliographic data are available in the Internet at http://www.dnb.de

>
Friedrich Kiesler in der 8-teiligen *Galaxy* [Floor/Wall Piece] in seinem Atelier, New York, 1952, Foto: Rudy Burckhardt; SW-Foto; Silbergelatineabzug auf Barytpapier
Frederick Kiesler in the 8-piece *Galaxy* [Floor/Wall Piece] in his studio, New York, 1952, Photo: Rudy Burckhardt; BW photo; Gelatin silver print on baryta paper
ÖFLKS, PHO 6227/0

Schaufenster von Gotham Book Mart zur Präsentation von *NEON*, New York, 1948, SW-Foto; Silbergelatineabzug auf Barytpapier
Shop window of the Gotham Book Mart for the presentation of *NEON*, New York, 1948, BW photo; Gelatin silver print on baryta paper
ÖFLKS, PHO 1000/0

Inhalt Contents

Christoph Thun-Hohenstein
Direktor, MAK

Lernen von Kiesler

„Ich glaube, jeder Mensch hat nur eine kreative Grundidee, und egal, wie weit er sich davon entfernt, er wird immer wieder zu ihr zurückkehren, bis er die Möglichkeit hat, sie vollkommen umzusetzen, oder sie unverwirklicht mit ins Grab nehmen."[1]

Kieslers schöpferische Grundidee war der unendlich fluide, von Wänden und sonstigen Begrenzungen befreite Raum, wie er in schönster, wenngleich unvollendeter Reinheit im *Endless House* zum Ausdruck kommt. Seine intensive Beschäftigung mit Raum geht auf seine frühen Wiener Jahre zurück und trug ihm damals in JournalistInnenkreisen sogar den Spitznamen „Doktor Raum" ein. Für Kiesler – der bereits als 35-Jähriger nach New York aufbrach, um dort sein Glück zu suchen – bestand an der Relevanz seiner Wiener Zeit für sein gesamtes weiteres Schaffen kein Zweifel:

„Die Jahre 1922, 1923 und 1924 waren die fruchtbarsten Jahre meines Lebens. Was ich heute mache, sind Weiterentwicklungen dieser Ideen, und wie vor 40 Jahren, suche ich immer noch nach einer Möglichkeit, sie zu verwirklichen."[2]

Dieses klare Bekenntnis Kieslers zu den Wiener Jahren als der schöpferischen Quelle seines weiteren Schaffens – insbesondere auch seiner Projekte während der fast vier Jahrzehnte, die er in New York lebte und arbeitete – erhielt durch die 1997 mit dem Erwerb des Nachlasses durch die Republik Österreich und die Stadt Wien gegründete Österreichische Friedrich und Lillian Kiesler-Privatstiftung seine mehr als symbolische Bestätigung. Es hält aber auch einer kritischen Überprüfung stand, wie nicht zuletzt die vom MAK in Kooperation mit der Österreichischen Friedrich und Lillian Kiesler-Privatstiftung organisierte Ausstellung *FRIEDRICH KIESLER. Lebenswelten* und die dazu erschienene vorliegende Publikation belegen. Es ist daher schlüssig, Kiesler im Rahmen der vom MAK im Jahr 2014 begonnenen Serie umfassender Ausstellungen zur Wiener Moderne als einen ihrer herausragenden Vertreter in einer Einzelschau zu würdigen, ohne freilich die vielfältigen sonstigen Einflüsse unter den Teppich kehren zu wollen. Kiesler steht damit in einer Reihe mit Otto Wagner (Ausstellung gemeinsam mit dem Wien Museum 2018), Koloman Moser (Ausstellung 2018/2019) und den bereits in Großausstellungen präsentierten Architekten Josef Hoffmann, Adolf Loos und Josef Frank (der ja ebenfalls nur einen Teil seines Kreativlebens in Wien tätig war).

Was aber waren die vorrangigen inhaltlichen Themenstellungen und Ansätze, mit denen Kiesler in Wien und vor allem auch im Rahmen seiner persönlichen und beruflichen Kontakte mit Hoffmann (der Kiesler zur Gestaltung des Ausstellungssystems für den österreichischen Theaterbeitrag bei der *Exposition internationale des Arts décoratifs et industriels modernes* in Paris 1925 einlud) und mit Loos konfrontiert war? Einige Stichwörter mögen genügen, um den äußerst fruchtbaren Boden zu skizzieren, den Kiesler „beackern" konnte, um in der Folge seinen eigenen Weg zu entwickeln.

Kiesler war sechs Jahre alt, als die Wiener Secession gegründet wurde. Es steht zu vermuten, dass er ihrem Motto „Der Zeit ihre Kunst. Der Kunst ihre Freiheit" später viel abgewinnen konnte, zumal er vom technologischen Fortschritt der Moderne fasziniert war und dessen Relevanz für eine zeitgemäße Kunst einforderte. Endlos fließender Raum als Kernthema Kieslers ist Ausdruck seines Strebens, die Wunder der Technik mit traditionellen menschlichen Grundbedürfnissen in Übereinstimmung zu bringen. Ein weiterer Kerngedanke der Wiener Secession und der 1903 wiederum von Hoffmann mitbegründeten Wiener Werkstätte war die Gleichstellung der „hohen" bildenden und der „niedrigen" angewandten Kunst im Bestreben, auch Gebrauchsgegenstände mit künstlerischem Anspruch zu gestalten und damit eine engere Verknüpfung zwischen Kunst und Leben herzustellen. Die darin anklingende Einheit der Künste im Sinne eines laufenden „Gesprächs" der Künste und wechselseitiger Inspiration gipfelte in der speziell von Hoffmann vorangetriebenen Idee des Gesamtkunstwerks, die darauf abzielt, dass die zu einer Einheit verbundenen Kunstsparten in perfekter Symbiose alle menschlichen Lebensbereiche gestalterisch durchdringen.

Kiesler ging in der Folge entscheidende Schritte weiter: Er forderte eine Verschmelzung der Künste, wie er sie auch selbst mit den Mitteln von Malerei, Skulptur und Architektur zu verwirklichen versuchte. Und er griff die von der Secession und der Wiener Werkstätte geförderte Annäherung zwischen Kunst und Alltag auf und entwickelte sie weiter, indem er jedoch nicht

1 Creighton, Thomas, „Kiesler's Pursuit of an Idea", in: *Progressive Architecture*, 42/7, Juli 1961, 104–123: 123; ins Deutsche übersetzt von Claudia Fuchs.
2 Ebd., 110; ins Deutsche übersetzt von Claudia Fuchs.

Learning from Kiesler

Christoph Thun-Hohenstein
Director, MAK

"I believe that everybody has only one basic creative idea and no matter how he is driven off, you will find that he will always come back to it until he has a chance to prove it in purity, or die with the idea unrealized."[1]

Kiesler's basic creative idea was the endlessly fluid space freed of walls and other boundaries, as expressed in the most beautiful, though imperfect, purity in the *Endless House*. His intensive engagement with space stems from his early years in Vienna, and even earned him the nickname "Doktor Raum" ["Doctor Space"] among journalists. For Kiesler—who left for New York at the early age of 35 to seek his fortune there—there was no doubt about the relevance of his time in Vienna for his entire later oeuvre:

"The three years 1922, 1923, 1924, were the most fruitful years of my life. What I am doing today are follow-ups of these ideas, and I'm still looking, as I was 40 years ago, for a chance to build them."[2]

This clear affirmation from Kiesler of his years in Vienna as the creative source of his later work—and, in particular, his projects from the nearly four decades during which he lived and worked in New York—was more than symbolically underscored by the acquisition of his estate by the Austrian Frederick and Lillian Kiesler Private Foundation established by the Republic of Austria and the City of Vienna in 1997. However, it also holds up to critical examination, as demonstrated not least by the exhibition *FREDERICK KIESLER: Life Visions* organized by the MAK in cooperation with the Austrian Frederick and Lillian Kiesler Private Foundation as well as this accompanying publication. Thus, it makes sense to honor Kiesler as one of the movement's most outstanding representatives in a solo show as part of the series of comprehensive exhibitions on Viennese Modernism begun by the MAK in 2014, though of course without seeking to sweep his various other influences under the carpet. Kiesler thus stands alongside Otto Wagner (exhibition in collaboration with the Wien Museum in 2018), Koloman Moser (exhibition in 2018/2019) and the architects Josef Hoffmann, Adolf Loos, and Josef Frank (who also spent only part of his creative life in Vienna), the latter three of whom have already been featured in major exhibitions.

But what were the primary conceptual themes and approaches with which Kiesler was confronted in Vienna and above all in his personal and professional contacts with Hoffmann (who invited Kiesler to design the exhibition system for the Austrian theater contribution to the *Exposition internationale des Arts décoratifs et industriels modernes* in Paris in 1925) and with Loos? A few key ideas should suffice to sketch the extremely fruitful ground that Kiesler was able to draw upon before embarking on his own path.

Kiesler was six years old when the Vienna Secession was founded. It can be assumed that he was later able to gain much from its motto "Der Zeit ihre Kunst. Der Kunst ihre Freiheit." [To every time its art. To art its freedom.], especially since he was fascinated by the technological progress of modernism and asserted its relevance for an art suitable to its time. Endlessly flowing space as Kiesler's core theme is the expression of his striving to reconcile the wonders of technology with traditional human basic needs. Another core idea of the Vienna Secession and the Wiener Werkstätte co-founded by Hoffmann in 1903 was the equal status accorded to the "high" fine arts and the "low" applied arts in the desire to also apply artistic standards to the design of objects of daily use and thus to create a closer link between art and life. The implied unity of the arts in the sense of an ongoing "dialogue" of the arts culminated in the idea of the Gesamtkunstwerk advocated especially by Hoffmann, which aimed at allowing all artistic disciplines combined to permeate all areas of life with design in a perfect symbiosis.

Kiesler subsequently took further crucial steps: he called for a fusing of the arts, just as he himself attempted to achieve it with the means of painting, sculpture, and architecture. And he took up the convergence of art and daily life promoted by the Secession and the Wiener Werk- stätte and continued to develop it, though not by focusing on artistic objects of daily use and their combined effect as a Gesamtkunstwerk, but by placing the human being at the center of his design strategy. Kiesler's concept of Correalism is a comprehensive philosophical vision of the unity of the natural world and human culture—with the *Endless House* as a sublime transcendence of walls and other structural elements to achieve the purest embodiment of a life vision.

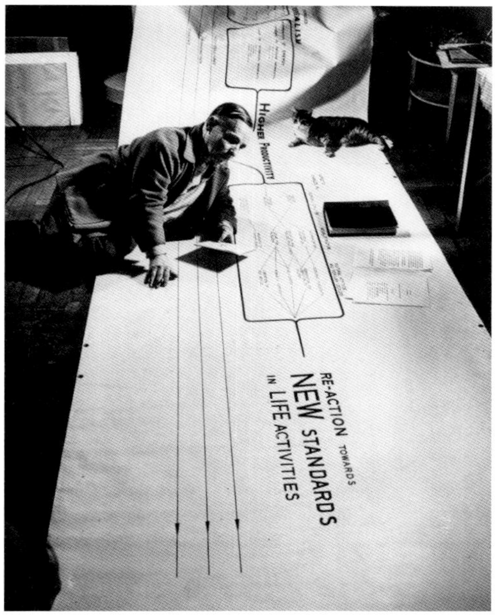

Friedrich Kiesler mit seiner Katze Sing Sing auf seinem *Metabolism Chart*, New York, 1947, Foto: Ben Schnall, SW-Foto; Silbergelatineabzug auf Barytpapier
Frederick Kiesler with his cat Sing Sing on his *Metabolism Chart*, New York, 1947, Photo: Ben Schnall, BW photo; Gelatin silver print on baryta paper
ÖFLKS, PHO 4862/0

1 Creighton, Thomas, "Kiesler's Pursuit of an Idea," in: *Progressive Architecture*, 42/7, July 1961, 104–123: 123.
2 Ibid., 110.

auf künstlerische Gebrauchsgegenstände und ihr Zusammenwirken als Gesamtkunstwerk abstellte, sondern den Menschen in den Mittelpunkt seiner Designstrategie rückte. Kieslers Konzept des Correalismus ist eine umfassende philosophische Vision der Zusammenschau von natürlicher Welt und menschlicher Kultur – mit dem *Endless House* als sublimer Überwindung von Wänden und anderen Strukturenelementen zur reinsten Verkörperung von Lebenswelt.

Kunstanspruch für Gebrauchsobjekte, Einheit der Künste und die Idee des Gesamtkunstwerks waren die eine Seite der Wiener Moderne, und es ist anzunehmen, dass Kiesler die konsumatorisch orientierte Welt Hoffmanns gerade im konsumbesessenen Amerika zugute kam, nicht zuletzt im Rahmen seiner intensiven Beschäftigung mit dem Thema Schaufenster. Die andere Seite verkörperte Hoffmanns unbarmherziger Kritiker Adolf Loos, der die Idee angewandter Kunst, wie sie der Wiener Werkstätte zugrunde lag, ablehnte und stattdessen einen emanzipatorischen Weg beschritt: die Suche nach dem neuen Menschen der Moderne! Nicht nur der von Loos entwickelte Raumplan hat Kiesler, den „Doktor Raum", inspiriert, auch das intellektuelle Draufgängertum des Einzelkämpfers Loos wird seine Wirkung auf den um 20 Jahre Jüngeren nicht verfehlt haben. Noch interessanter erscheinen jedoch die inhaltlichen Berührungspunkte Kieslers mit dem großen Humanisten unter den führenden Architekten der Wiener Moderne, dem fünf Jahre älteren Josef Frank. Zwar ist über Wiener und sonstige Begegnungen der beiden wenig bekannt, doch finden sich wichtige Parallelen in ihrem Wirken wie insbesondere die Kritik am Funktionalismus und an dessen Vorliebe für rechteckige Kästen sowie das Interesse an der Gestaltung für Menschen und die daraus abgeleitete Präferenz für runde, organische Formen. Dennoch haben Frank und Kiesler, obwohl in vergleichbarer Weise mit der Wiener Moderne konfrontiert, letztlich zu anderen Erkenntnissen, gerade auch bezüglich des Wohnens, gefunden – verkürzt dargelegt: Frank zum Akzidentismus, Kiesler zum *Endless House*!

Die biomorphen Formen des *Endless House* sind also kein Zufall und keine Willkür Kieslers, sondern Teil seines philosophischen Systems. Sie galten in seiner Zeit als kaum realisierbar und haben Kiesler posthum – als alle Formen durch digitale Entwurfsprogramme realisierbar wurden – den Ruf eines Vorläufers der Blob-Architektur der 1990er Jahre eingebracht. Wesentlich relevanter erscheint jedoch die in diesen biomorphen Formen zum Ausdruck kommende organische Verbindung zwischen Mensch und natürlicher Umwelt; Kieslers ganzheitliche Strategie ist angesichts des Klimawandels und der totalen digitalen Erfassung des Menschen wieder hochaktuell, wie man auch an der derzeitigen radikalen Veränderung des Selbstverständnisses von Architektur und Design erkennen kann.

Hin und wieder darf man träumen und sich große GestalterInnen der Vergangenheit in die Gegenwart versetzt wünschen, um von ihnen zu lernen: Wenn man Kieslers Technologieutopien – Stichwort *Raumstadt* als Vision einer schwebenden Stadt der Zukunft – auf unsere Zeit umlegt, wie fasziniert müsste er vom alle physischen Grenzen überwindenden Internet und dessen virtuellen Welten sein, in dem wir in endlosem Fluss dahinsurfen können! Und doch würde er, der sich schon in frühesten Jahren im Rahmen einer Bühnenausstattung mit Robotik befasste, technologischen Fortschritt wieder in eine ganzheitliche Designstrategie einbetten und daher den Menschen und – als kompakteste soziale Struktur – das Einfamilienhaus ins Zentrum stellen. Das *Endless House* bleibt auch in der Digitalen Moderne ein Traum mit unendlichem Potenzial, uns nachhaltig zu inspirieren!

Friedrich Kiesler an einer Planzeichnung arbeitend, New York, Anfang 1960er Jahre, Foto: unbekannt, SW-Foto; Silbergelatineabzug auf Barytpapier
Frederick Kiesler working on a plan drawing, New York, early 1960s, Photo: unknown, BW photo; Gelatin silver print on baryta paper
ÖFLKS, PHO 6135/0

Artistic ambitions for objects of daily use, the unity of the arts, and the idea of the Gesamtkunstwerk were one side of Viennese Modernism, and it can be assumed that Kiesler benefitted from Hoffmann's consumerist-oriented world especially in consumption-obsessed America, not least in the context of his intensive engagement with display windows. The other side was embodied by Hoffmann's merciless critic Adolf Loos, who rejected the idea of applied art on which the Wiener Werkstätte was based and instead took an emancipatory path: the search for the new human being in modernity! Kiesler, "Doktor Raum," was not only inspired by Loos's Raumplan; the lone fighter Loos's intellectual daredevilry also surely did not fail to have an effect on Kiesler, some 20 years younger than him. However, Kiesler's conceptual similarities with the great humanist among the leading architects of Viennese Modernism, Josef Frank, five years his elder, appear even more interesting. Though little is known about Viennese and other encounters between the two, there are important parallels between their work, such as, in particular, their criticism of functionalism and its fondness for rectangular boxes as well as their interest in design for people and the associated preference for round, organic forms. And yet, Frank and Kiesler, though similarly confronted with Viennese Modernism, ultimately reached different conclusions, also and particularly in regard to living—in short: Frank's concept of Accidentism, and Kiesler's *Endless House*!

Thus, the biomorphic forms of the *Endless House* are not a coincidence and not evidence of Kiesler's arbitrariness, but part of his philosophical system. In his time, they were considered barely realizable and posthumously—when all kinds of forms became realizable with digital design programs—earned Kiesler the reputation of a predecessor to the blob architecture of the 1990s. However, what appears far more relevant is the organic connection between human beings and the natural environment expressed in these biomorphic forms; in light of climate change and the total digital measurement of human beings, Kiesler's holistic strategy has once again become highly relevant, as is also evident in the current radical shift in the self-conception of architecture and design.

At times we may dream and wish that we could bring great designers of the past into the present: if we transfer Kiesler's technological utopias—such as the *Raumstadt* [*City in Space*] as a vision of a floating city of the future—into our time, how fascinated he would have been with the Internet, which transcends all physical boundaries, and its virtual worlds in which we can endlessly surf! And yet, Kiesler, who already in his earliest years dealt with robotics in a stage design, would once again embed technological progress in a holistic design strategy and thus place human beings and—as the most compact social structure—the single-family home at the center of his work. Even in Digital Modernity, the *Endless House* remains a dream with endless potential to continue to inspire us!

Hani Rashid
Präsident
Peter Bogner
Direktor
Österreichische Friedrich
und Lillian Kiesler-Privatstiftung

„Life is short, Art is long, Architecture endless."*

Vorne: Marcel Duchamp und Friedrich Kiesler; hinten: Yves Tanguy, Kay Sage, Maria Martins, Enrico Donati (v. l. n. r.); Woodbury, 23. April 1947, SW-Foto; Silbergelatineabzug auf Barytpapier
Front row: Marcel Duchamp and Frederick Kiesler; in the background: Yves Tanguy, Kay Sage, Maria Martins, Enrico Donat (from l. to r.); Woodbury, 23 April, 1947, BW photo; Gelatin silver print on baryta paper
ÖFLKS, PHO 2825/0

Die Frage der Aktualität muss bei Friedrich Kiesler erst gar nicht gestellt werden, denn seine Relevanz ergibt sich aus dem anhaltenden Interesse an seinem Leben und Werk sowie den unzähligen Projekten, die in der zeitgenössischen Kunst und Architektur durch sein vielfältiges Schaffen angeregt, aus- und fortgeführt und in ein der heutigen Situation und ihren Ansprüchen entsprechendes Setting gebracht werden.

Friedrich Kiesler ist einer der wenigen KünstlerInnen, die aus Zentraleuropa stammen und es vermögen, das 20. mit dem 21. Jahrhundert zu verbinden: Er bringt das Geistesleben des Wiener Fin de Siècle mit der amerikanischen Avantgarde der Nachkriegszeit zusammen, Josef Hoffmann und die Wiener Werkstätte mit Marcel Duchamp sowie den Dadaismus und Surrealismus mit Andy Warhol und seiner Factory. Seine biomorphe Architektur vermag den Bogen zur zeitgenössischen Blob-Architektur zu spannen, seine allen Traditionen zuwiderlaufenden Ausstellungs- und Bühnendisplays verbinden ihn ebenso mit dem gegenwärtigen Theater wie mit dem laufenden Diskurs über das Verhältnis von Kunst und deren Präsentation.

Ebenso wie Paul Celan, Rose Ausländer und Oskar Laske entstammt Kiesler dem „Mikrokosmos" Czernowitz. In dieser fernab von Wien gelegenen Landeshauptstadt der Bukowina am Rande der Donaumonarchie scheint die große Welt vorgelebt worden zu sein: Das rege kulturelle Leben, die multi-ethnische und offene Gesellschaft waren prägend für seine Jugend, und diese Atmosphäre hat wohl den Grundstein für sein späteres kosmopolitisches Wirken gelegt.

Wien war in Kieslers Studienjahren 1908 bis 1913 ein Zentrum der Künste, der Musik, der Philosophie und Psychologie, getragen von Persönlichkeiten wie Sigmund Freud, Ludwig Wittgenstein und Arnold Schönberg. Sie schufen Werke, die bis heute in Denk- und Handlungsweisen nachwirken und fortgeführt werden und die über im Vordergrund stehende Künstler wie Klimt und Schiele weit hinausreichen. In den Diskursen dieser Zeit war der erweiterte, physisch nicht fassbare geistige Raum präsent.

Kiesler war überdies der österreichische Protagonist der Avantgarde: Eindrucksvolle Belege für die persönlichen Beziehungen, die er und seine erste Frau Stefi mit den renommiertesten VertreterInnen der europäischen und amerikanischen Avantgarde unterhielten, finden sich in seinem Nachlass in der Österreichischen Friedrich und Lillian Kiesler-Privatstiftung in Wien. So zeigen Dokumente seine Freundschaft und Bekanntschaft mit Künstlerkollegen wie Theo van Doesburg, Enrico Prampolini, André Breton, Hans Arp, Fernand Léger und vielen anderen. In Paris etwa agierte er 1925 im Kreis der KünstlerInnen, die dort den modernen Kunstbegriff formten.

Wien war in den für Kiesler fruchtbaren frühen 1920er Jahren nicht mehr künstlerisches und politisches Zentrum, sondern vielmehr ein Drehkreuz, wenngleich die ungarische Künstlergruppe um Lajos Kassák und die wohl einzige Wiener Avantgardeströmung – der Kinetismus – in der Stadt präsent waren. Kiesler war mittlerweile in Berlin, Paris und New York – den Metropolen der Moderne – zugegen.

In Berlin bewegte er sich 1923 im Kreis des Bauhauses und der russischen Konstruktivisten, er entwarf dort ein experimentelles Bühnenbild für Karel Čapek. Zurück in Wien konnte Kiesler 1924 in seiner Gesamtgestaltung der *Internationalen Ausstellung neuer Theatertechnik* erstmals sein zentrales Thema, den Raum und dessen Wirkung auf Mensch und Architektur, umsetzen. Im Interagieren von Raum und der architektonischen Gestaltung der ausgestellten avantgardistischen Theaterkonzepte gab Kiesler durch die Entwicklung seines Ausstellungsdisplays, des durch vertikale und horizontale Holzteile zusammengefügten *Leger- und Trägersystems*, der Präsentation von Kunst eine neue Dimension. Seine internationale Tätigkeit setzte er mit der Gestaltung des österreichischen Beitrags der Theaterabteilung zur *Exposition internationale des Arts décoratifs et industriels modernes* 1925 in Paris fort. Mit seiner als *Raumstadt* bezeichneten Ausstellungsarchitektur ist es ihm gelungen, die Dimensionen seines Werks um die damals aktuell laufenden Debatten über soziale und reformatorische Entwicklungen der Gesellschaft zu erweitern.

* Friedrich Kiesler, 1958

"Life is short, Art is long, Architecture endless."*

Hani Rashid
President
Peter Bogner
Director
Austrian Frederick and
Lillian Kiesler Private Foundation

The question of Frederick Kiesler's topicality does not even need to be posed, for his relevance stems from the sustained interest in his life and work, as well as from the countless projects in contemporary art and architecture that are being catalyzed by, implemented and carried on through his multi-faceted oeuvre and brought into a setting applicable to the present situation and its requirements.

Frederick Kiesler was one of the few artists stemming from Central Europe who have succeeded in forging a connection between the 20th and 21st centuries. He brought together the intellectual life of the Viennese fin-de-siècle with the American avant-garde of the postwar era, Josef Hoffmann and the Wiener Werkstätte with Marcel Duchamp, as well as Dadaism and surrealism with Andy Warhol and his Factory. His biomorphic architecture bridges the gap to contemporary blobitecture, his exhibition and stage displays, which run contrary to any tradition, link him to present-day theater just as much as to the ongoing discourse about the relationship between art and its presentation.

Like Paul Celan, Rose Ausländer, and Oskar Laske, Kiesler hailed from the microcosm of Chernivtsi. This state capital of Bukovina far from Vienna at the edge of the Danube Monarchy appears to have exemplified the wider world: Its bustling cultural life, its multi-ethnic and open society were formative for his youth, and this atmosphere likely laid the cornerstone for his later cosmopolitan influence.

During Kiesler's university years from 1908 to 1913, Vienna was a center for the arts, music, philosophy, and psychology, carried by personalities like Sigmund Freud, Ludwig Wittgenstein, and Arnold Schönberg. They created works whose influence is still being felt and advanced nowadays in ways of thinking and acting, and extend far beyond artists standing in the foreground, such as Klimt and Schiele. In the discourses of the times, the expanded, intangible, psychic space was ever-present.

Moreover, Kiesler was the Austrian protagonist of the avant-garde. Impressive evidence of the personal relationships that he and his first wife Stefi cultivated with the most renowned representatives of the European and American avant-garde may be found in his estate at the Austrian Frederick and Lillian Kiesler Private Foundation in Vienna. Thus, documents show his friendship and acquaintances with artist colleagues like Theo van Doesburg, Enrico Prampolini, André Breton, Hans Arp, Fernand Léger, and many others. In 1925, for example, he was active in the circle of artists in Paris who there shaped the modern conception of art.

During his fruitful years in the early 1920s, Vienna was no longer an artistic and political center for Kiesler, but much more of a turnstile, even if the Hungarian artists' group around Lajos Kassák and what was probably Vienna's only avant-garde trend—Kineticism—were present in the city. Kiesler, meanwhile, was on the scene in Berlin, Paris, and New York—metropolises of modernism.

In 1923 in Berlin, he moved in the circles of the Bauhaus and Russian Constructivism; it was there that he developed an experimental stage set for Karel Čapek. Back in Vienna in 1924, in his complete design of the *International Exhibition of New Theatre Techniques*, for the first time Kiesler could implement his central theme of space and its effect on people and architecture. In the interaction of space and the architectonic design of the exhibited avant-gardistic theater concepts, Kiesler gave a new dimension to the presentation of art through the development of his exhibition display, the *Leger- und Trägersystem* [Leger (L) and Träger (T) System], which consisted of joined vertical and horizontal wooden pieces. He continued his international activities with his design for the Austrian contribution for the theater section of the *Exposition internationale des Arts décoratifs et industriels modernes* in 1925 in Paris. With the exhibition architecture he designated as the *Raumstadt* [*City in Space*], he succeeded in expanding the dimensions of his work around the ongoing debates at that time about social and reformative developments in society.

Friedrich Kiesler mit Baby Jane (Holzer) und Andy Warhol in Warhols Silver Factory, New York, 1964, Foto: unbekannt, SW-Foto; Silbergelatineabzug auf Barytpapier
Frederick Kiesler with Baby Jane (Holzer) and Andy Warhol in Warhol's Silver Factory, New York, 1964, Photo: unknown, BW photo; Gelatin silver print on baryta paper
ÖFLKS, PHO 2830/0

* Frederick Kiesler, 1958

Entgegen dem zur Diskussion stehenden Konzept der Präsentation von Kunst in einem neutralen Raum, dem White Cube, geht Kiesler von Anfang an vom gesamten Raum und seiner Wirkung auf die BetrachterInnen aus. Dieser erweitert sich in Kieslers späten Jahren um den nicht fassbaren geistigen, religiösen und philosophischen Raum, den er mit seinem *Endless House*, seinen *Galaxies*, seinen Projekten zur *Grotto of Meditation* und auch seinem einzigen realisierten Bau, dem *Shrine of the Book*, zu gestalten versucht. Als vielseitiger Künstler und Architekt nahm Kiesler am Aufstieg der Avantgarde in Europa und ihrer weiteren Entwicklung in Amerika teil, als Reisender kam ihm eine Schlüsselrolle zwischen den künstlerischen Welten zu. 1942 wurde Kiesler von der New Yorker Kunstsammlerin Peggy Guggenheim beauftragt, die Gestaltung des Galerie-Museums *Art of This Century* für ihre Sammlung von surrealistischer und abstrakter Kunst durchzuführen. Seine Raumgestaltung, seine kinetischen Betrachtungsapparate wie auch seine biomorphen Möbel, die er dafür realisierte, gelten heute als hochaktuelle Statements, als Handlungs- und Gebrauchsanweisungen, die aus dem gegenwärtigen Kunstdiskurs nicht wegzudenken sind.

Als Mitglied der New Yorker „Artistic Community" stand der Architekt und Künstler von den 1930er Jahren bis zu seinem Tod 1965 sowohl der Bewegung des „Surrealism in Exile" als auch der jüngeren KünstlerInnenszene der New York School nahe, was auf die große Offenheit des Künstlers gegenüber neuen künstlerischen Strömungen verweist.

Kiesler hatte es verstanden, die in Europa entwickelten Kunstkonzepte der Moderne – durch die amerikanische Gesellschaft transformiert – in neue kulturelle Kontexte zu übersetzen. Frei von akademischen Traditionen konnte er in intensiver Auseinandersetzung mit den Bedingungen vor Ort seine Theorien – wie etwa die des Correalismus – entwickeln. Er forderte die Aufhebung der Grenzen zwischen Wissenschaft, Kunst und Gesellschaft als Ausdruck einer künstlerischen, soziokulturellen und politischen Einstellung. Diese Beziehungen zwischen Architektur, Raum und Gesellschaft wurden zu einem kontinuierlichen Thema seines Werks und haben auch heute in der Kunst und im Städtebau hohe Relevanz.

Visionen und Ideen in der Theorie zu verschriftlichen, im Entwurf zu skizzieren und durchzudenken, war Kieslers methodischer Zugang, wobei es ihm oft wichtiger war, das Konzept weiterzuverfolgen als Kompromisse einzugehen und damit Gefahr zu laufen, auf die perfekte Umsetzung verzichten zu müssen. Durch seine Begabung, in den vielen Sparten der Kunst brennende Themen aufzugreifen, schuf Kiesler einen unerschöpflichen kreativen Pool an Diskurspotenzial, der in Zeiten einer sich rapide wandelnden Gesellschaft im globalen wie virtuellen Raum als Ressource für künstlerisches, soziales und politisches Agieren zu dienen vermag.

In Österreich wurde Kiesler erst in den späten 1950er Jahren durch die junge ArchitektInnenszene wahrgenommen. Studierende bei Karl Schwanzer besuchten Kiesler im Jahr 1964 im Rahmen einer von Günther Feuerstein organisierten Exkursion in New York. Eine erste Ausstellung wurde ihm 1975 von Oswald Oberhuber in der Galerie nächst St. Stephan gewidmet und tourte anschließend durch Österreich und Deutschland. 1988 war die erste große Personale nach dem Tod Kieslers im Museum des 20. Jahrhunderts – heute 21er Haus – in Wien zu sehen, die bereits von Dieter Bogner kuratiert wurde. Internationale Präsentationen folgten 1989 im New Yorker Whitney Museum und 1996 im Centre Pompidou in Paris. Im Jahr 1997 wurde im damaligen Historischen Museum der Stadt Wien – heute Wien Museum – eine auch durch die architektonische Gestaltung von BKK 2 bemerkenswerte Präsentation gezeigt. 2006 wurde Kiesler auf der Biennale in Venedig gemeinsam mit Hans Hollein und Gregor Eichinger zu Konzepten der Moderne im Städtebau präsentiert, 2008 fand in The Drawing Center in New York eine große Schau zu seinem zeichnerischen Können, ebenfalls von Dieter Bogner und João Ribas konzipiert, statt. 2015 folgte eine Ausstellung in der Tensta Konsthall in Stockholm, die Kunsthalle in Wien widmete sich im selben Jahr der zeitgenössischen Auseinandersetzung mit Friedrich Kiesler und das Museum of Modern Art (MoMA) in New York präsentierte die Wirkungsgeschichte des *Endless House* bis zur Gegenwart.

Die Österreichische Friedrich und Lillian Kiesler-Privatstiftung forciert seit ihrer Gründung im Jahr 1997 die Erforschung und Präsentation des Lebens und Werks des Universalkünstlers: jede Ausstellung zeigt einen neuen Blick auf die endlos erscheinenden aktuellen Aspekte, die sich aus dem einzigartigen correalistischen Schaffen Friedrich Kieslers ergeben. Mit der Ausstellung im MAK und mit dieser Publikation wird den BetrachterInnen ermöglicht, sich Friedrich Kieslers modellhafte Vorstellungen zu erschließen und seine „Idee von Raum" als Grenzüberschreitung der Disziplinen und im Kontext von gegenwärtiger Malerei, Skulptur und Architektur zu verstehen.

From the beginning—contrary to the concept under discussion, the presentation of art in a neutral room, the White Cube—Kiesler proceeded from the entire space and its effect on the spectators. In Kiesler's final years, this expanded to include intangible psychic, religious, and philosophical space, which he tried to construct with his *Endless House*, his *Galaxies*, his projects around the *Grotto of Meditation*, and also his only realized building, the *Shrine of the Book*. As a versatile artist and architect, Kiesler took part in the rise of the avant-garde in Europe and in its further evolution in America; as a traveler, he played a pivotal role between these artistic worlds. In 1942, Kiesler was commissioned by New York art collector Peggy Guggenheim to carry out the design of the gallery/museum *Art of This Century*, which was to house her collection of surrealist and abstract art. The room design, the kinetic viewing apparatuses, as well as the biomorphic furniture he realized for it, nowadays still count as visionary statements, as operating and usage instructions indispensable to contemporary art discourse.

As a member of New York's artistic community, the architect and artist was affiliated from the 1930s until his death in 1965 with the "Surrealism in Exile" movement, as well as with the younger artists' scene represented by the New York School—an indication of his great openness to new artistic trends.

Kiesler understood how to take the artistic concepts of modernism developed in Europe and, through transformation via American society, to translate them into new cultural contexts. Free of academic traditions, he was able to develop his theories—such as Correalism, for example—through intensive engagement with local circumstances. He called for the abolition of the boundaries between science, art, and society as an expression of an artistic, socio-cultural, and political stance. These relationships between architecture, space, and society became a constant theme in his work and continue to be highly relevant in art and architecture today.

To set down theoretical visions and ideas in writing, to sketch drafts of his designs and think them through—this was Kiesler's methodical approach, whereby he often deemed it more important to pursue a concept than to reach compromises and thus run the risk of having to forfeit a perfect implementation. Through his talent for taking up burning issues in many segments of the art world, Kiesler created an inexhaustible creative pool of discourse potential, which in times of rapid societal change in the global and also the virtual realms, can serve as a resource for artistic, social, and political action.

In Austria, Kiesler did not begin attracting the notice of the young architect scene until the late 1950s. Students of Karl Schwanzer's visited Kiesler in 1964 as part of an excursion in New York organized by Günther Feuerstein. A first exhibition was dedicated to him in 1975 by Oswald Oberhuber in the Galerie nächst St. Stephan; this subsequently went on tour through Austria and Germany. In 1988, the first large solo exhibition after Kiesler's death opened in the Museum of the Twentieth Century—today's 21er Haus—in Vienna; this was already curated by Dieter Bogner. International presentations followed in 1989 in New York's Whitney Museum and in 1996 at the Centre Pompidou in Paris. In 1997, in what was then known as the Historical Museum of the City of Vienna—today's Wien Museum—a presentation noteworthy also for BKK 2's architectonic design was mounted. In 2006, Kiesler was featured along with Hans Hollein and Gregor Eichinger at the Venice Biennale as exemplifying modernist architectural concepts; in 2008, an extensive show at The Drawing Center in New York, also conceived by Dieter Bogner and João Ribas, illustrated his talent for drawing. This was followed by an exhibition at the Tensta Konsthall in Stockholm in 2015, with the Vienna's Kunsthalle dedicating itself to a contemporary exploration of Frederick Kiesler in the same year, and the Museum of Modern Art (MoMA) in New York presenting the impact of the *Endless House* through the present.

Since its founding in 1997, the Austrian Frederick and Lillian Kiesler Private Foundation has promoted the presentation of and research into the life and work of this universal artist: every exhibition opens a new perspective onto the seemingly endless topical aspects arising from Frederick Kiesler's unique correalistic oeuvre. The MAK exhibition and this publication give viewers the chance to examine Frederick Kiesler's ideas in model form and to understand his "idea of space" as transcending the boundaries between disciplines, as well as in the context of contemporary painting, sculpture, and architecture.

Hans Namuth, Friedrich Kiesler und Saul Steinberg in einem Garten auf Long Island, New York, 1960er Jahre, SW-Foto; Silbergelatineabzug auf Barytpapier
Hans Namuth, Frederick Kiesler, and Saul Steinberg in a garden on Long Island, New York, 1960s, BW photo; Gelatin silver print on baryta paper
ÖFLKS, SFP 4875/0

Dieter Bogner
Gastkurator

Friedrich Kiesler. Lebenswelten

Friedrich Kiesler am Strand mit Damenschuh, Long Island (NY, USA), 1958, Foto: Hans Namuth, SW-Foto; Silbergelatineabzug auf Barytpapier
Frederick Kiesler on a beach with a women's shoe, Long Island (NY, USA), 1958, Photo: Hans Namuth, BW photo; Gelatin silver print on baryta paper
ÖFLKS, PHO 4322/0

Die Wirkungsgeschichte Friedrich Kieslers ist „endless" – wie seine jahrzehntelange Beschäftigung mit der Idee des *Endless House*. Unzählige Skizzen, Zeichnungen und Pläne für Gebäude, Ausstellungen, Bühnenbilder, Skulpturen, Bilder, Auslagen und Möbel sowie Schwarz-Weiß-Fotos, die seine Werke hervorragend dokumentieren, und nicht zuletzt seine dadaistischen Manifeste und programmatischen Texte stellen ein schier unerschöpfliches Anregungspotenzial für Kreative wie für WissenschaftlerInnen der unterschiedlichsten Disziplinen dar. Die Frage, wie Kiesler ein Werk schaffen konnte, das in der Vergangenheit wie in der Gegenwart immer wieder aufs Neue impulsgebend wirkt, stellt BewunderInnen wie ForscherInnen vor ein Rätsel.

Ziel der thematisch organisierten MAK-Ausstellung *Friedrich Kiesler. Lebenswelten* ist es, der Öffentlichkeit einmal mehr durch die Präsentation mehrerer Hundert Originalzeichnungen und Fotos einen umfassenden Einblick in Kieslers Ideenfundus zu ermöglichen. Der sich im Zeitverlauf verändernde künstlerische, wissenschaftliche und gesellschaftliche Kontext bringt neue Perspektiven und daraus resultierende Fragestellungen mit sich, die immer wieder zu überraschenden Entdeckungen, Einsichten und im künstlerischen Bereich zu spannenden neuen Gestaltungsansätzen führen. Das Archiv der Österreichischen Friedrich und Lillian Kiesler-Privatstiftung gilt ForscherInnen wie KuratorInnen schon lange als wahre Fundgrube für faszinierende Materialien. Aus dem Wiener Archiv stammt auch ein großer Teil der ausgestellten und im Katalog publizierten Schätze. Die Auswahl erfolgte in enger Zusammenarbeit mit dem Leiter des Archivs, Gerd Zillner, und seiner Mitarbeiterin Jill Meißner. Ihnen ist es gelungen, einen jahrzehntelangen Kenner der Bestände durch neue, aus den Tiefen des Archivs ans Tageslicht gebrachte Funde immer wieder zu überraschen.

Der Blick auf das künstlerische und theoretische Schaffen Friedrich Kieslers hat sich seit dem Beginn des neuen Jahrhunderts von einer vorrangig architekturbezogenen Rezeption in Richtung eines künstlerischen Interesses verschoben, das in seiner ganzheitlichen inter- und transdisziplinären und auf den Menschen bezogenen Konzeption wurzelt. Dazu gehört sein Ziel, die Trennung von autonomer Kunst und Lebenswirklichkeit aufzuheben und den Menschen als Individuum ebenso wie als soziales Wesen in den künstlerisch gestalteten Raum und selbst in das Kunstwerk zu integrieren.

In der Tradition des Wiener Gesamtkunstwerks der Zeit um 1900 stehend, muss Kiesler die traditionellen disziplinären Grenzen zwischen Architektur, Malerei, Skulptur, Design und Bühnengestaltung gar nicht erst infrage stellen. Sie haben vom Anbeginn seiner künstlerischen Karriere in den 1920er Jahren für ihn keinerlei Relevanz. Selbst die damals neuesten Medien, wie Film, Fernsehen und Ton, bezieht er bereits in der Frühphase ihrer technischen Verfügbarkeit in seine visionären Überlegungen ein. Beispielhaft dafür ist das 1930 publizierte Konzept für ein *Telemuseum*.[1] In diesem spricht er bereits von der heute zur Selbstverständlichkeit gewordenen Verfügbarkeit aller Kunstwerke aus den Museen dieser Welt zu Hause auf den Fernsehbildschirmen. Fernsehen war zu diesem Zeitpunkt noch weit entfernt von einer kommerziellen Verfügbarkeit! Auf Interesse stoßen heute aber auch intermediale Projekte sowie die Hybridisierung unterschiedlicher künstlerischer Ausdrucksformen, die in Bühnenbildern, Ausstellungsgestaltungen, aber auch in skulpturalen und malerischen Werken und nicht zuletzt im Konzept des *Endless House* in vielfältigen Formen in Erscheinung treten. Die Kuratorinnen Maria Lind und Bärbel Vischer haben für die MAK-Ausstellung sechs zeitgenössische KünstlerInnen – Leonor Antunes, Céline Condorelli, Verena Dengler, Lili Reynaud-Dewar, Apolonija Šušteršič und Rirkrit Tiravanija – eingeladen, neue Arbeiten zu entwickeln und diese in die Ausstellung zu integrieren, um die Wahrnehmung und zeitgenössische Interpretation von Kieslers künstlerischem Denken und Handeln zu erweitern und zu aktualisieren.

Auf großes Interesse in der aktuellen Kreativszene und Forschung stößt die im Correalismus-Konzept der 1930er Jahre angelegte Verknüpfung künstlerischer Darstellungsweisen und wissenschaftlicher Erkenntnisse. Als Grundprinzip des von ihm an der New Yorker Columbia University gegründeten Laboratory for Design Correlation gilt für Kiesler die Gleichrangigkeit und Gleichwertigkeit empirisch gewonnener künstlerischer und wissenschaftlicher Erkenntnisse.

Das Telemuseum

Ebenso wie heute Opern drahtlos übertragen werden, so wird dies mit Bildergalerien geschehen. Aus dem Louvre, aus dem Prado zu Ihnen, von überall zu Ihnen. Sie werden das Vorrecht genießen, jene Bilder auszuwählen, die zu ihrer Stimmung passen oder die den Bedürfnissen irgendeiner bestimmten Situation entsprechen. Mit Hilfe der Wahlscheibe an ihrem Teleset werden Sie zum Teilhaber an den größten Schätzen der Welt.

Friedrich Kiesler, *Contemporary Art Applied to the Store and its Display*, New York 1930, 121.

Frederick Kiesler: Life Visions

Dieter Bogner
Guest Curator

The story of Frederick Kiesler's influence is "endless"—as is his decades-long work on the idea of the *Endless House*. Countless sketches, drawings, and plans for buildings, exhibitions, stage sets, sculptures, paintings, show windows, furniture, also black-and-white photos, which superbly document his work, and not least his Dadaist manifestos and programmatic texts represent a nearly inexhaustible stimulus for artists as well as for scientists from a wide range of disciplines. The question of how Kiesler could create an ouevre that has continued to provide fresh impetus —in the past as in the present—confronts admirers and researchers alike with an enigma.

The goal of the thematically organized exhibition *Frederick Kiesler: Life Visions* is to afford the general public yet another comprehensive look at Kiesler's trove of ideas through the presentation of several hundred original drawings and photos. An ever-changing artistic, scientific, and social context brings with it new perspectives and concomitant questions, which time and again lead to surprising discoveries, insights, and, in the artistic realm, to intriguing new design approaches. For researchers and curators, the archive of the Austrian Frederick and Lillian Kiesler Private Foundation has long served as a veritable goldmine of fascinating materials. A large portion of the treasures on display in the exhibition and published in the catalog stem from this Viennese archive. The selection was made in close collaboration with the head of the archive, Gerd Zillner, and his colleague, Jill Meißner. Again and again, by bringing finds out of the depths of the archive into the light of day, they succeeded in surprising someone who has had intimate familiarity with the inventory for decades.

Since the dawn of the new century, the lens through which Frederick Kiesler's artistic and theoretical oeuvre is regarded has shifted from a primarily architecture-related reception towards an artistic interest rooted in his holistic inter- and transdisciplinary and anthropocentric conception. This includes his goal of dissolving the boundaries between autonomous art and lived reality and integrating the human as both an individual as well as a social being into artistically designed space and even into artwork itself.

Grounded in the tradition of the Viennese Gesamtkunstwerk in the time around 1900, Kiesler had no need to call into question the traditional demarcations between the disciplines of architecture, painting, sculpture, design, and stage set creation. These simply had no relevance for him as he embarked on his artistic career in the 1920s. He even incorporated the newest media of the times—such as film, television, and audio—into his visionary deliberations as soon as technologically feasible. An example of this is the concept for a *Telemuseum* he published in 1930,[1] wherein he already discussed what today has become a fait accompli, the availability of all artworks from all the museums in the world on our television screens at home. At that time, television was still a long way from commercial viability! Also generating interest today, however, are inter-media projects such as the hybridization of various artistic modes of expression that can be observed in manifold forms in stage sets, exhibition designs, and also in sculptural works and paintings, as well as in the *Endless House* concept. For the MAK exhibition the curators Maria Lind and Bärbel Vischer have invited six contemporary artists—Leonor Antunes, Céline Condorelli, Verena Dengler, Lili Reynaud-Dewar, Apolonija Šušteršič, and Rirkrit Tiravanija—to develop new works and integrate these into the exhibition, in order to enhance and update the perception and contemporary interpretation of Kiesler's artistic philosophy and practice.

Also sparking a great deal of interest within the current creative and research scene is the fusion of artistic representation methods and scientific insights described in his essay on Correalism. One of the basic principles of the Laboratory for Design Correlation Kiesler founded at Columbia University in New York was that empirically gleaned artistic and scientific insights were of equal rank and equal value. Above all, the work done in his Laboratory was not to stay stuck in theoretical deliberations and experimental trials. Instead, Kiesler implemented as tangible products the results of the historical studies he engaged in with students, the insights gleaned from presentations by scientists from a wide variety of disciplines, and the real-life,

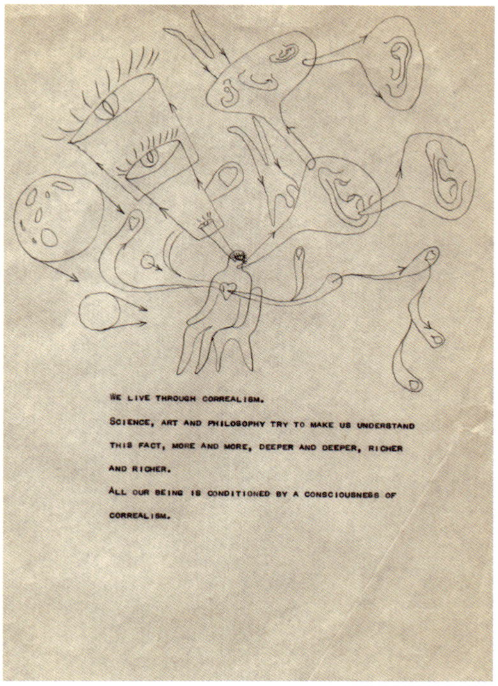

We Live through Correalism, New York, 1937–1942,
Zeichnung; Tinte auf Papier
***We Live through Correalism*, New York, 1937–1942,**
Drawing; Ink on paper
ÖFLKS, SFP 1209/0

The Telemuseum

Just as operas are now transmitted over the air, so picture galleries will be. From the Louvre to you, from the Prado to you, from everywhere to you. You will enjoy the prerogative of selecting pictures that are compatible with your mood or that meet the demands of any special occasion. Through the dials of your Teleset you will share in the ownership of the world's greatest art treasures.

Frederick Kiesler, *Contemporary Art Applied to the Store and its Display*, New York 1930, 121.

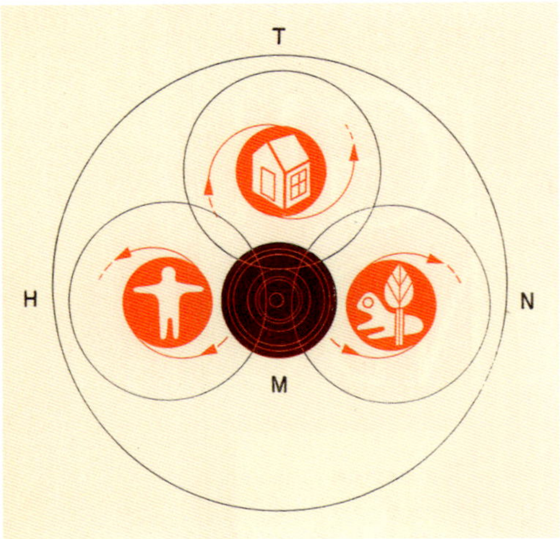

Man = heredity + environment, Diagramm für „On Correalism and Biotechnique“, Illustration in *Architectural Record*, New York, 1939
***Man = heredity + environment*, diagram for “On Correalism and Biotechnique,” Illustration in *Architectural Record*,** New York, 1939

Vor allem bleibt die Arbeit am Laboratory nicht in theoretischen Überlegungen und experimentellen Versuchen stecken. Kiesler setzt die Ergebnisse der mit StudentInnen ausgeführten historischen Studien, die aus Vorträgen von WissenschaftlerInnen der unterschiedlichsten Disziplinen gewonnenen Erkenntnisse und die lebensnahen empirischen Untersuchungen der bearbeiteten Problemstellung vielmehr in konkrete Produkte um. Exemplarisch dafür steht das Eins-zu-eins-Modell der *Mobile Home Library*.

Den Menschen sieht Kiesler in seiner correalistischen Konzeption im Mittelpunkt eines wirkungsmächtigen Spannungsfeldes natürlicher, menschlicher und technischer Kräfte, die seine Lebenswelt vielfältig bestimmen. Als vorrangiges Ziel des Gestalters gilt ihm die Verbesserung des physischen und psychischen Wohlbefindens des Menschen und dadurch der Stärkung der Gesellschaft. Scharf kritisiert er – bezogen auf den Kontext der 1930er Jahre – die

„andauernde Krise der Architektur, nämlich die Unfähigkeit der Gesellschaft jedem ihrer Mitglieder eine gesundheitsfördernde und gesunde Behausung zur Verfügung zu stellen und zu erhalten. Daraus resultiert die Unfähigkeit der Designer und Baumeister, mit diesen Anforderungen für alle Einkommensniveaus adäquat umzugehen. Wir haben uns bei der Errichtung von Baudenkmälern für Götter des Himmels und der Erde hervorgetan, aber wir haben versäumt, ein einfaches, gesundes Zuhause für den Menschen bereitzustellen.“[2]

Dieses Konzept einer Lebens- und Gestaltungswissenschaft baut nicht auf elementaren Grundformen auf, sondern auf einem System komplexer Beziehungen zwischen diesen. Kiesler orientiert sich dabei wahrscheinlich an einer in den 1930er Jahren in den Biowissenschaften viel diskutierten „Allgemeinen Systemtheorie“. Deren aus dem gleichen geistesgeschichtlichen und kulturellen Wiener Kontext der 1920er Jahre stammende Autor, der Biowissenschaftler und Philosoph Ludwig von Bertalanffy, versucht, auf Basis eines ganzheitlichen methodischen Denkens gesetzmäßige Gemeinsamkeiten in physikalischen, biologischen und sozialen Systemen zu finden und zu formalisieren. Kiesler fasst 1939 seine Überlegungen wie folgt zusammen:

„Und nur eine solche neue Wissenschaft kann die willkürliche Trennung der Architektur in Kunst, Technologie, Wirtschaft aufheben und Architektur zum sozial konstruktiven Faktor der täglichen Aktivitäten des Menschen machen. Es gilt das allgemeine Gesetz zu formulieren, das den zahlreichen spezialisierten Wissenschaften zugrunde liegt, nicht im Sinne von Metaphysik (wie Religion oder Philosophie), sondern im Sinn von Arbeitsweisen; und die spezielle Aufgabe besteht darin, jene Gesetze zu formulieren, die die Gebäudeplanung bestimmen.“[3]

Die Annahme scheint berechtigt, dass Kiesler im Kontext des sozialdemokratischen Wien der 1920er Jahre bereits in seiner Heimatstadt ein Sensorium für diese gesellschaftliche Problematik entwickelt hat, das durch die katastrophalen sozialen Folgen der Weltwirtschaftskrise maximal herausgefordert wurde. Bereits 1925 im Pariser Manifest der *Raumstadt* formuliert er mit dadaistischer Radikalität die Bezogenheit seiner städtebaulichen Visionen auf die konkreten Lebensumstände des Menschen. Für die Umsetzung seiner Ideen beschäftigt sich Kiesler aber nicht mit großräumigen urbanistischen Projekten, sondern konzentriert sich auf die Gestaltung des Einfamilienhauses – das *Endless House* – als „Nucleus“ des menschlichen Lebensraums.

Als lebensnahes Experimentierfeld dienen ihm seit den 1920er Jahren Bühnenbilder und Ausstellungsgestaltungen. Sie ermöglichen es Kiesler, in begehbaren, d. h. physisch erlebbaren und nicht nur auf Papier gezeichneten Räumen die Vision des bruchlosen Ineinanderfließens von Architektur, Malerei und Skulptur zu vermitteln und ebenso zu erproben wie die Flexibilität der Innenraumgestaltung. Die Ausstellung *Friedrich Kiesler. Lebenswelten* bietet BesucherInnen durch die Ein-zu-eins-Rekonstruktionen von sechs Elementen des *Leger- und Trägersystems* der *Internationalen Ausstellung neuer Theatertechnik* in Wien 1924, der monumentalen *Raumstadt* von 1925 und der *Mobile Home Library* von 1939 die Möglichkeit, Kieslers Raumvisionen physisch zu erleben. Die Ausstellung selbst beschränkt sich daher bewusst auf eine minimale und auf funktionelle Anforderungen reduzierte Gestaltung.

Gestaltung betrifft für Kiesler ab den 1940er Jahren nicht nur formale, den Lebensraum betreffende und soziale Aspekte, sondern angeregt von seinen surrealistischen Künstlerfreunden misst er magischen und mythischen Phänomenen für die menschliche Behausung als „Nucleus“ der individuellen wie der sozialen Lebenswelt die gleiche Bedeutung bei wie ästhetischen und funktionellen Aspekten. Diese Aspekte gewinnen in der Folge auch für seine skulpturalen und malerischen Werke große Bedeutung.

Noch ein weiterer Punkt in Kieslers Überlegungen ist heute relevant: die radikale Neugestaltung des Verhältnisses zwischen BetrachterIn und Kunstwerk. Er bricht radikal mit der romantischen Sicht des autonomen, der Lebenswirklichkeit entzogenen Kunstwerks und strebt nach einem

empirical investigations of the issues under inquiry. The 1:1 model of the *Mobile Home Library* is an example of this.

In his correalistic conception, Kiesler viewed the human as being at the center of a powerful field of tension of natural, man-made, and technological forces shaping his world in many ways. For him, the primary goal of a designer was to improve the physical and psychic wellbeing of people and through this, to strengthen society. Referring to the context of the 1930s, he leveled sharp criticism at the

"perennial crisis in architecture, viz.: the incapacity of society to provide and sustain a healthful and healthy shelter for each if its members; hence the inability of the designer and builder to deal adequately with these demands for all income levels. We have excelled in erecting architectural monuments to gods of heaven and of earth, but we have failed to provide a simple, healthy home for man himself."[2]

His concept of a field of life and design science did not build upon elemental basic forms, but upon a system of complex relationships between them. In this, Kiesler probably oriented himself on general system theory, much debated in bioscience circles in the 1930s. Its author, the biologist and philosopher Ludwig von Bertalanffy, who hailed from the same intellectual and cultural Viennese context of the 1920s, attempted to use holistic, methodical thinking as a basis for finding and formulating as laws commonalities governing physical, biological, and social systems. In 1939, Kiesler summarized his deliberations as follows:

"[...] and that only such a new science can eliminate the arbitrary divisions of architecture into: Art, Technology, and Economy, and make architecture a socially constructive factor in man's daily activities. Today we face the task of formulating the *general* laws of the foundations that underly the many specialized sciences, not in terms of metaphysics (such as religion or philosophy) but in terms of work-energies; and the *specific* task of formulating those that govern building design."[3]

It seems safe to assume that Kiesler, in the context of his own hometown of 1920s social-democratic Vienna, had already become keenly attuned to this societal dilemma and was maximally challenged by the catastrophic social consequences of the global economic crisis. Already in 1925, in his Parisian manifesto of the *Raumstadt* [*City in Space*], he employed Dadaist radicalism to formulate the congruence of his urban architectural vision with the concrete circumstances of people's lives. In the implementation of his ideas, Kiesler did not concern himself with large-scale urbanistic projects, however, but concentrated on the design of the single-family home—the *Endless House*—as the "nucleus" of human living space.

His stage sets and exhibition designs dating back to the 1920s provided him with a true-to-life experimental realm. These made it possible for Kiesler to create walk-in spaces that could be physically experienced and were not just drawn on paper in order to convey his vision of the seamless melding of architecture, painting, and sculpture and to test it out along with the flexibility of the interior design. The exhibition *Frederick Kiesler: Life Visions* offers visitors the chance to physically experience Kiesler's spatial concepts through 1:1 reconstructions of the monumental *City in Space* of 1925, the *Mobile Home Library* of 1939, and six elements of the *Leger- und Trägersystem* [*Leger (L) and Träger (T) System*] from the *International Exhibition of New Theatre Techniques* in Vienna in 1924. The exhibition itself thus is deliberately limited to a minimal design reduced to functional requirements.

Beginning in the 1940s, Kiesler no longer considered design to be only about the formal and social aspects related to a living space; instead, inspired by his surrealist artist friends, he imputed the same significance to magical and mythical phenomena for human housing (as the nucleus of the individual as well as the social sphere) as to aesthetic and functional aspects. As a result, these aspects would also assume great importance for his sculptural works and paintings.

Yet another point of Kiesler's deliberations is relevant nowadays: the radical redesign of the relationship between spectator and artwork. He radically broke with the romantic view of the autonomous artwork disengaged from real life and strove for an integrative interplay of art and viewer. In order to accomplish this, in the exhibition *Art of This Century*, which he designed in 1942 in New York for Peggy Guggenheim, he detached the artwork from the wall and regarded it as part of a holistic spatial relational system.

"The traditional art object, be it a painting, a sculpture, a piece of architecture, is no longer seen as an isolated entity but must be considered within the context of this expanding environment. The environment becomes equally as important as the object, if not more so,

Mobile Home Library, New York 1937–1938, Foto: Ben Schnall, SW-Foto; Silbergelatineabzug auf Barytpapier
Mobile Home Library, New York 1937–1938, Photo: Ben Schnall, BW photo; Gelatin silver print on baryta paper
ÖFLKS, PHO 5559/0

Hans Richter mit Begleitung in der *Surrealist Gallery, Art of This Century*, New York, 1942, Foto: K. W. Herrmann, SW-Foto; Silbergelatineabzug auf Barytpapier
Hans Richter with a guest in the *Surrealist Gallery, Art of This Century*, New York, 1942, Photo: K. W. Herrmann, BW photo; Gelatin silver print on baryta paper
ÖFLKS, PHO 457/0

Friedrich Kiesler in der *Galaxy for Nelson Rockefeller*, New York, 1952, Foto: Gordon Parks
Frederick Kiesler in the *Galaxy for Nelson Rockefeller*, New York, 1952, Photo: Gordon Parks
Dokumentationsmaterial Documentary material ÖFLKS
Courtesy of The Gordon Parks Foundation

integrativen Zusammenspiel von Kunst und BetrachterIn. Um dieses zu erreichen, löst er in der 1942 für Peggy Guggenheim in New York gestaltete Ausstellung *Art of This Century* das Kunstwerk von der Wand und betrachtet es als Teil eines ganzheitlichen räumlichen Beziehungssystems.

„Das traditionelle Kunstwerk, sei es ein Gemälde, eine Skulptur oder ein Werk der Architektur, kann nicht länger als ein isoliertes Ganzes gesehen werden, sondern muss in Zusammenhang mit seiner Umgebung betrachtet werden, in der es sich befindet. Die Umgebung wird genauso wichtig wie das Objekt selbst, wenn nicht gar wichtiger, da die Objekte in den sie umgebenden Raum ausatmen und ebenso die Wirklichkeit um sie herum einatmen – in welchem Raum auch immer, ob geschlossen oder weit geöffnet, im Freien oder im Inneren, sie sich befinden."[4]

Diese „Sozialisierung" der Beziehung Mensch/Kunstwerk schließt konzeptionell an die mit der Wiener *Raumbühne* von 1924 vollzogene Zusammenführung von ZuschauerInnen und SchauspielerInnen in einem gemeinsamen Raum an (mit der er die traditionelle Trennung in Bühne und Zuschauerraum auflöst). Der Theaterraum als Einheitsraum wird zum sozialen Ort und dieses neue Verhältnis zwischen ZuschauerIn und SchauspielerIn gilt auch für die Beziehung der BetrachterInnen zum Kunstwerk. Er geht damit weit über das Konzept des Wiener Gesamtkunstwerks hinaus, indem er die Integration der BetrachterInnen in das Kunstwerk anstrebt. Unter der Überschrift „Meant To Be Lived In" ist Kiesler auf einem ganzseitigen Foto in der Zeitschrift *LIFE* verschwindend klein in der 1952 entstandenen – aus einem Teil eines Bühnenbildes entwickelten – überlebensgroßen skulpturalen Installation der *Rockefeller Galaxy* zu sehen.[5] „Man kann", schreibt er, „sowohl mit ihr wie in ihr leben. Eine Skulptur sollte nicht allein vom Auge berührt werden. Man sollte sie nicht nur ästhetisch, sondern auch physisch genießen."[6]

Kiesler lässt sich aber nicht nur als „Bewohner" der *Rockefeller Galaxy* fotografieren, sondern einige Jahre später sitzend zwischen den Bildtafeln des großen gemalten *Floor and Wall Piece* darstellen. Ins Extreme treibt er das als menschliche „Lebenswelt" gedachte Kunstwerk mit der monumentalen Skulptur des *Bucephalus*. Im geöffneten Bauch des in der Schlacht gefallenen Reitpferdes des makedonischen Königs Alexander des Großen auf einem Kalbsfell liegend sieht der „Bewohner" eingraviert in die Seitenwände die mythologische Darstellung eines Kentauren und hört über ein in die Skulptur integriertes Tonband ein von Kiesler verfasstes Gedicht. Nur mit einem Menschen in der „Höhle" ist das Kunstwerk vollständig, d. h. in diesem Gesamtkunstwerk verschmelzen Kunst und BetrachterIn zu einem untrennbaren Ganzen. Kiesler strebt nicht nach der Integration des Kunstwerks in die alltägliche Lebenspraxis, sondern fordert die Integration des Menschen in das Kunstwerk als formal wie inhaltlich ganzheitlich konzipierte Lebenswelt. Der Titel, „Meant To Be Lived In", bietet sich als Leitidee für die Auseinandersetzung mit der Fülle der in der MAK-Ausstellung *Friedrich Kiesler: Lebenswelten* gezeigten Materialien an.

1 Kiesler, Friedrich, *Contemporary Art Applied to the Store and its Display*, New York 1930, 121
2 Kiesler, Friedrich, „Architecture as Biotechnique", Vorwort zum separaten Sonderdruck, o. S.
3 Kiesler, Friedrich, „On Correalism and Biotechnique. A Definition and Test of a New Approach to Building Design", in: *Architectural Record* 86/3, September 1939, 60.
4 Kiesler, Friedrich, „Second Manifesto of Correalism", in: *Art International* (9) 2, März 1965, 16.
5 „‚Meant To Be Lived In.' A Designer-Sculptor disposes of one of his ‚Galaxies' for $4,500", in: *LIFE* (32) 21 1952, 79.
6 Kiesler, Friedrich, „Note on Correalism", in: Miller, Dorothy (Hg.), *Fifteen Americans*, Ausst.kat. Museum of Modern Art, New York 1952, 8.

because the object breathes into the surrounding and also inhales the realities of the environment no matter in what space, close or wide apart, open air or indoor."[4]

Conceptually, this "socialization" of the human/artwork relationship tied in with the amalgamation of spectators and actors within a shared space, consummated in 1924 with the Viennese *Raumbühne* [*Space Stage*], wherein he dissolved the traditional separation between the stage and the auditorium. The theater space as a unitary space became a social place and this new relationship between the audience and the performers also applied to the relationship of viewers to artwork. Furthermore, by striving to integrate the spectator into the artwork, he went far beyond the concept of the Viennese Gesamtkunstwerk. In a full-page photo in *LIFE* magazine entitled "Meant To Be Lived In," Kiesler is shown vanishingly small within the *Rockefeller Galaxy*, a larger-than-life sculptural installation he created in 1952 from a piece of stage scenery.[5] "It is," he wrote, "both to be lived with and within. Sculpture should be touched not by the eye alone. It should be enjoyed not only esthetically but physically as well."[6]

Kiesler not only had himself photographed as the "inhabitant" of the *Rockefeller Galaxy*; a few years later, he was featured sitting between the illustrated panels of the large, painted *Floor and Wall Piece*. He took the idea of artwork conceived as human living space to the extreme with his monumental sculpture *Bucephalus*. Lying on a calfskin in the open belly of Macedonian king Alexander the Great's horse, slain in battle, the "inhabitant" would have seen a mythological depiction of a centaur engraved on the side walls and heard a poem written by Kiesler playing on a tape recorder integrated into the sculpture. The artwork is complete only with a person in its "cav(e)ity," i.e., in this Gesamtkunstwerk, art and viewer merge into an indivisible whole. Kiesler did not strive towards the integration of artwork into customary daily life, but called for the integration of the human being into artwork as a sphere of living conceived holistically in terms of its form and substance. The title "Meant To Be Lived In" lends itself as the guiding principle for a confrontation with the plethora of materials shown in the exhibition *Frederick Kiesler: Life Visions*.

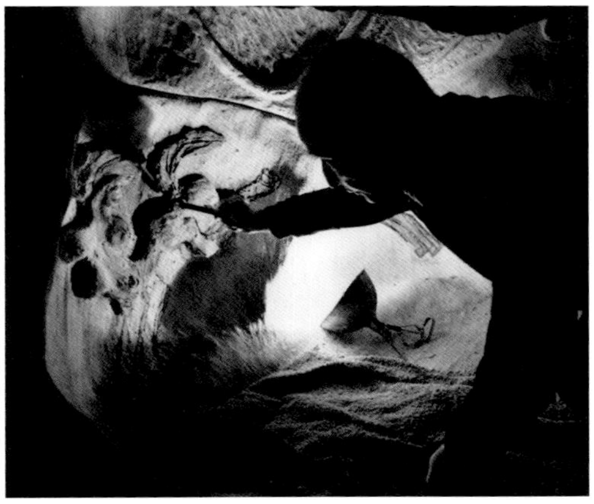

Kiesler bei der Arbeit im Inneren der Skulptur *Bucephalus*, New York, 1964, Foto: Adelaide De Menil, SW-Foto; Silbergelatineabzug auf Barytpapier
Kiesler at work inside his sculpture *Bucephalus*, New York, 1964, Photo: Adelaide De Menil, BW photo; Gelatin silver print on baryta paper
ÖFLKS, PHO 5716/0

1 Kiesler, Frederick, *Contemporary Art Applied to the Store and its Display*, New York 1930, 121
2 Kiesler, Frederick, "Architecture as Biotechnique," introductory note to the separate reprint, n.p.
3 Kiesler, Frederick, "On Correalism and Biotechnique. A Definition and Test of a New Approach to Building Design," in: *Architectural Record* 86/3, September 1939, 60.
4 Kiesler, Frederick, "Second Manifesto of Correalism," in: *Art International* (9) 2, March 1965, 16.
5 "'Meant To Be Lived In.' A Designer-Sculptor disposes of one of his 'Galaxies' for $4,500," in: *LIFE* (32) 21 1952, 79.
6 Kiesler, Frederick, "Note on Correalism," in: Miller, Dorothy (ed.), *Fifteen Americans*, exh. cat. Museum of Modern Art, New York 1952, 8.

Dieter Bogner

Inside the Endless House

„The *Endless House* is called the '*Endless*' because all ends meet, and meet continuously."[1]

Das *Endless House* ist kein reales Gebäude, sondern eine Vision Friedrich Kieslers, deren Verwirklichung ihm – unermüdlichen Bemühungen und vielen Versuchen zum Trotz – nie gelungen ist. Mit obsessiver Konsequenz hat er bis zu seinem Tod die Idee verfolgt, einer am Beispiel des Einfamilienhauses in vielen Schritten entwickelten radikal neuen Synthese von Form und Inhalt zum Durchbruch zu verhelfen. Das Material, aus dem sich dieser „endlose" Traum konstituiert, ist überaus heterogen: Einige Modelle, eine große Zahl von Skizzen, Zeichnungen und Plänen sowie Fotos von Ausstellungsinstallationen und typografisch aufwendig gestaltete Manifeste, aber auch theoretische Abhandlungen, poetische Texte und nicht zuletzt persönliche Tagebuchaufzeichnungen stellen einen mosaikartigen Fundus dar, aus dem sich die komplexen formalen und inhaltlichen Aspekte des *Endless House* rekonstruieren lassen. Zu diesen dokumentarischen Materialien gehören aber auch die in den späten 1940er und 1950er Jahren entwickelten Skulpturen und Bildobjekte, die sogenannten *Galaxies,* denn Malerei und Skulptur sind konstitutive Teile des vielschichtigen Architekturkonzepts Kieslers. Die theoretischen und praktischen Ergebnisse dieser jahrzehntelangen experimentellen Suche haben sich – vielleicht gerade weil sie sich nicht in einem konkreten Gebäude manifestieren konnten – für Generationen von ArchitektInnen, KünstlerInnen und TheoretikerInnen als Anlass produktiver Interpretationen, als Quelle assoziativen Weiterdenkens und als Anstoß für neue Utopien erwiesen.[2]

Die gedankliche Grundlage, auf der die umfassende Konzeption des *Endless House* beruht, ist die in den 1930er Jahren formulierte und in der Folge kontinuierlich weiterentwickelte correalistische Theorie.[3] Kiesler definiert Correalismus – die Grenzen zwischen allen Kunstgattungen aufhebend und naturwissenschaftliche Erkenntnisse ebenso wie Magie und Mythos in seine Konzeption einbeziehend – als eine Wissenschaft, die den Menschen und seine Umwelt als ganzheitliches System komplexer Wechselbeziehungen auffasst. In diesem Sinn soll das *Endless House* als Keimzelle neuer Lebensmöglichkeiten wirken, indem es die Koordination der physischen, psychischen, sozialen, mythischen und magischen Bedingtheiten und Kräfte des Menschen in einem räumlichen und geistigen Kontinuum gewährleistet.
Im 1947 in Paris verfassten „Manifeste du Corréalisme" heißt es in diesem Sinn:

„Jedes Element eines Gebäudes oder einer Stadt, ob es sich um Malerei oder Skulptur, um Inneneinrichtung oder technische Ausstattung handelt, wird nicht als Ausdruck einer einzelnen Funktion aufgefasst, sondern als ein Kern von Möglichkeiten, der eine Korrelation mit den anderen Elementen entwickelt. Diese Wechselbeziehung bezieht ihren Halt sowohl aus den physischen Bedingungen als auch aus dem sozialen Milieu oder aus dem Wesen des einzelnen Elements selbst."[4]

Um die Grundlagen für diese Haltung zu schaffen, müsse in die Ausbildung – so Kiesler – eine neue Wissenschaft eingeführt werden, denn „[…] das gängige Curriculum der Architekturschulen bildet ihn (den Architekten) nicht zum Fachmann in jenen Wissenschaften aus, die für das Verständnis des Menschen als biologisches, psychologisches und sozialpolitisches Wesen notwendig sind".[5]

Es mag überraschen, dass es nicht eine monumentale Bauaufgabe ist, an der Kiesler diese Architekturvision entwickelt – vergleichbar dem *Raumstadt*-Konzept der 1920er Jahre –, sondern ein einfaches Einfamilienhaus. Der Grund für diese Entscheidung dürfte weniger in der Hoffnung auf eine leichtere Verwirklichung gelegen sein. Ausschlaggebend war eher der Umstand, dass Kiesler seit den frühen 1930er Jahren der Lösung des Problems des Einfamilienhauses als kleinste Zelle menschlichen Zusammenlebens eine zentrale Bedeutung beigemessen hatte. Am Beginn stand als Reaktion auf die Wohnungsnot, die durch die wirtschaftliche Depression um 1930 ausgelöst wurde, das noch in den Formen des Internationalen Stils als modulares Niedrigpreishaus entworfene *Nucleus House* (1931), gefolgt vom etwas später als Provisorium errichteten *Space House* (1933). Diesem kommt in der Entwicklungsgeschichte des *Endless House* insofern zentrale Bedeutung zu, als es Kieslers Bruch mit den rektangulären Formprinzipien des Funktionalismus sowie einen wichtigen Schritt in der Ausarbeitung des Correalismus-Konzepts darstellt, vor allem aber weil die Gelegenheit, den Prototyp eines Einfamilienhauses zu errichten, für Kiesler ein Anlass ist, seine theoretischen Überlegungen zum Einfamilienhaus erstmals zusammenfassend zu formulieren.[6]

Der Text ist erstmals erschienen in: Bogner, Dieter (Hg.), *Frederick Kiesler 1890–1965: En el interior de la Endless House,* Ausstellungskatalog IVAM Centre Julio Gonzalez, Valencia 1997.

1 Kiesler, Friedrich, *Inside the Endless House*, New York 1966, 566. Dt. Übersetzung: „Das *Endless House* wird als ‚endlos' bezeichnet, weil sich alle Endpunkte wieder und wieder treffen" (www.kiesler.org, 18.2.2016).
2 Die Wirkungsgeschichte Kieslers im künstlerischen Umfeld New Yorks ebenso wie in der internationalen Kunst-, Architektur-, Theater-, aber auch experimentellen Filmszene ist bis heute weitgehend unerforscht geblieben.
3 Kiesler, Friedrich, „*On Correalism and Biotechnique*. A Definition and Test of a New Approach to Building Design", *in: Architectural Record* 86/3, September 1939, 60–75.
4 Kiesler, Friedrich, „Manifeste du Corréalisme", in: *L'Architecture d'Aujourd'hui*, Paris 1949, o. S.
5 Kiesler, Friedrich, „Pseudo Functionalism in Modern Architecture", in: *Partisan Review* (16) 7 1949, 738.
6 Kiesler, Friedrich, „Notes on Architecture. The Space-House, Annotations at Random", in: *Hound & Horn*, Jänner–März 1934, 292–297.

Inside the Endless House

Dieter Bogner

"The *Endless House* is called the '*Endless*' because all ends meet, and meet continuously."[1]

The *Endless House* is not a real building but a vision in the mind of Frederick Kiesler, and—despite tireless efforts on his part and numerous attempts—its practical realization has never come to pass. With a coherence bordering on the obsessive, right up to the very end of his life he cherished the idea of achieving a radically new synthesis of form and content, starting out from the model of the detached single-family house and following a long, detailed process. The material from which this "endless" dream is made is undoubtedly heterogeneous: a few models, a fair number of sketches, drawings, and plans, photos of shows and exhibitions, and also manifestos, impeccably laid out, together with theoretical dissertations and poetic texts as well as, not least, jottings in his diary, all of which create a background, a kind of mosaic from which we can reconstruct the complex aspects of form and content implicit in the *Endless House*. Among these documentary materials we would also have to include the sculptures and pictorial objects, the so-called *Galaxies*, which he created during the late 1940s and the 1950s, since both painting and sculpture are constituent elements of Kiesler's complex concept of architecture. The theoretical and practical results of this long experimental search over decades represent a starting point for generations of architects, artists and theorists, a basis for productive reflections, a source of inspiration for investigations and associations, and a stimulus for new utopias[2]—perhaps precisely because they have never taken shape in a real building.

The reflective basis on which the global conception of the *Endless House* rests is the Correalist theory, which was formulated in the 1930s and developed over the following years.[3] Kiesler defines Correalism—and, in doing so, he disregards the boundaries that separate different artistic genres and also includes certain scientific information as well as elements taken from magic and mythology—as a science that embraces man and his environment as a globalizing system consisting of complex reciprocal relationships (*relations réciproques*). In this connection, the *Endless House* functions as a seminal cell containing new possibilities for life, as it guarantees the coordination of the constraints and the—physical, mental, social, mystical, and magical—energies of man within a spatial and spiritual continuum. In this connection, in the "Manifeste du Corréalisme," written in Paris in 1947, we find:

"Each element in a construction or in a city, whether it is painting or sculpture, interior installation or technical equipment, is conceived not as the exclusive expression of a single function but as a nucleus of possibilities which will be developed through coordination with other elements. This correlation can be based either on physical conditions or else on environmental conditions or else even on the very essence of the actual element."[4]

In order to establish a basis for this attitude it was necessary—according to Kiesler—to introduce a new science into education, since "[...] the normal curriculum of a school of architecture does not make him (the architect) master of those sciences necessary for the understanding of man as a biological, psychological, socio-political being."[5]

It may seem surprising that Kiesler did not develop his theories on architecture in some monumental undertaking—as happened, for example, in the urbanistic conceptions of the 1920s—but rather in a simple single-family house. The reason for this decision does not seem to be the hope that they would be easier to put into practice so much as the fact that Kiesler gave central importance to solving the problem of the single-family house as the smallest unit of human coexistence. At first this concern was a reaction to the economic depression of the 1930s, taking shape in the *Nucleus House* (1931), a cheap, modular house built along the lines of the International Style. Somewhat later this was followed by the *Space House* (1933), conceived as a provisional structure. In the history of the development of the *Endless House*, the *Space House* plays a central role not only because it represents Kiesler's break with the formal principles of functionalism based on the rectangle and is a major step toward the creation of the concept of Correalism, but above all because the opportunity to design a prototype single-family house gave Kiesler a chance to make the first comprehensive formulation of his theoretical reflections on the single-family house.[6]

Modell für ein *Endless House*, New York, 1959, SW-Foto; Silbergelatineabzug auf Barytpapier
Model for an *Endless House*, New York, 1959, BW photo; Gelatin silver print on baryta paper
ÖFLKS, PHO 789/0

The text was first published in: Bogner, Dieter (ed.), *Frederick Kiesler 1890–1956: Inside the Endless House*, exhibition catalog, IVAM Centre Julio Gonzalez, Valencia 1997.

1 Kiesler, Frederick, *Inside the Endless House*, New York 1964, 566.
2 The influence that Kiesler's work has had on the artistic milieu in New York and internationally in the art, architecture, theater, and experimental cinema scenes has not yet been analyzed.
3 Kiesler, Frederick, "On Correalism and Biotechnique. A Definition and Test of a New Approach to Building Design," in: *Architectural Record* 86/3, September 1939, 60–75.
4 Kiesler, Frederick, "Manifeste du Corréalisme," in: *L'Architecture d'Aujourd'hui*, Paris 1949, n. p.
5 Kiesler, Frederick, "Pseudo Functionalism in Modern Architecture," in: *Partisan Review* (16) 7 1949, 738.
6 Kiesler, Frederick, "Notes on Architecture. The Space-House, Annotations at Random," in: *Hound & Horn*, January–March 1934, 292–297.

Exposition internationale des Arts décoratifs et industriels modernes, österreichischer Theaterbeitrag [*Raumstadt*], Paris, 1925, Foto: Henri Manuel, SW-Foto; Silbergelatineabzug auf Barytpapier
***Exposition internationale des Arts décoratifs et industriels modernes*, Austrian theater contribution [*City in Space*],** Paris, 1925, Photo: Henri Manuel, BW photo; Gelatin silver print on baryta paper
ÖFLKS, PHO 875/0

Die Geschichte des *Endless House* beginnt bereits in den 1920er Jahren mit der Wiener *Raumbühne* von 1924 sowie der Pariser *Raumstadt* und dem *Universal Theatre* von 1925. Zwischen der *Raumstadt* – einer im Pariser Grand Palais aus Holzbalken und bemalten rechteckigen Flächenformen als Trägerkonstruktion für österreichische Theatermodelle errichteten, doch von Kiesler als abstraktes Modell einer hoch über dem Erdboden schwebenden Stadt propagierten Ausstellungsinstallation – und dem aus einem dünnen, mit Beton überzogenen Maschendrahtgitter angefertigten Modell des *Endless House* von 1959 liegen vier Jahrzehnte intensiver Auseinandersetzung mit Architektur, Malerei, Skulptur, Design sowie Theaterarbeit, kombiniert mit einer kontinuierlichen Folge theoretischer Schriften und Manifeste. Kiesler verbindet die vielfältigen Erfahrungen, die er dabei macht, zu einem Gesamtkonzept, das um den einen zentralen Gedanken kreist, der sein künstlerisches Leben bestimmt: die Koordination heterogener Elemente/Kräfte/Spannungen in einem „endlosen" räumlichen Kontinuum.

In einer zentralen Passage eines 1925 im Zusammenhang mit der *Raumstadt* verfassten Manifests sind Forderungen formuliert, deren theoretische Grundhaltung auch für das *Endless House* Gültigkeit hat:

„Wir wollen keine Mauern mehr, Kasernierungen des Körpers und des Geistes, diese ganze Kasernenkultur mit oder ohne Ornament, wir wollen: 1. Umwandlung des sphärischen Raumes in Städte; 2. Uns von der Erde loslösen, Aufgabe der statischen Achse; 3. Keine Mauern, keine Fundamente; 4. Ein System von Spannungen (Tension) im freien Raume; 5. Schaffung neuer Lebensmöglichkeiten und durch sie Bedürfnisse, die die Gesellschaft umbilden."[7]

Dieses utopische städtebauliche Konzept spiegelt Kieslers intensive Auseinandersetzung mit den Themen der architektonischen Avantgarde der Zwischenkriegszeit – besonders mit den russischen Konstruktivisten – wider. Die Bedeutung des Manifests liegt jedoch weniger in seinem radikalen Gehalt als in der Konsequenz, mit der Kiesler in den folgenden Jahrzehnten die darin enthaltenen Überlegungen durch die Verbindung mit quasi naturwissenschaftlichen (biotechnischen) Erkenntnissen[8] ebenso wie mit surrealistischem Gedankengut zu einem holistischen Weltmodell weiterentwickelt hat. Zur utopischen Definition der Stadt als ein vom Boden abgehobenes offenes System von Spannungen und zu der Vision der gesellschaftlichen Wirksamkeit radikal neuer Architekturkonzepte tritt als dritter wesentlicher Faktor des Architekturkonzepts der 1920er Jahre die Forderung nach der Vereinigung der Künste, das heißt der Aufhebung der traditionellen Abgrenzungen zwischen den Kunstgattungen. Die einzige Form, die als geeigneter Träger der das Innere des *Endless House* bestimmenden Einheit in der Vielfalt infrage kommt, ist für Kiesler das abgeflachte Sphäroid.

Der hohe Bekanntheitsgrad des *Endless House* wird in erster Linie durch die internationale Verbreitung einiger weniger Fotos eines 1959 entstandenen Modells bestimmt. Kiesler schuf es als Grundlage für ein temporäres Musterhaus, das im Garten des New Yorker Museum of Modern Art errichtet werden sollte. Die charakteristische Form dieses auf viereckigen kannelierten Pfeilern vom Boden abgehobenen Gebäudes, das aus mehreren ineinander verschachtelten Einheiten besteht, gehört zu den Klassikern der utopischen Architektur der Nachkriegszeit. Die architekturhistorische Rezeptionsgeschichte des *Endless House*, die sich primär auf die äußere Form konzentriert, geht am Wesen der Vision Kieslers vorbei, denn diese galt einer radikalen Neuinterpretation des Innenraums. Während das Modell primär dazu geeignet ist, die plastische Gesamtform und eine grobe Idee der architektonischen Qualitäten des Innenraums zu vermitteln, hat sich Kiesler seit den 1920er Jahren zweier anderer Medien bedient, um einen Eindruck der als Totalgestaltung konzipierten künftigen Lebensräume zu vermitteln: des gedruckten Manifests und der Ausstellungsinstallation.

Ein Buch, das den Charakter eines künstlerischen Testaments aufweist und kurz vor seinem Tod fertiggestellt wurde, trägt einen Titel, der sein zentrales Anliegen auf den Punkt bringt: *Inside the Endless House*. Es enthält Beschreibungen, die sich auf den Innenraum, auf die Materialien, auf das Licht, vor allem aber auf die Einheit von Architektur, Malerei und Skulptur ebenso wie auf die Lebensweise seiner BewohnerInnen beziehen. Sie sind mit biografischen Details aus dem täglichen Leben und Erzählungen über fehlgeschlagene Versuche, den jahrzehntelang geträumten Traum vom *Endless House* endlich zu verwirklichen, vermischt. Eingestreut sind aber auch Berichte über Reisen nach Brasilien, Italien und Israel, theoretische Diskussionen mit Freunden, minutiöse Berichte über die Entstehung einer großen Skulptur (*The Cup of Prometheus*) sowie Gedichte und Skizzen. Mit dieser Bild- und Textmontage will Kiesler die LeserInnen in seine vielschichtige Lebens- und Gedankenwelt verstricken, die einzig und allein um das *Endless House* zu kreisen scheint. Durch engmaschiges Verknüpfen heterogener, materieller sowie ideeller mit kulturellen und natürlichen Elemente will Kiesler im gedruckten Medium den Eindruck eines seinem Innenraumkonzept strukturverwandten endlosen Gewebes entstehen lassen.

7 Kiesler, Friedrich, „Vitalbau – Raumstadt – Funktionelle Architektur", in: *De Stijl* 6 10/11 1925, 141 f.
8 Kiesler 1939 (s. Anm. 3).

In any case, the history of the *Endless House* begins back in the 1920s with the Viennese *Raumbühne* [*Space Stage*] of 1924, the Parisian *Raumstadt* [*City in Space*], and the *Universal Theatre* of 1925. Between the *City in Space* —an exhibition installation in the Grand Palais in Paris consisting of planks of timber and painted rectangular flat forms created as a construction to support scenery in the Austrian theater but which Kiesler used as abstract elements for a city suspended high above the ground—and the 1959 model for the *Endless House* made out of a thin mesh of metal covered with concrete, four decades had transpired, during which Kiesler devoted himself to intense analysis of architecture, painting, sculpture, design, and theater work as well as an uninterrupted series of theoretical writings and manifestos. Kiesler makes use of the numerous experiences derived from his activity to construct an overall conception revolving around one central idea that conditioned his entire artistic life: the coordination of heterogeneous elements/forces/tensions in an "endless" spatial continuum.

In a central passage in the manifesto he wrote in 1925 in connection with the *City in Space*, he formulates a series of demands, the theoretical basis for which is also valid for the *Endless House*:

"We will have no more walls, armories for body and soul, nor armorized civilization; with or without ornament. We want: 1. Transformation of the surrounding area of space into cities. 2. Liberation from the ground, abolition of the static axis. 3. No walls, no foundations. 4. A system of spans (tension) in free space. 5. Creation of new kinds of living, and, through them, the demands which will reshape society."[7]

This utopian conception of urban design reflects Kiesler's intensive engagement with themes of the architectural avant-garde in the interwar years, particularly the Russian Constructivists. The importance of this manifesto, however, does not lie in the radicalism of its content so much as in the consistency with which, over the ensuing decades, Kiesler developed the reflections contained in it by associating them with certain quasi-scientific theories (biotechnique)[8] and the theories of Surrealism, even constructing a holistic world model. Together with the utopian definition of the city as an open system of tensions, raised above the ground, and the development of radically new socially focused architectural conceptions, a third fundamental factor in the ideas of the 1920s appears in the demand for a "unification of the arts"—that is to say, the dissolution of the traditional boundaries separating artistic genres. The only form that Kiesler considered suitable as a support for the unity in diversity that characterizes the interior of the *Endless House* is the flattened sphere.

The considerable degree of public recognition that the *Endless House* achieved was primarily due to the international distribution of a number of photographs of the large model constructed in 1959. Kiesler created it as the basis for a show house that was to be erected temporarily in the garden of the Museum of Modern Art in New York. The characteristic shape of this building, which is raised on square channeled pillars and has a structure created from various elements combined in a complicated way, is one of the classics of postwar utopian architecture. The inclusion of the *Endless House* in the history of architecture essentially emphasizes its external formal characteristics and ignores the substance of Kiesler's conception, which primarily represented a radically new interpretation of interior space. Thus, whereas a model is particularly suitable for transmitting overall spatial form and an approximate idea of the architectural characteristics of the interior space, in the 1920s Kiesler began to make use of other ways of transmitting his idea of the habitable spaces of the future conceived as totalizing structures: specifically, the printed manifesto and exhibition installations.

A book that Kiesler finished shortly before his death has the quality of an artistic testament and was given a title that precisely reflects the artist's central objective: *Inside the Endless House*. It contains passages that refer to interior space, materials, and light, but above all to the unity of architecture, painting, and sculpture, and also to the lifestyle of its occupants. These passages are interspersed with biographical details taken from everyday life and descriptions of his many frustrated attempts to put into practice his dream, cherished for decades, of the *Endless House*. Scattered throughout the book there are also various jottings on his trips to Brazil, Italy, and Israel, theoretical discussions with various friends, and a detailed chronicle of the genesis of a large sculpture (*The Cup of Prometheus*), along with some poems and sketches. With this montage of images and texts, Kiesler seeks to introduce the reader to the many facets of his life and thoughts, which seem to revolve solely and exclusively around the *Endless House*. Through a tightly interwoven mesh of heterogeneous material and ideological, cultural and natural elements, Kiesler attempts to use the medium of print to convey the idea of an endless tapestry structurally related to his conception of interior space.

7 Kiesler, Frederick, "Vitalbau – Raumstadt – Funktionelle Architektur," in: *De Stijl* 6 10/11 1925, 141 f.
8 Kiesler 1939 (see note 3).

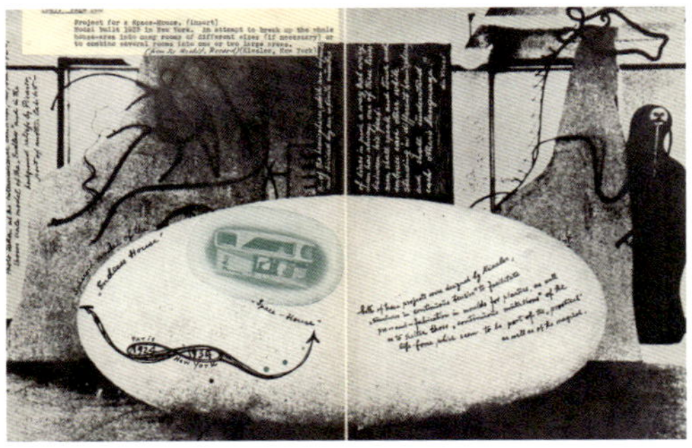

Project for a *Space House*, Illustration 56 zu *Magic Architecture*, New York, 1940er Jahre, Collage
Project for a *Space House*, Illustration 56 for *Magic Architecture*, New York, 1940s, Collage
ÖFLKS, SCL 70/0

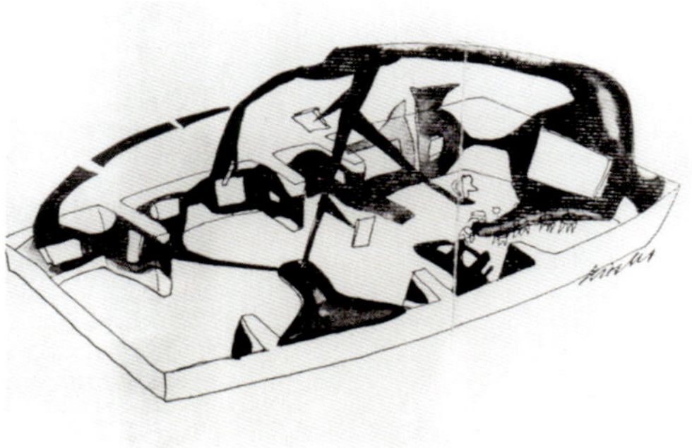

Umschlagentwurf für den Katalog zur Ausstellung *Bloodflames 1947*, New York, 1947, historische Reproduktion
Cover design for the *Bloodflames 1947* exhibition catalog, New York, 1947, Historical reproduction
ÖFLKS, PHO 1046/0

Diese Technik gilt gleichermaßen für das 1949 in der französischen Architekturzeitschrift *L'Architecture d'Aujourd'hui* abgedruckte „Manifeste du Corréalisme". Dort bringt Kiesler die formale und inhaltliche Komplexität des *Endless House* durch eine bis ins letzte Detail durchgestaltete Montage aus Texten, Fotos, Schemata und Zeichnungen in einer Weise zum Ausdruck, die in ihrer Vielschichtigkeit und Informationsdichte den dreidimensionalen Modellen konzeptionell weit überlegen ist.[9] Als Titelblatt dient eine überarbeitete Fotomontage, die erstmals 1944 in der Zeitschrift *VVV* erschienen ist und in der erstmals Begriff und Konzept des *Endless House* veröffentlicht wurden.[10] Das Ziel des Pariser Manifests ist ein doppeltes: Kiesler will einerseits die aus seiner Sicht bereits mehr als zwei Jahrzehnte umfassende historische Entwicklung des *Endless House* darstellen und andererseits eine Vorstellung des damit angestrebten ganzheitlichen Architektur- und Kunstkonzepts vermitteln. In diesem Sinn kann das Manifest als erstes „Modell" des *Endless House* aufgefasst werden.

Der durch das zweidimensionale Printmedium erzwungenen Aufteilung des Bild- und Textkontinuums auf einzelne Seiten wirkt Kiesler durch ein breites, unregelmäßig geformtes rotes Band entgegen, das sich (mit Unterbrechungen) über alle Blätter hinwegzieht und sie miteinander verknüpft. Dieses gestalterische Prinzip, mit dem Kiesler das Ziel verfolgt, getrennte Elemente zusammenzufassen, kann mit einem Entwurf für die 1947 ausgeführte Umgestaltung der Hugo Gallery in New York verglichen werden. Dort will er die traditionelle Trennung der raumbegrenzenden Elemente – Boden, Wand und Decke – durch Farbgestaltung aufheben, um die Illusion eines räumlichen Kontinuums zu erreichen.

Wie schon 1924 in Wien und 1925 in Paris sind es auch in den 1940er Jahren Ausstellungsinstallationen, die Kiesler – wenn auch nur temporär – die Gelegenheit bieten, zentrale konzeptionelle Aspekte seiner architektonischen Visionen in lebensgroße Modellsituationen zu übertragen. Abgesehen von der Totalgestaltung der Hugo Gallery handelt es sich um die von Peggy Guggenheim 1942 in Auftrag gegebene Galerie *Art of This Century*, um die 1947 anlässlich der von der Pariser Galerie Maeght veranstalteten Surrealisten-Ausstellung konstruierte *Salle de Superstition* [Raum des Aberglaubens] und die in Zusammenarbeit mit seinem Partner Armand Phillip Bartos 1956/57 in New York verwirklichte Einrichtung der World House Gallery. Bei jedem dieser Projekte handelt es sich um eine Annäherung Kieslers an seinen Traum vom Innenraum des *Endless House*.

Das „Manifeste du Corréalisme", das die erste umfassende Darstellung des *Endless House* enthält, und das Buch *Inside the Endless House*, das Kieslers letzte umfassende Äußerung zu diesem Thema darstellt, bilden somit in Verbindung mit den genannten Ausstellungsinstallationen die wichtigsten Eckpunkte für die konzeptionelle Interpretation der Modelle, Zeichnungen und Pläne, die zwischen 1950 und Kieslers Tod 1967 entstanden sind

Das erste, aus eingefärbtem Gips hergestellte Modell geht auf eine Initiative des Bildhauers David Hare zurück. Der Künstler lud Kiesler ein, für die Ausstellung *The Muralist and the Modern Architect*, die 1950 in der New Yorker Kootz Gallery zum Thema moderne Kunst und Architektur organisiert wurde und an der unter anderem Philip Johnson, Walter Gropius und Marcel Breuer beteiligt waren, ein Modell anzufertigen, das er in Beziehung zu seinen Skulpturen setzen wollte. Bereits in der Pariser *Salle de Superstition* hatte Kiesler eine Arbeit des Bildhauers auf die Spitze des zentralen, den Raum gestaltenden Elements gesetzt. Die von David Hare angestrebte Kombination von Architektur und Skulptur konnte jedoch nur bedingt realisiert werden, da sich Kieslers Modell als viel zu klein erwies und eine von Hare hergestellte, aus mehreren Segmenten zusammengesetzte, wesentlich größere Variante nicht die Zustimmung des Architekten fand.[11] Einzige Rückschlüsse auf das Aussehen der mit größter Wahrscheinlichkeit zerstörten Version des Bildhauers ermöglichen zwei Fotos, die die Verbindung von Architektur und Skulptur veranschaulichen sollten.[12]

Der Auftrag des Museum of Modern Art, für den Museumsgarten den Prototyp eines *Endless House* zu entwerfen, der zwei Jahre stehen bleiben sollte, erfüllte Kiesler nicht nur mit großem Optimismus, sondern veranlasste ihn, ein großes und ein kleines Modell, einige Detailstudien sowie zahlreiche klein- und großformatige Zeichnungen anzufertigen. Wie so oft im Leben des Architekten gelangte auch dieses Projekt nicht zur Ausführung.[13] Als Ersatz wurden Modelle und Zeichnungen des *Endless House* gemeinsam mit den 1925 entstandenen Plänen für das *Endless Theatre* im Rahmen der Ende September 1960 im Museum of Modern Art veranstalteten Ausstellung *Visionary Architecture* präsentiert. Gezeigt wurden Projekte von Bruno Taut, Frank Lloyd Wright, Richard Buckminster Fuller, Le Corbusier u. a. Doch auch der Plan, ein lebensgroßes Segment des *Endless House* in die Ausstellungsgalerie einzubauen, scheiterte. Kiesler gelang es schließlich, seine Raumidee durch die Installation wandhoher Fotovergrößerungen eindrucksvoll zu vermitteln. Mit dieser Präsentation, der in der

9 Das Manifest ist mit 20. September 1947 datiert. Kiesler sendet es am 29. Juli 1948 an André Bloc, es erscheint im Juni 1949. S. Bogner, Dieter, *Friedrich Kiesler: Architekt, Maler, Bildhauer, 1890–1965*, Ausst.kat. Museum Moderner Kunst, Wien 1988, 123 u. 137.
10 Kiesler, Friedrich, *Endless House – Space House*, Fotomontage, in: *VVV* 4, Februar 1944, 60 f. In den Texten zum *Space House* verwendet Kiesler den Begriff „Endless House" noch nicht. Wie so oft in den Schriften Kieslers, stimmen die von ihm angegebenen Entstehungsdaten seiner Werke nicht mit den Fakten überein. Dies gilt auch für die Datierung des *Space House* am Titelblatt des „Manifeste du Corréalisme" (1934 statt 1933). Da auch die Sekundärliteratur bis heute vielfach auf Kieslers Angaben basiert, sollte Datierungen mit Vorsicht begegnet werden. In dieser Publikation findet sich eine ausführliche Biografie (zusammengestellt von Jill Meißner), deren Daten mit wenigen Ausnahmen auf überprüfbaren Dokumenten basieren. Im Zusammenhang mit dieser Gestaltung dürfte auch jene leicht korrigierte Ansicht des *Space House* entstanden sein, in der Kiesler die von ihm angestrebte Idealform des abgeflachten Sphäroids durch Übermalung stärker herausarbeitet.
11 Creighton, Thomas, „Kiesler's Pursuit of an Idea", Interview mit Friedrich Kiesler, in: *Progressive Architecture* (42) 7 1961, 113 f.
12 Ebd. und Kiesler, Friedrich, „The Endless House and its Psychological Lighting", in: *Interiors*, November 1950, 125 f.
13 Kiesler 1966 (s. Anm. 1), 278.

This is the same technique he uses in the "Manifeste du Corréalisme," published in 1949 in the French architectural review *L'Architecture d'Aujourd'hui*. In it Kiesler expresses the complexity of the form and content of the *Endless House* through a montage of texts, photos, diagrams, and drawings produced with a minute attention to detail and conceptually far superior—complex and brimming with information—to his three-dimensional models.[9] The cover consists of an elaborate photomontage that was published in 1944 in the magazine *VVV* and in which for the first time the vision and conception of the *Endless House* appeared.[10]

The aim of the Paris manifesto is twofold: Kiesler sets out on the one hand to present the historical evolution of the *Endless House*, which in his view already spanned over two decades, and on the other hand to offer an idea of the unity of architecture and art to which it aspired. In this sense, the manifesto may be considered the first "model" of the *Endless House*.

The need to adapt to the two-dimensional medium of print and to divide the whole formed by image and text into separate pages leads Kiesler to use a broad, irregularly shaped red band that (with some interruptions) runs through all the pages and connects them. This compositional principle, with which Kiesler seeks to link separate elements, is related to a design he produced in 1947 for the renovation of the Hugo Gallery in New York. In that design Kiesler tried to overcome the traditional separation of the elements that configure space—floor, walls, and ceiling—with a structural use of color in order to give the illusion of a spatial continuum.

As had already occurred in 1924 in Vienna and in 1925 in Paris, throughout the 1940s exhibition installations gave Kiesler the opportunity—albeit temporarily—to transfer fundamental conceptual aspects of his architectural visions to a life-size stage. Apart from the total renovation of the Hugo Gallery, there was also the commission Peggy Guggenheim gave him in 1942 to design the *Art of This Century* Gallery, the *Salle de Superstition* [Hall of superstition] created in 1947 in connection with the Surrealist exhibition organized by the Galerie Maeght in Paris, and the installation of the World House Gallery, which he carried out in conjunction with his partner Armand Phillip Bartos in New York in 1956/57. With each of these projects Kiesler drew closer to realizing his dream of the interior of the *Endless House*.

The "Manifeste du Corréalisme," which contains the first general presentation of the *Endless House*, and the book *Inside the Endless House*, which represents Kiesler's final comprehensive declaration on this subject, as well as the exhibition installations mentioned above, are the most important elements for the conceptual interpretation of the models, drawings, and plans that appeared between 1950 and Kiesler's death 1967.

The first model, made of painted plaster, was the result of an initiative made by sculptor David Hare. He invited Kiesler to construct a model that he wanted to present with his sculptures in the exhibition *The Muralist and the Modern Architect*, which he organized in 1950 at the Kootz Gallery in New York on the theme of modern art and architecture and in which Philip Johnson, Walter Gropius, and Marcel Breuer, among others, also took part. Earlier, in the *Salle de Superstition* in Paris, Kiesler had placed one of David Hare's sculptures on top of the element that configured the overall space. However, the combination of architecture and sculpture to which Hare aspired could only be put into practice in a limited way, since Kiesler's model was too small and the essentially larger variation designed by Hare, assembled from various segments, did not win Kiesler's approval.[11] Two photomontages that were intended to show the combination of architecture and sculpture[12] provide some clues to the likely appearance of the version that was created and very probably destroyed by the sculptor.

The commission by the Museum of Modern Art to design a full-scale prototype *Endless House* for the museum garden, where it was to remain for two years, was tackled by Kiesler with great enthusiasm. It gave him an opportunity to construct a large model and a small model, complete various studies of details, and make numerous large and small drawings. As often happened in Kiesler's life, this project failed to reach fruition.[13] Instead, only the models and drawings of the *Endless House* were presented, together with the plans designed in 1925 for the *Universal Theatre*, as part of the *Visionary Architecture* exhibition organized towards the end of September 1960 at the Museum of Modern Art. The exhibition included designs by Bruno Taut, Frank Lloyd Wright, Buckminster Fuller, and Le Corbusier, among others. However, the plan to include a life-size fragment of the *Endless House* also failed. In the end, Kiesler managed to find an effective way of transmitting his idea of space by installing photographic enlargements covering the wall from floor to ceiling. This presentation, which

9 The manifesto was dated 20 September 1947. Kiesler sent it to André Bloc on 29 July 1948, and it appeared in June 1949. See Bogner, Dieter, *Friedrich Kiesler: Architekt, Maler, Bildhauer, 1890–1965*, exh. cat. Museum Moderner Kunst, Vienna 1988, 123 and 137.
10 Kiesler, Frederick, *Endless House—Space-House*, photomontage, in: *VVV* 4, February 1944, 60 f. In the texts on the *Space House* Kiesler does not yet use the concept of the *Endless House*. As often happens with Kiesler, the publication dates he provides for his writings do not agree with the facts. This is also true in the case of the dating of the *Space House*, which appeared on the cover of the "Manifeste du Corréalisme" (1934, not 1933). Since the bibliography on Kiesler to date is in many cases based on information provided by Kiesler himself, the dates must be treated cautiously. In this publication there is an extensive biography (compiled by Jill Meißner) with dates based on reliable documents with very few exceptions. It may be that the slightly modified version of the *Space House* in which Kiesler gave increased emphasis to the flattened spheroid shape he considered ideal arose in the context of the photomontage mentioned above.
11 Creighton, Thomas, "Kiesler's Pursuit of an Idea," interview with Friedrich Kiesler, in: *Progressive Architecture* (42) 7 1961, 113 f.
12 Ibid. and Kiesler, Frederick, "The Endless House and its Psychological Lighting," in: *Interiors*, November 1950, 125 f.
13 Kiesler 1964 (see note 1), 278.

Ausstellung der größte verfügbare Raum gewidmet wurde, setzten die internationale Verbreitung und die bis heute andauernde Rezeption des *Endless House* ein.[14]

Als Kiesler 1933 die Möglichkeit erhielt, in den Schauräumen der Modernage Company, eines großen New Yorker Möbelgeschäfts, den Prototyp eines Einfamilienhauses zu verwirklichen, wollte er diesem *Space House* die Form eines auf einem sockelartigen Unterbau ruhenden abgeflachten Sphäroids geben.

„Die idealste Form des Hauses mit dem geringsten Widerstand gegen äußere und innere Spannung ist nicht die eiförmige, sondern die sphäroidale Matrix: eine abgeflachte Kugel. In ihrem äquatorialen Schnitt ein Kreis, in ihrem longitudinalen Schnitt eine Ellipse. Die Stromlinienform wird hier zur organischen Kraft, da sie sich auf das dynamische Gleichgewicht von Körperbewegung im geschlossenen Raum bezieht."[15]

Die charakteristische Grundform des *Space House* geht auf eines der ersten Architekturprojekte Kieslers zurück: auf den 1924/25 im Zusammenhang mit der Wiener *Raumbühne* entstandenen und in den folgenden Jahren weiterentwickelten Entwurf für ein *Universal Theatre*. Kiesler betont, dass die Wahl dieser Form nicht auf einem ästhetischen oder symbolischen Konzept beruht. Mithilfe neuer Materialien und Techniken – Spannbeton, Plastik oder Glas – will er vielmehr einen monumentalen, stützenlosen Einheitsraum schaffen, dessen Begrenzungsflächen – Boden, Wand, Decke – kontinuierlich ineinander übergehen und der damit der Forderung nach größtmöglicher Flexibilität in der Gestaltung des Innenraums entspricht.[16] Weder Säulen noch Pfeiler sollen die Sicht auf die zentral angeordnete, sich spiralförmig in die Höhe entwickelnde *Raumbühne* beeinträchtigen, die über frei durch den Raum geführte, geschwungene Stege mit den kreisförmig um das Zentrum angeordneten Zuschauerrängen verbunden ist. Kieslers Ziel ist es, das Ineinanderfließen der in der traditionellen Guckkastenbühne räumlich scharf getrennten AkteurInnen, der SchauspielerInnen und der ZuschauerInnen, zu ermöglichen.

Der Einblick in ein Modell des *Endless House* lässt die Kontinuität in der Beschäftigung mit diesem Raumkonzept der 1920er Jahre – wenn auch auf wenige raumbestimmende Elemente reduziert – erkennen. In einem großen, ansteigenden Bogen führt eine Rampe durch das höhlenartige Volumen zu einem frei in die Wölbung eingehängten kleineren Raumsegment. Das Haus – ob ein-, zwei- oder mehrstöckig – fasst Kiesler als eine einzige Raumeinheit auf („One Space Unit"), in der sich auf minimalem Grundriss ein Maximum an Nutzungsmöglichkeiten entfalten soll. Entsprechend der bereits im Theaterentwurf von 1925 erhobenen Forderung nach freier Entwicklungsmöglichkeit der Bewegung im Raum bestimmt Kiesler das Haus als die Summe „von jeder nur möglichen Bewegung, die seine Bewohner in seinem Inneren machen können", als ein Volumen also, in dem die BewohnerInnen polydimensional leben.[17] Kiesler bot sich nie die Gelegenheit, diese Konzeption umzusetzen, doch hätte ihn die Verwirklichung seines Ideals vor mannigfache Schwierigkeiten gestellt und zu markanten Einschränkungen und Kompromissen gezwungen. Als Leitidee für die Planung menschlicher Lebensräume ist sein utopisches Konzept jedoch heute so aktuell wie damals.[18]

Dies gilt auch für die erstmals in Zusammenhang mit dem *Space House* formulierte Forderung nach einer aus den psychologischen und sozialen Nutzungsbedingungen abgeleiteten Differenzierung der Raumhöhen. Das *Space House*, heißt es in einem Text von 1934, weise verschiedene Niveaus auf, bestimmte Räume verlangten je nach ihrer Funktion niedrigere Decken. Der Wohn- und Gemeinschaftsraum habe eine hohe Decke, die Bibliothek eine sehr niedrige, und – um die Bedeutung eines Ortes noch stärker zu betonen, in dem man sich mit seinen Gedanken zurückzieht – liege er um einige Stufen niedriger als der Wohnraum. Das Esszimmer hingegen sei zwei Stufen über dem Wohnzimmer gelegen, um einen leichten Eindruck der Förmlichkeit zu erzielen. Bei den Schlafzimmern handle es sich um intime, private Räume; sie verlangten wiederum eine niedrige, freundliche Decke.[19] Diese Beschreibung und ebenso der hinter der stromlinienförmigen Scheinfassade des *Space House* errichtete Prototyp einer modernen Wohnung erinnern an die unter dem Begriff „Raumplan" bekannt gewordene Raumkonzeption von Adolf Loos, die das in einem klar begrenzten Kubus verfügbare Raumangebot nutzungsspezifisch maximiert.

Beim *Endless House* entsteht ein differenziertes Angebot unterschiedlicher Raumhöhen: sowohl durch die asymmetrisch geführte Wölbungskurve, die den Längsschnitt des Gebäudes bestimmt, als auch durch kleine Raumzellen, die wie Schwalbennester in die Innenraumwölbung eingefügt sind. Unterhalb dieser Elemente entstehen ebenfalls niedrigere Raumbereiche, die – Kieslers Konzept zufolge – abhängig vom jeweiligen funktionellen Bedarf entweder als nischenartige Sektoren des großen Wohnraums genutzt oder durch flexible Trennungselemente in kleine, geschlossene Einheiten verwandelt werden können.

14 Ebd., 278, 299.
15 Kiesler 1934 (s. Anm. 6), 296.
16 „The dye-cast-unit, not a dye-cast part of roof, floor, wall, or column, but a continuous unit overcoming the four-fold division of column, roof, floor, wall. Such construction I call shell-monolith. [...] Separation into floor, walls, roof, columns, is eliminated. The floor continues into the wall (only a contact-member), but the wall continues into the roof, the roof into the wall, the wall into the floor. It might be called: conversion of compression into continuous tension", in: Kiesler 1934 (s. Anm. 6), 296. Dt. Übersetzung: „Gegossene Einheiten – nicht einzelne Formgussteile für Dach, Boden, Wand oder Pfeiler, sondern eine durchgehende Einheit, die die vierfache Teilung von Pfeiler, Dach, Boden, Wand überwindet. Diese Konstruktion nenne ich Schalen-Monolith. [...] Die Trennung in Boden, Wand, Dach, Träger entfällt. Der Boden setzt sich in der Wand fort, die Wand im Dach, das Dach in der Wand, die Wand im Boden. Man könnte dies als Umwandlung der Komprimierung in kontinuierliche Spannung bezeichnen" (www.kiesler.org, 18.2.2016). Durch die Aufgabe des Prinzips des Tragens und Lastens bricht Kiesler radikal mit der europäischen Architekturtradition und leitet daraus in Texten, die das *Space House* begleiten, einen markanten Gegenpol zum Funktionalismus der 1920er und 1930 Jahre ab, der dem traditionellen rektangulären Bausystem verhaftet bleibt. Er formuliert diese Position kaum zwei Jahre nach jener architekturhistorisch bedeutsamen Architekturausstellung, die Philip Johnson gemeinsam mit Henry-Russell Hitchcock im New Yorker Museum of Modern Art organisiert hat und die der modernen europäischen Architektur in den Vereinigten Staaten zum Durchbruch verholfen hat. Es dauerte jedoch 25 Jahre, bis Kieslers Kritik am funktionalistischen Bauen durch die prominente Präsentation des *Endless House* in der Ausstellung *Visionary Architecture* Anerkennung fand.
17 Kiesler 1949 (s. Anm. 5), 740.
18 Das von COOP HIMMELB(L)AU im Entwurf für das UFA-Kino Dresden entworfene offene Raumsystem lässt die Aktualität der Vision Kieslers erkennen.
19 Kiesler, Friedrich, „One Living Space Convertible into Many Rooms", in: *Home Beautiful*, Jänner 1934, 32.

was given the largest of the spaces available for the exhibition, was the starting point for international awareness of the *Endless House* and the receptivity to its ideas which has continued to the present day.[14]

When Kiesler had the opportunity in 1933 to construct a prototype single-family house for the window displays of the Modernage Company, a large furniture business in New York, he tried to give this *Space House* the form of a flattened sphere resting on a plinth-like substructure. "The ideal house configuration with least resistance to outer and inner stress," writes Kiesler,

"is not the ovoid but the spheroid matrix: a flattened sphere. In its equatorial section a circle, in its longitudinal section, an ellipse. Stream-lining becomes here an organic force as it relates to the dynamic equilibrium of body-motion within encompassed space."[15]

This characteristic basic shape of the *Space House* originates in one of Kiesler's early architectural designs: specifically, the project for an *Endless Theatre*, designed in 1924/25 and developed in the following years within the context of the Viennese *Space Stage*. Kiesler emphasizes that the choice of this shape is not due to an aesthetic or symbolic conception. With the aid of new materials and techniques—pre-stressed concrete, plastic, and glass—he aspires to create a unified, monumental space without supports, where the surfaces that act as boundaries—floor, walls, ceiling—form a transition and a continuum that reflects the demand for maximum flexibility in the layout of the interior space.[16] There are no columns or pillars to mar the view of the scenic space in the center, rising in a spiral, which connects, by means of swaying gangways freely suspended in space, with rows of seats for the spectators arranged in a circle around the center. Kiesler's aim is to facilitate the merging of the participants—actors and audience—who in the traditional theater are sharply separated in space.

The continuity of his preoccupation with this concept of space from the 1920s—though reduced to a few main elements that shape the space—is easily recognizable in the interior layout of a model of the *Endless House*. A large curving ramp leads up through the cavern-like volume to a smaller spatial segment freely suspended in the vault. Kiesler conceives of the house—whether it has one, two, or three floors—as a single spatial unit ("One Space Unit") in which the possibilities for development starting from a minimal basic layout are fully exploited. Responding to a demand already presented in the 1925 theater design, Kiesler defines the house as the sum "of every possible movement its inhabitants can make within it"—that is to say, as a volume in which the occupants live in a "polydimensional" manner.[17] Kiesler never set about putting this concept into practice, but the realization of his ideal would have brought him up against all kinds of difficulties and obliged him to adopt significant limitations and compromises; yet as the governing idea for the design of human living space, his utopian concept is still just as valid now as it was then.[18]

This is also true for the demand he first formulated in connection with his concept of the *Space House*, in which he referred to a differentiation of the various spatial levels derived from the psychological and social dynamics affecting their use. The *Space House*, he writes in a text from 1934,

"presents different levels. Some spaces require lower ceilings for the function they serve. The living room has a high ceiling, the library a very low ceiling and, in order to further emphasize the importance of this place to which we retire alone with our thoughts, it is set a few steps lower than the living room. On the other hand, the dining room is two steps higher than the living room in order to create a slight impression of formality. The bedrooms are intimate, private areas; they, too, require a low, welcoming ceiling."[19]

This description, and also the prototype of a modern house standing behind the streamlined false facade of the *Space House*, recalls Adolf Loos's idea of space, known as the "Raumplan" (space plan), which maximizes the use of space available in a clearly bounded cube in terms of specific functions.

The *Endless House* generates a well-differentiated selection of variable heights, thanks both to the asymmetrical curve of the vaulted ceiling which determines the longitudinal section of the building and to small space units inserted in this interior vaulted space like swallows' nests. Among these elements various lower spatial units also appear that—in keeping with Kiesler's conception and according to the particular functional need—can either be used as niche-like sectors in the large living space or else converted into small closed units by means of flexible dividing elements. "The spheroid shape," he comments in 1950 when speaking of his conception of the *Space House*,

"derives from the social dynamics of two or three generations living under one roof. The generous spaces preferable for group living demand double or even triple heights in such

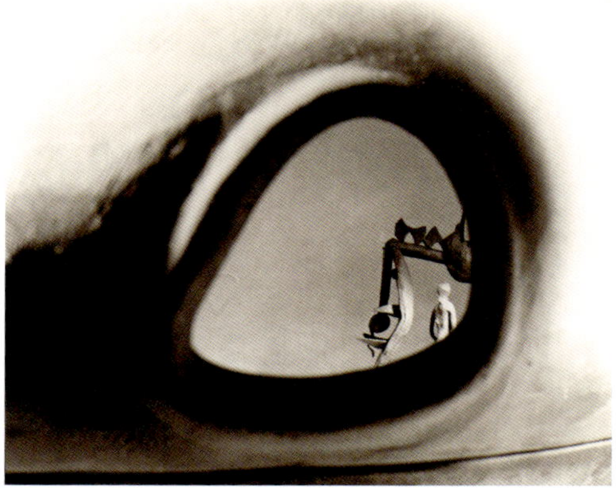

Endless House, Modell für die Kootz Gallery mit einer Skulptur von David Hare, New York, 1950, SW-Foto; Silbergelatineabzug auf Barytpapier
***Endless House*, model for the Kootz Gallery with a sculpture by David Hare,** New York, 1950, BW photo; Gelatin silver print on baryta paper
ÖFLKS, PHO 521/0

14 Ibid., 278, 299.
15 Kiesler 1934 (see note 6), 296.
16 "The dye-cast-unit, not a dye-cast part of roof, floor, wall, or column, but a continuous unit overcoming the four-fold division of column, roof, floor, wall. Such construction I call shell-monolith. […] Separation into floor, walls, roof, columns, is eliminated. The floor continues into the wall (only a contact-member), but the wall continues into the roof, the roof into the wall, the wall into the floor. It might be called: conversion of compression into continuous tension," in: Kiesler 1934 (see note 6), 296. In his study of the principles of load bearing and supports Kiesler makes a radical break with the European architectural tradition, and in the texts that accompany the *Space House* he defines an attitude that contrasts strikingly with the functionalism of the 1920s and 1930s, which remained tied to the traditional system of construction based on the rectangle. Kiesler formulated this position barely two years after the exhibition on architecture organized by Philip Johnson and Henry-Russell Hitchcock at the Museum of Modern Art in New York, which proved so significant from a historical viewpoint and contributed so much to the spread of European architectural ideas to the United States. However, 25 years were to pass before Kiesler's criticisms of functional building gained the recognition they deserved as a result of the celebrated public presentation of the *Endless House* at the *Visionary Architecture* exhibition.
17 Kiesler 1949 (see note 5), 740.
18 The open spatial system designed by COOP HIMMELB(L)AU for the UFA cinema in Dresden shows the continuing validity of Kiesler's vision.
19 Kiesler, Frederick, "One Living Space Convertible into Many Rooms," in: *Home Beautiful*, January 1934, 32.

Bloodflames 1947, Ausstellungsansicht mit zwei Besuchern beim Betrachten von Wifredo Lams *Le Présent éternel* [Die ewige Gegenwart]; im Vordergrund Skulpturen von Isamu Noguchi und David Hare, New York, 1947, Foto: Bernie Kaufmann, Ausstellungsgestaltung: Friedrich Kiesler, SW-Foto; Silbergelatineabzug auf Barytpapier
***Bloodflames 1947*, exhibition view with two visitors observing Wifredo Lam's *Le Présent éternel* [The eternal present]; sculptures by Isamu Noguchi and David Hare in the foreground,** New York, 1947, Photo: Bernie Kaufmann, Exhibition design: Frederick Kiesler, BW photo; Gelatin silver print on baryta paper
ÖFLKS, PHO 1034/0

„Die kugelige Gestalt leitet sich von der sozialen Dynamik der zwei oder drei Generationen ab, die unter einem Dach leben. Großzügige Räume, die für ein gemeinschaftliches Leben vorzuziehen sind, verlangen in Bereichen wie dem Wohnzimmer die doppelte oder sogar dreifache Höhe, während Minimalhöhen von 8 Fuß für die Schlafzimmer und andere private Räume am günstigsten sind."[20]

Kiesler spricht wiederholt von einem elastischen Raumkonzept, das in der Lage sein soll, selbst in einem kleinen Haus den unterschiedlichsten sozialen Anliegen seiner BewohnerInnen – von individueller Abgeschlossenheit in kleinen, geschlossenen bis zur Gemeinsamkeit in großen, offenen Räumen – durch die Veränderbarkeit der Begrenzungsflächen maximal zu entsprechen.[21] Er prägt dafür in den 1930er Jahren den Begriff der „Time Space Architecture", worunter er die bedarfsabhängige Veränderung der Raumgrößen und -formen in der Zeit versteht.[22] Wiederum wurzelt dieses Konzept in den 1920er Jahren, und zwar in Kieslers Theaterarbeiten, die einen nicht zu unterschätzenden Einfluss auf seine architektonische und künstlerische Entwicklung ausgeübt haben. Er publiziert 1924 das Schema einer mechanischen Raumszenerie, die durch die automatisierte Bewegung raumteilender Elemente eine vorprogrammierte kontinuierliche Veränderung der Szene ermöglicht.[23] Auf die Frage, wie sich Kiesler im Gesamtraum des *Endless House* die temporäre Gestaltung kleiner, individueller Räume vorgestellt haben mag, kann die Ausstellungsinstallation in der Hugo Gallery eine Antwort geben. Um die individuelle Betrachtung eines einzelnen Werks zu ermöglichen, wird den BesucherInnen die Möglichkeit geboten, durch das Zuziehen transparenter Vorhänge ein kleines, geschlossenes Raumsegment – einen Raum im Raum – zu schaffen. Ein 1942 für die Galerie Peggy Guggenheims entworfenes Sitzmöbel ermöglicht das bequeme Betrachten des an der Decke befestigten Bildes.[24]

Vom *Universal Theatre* über das *Space House* bis zum 1950 entstandenen ersten kleinen Modell des *Endless House* erfährt die perfekte geometrische Gestalt des Sphäroids – unter Beibehaltung der konstruktiven Idee des selbsttragenden Schalenbaus – durch Kieslers Hinwendung zu biomorphen Formen eine kontinuierliche formale Veränderung. Dieser Prozess beginnt in den frühen 1930er Jahren mit dem stromlinienförmigen Design des *Space House* und führt in den 1950er Jahren zu einer Serie von Zeichnungen, in der das *Endless House* eine markante Nierenform annimmt. Die Wurzeln dafür finden sich in Möbelentwürfen der 1930er und 1940er Jahre: Zu den signifikantesten Vergleichsbeispielen gehören der zweiteilige Aluminiumtisch von 1935/36 und das 1942 für Peggy Guggenheims Galerie *Art of This Century* entworfene multifunktionale Sitzmöbel. In dieser einfachen Form – Tisch, Sitzmöbel, Haus – kommt Kieslers Überzeugung zum Ausdruck, dass Primärstrukturen in der Lage sind, einer Fülle unterschiedlichster Funktionen zu entsprechen. Diese sind, schreibt Kiesler im „Manifeste

Studie zur multifunktionalen Nutzung des *Correalistischen Möbels* für *Art of This Century*, New York, 1942, Zeichnung; Bleistift auf Papier
Study on the multifunctional use of the *Correalistic Furniture* for *Art of This Century*, New York, 1942, Drawing; Pencil on paper
ÖFLKS, SFP 478/0

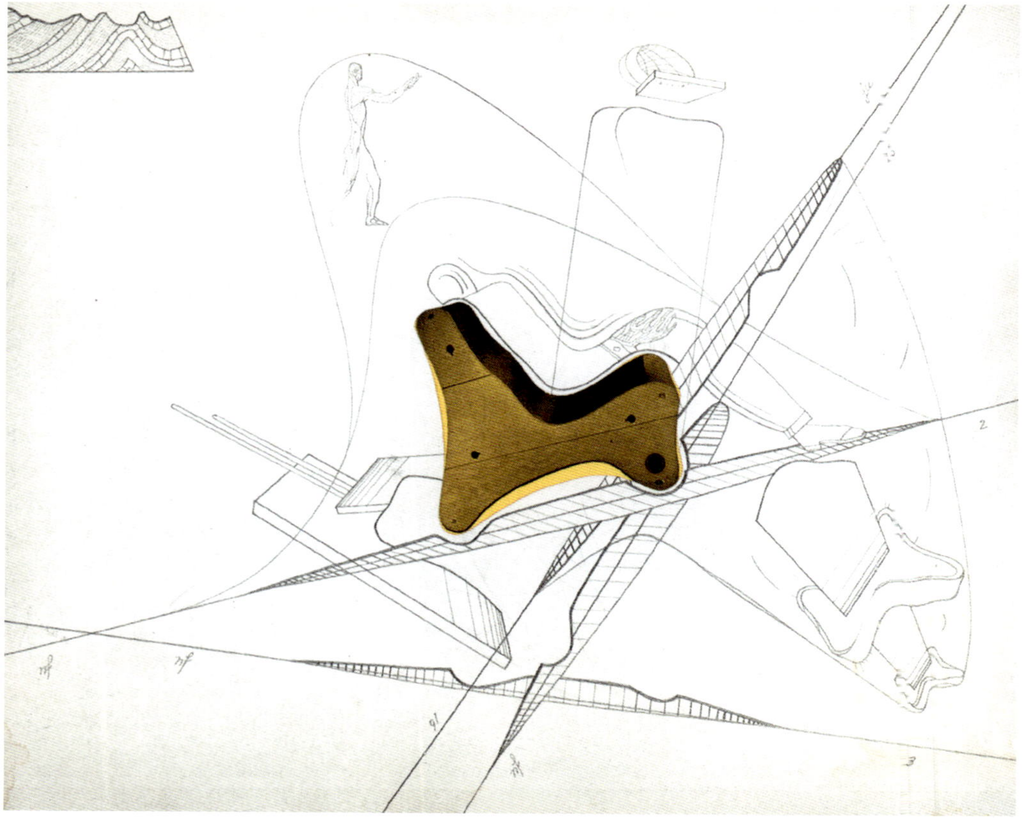

20 Kiesler 1950 (s. Anm. 12), 123–129.
21 Bogner, Dieter: „Architecture as Biotechnique. Friedrich Kiesler und das Space-House von 1933", in: Boeckl, Matthias (Hg.), *Visionäre und Vertriebene. Österreichische Spuren in der modernen amerikanischen Architektur*, Berlin 1995, 149.
22 Kiesler 1934 (s. Anm. 6), 293 f.
23 Lesák, Barbara, *Die Kulisse explodiert: Friedrich Kieslers Theaterexperimente und Architekturprojekte 1923–1925*, Wien 1988, 89.
24 Dieses Motiv verwendet Philippe Starck in seiner Ausstellungsinszenierung für die kunstgewerbliche Abteilung des Museums in Groningen zur Vereinzelung der Ausstellungsstücke im gewölbten Gesamtraum.

areas as the living room, while minimal eight-foot heights are best in bedrooms and other private areas."[20]

Kiesler speaks repeatedly of an elastic spatial concept that must be capable, even in a small house, of providing an optimum response to the very diverse social concerns of its occupants—ranging from individual isolation in small closed spaces to communal existence in large open spaces—thanks to the versatility of the surfaces that define the space.[21] For this Kiesler coined the concept of "Time Space Architecture" in the 1930s to refer to the possibility of changing the size and shape of the spaces in accordance with the functions accorded to them.[22] Once again, this is a concept that goes back to the 1920s and, specifically, to Kiesler's set designs, which exercised an influence on his architectural and artistic development that should not be overestimated. In 1924 he published the outline for a mechanical scenery system through which it was possible to make constant preprogrammed alterations to the scene by means of automated movement of space-dividing elements.[23] The exhibition installation at the Hugo Gallery offers a glimpse of the way in which Kiesler had thought of solving the temporary arrangement of small individual spaces within the overall spatial framework of the *Endless House*. In order to facilitate individual contemplation of a specific work, the spectator is given the possibility of creating a space within a space, a small closed space, by closing some transparent curtains. A seat designed in 1942 for Peggy Guggenheim's gallery provides a comfortable view of a picture fixed to the ceiling.[24]

From the *Universal Theatre* to the *Space House* to the first small-scale model of the *Endless House* designed in 1950, the perfect geometrical form of the spheroid—always retaining the constructional idea of a kind of self-supporting shell—continued to undergo constant formal changes due to Kiesler's interest in biomorphic forms. This process started in the early 1930s with the streamlined design of the *Space House*, and in the 1950s it led to a series of drawings in which the *Endless House* took on a striking kidney shape. The origins of the architectural form are to be found in the furniture designs made in the 1930s and 1950s: among the most significant examples in this connection are the twopiece aluminum table created around 1935/36 and the multifunctional seating unit designed in 1942 for Peggy Guggenheim's *Art of This Century* Gallery. In the metamorphosis that this simple form undergoes—table, seating unit, house—we clearly see Kiesler's conviction that primary structures are capable of responding to a wide range of functions. As Kiesler writes in his "Manifeste du Corréalisme," these functions are contained in the primary structure of the initial cell of the project in the same way as the multiple specialized functions of organs that are already contained in the amorphous embryo of the human body."[25] In the world of Correalism, according to Kiesler's ongoing theory, a picture becomes architecture, a sculpture becomes a picture, and architec-

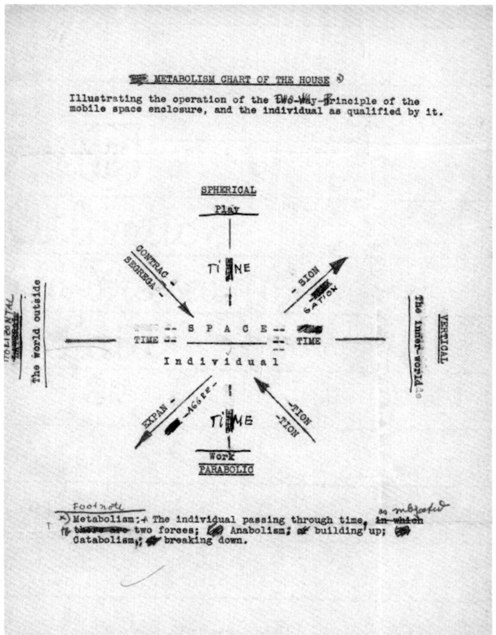

Metabolism Chart of the House, Studie für ein Diagramm zum *Space House*, New York, 1933, Typoskript; Anmerkungen mit Bleistift auf Papier
***Metabolism Chart of the House*, study for a *Space House* diagram,** New York, 1933, Typescript; Pencil annotations on paper
ÖFLKS, TXT 3586/0

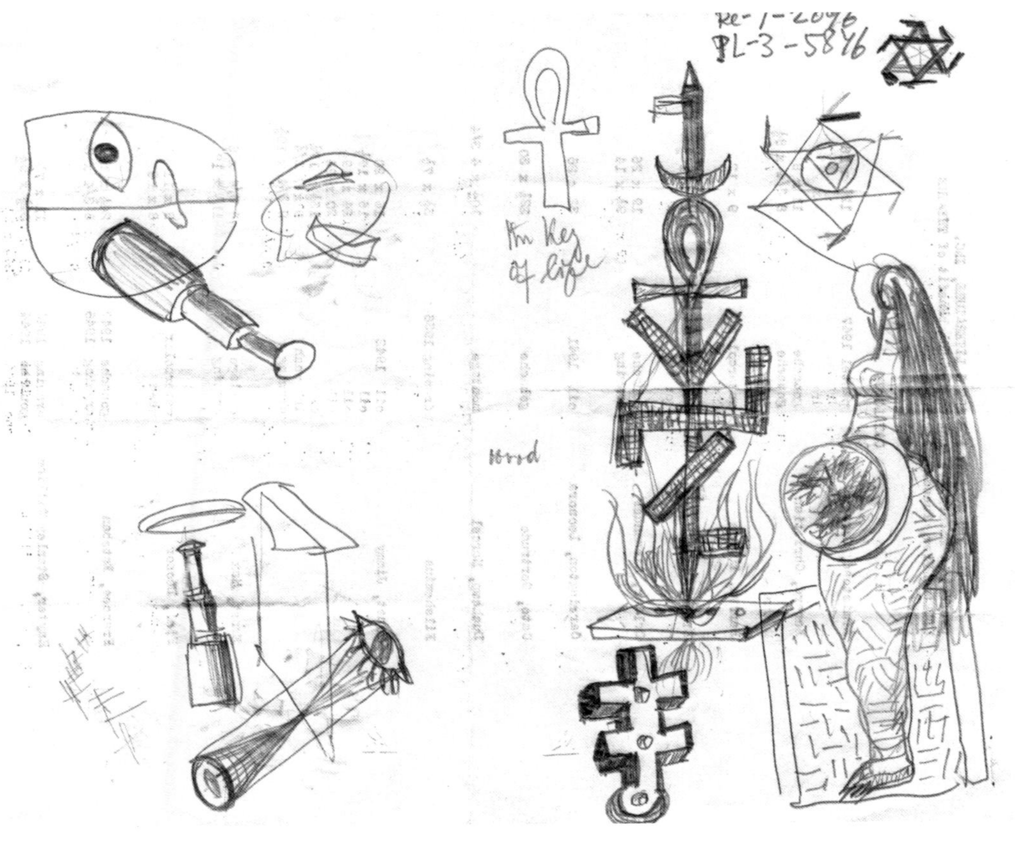

Studien zu *Le totem des religions*, 1947, Zeichnungen; Bleistift auf Papier
Studies for *Le totem des religions*, 1947, Drawings; Pencil on paper
ÖFLKS, SFP 1197/0

20 Kiesler 1950 (see note 12), 123–129.
21 Bogner, Dieter: "Architecture as Biotechnique: Friedrich Kiesler und das Space-House von 1933," in: Boeckl, Matthias (ed.), *Visionäre und Vertriebene: Österreichische Spuren in der modernen amerikanischen Architektur*, Berlin 1995, 149.
22 Kiesler 1934 (see note 6), 293 f.
23 Lesák, Barbara, *Die Kulisse explodiert: Friedrich Kieslers Theaterexperimente und Architekturprojekte 1923–1925*, Vienna 1988, 89.
24 Philippe Starck uses this motif in his exhibition installation for the decorative arts section in the Groningen Museum to isolate the pieces exhibited in the vaulted central gallery.
25 Kiesler 1949 (see note 4).

Rocker und *Correalistisches Instrument* aus *Art of This Century*, New York, 1942, SW-Foto; Silbergelatineabzug auf Barytpapier
***Rocker* and *Correalistic Instrument* from *Art of This Century*,** New York, 1942, BW photo; Gelatin silver print on baryta paper
ÖFLKS, PHO 341/0

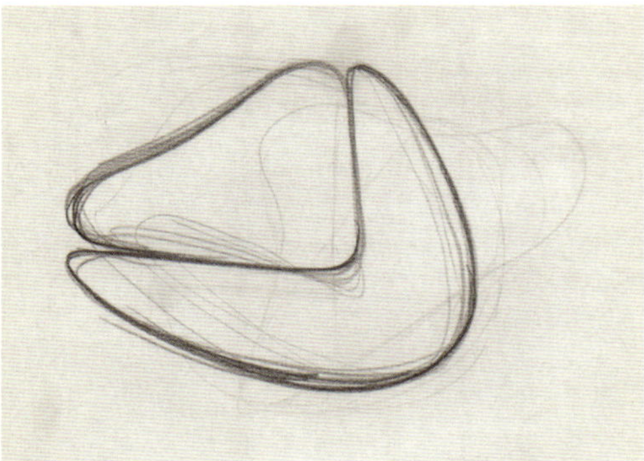

Studie für einen *Nesting Table*, New York, 1935, Zeichnung; Bleistift auf Papier
Study for a *Nesting Table*, New York, 1935, Drawing; Pencil on paper
ÖFLKS, SFP 5721/0

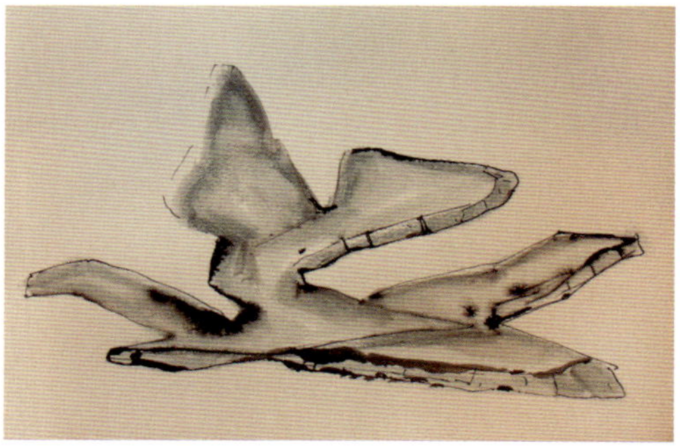

Studie für ein *Endless House, Paris Endless*, Paris, 1947, Zeichnung, Aquarell und Tusche auf Papier
Study for an *Endless House, Paris Endless*, Paris, 1947, Drawing; Watercolor and India ink on paper
ÖFLKS, SFP 500/0

du Corréalisme", „[...] in der Primärstruktur der Ursprungszelle enthalten [...] ebenso wie die vielfältigen Funktionen der Organe bereits im amorphen Embryo des menschlichen Körpers enthalten sind".[25] In der Welt des Correalismus, so Kieslers weiterführende These, wird das Bild zur Architektur, die Skulptur zum Bild und die Architektur zur Farbe, ohne an Integrität zu verlieren.[26] Diese Metamorphose der Nierenform entspricht der Verwandlungsfähigkeit des Innenraums und schließlich aller Elemente, denn – so Kieslers These – alles hängt mit allem zusammen. Die Funktion des *Endless House* ist, „[...] diese ‚ununterbrochenen Mutationen' der Lebenskraft in sich aufzunehmen, die Teil des Tatsächlichen ebenso wie des Magischen sein dürften".[27]

Ab den 1940er Jahren fließen in zunehmendem Maße symbolische Konnotationen in das Konzept des *Endless House* ein. Dazu zählen die Anspielung auf die Unendlichkeit der Himmelssphäre, das heißt die Auffassung des *Endless House* als ein vom Menschen gestalteter Kosmos, und vor allem die unter dem Einfluss des Surrealismus erfolgte Entwicklung des Konzepts einer magischen Architektur, das in der Pariser *Salle de Superstition* kulminiert.[28] Diese Entwicklung ist eng mit der Deutung des Innenraums des *Endless House* als Höhle verbunden, eine Assoziation, die bereits die *Salle de Superstition* hervorruft und die in der Entwurfsskizze für die Umgestaltung der Hugo Gallery besonders deutlich zum Ausdruck kommt. Parallel zu diesen Ausstellungsinstallationen entsteht eine Zeichnungsserie, in der Kiesler höhlenartige Gebäude- und Stadt-Utopien entwirft. Die kleinen, kubischen Räume der Hugo Gallery verwandelt er mit den Mitteln der Malerei und durch eine die Raumecken verschleifende Anbringung der ausgestellten Bilder in ein höhlenähnliches, „endloses" Kontinuum. Er will, heißt es in einem begleitenden programmatischen, dadaistisch anmutenden Text, der das *Raumstadt*-Manifest von 1925 in Erinnerung ruft, „[...] die niedrigen Decken hochfliegen lassen, die Schlupfwinkel vergrößern und dort die Illusion von Löchern oder Erweiterungen erwecken, wo sich der ‚eigene Kerkergeist' versteckt und zurückzieht".[29] Diese Ausstellungsinstallation bietet die Möglichkeit, einen Eindruck von Kieslers Vorstellung einer als Einheit von Architektur, Malerei und Skulptur gedachten Innenraumgestaltung zu gewinnen, wie er sie für das *Endless House* in den 1950er Jahren plant. Gleichzeitig macht sie deutlich, welche formale Entwicklung das ideale konstruktivistische Raumkonzept der *Raumstadt* im Laufe von etwas mehr als 20 Jahren unter dem Einfluss der Theorie der Biotechnologie und des Surrealismus genommen hat. Was die beiden Projekte jedoch unter anderem miteinander verbindet, das ist Kieslers Konzept von der Vereinigung der Künste im Gesamtkunstwerk, eine Idee, die sich in diesem Zeitraum von einer konstruktivistischen Utopie zu einer kosmologischen Sicht entwickelt.

Wiederum sind es zwei Zitate, die die Kontinuität einer in den 1920er Jahren aufgenommenen Grundidee und deren Weiterentwicklung anschaulich vor Augen führen: „Meine Idee war", schreibt Kiesler um 1950 in einem Rückblick auf die Pariser *Raumstadt* von 1925, „eine Kristallisation von einfachen Linien und Grundfarben, eine Architektur, eine Skulptur und ein Bild, alles in einem zu schaffen". Als Zeitzeugen für die erfolgreiche Verwirklichung dieser Idee zitiert er Theo van Doesburg, der beim Anblick der monumentalen Konstruktion der *Raumstadt* gesagt haben soll: „Du hast realisiert, wovon wir geträumt haben, es könnte eines Tages gemacht werden. Das hier ist die Vereinigung der Künste und nicht der *Pavillon de L'Esprit Nouveau*."[30] Die Wiener Tradition des Gesamtkunstwerks, mit der Kiesler im Umkreis Josef Hoffmanns eng verbunden war, prägte diese Konzeption ebenso wie seine intensiven Kontakte zur holländischen De Stijl-Gruppe, die vor allem durch seine Freundschaft zu Theo van Doesburg bestimmt wurde.

Die wohl programmatischste Aussage zum Thema Gesamtkunstwerk formuliert Kiesler jedoch 1947 im Katalog der Surrealisten-Ausstellung, wo er seine führende Rolle in der konzeptionellen Entwicklung der *Salle de Superstition* definiert:

„Die Salle de Superstition stellt eine erste Bemühung dar, mit den Mitteln und dem Ausdruck unserer Epoche einen Zusammenhang von Architektur – Malerei – Skulptur aufzuzeigen. Das Problem ist ein zweifaches: 1. Schaffung einer Einheit; 2. deren Bestandteile, Malerei – Skulptur – Architektur, sich ineinander verwandeln lassen. Ich habe die Raumgestaltung skizziert. Ich habe die Maler Duchamp, Max Ernst, Matta, Miró, Tanguy und die Bildhauer Hare und Maria gebeten, meinen Plan auszuführen. Sie haben eifrig mitgearbeitet. Ich habe jeden Teil des Ganzen – Form und Inhalt – speziell für jeden Künstler entworfen. Es gab keinerlei Missverständnisse."[31]

Im Falle eines Fehlschlags, so Kiesler, würde ihm die alleinige Verantwortung dafür zufallen. Diese magische Architektur der *Salle de Superstition* mit ihrer inhaltlichen Aufladung durch surrealistisches Formen- und Gedankengut stellt Kiesler in Gegensatz zu einem – aus seiner Sicht – sinnentleerten Funktionalismus:

25 Kiesler 1949 (s. Anm. 4).
26 „Sans perdre leur intégrité: le tableau devenant architecture, la sculpture devenant tableau, et l'architecture devenant couleur", in: Kiesler 1949 (s. Anm. 4).
27 *VVV* 1944 (s. Anm. 10), 60–61. Zur inhaltlichen Deutung des *Endless House*: Sgan-Cohen, Michael: „Zur Ikonographie des *Endless House*", in: Bogner, Dieter, *Friedrich Kiesler: Architekt, Maler, Bildhauer, 1890–1965*, Ausst.kat. Museum Moderner Kunst, Wien 1988, 242 f.
28 Kiesler, Friedrich, „L'Architecture magique de la Salle de Superstition", in: Breton, André/Duchamp, Marcel (Hg.), *Le Surréalisme en 1947. Exposition Internationale du Surréalisme*, Ausst.kat. Galerie Maeght, Paris 1947, 131–134.
29 Kiesler 1949 (s. Anm. 4).
30 Kiesler, Friedrich, „Die Vereinigung der Künste", Typoskript, um 1950, ÖFLKS.
31 Kiesler 1949 (s. Anm. 4).

ture becomes color without losing integrity in the process.[26] This metamorphosis of the kidney shape reflects the capacity for change of the interior space and, ultimately, of all the elements that make up the house, since, according to Kiesler's theory, everything is interrelated .The function of the *Endless House* is "[...] to shelter those 'continuous mutations' of the life-force, which seem to be part of the 'practical' as well as of the magical".[27]

In the 1940s the concept of the *Endless House* increasingly took on symbolic connotations. These include references to the infinite nature of the celestial sphere—in other words, the concept of the *Endless House* as a cosmos shaped by men—and, especially, the development of the concept of a magical architecture that derives from the influence of Surrealism and culminates in the *Salle de Superstition* in Paris.[28] This conceptual development is closely linked to the identification of the interior space of the *Endless House* with that of a cave, an association already visible in the *Salle de Superstition* and shown most clearly in the sketches produced for the project to renovate the Hugo Gallery. In parallel with these exhibition installations, Kiesler produced a series of drawings in which he designed cavernous buildings and utopian cities. Kiesler moved the pictures that were on display to the corners of the gallery and used painting to transform the small cubic spaces of the Hugo Gallery into an "endless" continuum that recalled a cave. According to an amusing Dada-inspired programmatic accompanying text that recalls the *City in Space* manifesto of 1925, he sought to "make low ceilings soar, push back the corners of the room, and conjure up hollows and bulges where the 'box-and-lid' mentality would obstinately keep everything rigid".[29] This installation enables us to form an impression of Kiesler's idea of the design of the interior as a unified combination of architecture painting, and sculpture as he conceived it in the 1950s in connection with the *Endless House*. At the same time, it gives a clear picture of the formal development undergone by the Constructivist spatial concept of the *City in Space* over the course of more than 20 years, under the influence of the theories of biotechnique and Surrealism. In any case, what links the two designs is Kiesler's idea of achieving a unification of different artistic genres within an overall work of art, an idea that evolved over the years from a Constructivist utopia to a cosmological vision.

Once again there are two quotations that clearly show the continuity of a central idea that originated in the 1920s and its subsequent development. "My idea was," writes Kiesler around 1950 in a retrospective analysis of his 1925 Paris *City in Space*, "to achieve a crystallization of simple lines and basic colours, creating architecture, sculpture and picture all in one." To testify to the successful realization of this idea he quotes Theo van Doesburg, who, on seeing the monumental construction of the *City in Space*, is said to have commented: "You have managed to put into practice what we had dreamed would be done some day. This and not the *Pavillon de l'Esprit Nouveau* represents the unification of all arts."[30] This concept derived from the Viennese tradition of the total work of art, with which Kiesler had come into contact through Josef Hoffmann and his circle, and also his intense contacts with the Dutch De Stijl group, which was particularly determined by his friendship with Theo van Doesburg.

However, probably the most programmatic exposition of the subject of the Gesamtkunstwerk was formulated by Kiesler in 1947 in the catalog for the *Exposition Internationale du Surréalisme*, at Galerie Maeght in Paris in 1947, in which he defines the leading role he played in the conceptual development of the *Salle de Superstition*:

"The Gallery of Superstitions presents a first attempt at an Architecture-Painting-Sculpture Continuum, with the media and expressive forms of our age. The problem is twofold: 1. Creating a unity; 2. in which the Painting-Sculpture-Architecture Constituents metamorphose from one to another. I designed my spatial layout. I invited the painters Duchamp, Max Ernst, Matta, Miró, and Tanguy and the sculptors Hare and Maria to execute my plan. They joined in eagerly. I conceived every part of the Whole, form and content, specially for each artist. There were no misunderstandings."[31]

If there was any failure, Kiesler declared, he would take full responsibility for it. Kiesler contrasts the magical architecture of the *Salle de Superstition*—heavily laden with the legacy of Surrealist forms and ideas—with a functionalism that, in his opinion, was devoid of meaning.

"Against the mysticism of Hygiene, which is the superstition of 'Functional Architecture,' I set the realities of a Magical Architecture which takes root in the totality of the human being and not in the blest or accursed parts of that being. [...] The house released from the traditional aesthetic had become a living creature."[32]

26 "Sans perdre leur intégrité: le tableau devenant architecture, la sculpture devenant tableau, et l'architecture devenant couleur," in: Kiesler 1949 (see note 4).
27 *VVV* 1944 (see note 10), 60–61. For an interpretation of the content of the *Endless House*, see Sgan-Cohen, Michael, "Zur Ikonographie des *Endless House*," in Bogner, Dieter, *Friedrich Kiesler: Architekt, Maler, Bildhauer, 1890–1965*, exh. cat. Museum Moderner Kunst, Vienna 1988, 242 f.
28 Kiesler, Frederick, "L'Architecture magique de la Salle de Superstition," in: Breton, André/Duchamp, Marcel (eds.), *Le Surréalisme en 1947. Exposition Internationale du Surréalisme*, exh. cat. Galerie Maeght, Paris 1947, 131–134.
29 Kiesler 1949 (see note 4).
30 Kiesler, Frederick, "Die Vereinigung der Künste," typescript, ca. 1950, ÖFLKS.
31 Kiesler 1949 (see note 4).
32 Ibid.

„Ich setze dem Mysterium der Hygiene, die der Aberglaube funktionaler Architektur ist, die Wirklichkeit einer magischen Architektur entgegen, die ihre Wurzeln in der Totalität des menschlichen Wesens hat, und nicht in den gesegneten oder verfluchten Aspekten dieses Seins. [...] Das von der traditionellen Ästhetik befreite Haus ist zu einem Lebewesen geworden."[32]

Das *Endless House* ist demnach nicht ein Gesamtkunstwerk im traditionellen Sinn, das heißt eine künstlerische Gesamtgestaltung aus Architektur, Malerei, Skulptur und Einrichtungsgegenständen, ein Raum also, in dem BewohnerInnen eine mehr oder weniger „beobachtende" Rolle beigemessen wird; es handelt sich vielmehr im Sinne einer correalistischen Theorie um ein komplexes System materieller und ideeller, natürlicher und kultureller Wechselbeziehungen, in die die BewohnerInnen mit ihren physischen, psychischen und sozialen Bedingtheiten ebenso wie mit ihren mythischen und magischen Vorstellungen eingewoben sind.[33] Die Pariser *Salle de Superstition* mit ihrer ausgeprägten Inhaltlichkeit und die New Yorker Installation in der Hugo Gallery – durch die formale Gestaltung kombiniert – repräsentieren das künstlerische und intellektuelle Innenraumkonzept des in den 1950er Jahren von Kiesler propagierten *Endless House* in seiner ganzen Komplexität.

Das leitende Prinzip, das den correalistischen Zusammenhang der unterschiedlichen Elemente, die den Innenraum des *Endless House* bestimmen, regelt, bringt Kiesler in der theoretischen Bestimmung des Wesens der ab 1947 parallel zum *Endless House* entwickelten und als *Galaxies* bezeichneten Bildobjekte auf den Punkt:

„Die Breite, Höhe und Tiefe der Elemente jeder *Galaxy* sind vor Beginn des Malaktes genau festgelegt. Die *Galaxies* unterscheiden sich von Gemälden dadurch, dass sie nicht aus einem einzelnen Bild bestehen, sondern aus mehreren Werken; ihre Abstände zueinander sind genau vorbestimmt. Während ein Gemälde eine Hinzufügung zum Raum ist, ist die *Galaxy* eine Vereinigung mit dem Raum. Deshalb sind die Zwischenräume der Elemente einer *Galaxy* genauso wichtig wie die einzelnen Elemente selbst, speziell da die Zwischenräume fließend in den Umraum übergehen und sich mit diesem verbinden."[34]

Abgesehen von der kunsthistorisch interessanten und entwicklungsgeschichtlich wichtigen Tatsache, dass Kiesler die geschlossene Bildform radikal aufbricht und die autonomen Partikel nach einem präzisen Korrelationsplan (der auf der Rückseite einiger Objekte mit genauen Maßangaben aufgezeichnet ist) flächig bzw. räumlich verteilt, ist die Aussage von Bedeutung, dass er den Intervallen zwischen den Elementen die gleiche Bedeutung beimisst wie diesen selbst. Dem Zwischenraum wird damit ausdrücklich eine doppelte Funktion zugewiesen: er gewährleistet einerseits die Autonomie der einzelnen Elemente (Monaden) und sichert andererseits den präzise definierten Zusammenhang. Der entscheidende Unterschied

„zwischen einer *Galaxy* und einem Gemälde ist, dass das Gemälde eine vollständige Einheit in sich selbst bildet, während eine *Galaxy* eine dezentralisierte Komposition ist; und obwohl all ihre Bestandteile von einer inneren Beziehung durchdrungen sind, unterscheidet sich doch jeder Teil in Farbe, Komposition, Maltechnik und oft auch in seinem Inhalt. Der Betrachter hat daher die Freiheit, alle Elemente gleichzeitig wahrzunehmen oder sein Interesse auf nur einen Teil zu konzentrieren".[35]

Diese Bestimmung kann im Sinne Kieslers auf die Innenraumkonzeption des *Endless House* übertragen werden. Kiesler selbst vergleicht eine *Galaxy* mit der Familie als kleinste soziale Einheit, für die er sein *Endless House*-Konzept entwickelt hat:

„[...] dem strukturellen Zusammenhang der *Galaxy* ist sowohl die Erweiterung wie auch die Begrenztheit des Zusammenlebens eigen. Jedes Element ist eine spezielle Einheit in sich selbst sowie jedes Mitglied einer Familie eine eigene Individualität besitzt. Doch, ihr starker Zusammenhalt (zu einem Ganzen) ist angeboren, egal wie unterschiedlich die Charaktere der Mitglieder sein mögen."

Differenz, das heißt Individualität und Zusammenhang, bestimmt als Wechselbeziehung heterogener Elemente, ist die Grundkategorie der auf Bildobjekte, Skulpturen und Architektur ebenso wie auf Sozialgefüge angewandten correalistischen Theorie und die Voraussetzung für die Entstehung des Kiesler'schen Gesamtkunstwerks:

„Unter diesen Umständen erscheint es auch natürlich, dass sich jeder gemalte Teil, speziell wenn er von der Wand hervorspringt und von der Seite betrachtet wird, auch den Wert des plastischen Daseins im Sinne einer Skulptur aneignet, während zudem der Aspekt der ganzen *Galaxy* die Vorstellung eines architektonischen Zusammenspiels vermittelt, ohne den wesentlichen Charakter des Gemäldes zu zerstören. Somit ist die traditionelle Trennung der

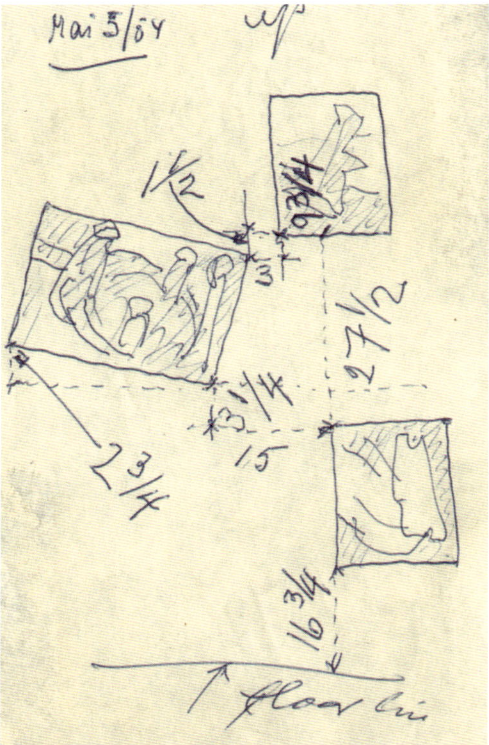

Galaxy A, Skizze des Hängeplans, New York, 1960, Zeichnung; Bleistift und Kugelschreiber auf Papier
***Galaxy A*, sketch of the placement plan,** New York, 1960, Drawing; Pencil and ballpoint pen on paper
ÖFLKS, SFP 6269/0

32 Ebd.
33 In diesem Zusammenhang ist Kieslers Bestimmung des Verhältnisses von Form, Funktion und Vision interessant: „La Forme ne s'ensuit pas de la Fonction. La Fonction s'ensuit de la Vision. La Vision s'ensuit de la Réalitée" [Form folgt nicht der Funktion, Funktion folgt der Vision, Vision folgt der Wirklichkeit] , in: Kiesler 1949 (s. Anm. 4).
34 Kiesler, Friedrich, „A Short Note On The Galaxies", Typoskript, 1952, ÖFLKS.
35 Ebd. und Museum of Fine Arts (Hg.), *Galaxies by Frederick Kiesler*, Ausst.kat., Houston 1955.

The *Endless House* is not, therefore, a Gesamtkunstwerk in the traditional sense, an overall artistic creation made up of architecture, painting, sculpture, and furnishings, a space in which the occupants are given a more or less passive role as mere "spectators"; in line with an expanded Correalist theory, it was more a question of a complex system of interrelationships —material and ideal, natural and cultural—into which the occupants become drawn, with all their physical, mental, and social constraints and with all their mythical and magical conceptions.[33] The *Salle de Superstition in Paris*, with its expressive content, and the New York installation at the Hugo Gallery, achieved by configuration of form, embody, in all their complexity, the artistic and intellectual concept of the interior space of the *Endless House* as presented by Kiesler in the 1950s.

The guiding principle governing the Correalist association of the different elements that determine the interior space of the *Endless House* is expounded by Kiesler in his theoretical definition of the essence of the pictorial objects he had been developing since 1947 in parallel with the *Endless House*, which he described as *Galaxies*:

"The width, elevation and depth of the panels of each galaxy," he writes, "are strictly determined before the actual painting is begun. These galaxies differ from 'paintings' in that they are not one painting but a group of several: and their distances are prefixed in relation to each other. While a painting is an addition to space, a galaxy is an integration with space. Therefore the intervals between the units of a galaxy are as important as the units themselves, particularly since these intervals flow in and connect with the surrounding area."[34]

Leaving aside the fact—interesting from an art-historical viewpoint and important in terms of his development—that Kiesler radically breaks open the closed form of the picture and distributes its independent particles on surfaces or in space according to a plan of correlations (indicated on the reverse of some objects with detailed measurements), there is a significant declaration to the effect that he attributes the same importance to the spaces between elements as to the elements themselves. The intervening spaces thereby expressly acquire a double function: on the one hand they guarantee the autonomy of the individual elements (monads), while on the other hand they ensure precisely defined interrelationships. The most decisive difference

"between a galaxy and a painting is that a painting is a complete unit in itself while a galaxy is a decentralized composition: and although all of its component parts are imbued with an inner relationship, each of them actually appears differentiated from the other in color, composition, technique of painting, and often in subject matter. The spectator has therefore the freedom to connect all units into one field of vision or make any of the parts the focal point of his interest"[35].

This definition, as Kiesler understood it, can be transferred to the concept of interior space implicit in the *Endless House*. Kiesler himself compares a *Galaxy* with the family, the smallest social unit, for which he developed his *Endless House* concept.

"[...] the structural continuity of the galaxy has both the expanse and the limitation of group living. Each painting represents a definite unit in itself just as in one family each member is of a distinct individuality. Yet, their firm cohesion (into one) is inborn no matter how heterogeneous the character of the members might be."

Difference—that is, individuality and interrelationship, defined as the mutual relationships between heterogeneous elements—are the basic categories of the Correalist theory as applied to pictorial objects, sculptures, and architecture as well as social structures, and also the preliminary condition for the creation of Kiesler's total work of art:

"Under these circumstances, it seems also natural that each painted unit, particularly when protruding from the wall and viewed from the side, will also assume the value of a plastic entity, very much in the sense of a sculpture, while the aspect of the total galaxy promotes too the idea of an architectural coordinate without destroying the main character of the painting. Thus, the traditional division of the plastic arts into painting, sculpture and architecture, is transmuted and overcome; and their fluid unification is now contained within rather than combined from without."[36]

An important milestone along this road toward the isolation of autonomous elements is the installation of Peggy Guggenheim's *Art of This Century* Gallery. In its Surrealist Gallery, Kiesler for the first time liberates the exhibited paintings from their frames and distributes them freely in the room with the aid of wooden partitions. On this he writes:

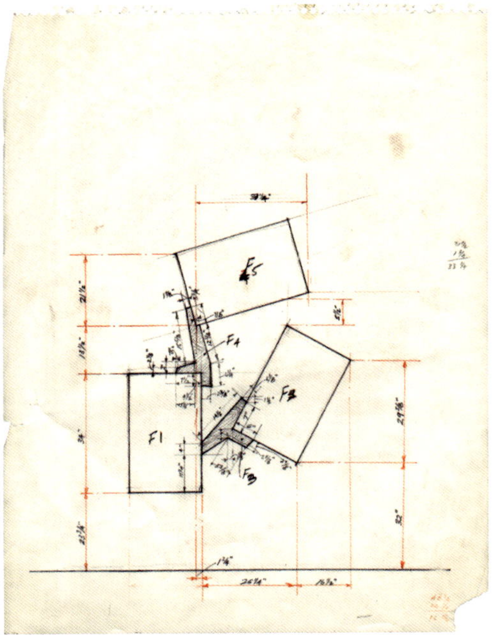

Galaxy F, **Hängeplan,** New York, 1960, Zeichnung; Bleistift und Buntstift auf Papier
***Galaxy F*, placement plan,** New York, 1960, Drawing; Pencil and colored pencil on paper
ÖFLKS, SFP 6268/0

33 In this context, Kiesler's definition of the relationship between form, function, and vision is interesting: "Form does not ensue from Function. Function ensues from Vision. Vision ensues from Reality." In: Kiesler 1949 (see note 4).
34 Kiesler, Frederick, "A Short Note On The Galaxies," typescript, 1952, ÖFLKS.
35 Ibid. and Museum of Fine Arts (ed.), *Galaxies by Frederick Kiesler*, exh. cat., Houston 1955.
36 Kiesler, Frederick, *Galaxies by Kiesler*, exh. cat. Sidney Janis Gallery, New York 1957.

bildenden Kunst in Malerei, Skulptur und Architektur aufgelöst und überwunden; diese fließende Verschmelzung vollzieht sich eher im Inneren als durch äußerliche Vereinigung."[36]

Ein wichtiges Stadium auf diesem Weg zur Isolation autonomer Elemente ist die für Peggy Guggenheim installierte Galerie *Art of This Century*. Kiesler befreit in der Surrealisten-Galerie erstmals die ausgestellten Bilder von ihren Rahmen und positionierte sie mithilfe hölzerner Abstandhalterungen frei im Raum. Dazu schreibt er:

„Diese verräumlichte Position des Bildes hat zwei Konsequenzen: es wird von der Wand abgehoben und nähert sich dem Betrachter. Das Bild scheint sich im Raum zu bewegen. Es ist eine feste Insel im Raum und nicht mehr eine Dekoration der Wand. Es stellt eine Welt für sich dar, die der Maler entworfen und die der Architekt verankert hat."[37]

Nicht durch den traditionellen Rahmen, sondern durch Raum (= Intervall) voneinander und von der Wand isoliert, doch in einem präzise bestimmten Spannungsverhältnis zueinander schweben die Objekte wie Monaden in einem räumlichen Kontinuum, das Architekturelemente ebenso umfasst wie die BetrachterInnen und die Einrichtungsgegenstände. Raum ist in dieser komplexen Wechselbeziehung ein Medium, das allen Elementen gemeinsam ist, eine höchste Individualität garantierende, trennende und gleichzeitig Zusammenhang schaffende „Abwesenheit". In der Hugo Gallery, schreibt Kiesler,

„waren die Bilder (und Menschen gleicherweise) […] eingerahmt von Räumen statt von Leisten, die Bilder waren umfangen und zärtlich umarmt von Weiten und Nähen, von Raum und Flächenformen statt von der geliehenen protzigen Pracht goldener oder mitleidsuchender roher Holzrahmen. Bilder und Skulpturen, Waisenkinder verlorener Eltern, waren aufgenommen in die große Familie der Architektur".[38]

Vom „unendlichen" Raum umflossen waren schon die rechtwinkligen, in einen Koordinatenraster eingeschriebenen Tafeln der Pariser *Raumstadt*. Kiesler hat Architektur schon damals als System von Spannungen im freien Raum beschrieben, eine Definition, die auf die räumliche Organisation der vielteiligen Bildobjekte der 1950er und 1960er Jahre ungeschmälert zutrifft.

Während die Pariser *Raumstadt* dem vom Individuellen und Natürlichen radikal abstrahierenden Gestaltungskonzept des Neoplastizismus folgt, gilt die correalistische Theorie Kieslers dem Aufbau spannungsreicher Konstellationen, deren Elemente in zunehmendem Maße durch formale und inhaltliche Individualität bestimmt werden und die die traditionelle Ästhetik des Gesamtkunstwerks weit hinter sich lassen, indem sie als „Architecture Magique" in der Totalität des menschlichen Wesens wurzelt. In diesem Sinn ist das *Endless House* für Kiesler „[…] ein lebender Organismus und nicht nur eine Anordnung toter Materie: es lebt als Ganzes und in seinen Details. Das Haus ist eine Haut des menschlichen Körpers."[39]

Die Differenz autonomer Elemente und die Spannung im Intervall sind elementare Bestimmungsfaktoren dieser Zusammenhangsvision. Ist nicht diese Spannung im Intervall, von der Kiesler sein ganzes künstlerisches Leben hindurch spricht und träumt und die konstitutiv für das Wesen der *Galaxies*, der Skulpturen und schließlich des *Endless House* ist, nicht jener „Abwesenheit" verwandt, die Jacques Derrida in seinen Reflexionen über die „différance" zu fassen versucht?[40]

36 Kiesler, Friedrich, *Galaxies by Kiesler*, Ausstellungsfolder, Sidney Janis Gallery, New York, 1957.
37 Kiesler 1949 (s. Anm. 4).
38 Kiesler, Friedrich, „Economy and Exuberanz", Typoskript, ÖFLKS, o. S.
39 Kiesler 1949 (s. Anm. 4).
40 Derrida, Jacques, „Die différance", in: Engelmann, Peter (Hg.), *Postmoderne und Dekonstruktion. Texte französischer Philosophen der Gegenwart*, Stuttgart 1993, 76 f.

"This advanced position of the picture has two consequences: it is separated from the background and brought closer to the spectator. The picture seems to float freely. It ceases to be a decoration on the wall and becomes a small solid island in space. It is a world in itself that the painter has conceived and the architect has anchored."[37]

The objects float like monads in the spatial continuum, which includes both the architectural elements and the spectators and the furniture, isolated from each other and from the wall not by means of the traditional frame but through space (interval), yet maintaining a precisely defined relationship of tension between themselves. In this complex system of relationships, space becomes a medium common to all the elements, an "absence" that guarantees maximum individuality, that separates and at the same time creates interrelationships. At the Hugo Gallery, Kiesler writes, the

"pictures (and people too) were framed by spaces instead of lengths of wood, the pictures were surrounded and tenderly embraced by distances and proximities, by space and shapes of surfaces instead of by a borrowed showy sumptuousness of golden or pitiful bare wooden frames. Pictures and sculptures, orphans of vanished parents, were adopted by the great family of architecture."[38]

The rectangular boards inserted in a grid of coordinates in his Paris *City in Space* were surrounded by "endlessly" flowing space. Then Kiesler had defined architecture as a system of spans (tension) in free space, a definition that was adapted without restrictions to the spatial organization of the complex pictorial objects of the 1950s and 1960s.

Whereas the Paris *City in Space* follows Neoplasticism's precepts of the radically abstracting creative concept of the individual and the natural, Kiesler's Correalist theory corresponds rather to a wish to construct constellations imbued with tension, with their elements increasingly configured by individuality of form and content, going far beyond the traditional aesthetic of the total work of art and, as "Architecture Magique," sinking its roots into "the totality of the human being." In this sense, for Kiesler the *Endless House* is a "living organism and not just an arrangement of dead materials: it lives in the whole and in the details. The house is the epidermis of the human body [...]"[39]

The differentiation of autonomous elements and the tension in the intervals are elemental determining factors in this vision of a system created from correlations. Is not this tension in the spaces in between, which throughout his artistic life Kiesler spoke of and dreamed about and which are the constitutive element of the *Galaxies*, the sculptures, and finally the *Endless House*, related to the "absence" that Jacques Derrida tried to capture in his reflections on *différance*?[40]

37 Kiesler 1949 (see note 4).
38 Kiesler, Frederick, "Economy and Exuberanz," typescript, ÖFLKS, n. p.
39 Kiesler 1949 (see note 4).
40 Derrida, Jacques, "Die différance," in: Engelmann, Peter (ed.), *Postmoderne und Dekonstruktion: Texte französischer Philosophen der Gegenwart*, Stuttgart 1993, 76 f.

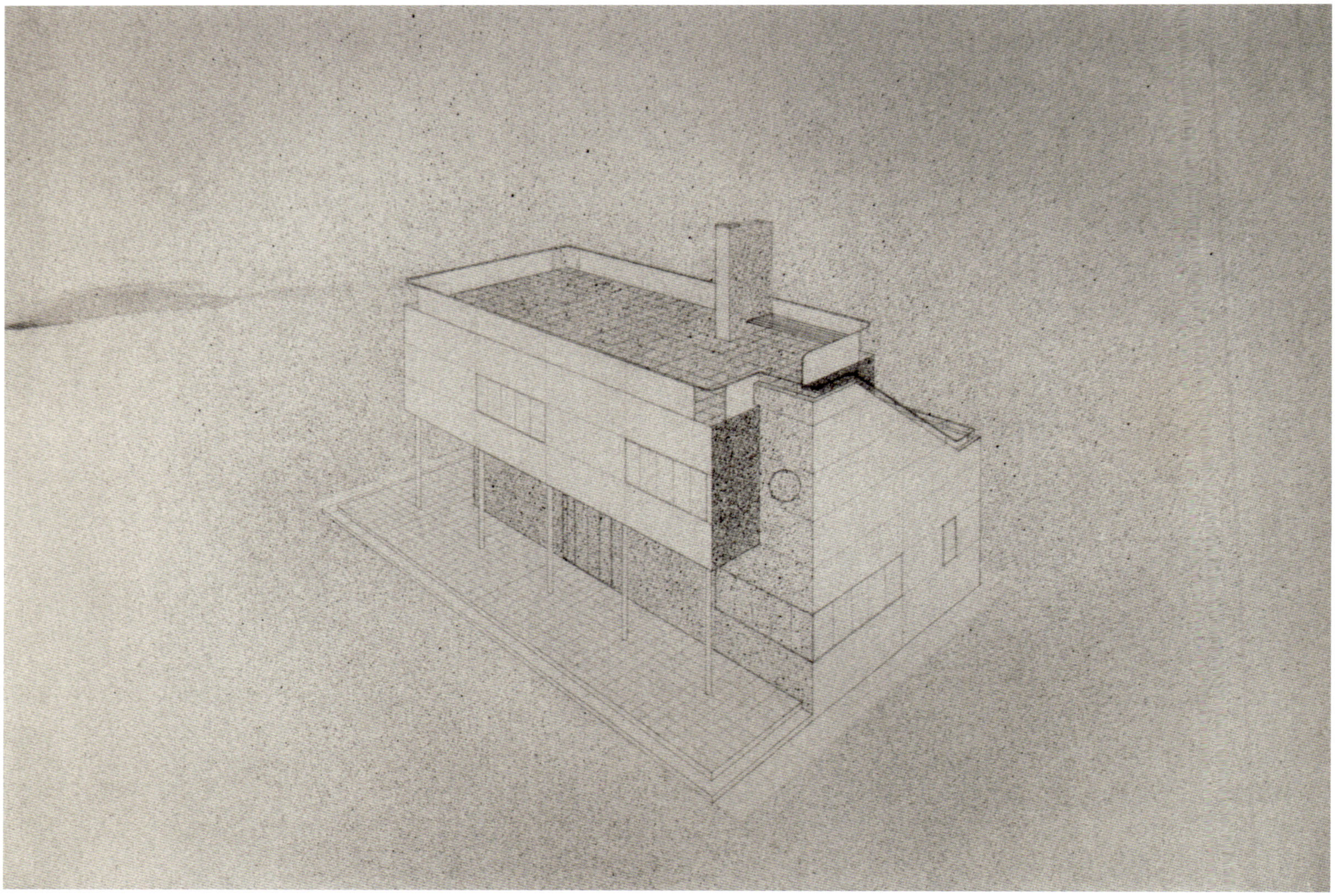

Nuclear House, Ansicht, New York, 1931,
historische Reproduktion
***Nuclear House*, elevation,** New York, 1931,
Historical reproduction
ÖFLKS, PHO 6410/0

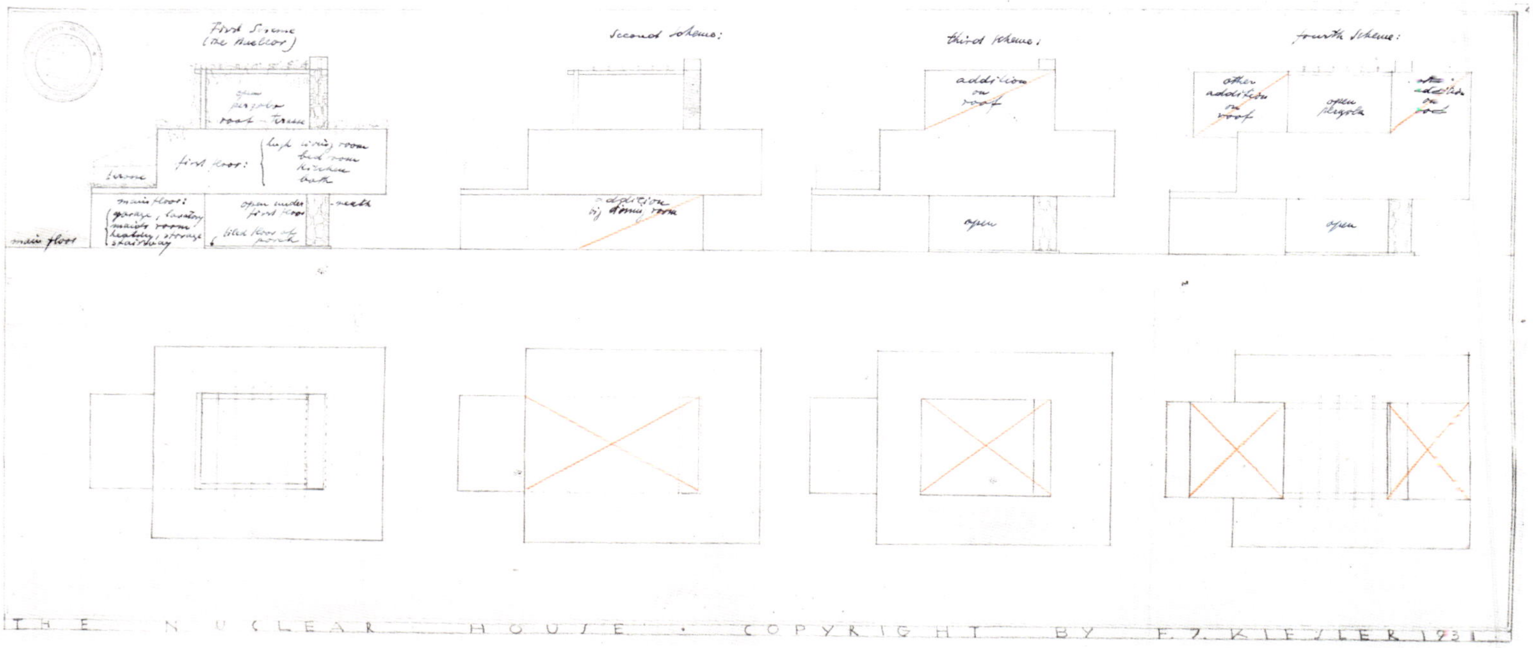

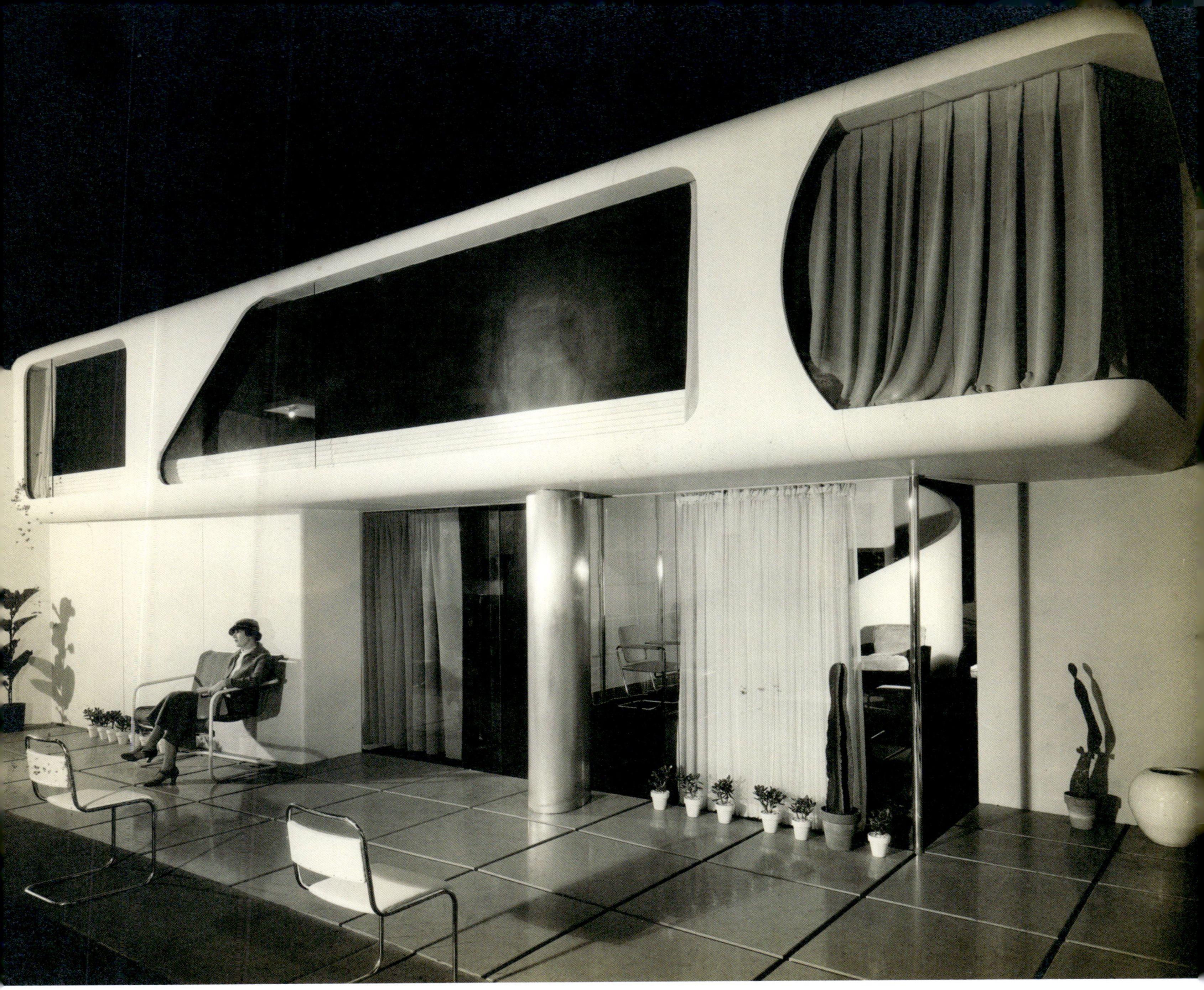

Space House, Schrägansicht der Fassade, Schauraum der *Modernage Furniture Company,* New York, 1933, Foto: Fay S. Lincoln, SW-Foto; Silbergelatineabzug auf Barytpapier, auf Karton montiert
Space House*, oblique view of the façade, showroom of the *Modernage Furniture Company, New York, 1933, Photo: Fay S. Lincoln, BW photo; Gelatin silver print on baryta paper, mounted on cardboard
ÖFLKS, PHO 880/0

Nuclear House, Plan für das Copyright-Office, New York, 1931, Plankopie; Anmerkungen mit Farbstift und Tinte auf Papier
***Nuclear House*, plan for the copyright office,** New York, 1931, Copy of plan; Colored pencil and ink annotations on paper
ÖFLKS, MFP 1149/0

Studie für einen Tisch [*Nesting Table*],
New York, 1933–1935, Zeichnung; Bleistift und Buntstift auf Papier
Study for a table [*Nesting Table*],
New York, 1933–1935, Drawing; Pencil and colored pencil on paper
ÖFLKS, SFP 5286/0

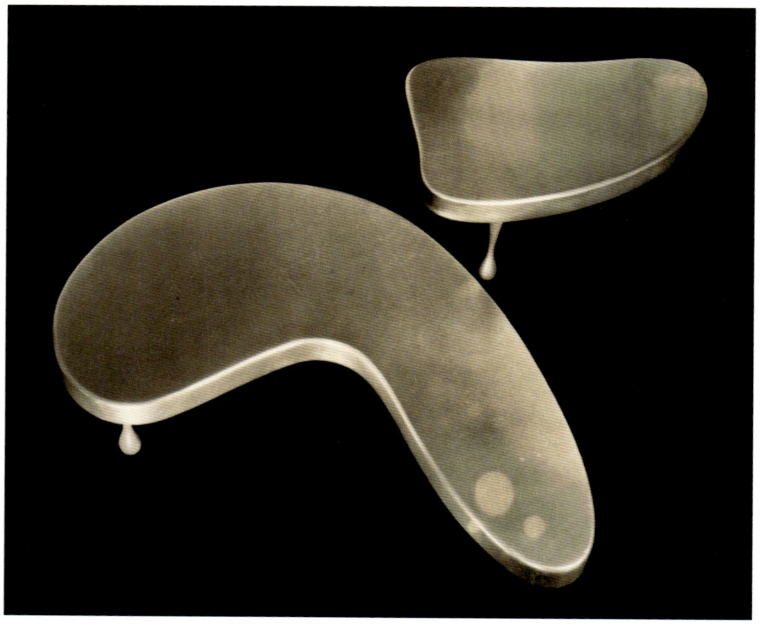

Nesting Table, New York, 1935,
SW-Foto; Silbergelatineabzug auf Barytpapier
Nesting Table, New York, 1935, BW photo;
Gelatin silver print on baryta paper
ÖFLKS, PHO 5413/0

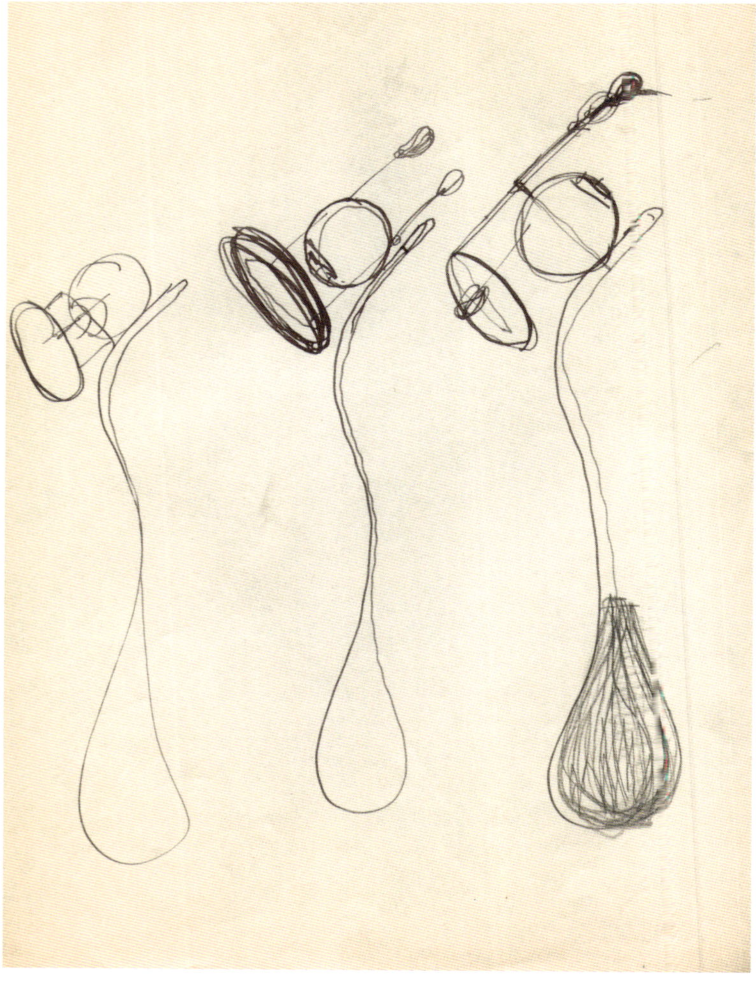

Studie für eine Stehlampe, New York, 1935,
Zeichnung; Bleistift auf Papier
Study for a floor lamp, New York, 1935, Drawing;
Pencil on paper
ÖFLKS, SFP 5197/0

***Space House*, überarbeitete Fotomontage,** New York, 1933 (Foto) bis 1944 (Überarbeitung), SW-Foto, übermalt; Barytpapier; Gouache auf Papier
***Space House*, revised photo montage,** New York, 1933 (photo) until 1944 (revision) BW photo, painted over; baryta paper; gouache on paper
Sammlung Gertraud und and Dieter Bogner collection, Dauerleihgabe an die Permanent loan to the ÖFLKS, SFP 813/0

Space House

Das Zeitelement verwandelt sich in Raum, wenn man bereits im Vorhinein plant, dass ein bestimmter Bereich genau für die für diese Funktion erforderliche Zeitdauer verwendet werden soll. Mit Ausnahme von Küche, Garage und Lagerräumen sind alle Segmente der Kugel in ebenso viele verschiedene Funktionen verwandelbar, wie dies für die Bewohner eines Hauses notwendig ist: Erholung, Arbeit, Schlaf usw.

Friedrich Kiesler, „Notes on Architecture. The Space-House, Annotations at Random", in: *Hound & Horn*, Jänner–März 1934, 292–297.

The time element converts itself into space if one considers the use of a certain area for the exact amount of time required by that function. Except for the kitchen, garage and storage area, all elements of the whole sphere are convertible into as many different functions as might be required living in a house, such as recreation, work, sleep etcetera.

Frederick Kiesler, "Notes on Architecture. The Space-House, Annotations at Random," in: *Hound & Horn*, January–March 1934, 292–297.

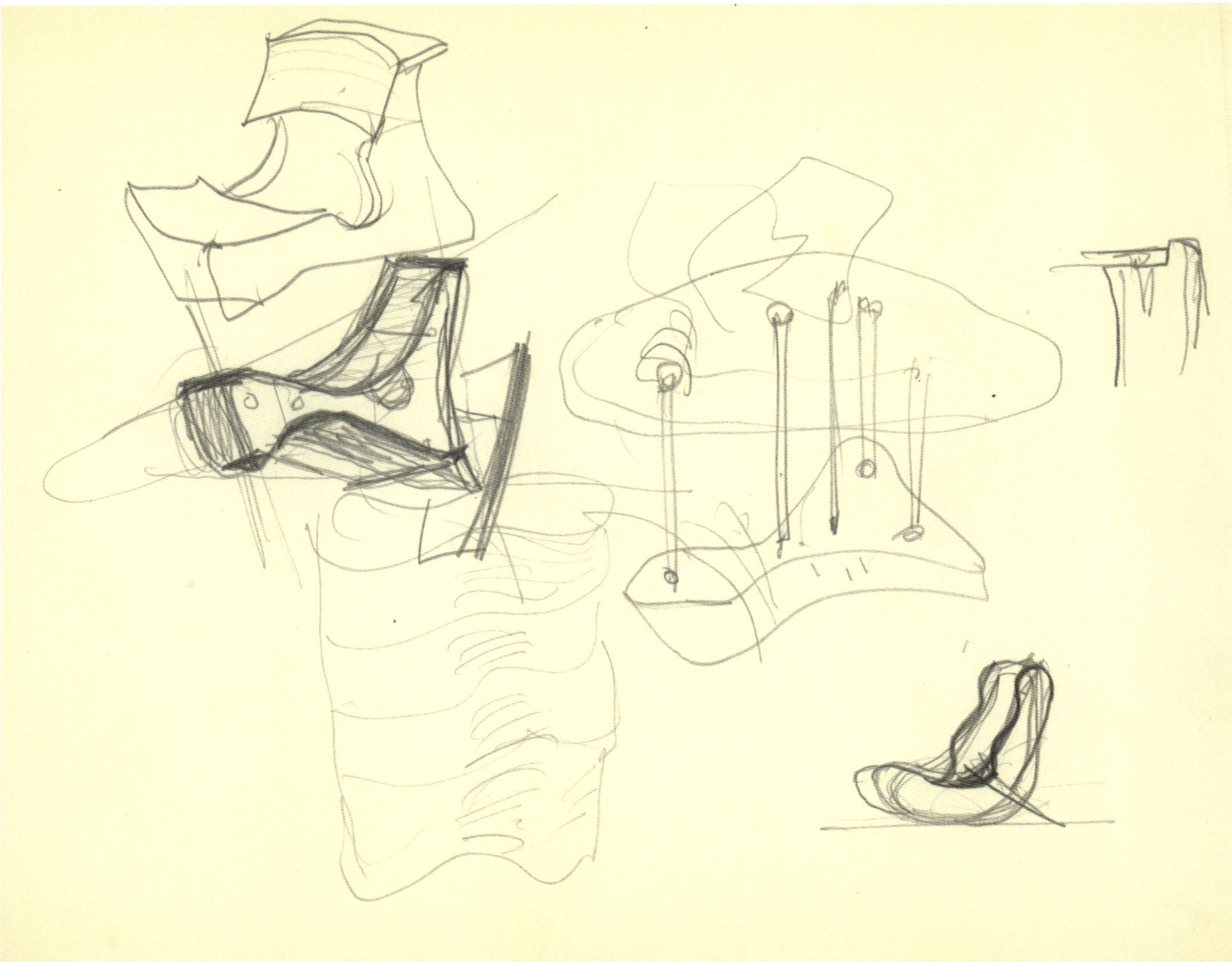

Studie für das *Correalistische Instrument,*
New York, 1942, Bleistift auf Papier
Study for the *Correalist Instrument,*
New York, 1942, Pencil on paper
ÖFLKS, SFP 339/0

Rocker und *Correalistisches Instrument* aus *Art of This Century*, New York, 1942, SW-Foto; Silbergelatineabzug auf Barytpapier
***Rocker* and *Correalistic Instrument* from *Art of This Century*,** New York, 1942, BW photo; Gelatin silver print on baryta paper
ÖFLKS, PHO 341/0

Mobile Home Library, Broschüre der Columbia University School of Architecture, New York, 1939–1940, Dia
Mobile Home Library, Columbia University School of Architecture brochure, New York, 1939–1940, slide
ÖFLKS, Dokumentationsmaterial documentary material from Lillian Kiesler

Die Ruheform der zwei Sessel war ebenfalls dem neuen Konstruktionsprinzip der „continuous tension" entsprungen. Sie war eine fortlaufende Welle, die sich in einen unregelmässigen Ring zusammenbog. In ihren konkaven und konvexen Kurven konnte der Körper bequem ruhen. Der „Sessel" hatte weder Füsse noch Lehne und konnte auf die eine oder die andere Seite, auf das eine oder das andere Kopfende gestellt werden […]. Er konnte als Sitz, als Leger für Skulpturen, Träger von Bildern, als Tisch und Bank verwendet werden. Tatsächlich ergaben sich achtzehn verschiedene „Funktionen" dieser Sitz-Form.

Friedrich Kiesler, „Manifeste du Corréalisme", Typoskript, 1947, o. S., ÖFLKS.

The Rest-Form of two seats had also sprung from the principle of Continuous Tension. It was a kind of wave which curved down, surged up, and then fell once more, thus forming an object without beginning or end; and in its concave and convex curves the body could take its ease. The Rest Form had neither arms nor legs, and could be stood on either of its sides. It could form itself into a chair, into the prop for a sculpture or a painting, into a table or bench. In fact, this Rest-Form could fill eighteen different functions.

Frederick Kiesler, "Manifeste du Corréalisme," typescript, 1947, 12, ÖFLKS.

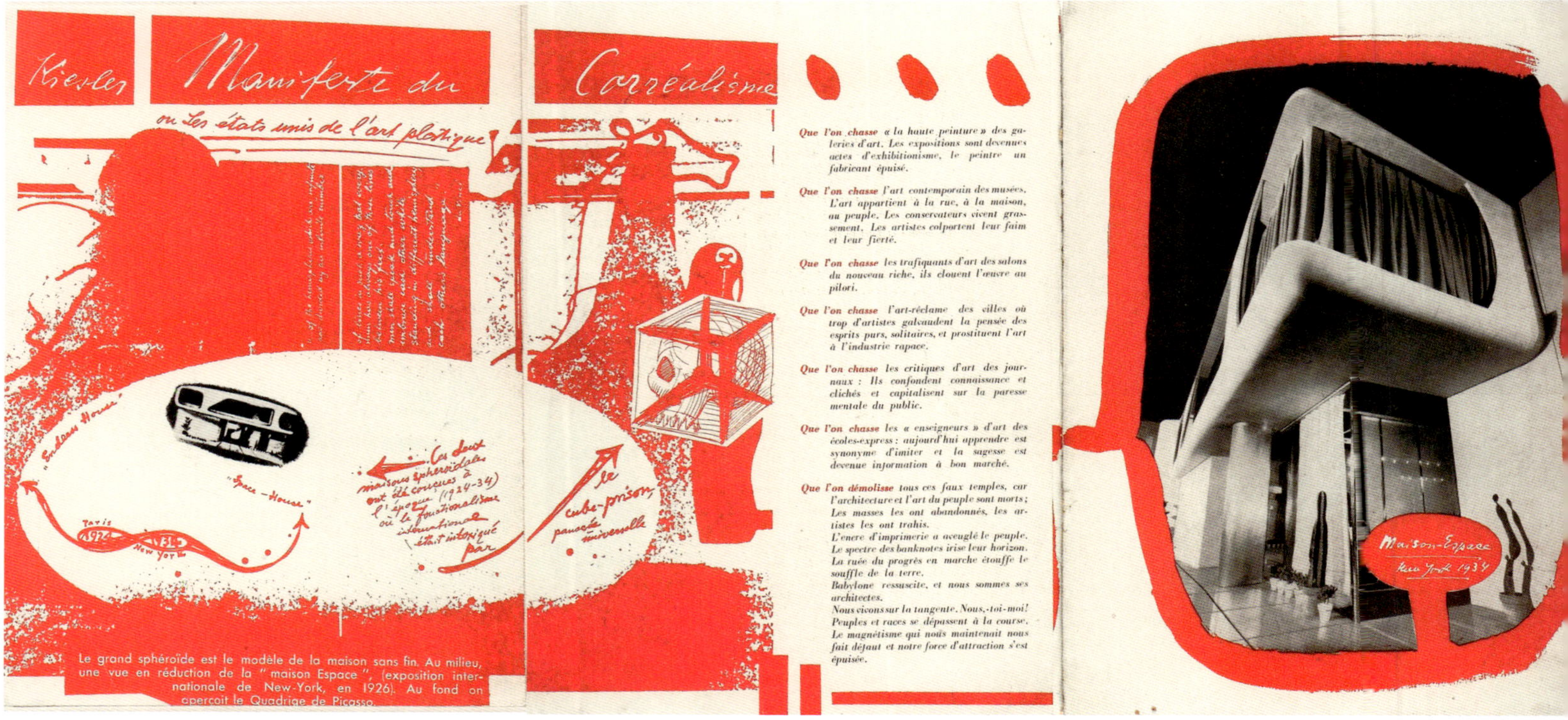

Kiesler Manifeste du Corréalisme

ou Les états unis de l'art plastique

Que l'on chasse « la haute peinture » des galeries d'art. Les expositions sont devenues actes d'exhibitionisme, le peintre un fabricant épuisé.

Que l'on chasse l'art contemporain des musées. L'art appartient à la rue, à la maison, au peuple. Les conservateurs vivent grassement. Les artistes colportent leur faim et leur fierté.

Que l'on chasse les trafiquants d'art des salons du nouveau riche, ils clouent l'œuvre au pilori.

Que l'on chasse l'art-réclame des villes où trop d'artistes galvaudent la pensée des esprits purs, solitaires, et prostituent l'art à l'industrie rapace.

Que l'on chasse les critiques d'art des journaux : Ils confondent connaissance et clichés et capitalisent sur la paresse mentale du public.

Que l'on chasse les « enseigneurs » d'art des écoles-express : aujourd'hui apprendre est synonyme d'imiter et la sagesse est devenue information à bon marché.

Que l'on démolisse tous ces faux temples, car l'architecture et l'art du peuple sont morts ; Les masses les ont abandonnés, les artistes les ont trahis.
L'encre d'imprimerie a aveuglé le peuple.
Le spectre des banknotes irise leur horizon.
La ruée du progrès en marche étouffe le souffle de la terre.
Babylone ressuscite, et nous sommes ses architectes.
Nous vivons sur la tangente. Nous,-toi-moi!
Peuples et races se dépassent à la course.
Le magnétisme qui nous maintenait nous fait défaut et notre force d'attraction s'est épuisée.

Le grand sphéroïde est le modèle de la maison sans fin. Au milieu, une vue en réduction de la " maison Espace ", (exposition internationale de New-York, en 1926). Au fond on aperçoit le Quadrige de Picasso.

„Manifeste du Corréalisme", in: *L'Architecture d'Aujourd'hui*, 2.6.1949, 80–105, Separater Sonderdruck, Offsetdruck; Papier, Kartonumschlag

"Manifeste du Corréalisme," in: *L'Architecture d'Aujourd'hui*, 2 Jun 1949, 80–105, Separate reprint, Offset print; Paper, cardboard cover

ÖFLKS, MED 101/10

The Unity of Architecture, the Plastic Arts and the Spectator, New York, 1947, Zeichnung; Gouache auf Papier

The Unity of Architecture, the Plastic Arts and the Spectator, New York, 1947, Drawing; Gouache on paper

ÖFLKS, SFP 269/0

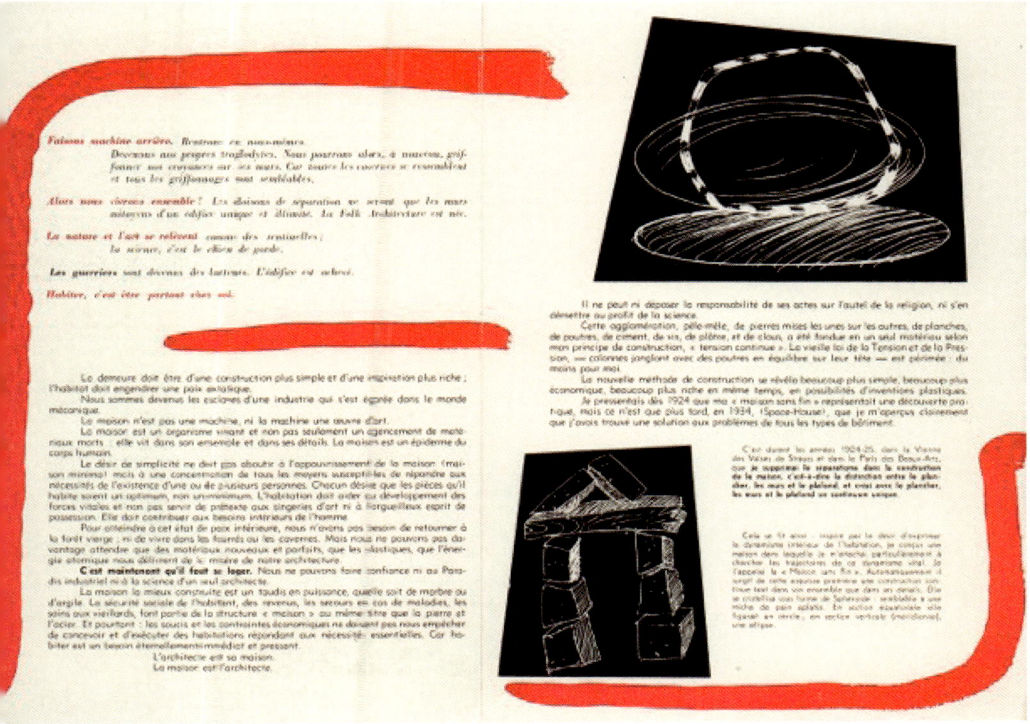

La demeure doit être d'une construction plus simple et d'une inspiration plus riche ; l'habitat doit engendrer une paix extatique.

Nous sommes devenus les esclaves d'une industrie qui s'est égarée dans le monde mécanique.

La maison n'est pas une machine, ni la machine une œuvre d'art.

La maison est un organisme vivant et non pas seulement un agencement de matériaux morts : elle vit dans son ensemble et dans ses détails. La maison est un épiderme du corps humain.

Le désir de simplicité ne doit pas aboutir à l'appauvrissement de la maison (maison minimum) mais à une concentration de tous les moyens susceptibles de répondre aux nécessités de l'existence d'une ou de plusieurs personnes. Chacun désire que les pièces qu'il habite soient un optimum, non un minimum. L'habitation doit aider au développement des forces vitales et non pas servir de prétexte aux singeries d'art ni à l'orgueilleux esprit de possession. Elle doit contribuer aux besoins intérieurs de l'homme.

Pour atteindre à cet état de paix intérieure, nous n'avons pas besoin de retourner à la forêt vierge ; ni de vivre dans les fourrés ou les cavernes. Mais nous ne pouvons pas davantage attendre que des matériaux nouveaux et parfaits, que les plastiques, que l'énergie atomique nous délivrent de la misère de notre architecture.

C'est maintenant qu'il faut se loger. Nous ne pouvons faire confiance ni au Paradis industriel ni à la science d'un seul architecte.

La maison la mieux construite est un taudis en puissance, quelle soit de marbre ou d'argile. La sécurité sociale de l'habitant, des revenus, les secours en cas de maladies, les soins aux vieillards, font partie de la structure « maison » au même titre que la pierre et l'acier. Et pourtant : les soucis et les contraintes économiques ne doivent pas nous empêcher de concevoir et d'exécuter des habitations répondant aux nécessités essentielles. Car habiter est un besoin éternellement immédiat et pressant.

L'architecte est sa maison.
La maison est l'architecte.

Il ne peut ni déposer la responsabilité de ses actes sur l'autel de la religion, ni s'en démettre au profit de la science.

Cette agglomération, pêle-mêle, de pierres mises les unes sur les autres, de planches, de poutres, de ciment, de vis, de plâtre, et de clous, a été fondue en un seul matériau selon mon principe de construction, « tension continue ». La vieille loi de la Tension et de la Pression, — colonnes jonglant avec des poutres en équilibre sur leur tête — est périmée : du moins pour moi.

La nouvelle méthode de construction se révéla beaucoup plus simple, beaucoup plus économique, beaucoup plus riche en même temps, en possibilités d'inventions plastiques.

Je pressentais dès 1924 que ma « maison sans fin » représentait une découverte pratique, mais ce n'est que plus tard, en 1934, (Space-House), que je m'aperçus clairement que j'avais trouvé une solution aux problèmes de tous les types de bâtiment.

Ich ahnte damals (1924), dass ich mit meinen Plänen für das „Endless“ etwas „Praktisches“ gefunden hatte, aber erst später (Space House, 1934) wurde es mir klar, dass ich eine neue Lösung für die Konstruktionen aller Art Bauten gefunden hatte. Es war im Jahre 1924–25 im Strauss-Walzer-Wien und Beaux-Arts-Paris, dass ich den Separatismus zwischen Boden, Wand und Decke aufhob, und aus Wand, Boden und Decke ein einziges Continuum schuf.

Friedrich Kiesler, „Manifeste du Corréalisme“, Typoskript, 1947, 4, ÖFLKS.

In 1924, I suspected I had achieved something practical with my “Endless House,” but it was only later, in 1934 (Space House) that I hit on a clear solution to all the problems that preoccupied me, a solution that would hold for every type of building. It was in 1924–25, in the Vienna of Strauss waltzes, and in the Paris of the Beaux-arts, that I eliminated the separation between floor, walls and ceiling, and created of floor, walls and ceiling, a continuous whole.

Frederick Kiesler, “Manifeste du Corréalisme,” typescript, 1947, 4, ÖFLKS.

Studie für ein *Endless House* [Paris Endless],
Paris, 1947, Collage; Gouache und Tusche auf Papier, auf Karton montiert
Study for an *Endless House* [Paris Endless],
Paris, 1947, Collage; Gouache and India ink on paper, mounted on cardboard
ÖFLKS, SFP 495/0

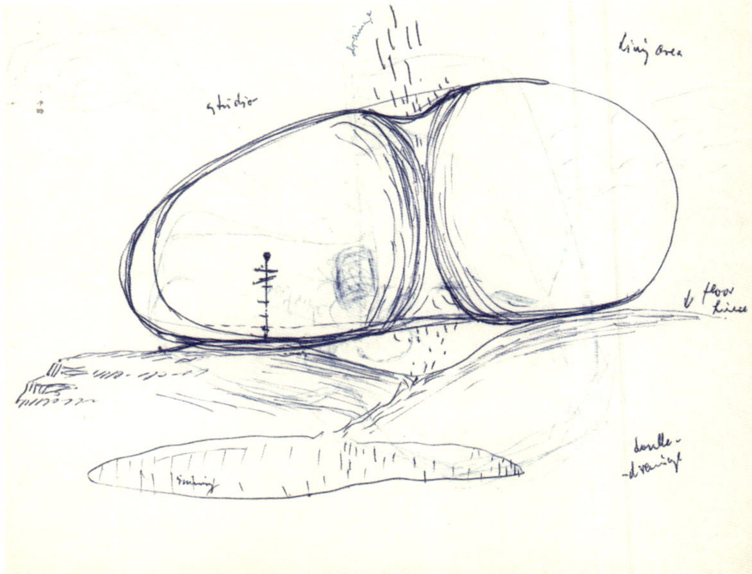

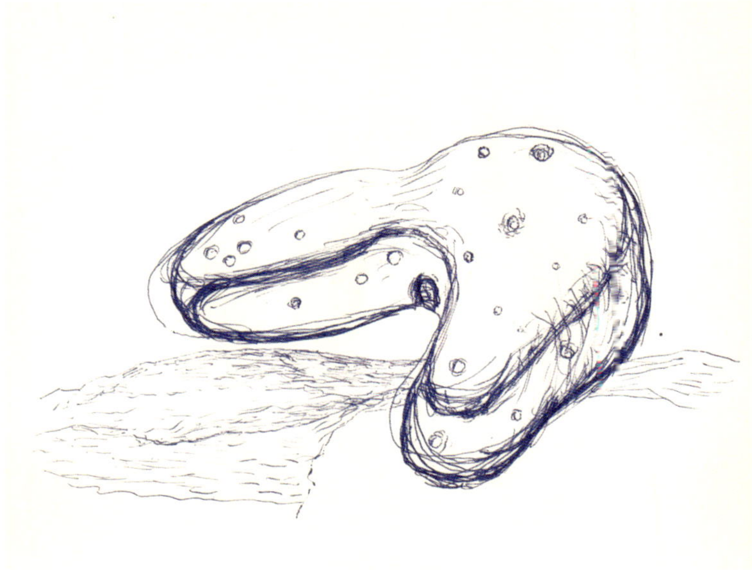

Studien für ein *Endless Hous*e [Tooth House],
New York, 1948, Zeichnungen; Kugelschreiber auf Papier
Studies for an *Endless House* [Tooth House],
New York, 1948, Drawings; Ballpoint pen on paper
ÖFLKS, SFP 520/0, SFP 524/0, SFP 532/0, SFP 533/0

k

Form folgt der Funktion nicht.
Funktion folgt der Vision.
Vision folgt der Wirklichkeit.

Friedrich Kiesler, „Manifeste du Corréalisme", Typoskript, 1947, 4, ÖFLKS.

Form does not follow Function.
Function follows Vision.
Vision follows Reality.

Frederick Kiesler, "Manifeste du Corréalisme," typescript, 1947, 6, ÖFLKS.

Modell für ein *Endless House*, New York, 1950,
SW-Foto; Silbergelatineabzug auf Barytpapier
Model for an *Endless House*, New York, 1950,
BW photo; Gelatin silver print on baryta paper
ÖFLKS, PHO 626/1

Das Endless House wird als „endlos" bezeichnet, weil sich alle Endpunkte wieder und wieder treffen.

Friedrich Kiesler, *Inside the Endless House. Art, People and Architecture: A Journal*, New York 1966, 566.

The Endless House is called the "Endless" because all ends meet, and meet continuously.

Frederick Kiesler, *Inside the Endless House. Art, People and Architecture: A Journal*, New York 1966, 566.

<
Friedrich Kiesler, an der Drahtstruktur eines Modells für das *Endless House* arbeitend, New York, 1958/59, SW-Fotos
Frederick Kiesler working on the wire mesh structure of an *Endless House* model, New York, 1958/59, BW photos
ÖFLKS, PHO 697/0, 691/0, 694/0

>
Modell für ein *Endless House*, New York, 1959, Foto: Charles Rotmil, SW-Foto; Silbergelatineabzug auf Barytpapier
Model for an *Endless House*, New York, 1959, Photo: Charles Rotmil, BW photo; Gelatin silver print on baryta paper
ÖFLKS, PHO 2447/0

Friedrich Kiesler, schlafend in seinem Atelier, New York, 1958/59, SW-Foto
Frederick Kiesler sleeping in his studio, New York, 1958/59, BW photo
ÖFLKS, PHO 670/0

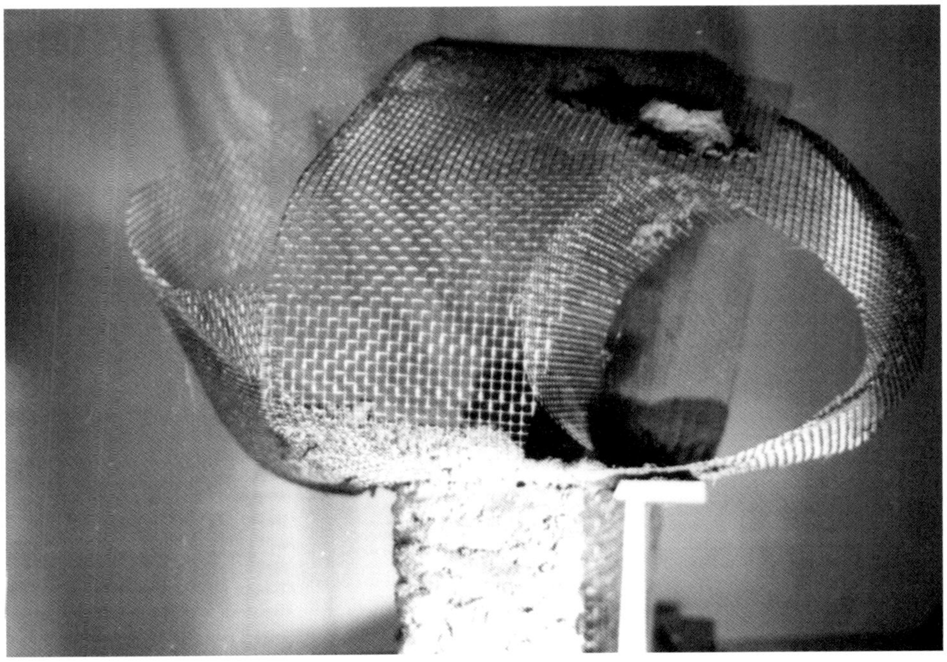

Modell für ein *Endless House*, Drahtstruktur,
New York, 1959, SW-Foto; Silbergelatineabzug auf Barytpapier
Model for an *Endless House*, wire mesh structure,
New York, 1959, BW photo; Gelatin silver print on baryta paper
ÖFLKS, PHO 685/0

Modell für ein *Endless House*, Detail der Oberfläche,
New York, 1959, SW-Foto; Silbergelatineabzug auf Barytpapier
Model for an *Endless House*, detail of the surface,
New York, 1959, BW photo; Gelatin silver print on baryta paper
ÖFLKS, PHO 710/0

Modell für ein *Endless House*, Innenansicht,
New York, 1959, Foto: George Barrows, SW-Foto; Silbergelatineabzug auf Barytpapier
Model for an *Endless House*, interior view,
New York, 1959, Photo: George Barrows, BW photo; Gelatin silver print on baryta paper
ÖFLKS, PHO 814/0

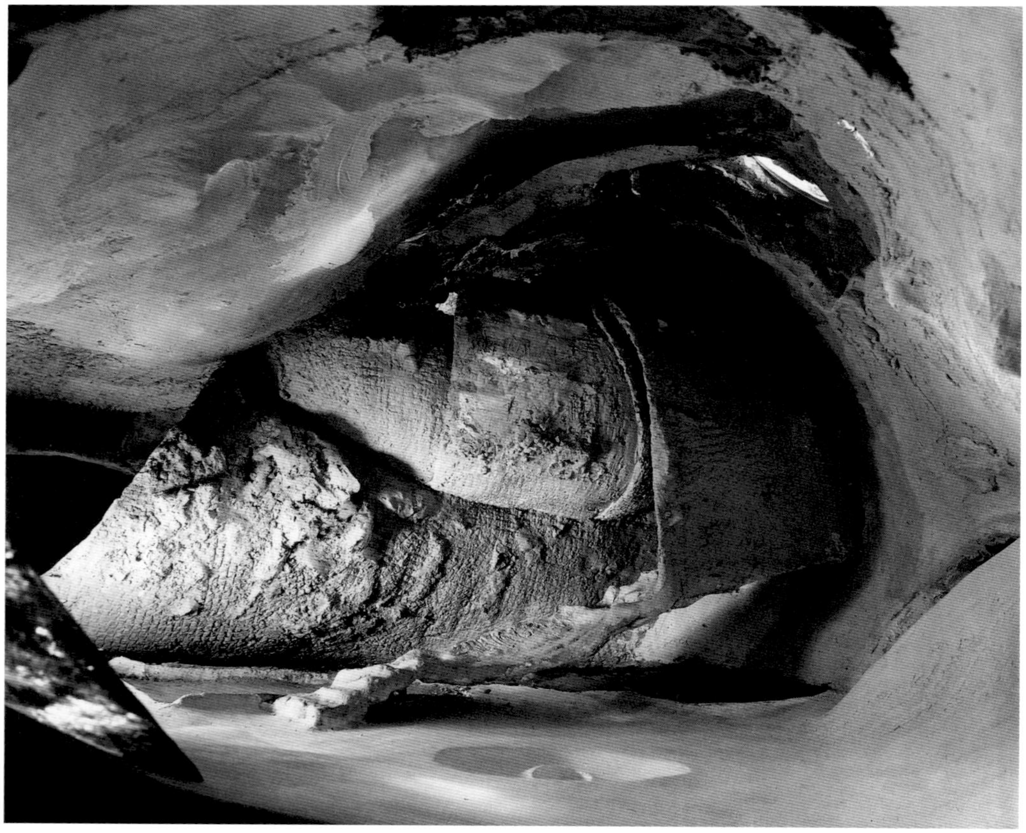

Modell für ein *Endless House*, Innenansicht,
New York, 1959, Foto: George Barrows SW-Foto; Silbergelatineabzug auf Barytpapier
Model for an *Endless House*, interior view,
New York, 1959, Photo: George Barrows BW photo; Gelatin silver print on baryta paper
ÖFLKS, PHO 776/0

Modell für ein *Endless House*, New York, 1959,
Foto: George Barrows, SW-Foto; Silbergelatine-abzug auf Barytpapier
Model for an *Endless House*, New York, 1959,
Photo: George Barrows, BW photo; Gelatin silver print on baryta paper
ÖFLKS, PHO 787/0

Das *Endless House* ist nicht amorph, keine beliebige Form. Im Gegenteil. Seine Konstruktion hat strenge Grenzen[,] entsprechend unseren Lebensanforderungen. Seine Gestalt und Form werden von inhärenten Lebenskräften bestimmt, nicht von den Standards der Bauordnung oder den Capricen dekorativer Moden.

Friedrich Kiesler, „The Future: Notes on Architecture as Sculpture", in: *Art in America*, Mai–Juni 1966, 67.

The *Endless House* is not amorphous, not a free-for-all form. On the contrary, its construction has strict boundaries according to the scale of our living. Its shape and form are determined by inherent life forces, not by building code standards or the vagaries of décor fads.

Frederick Kiesler, "The Future: Notes on Architecture as Sculpture," in: *Art in America*, May–June 1966, 67.

Galaxy Studie for Endless House, New York, 1959, Zeichnung; Kohle auf Papier, montiert auf Hartfaserplatte in originaler Rahmung
***Galaxy Studie for Endless House*, New York, 1959, Drawing; Charcoal on paper, mounted on high-density fiberboard in original framing**
Sammlung Gertraud und and Dieter Bogner collection, Dauerleihgabe an die Permanent loan to the ÖFLKS, LFP 2170/0

>
Studie für ein *Endless House*, New York, 1959, Zeichnung; Kugelschreiber auf Papier
Study for an *Endless House*
New York, 1959, Drawing; Ballpoint pen on paper
ÖFLKS, SFP 666/0

Studie für ein *Endless House* [Ceiling Light for Endless House], New York, 1959, Zeichnung; Kohle auf Karton
Study for an *Endless House* [Ceiling Light for Endless House], New York, 1959, Drawing; Charcoal on cardboard
ÖFLKS, MFP 1052/0

>
Studie für ein *Endless House*, New York, 1959, Zeichnung; Bleistift auf Papier
Study for an *Endless House*, New York, 1959, Drawing; Pencil on paper
ÖFLKS, SFP 656/0

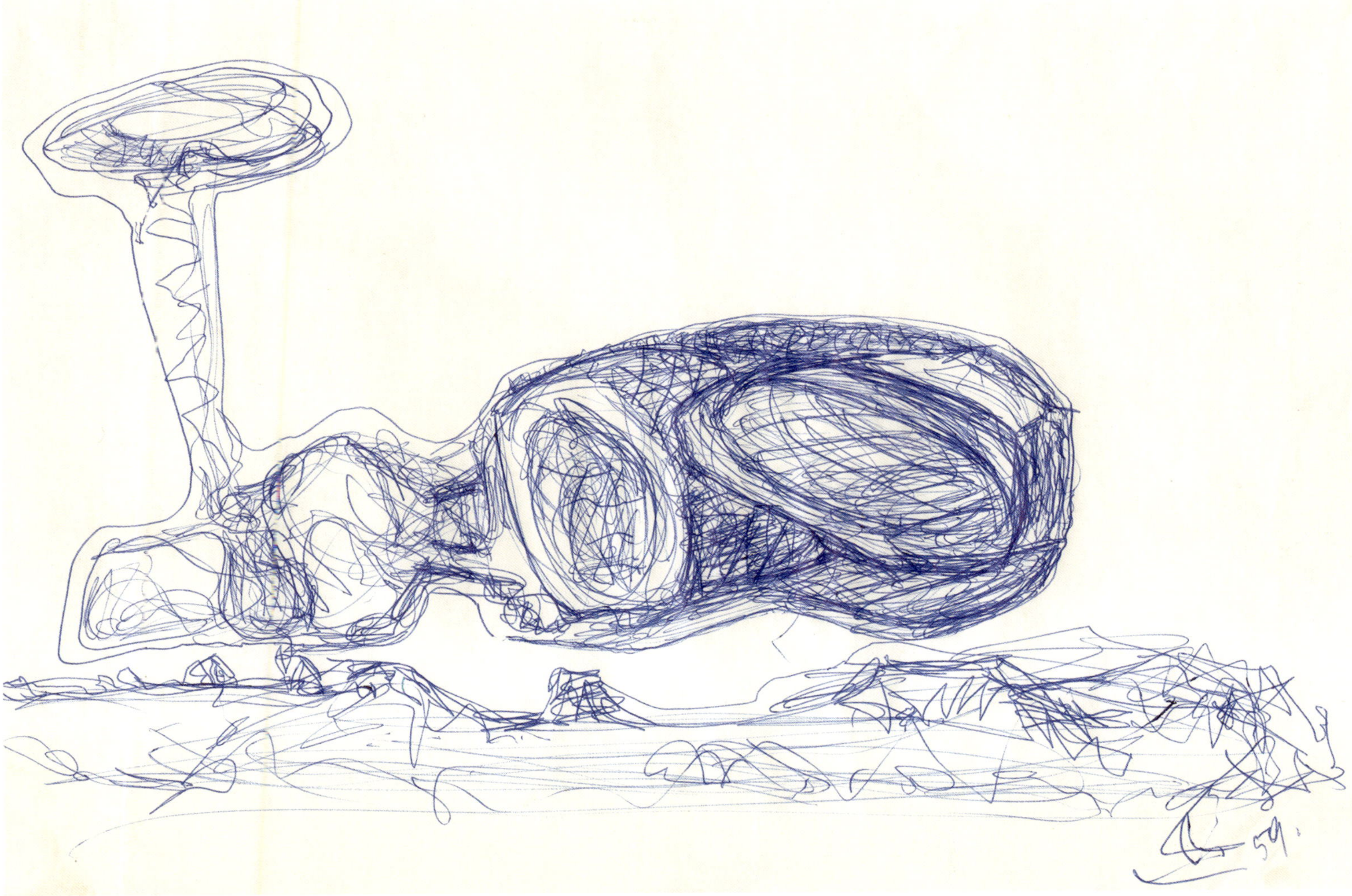

KIESLER AND BARTOS
ARCHITECTS
MEMO:
FROM:
TO:
REF:

Shrine of The Book, Ansicht der Kuppel, Jerusalem, 1965, Foto: Alfred Bernheim, SW-Foto; Silbergelatineabzug auf Barytpapier
***Shrine of The Book,* view of the cupola,** Jerusalem, 1965, Photo: Alfred Bernheim, BW photo; Gelatin silver print on baryta paper
ÖFLKS, PHO 5118/0

Shrine of The Book, Patio, Jerusalem, 1965, Foto: Ezra Stoller, SW-Foto; Silbergelatineabzug auf Barytpapier
***Shrine of The Book,* patio,** Jerusalem, 1965, Photo: Ezra Stoller, BW photo; Gelatin silver print on baryta paper
ÖFLKS, PHO 5118/0

Shrine of The Book, Blick in den zentralen Ausstellungsraum, Jerusalem, 1965, Foto: Alfred Bernheim, SW- Foto; Silbergelatineabzug auf Barytpapier
***Shrine of The Book,* view into the central exhibition space,** Jerusalem, 1965, Photo: Alfred Bernheim, BW photo; Gelatin silver print on baryta paper
ÖFLKS, PHO 5249/0

>
Shrine of The Book, Blick durch die Bäume des Olivenhains auf Basaltwand und Kuppel, Jerusalem, 1965, Foto: Ezra Stoller, SW-Foto; Silbergelatineabzug auf Barytpapier
***Shrine of the Book,* view through the trees of the olive grove onto the basalt wall and cupola,** Jerusalem, 1965, Photo: Ezra Stoller, BW photo; Gelatin silver print on baryta paper
ÖFLKS, PHO 6496/0

>
Studie für den *Shrine of the Book,* New York, um 1960, Zeichnung; Kugelschreiber, Tinte, Papier
Study for the *Shrine of the Book,* New York, ca. 1960, Drawing; Ballpoint pen, ink, paper
ÖFLKS, MED 1152/0

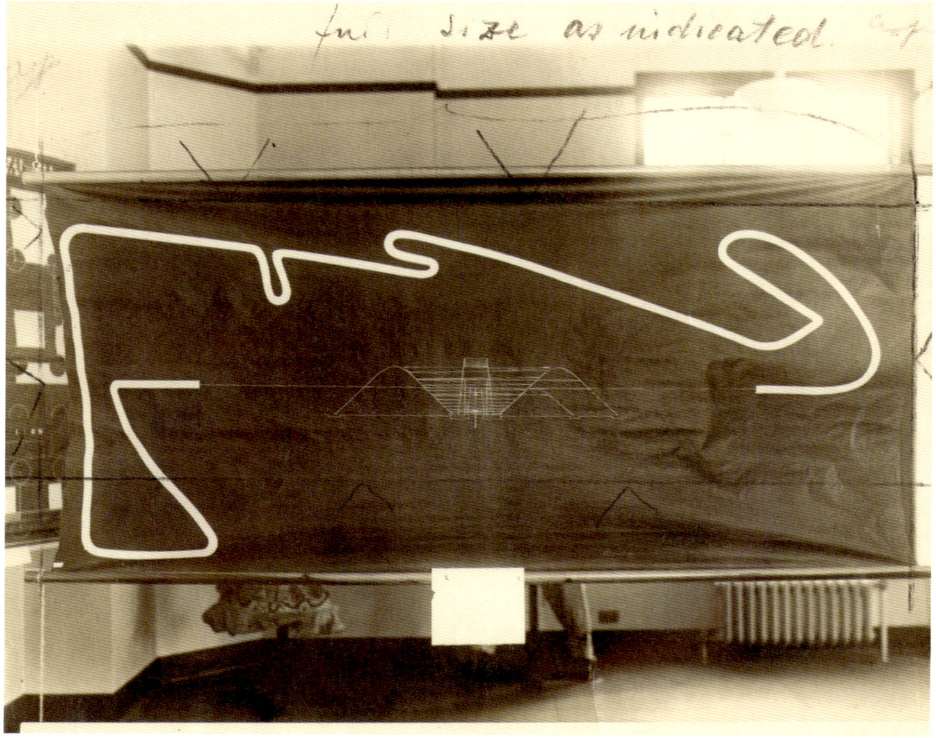

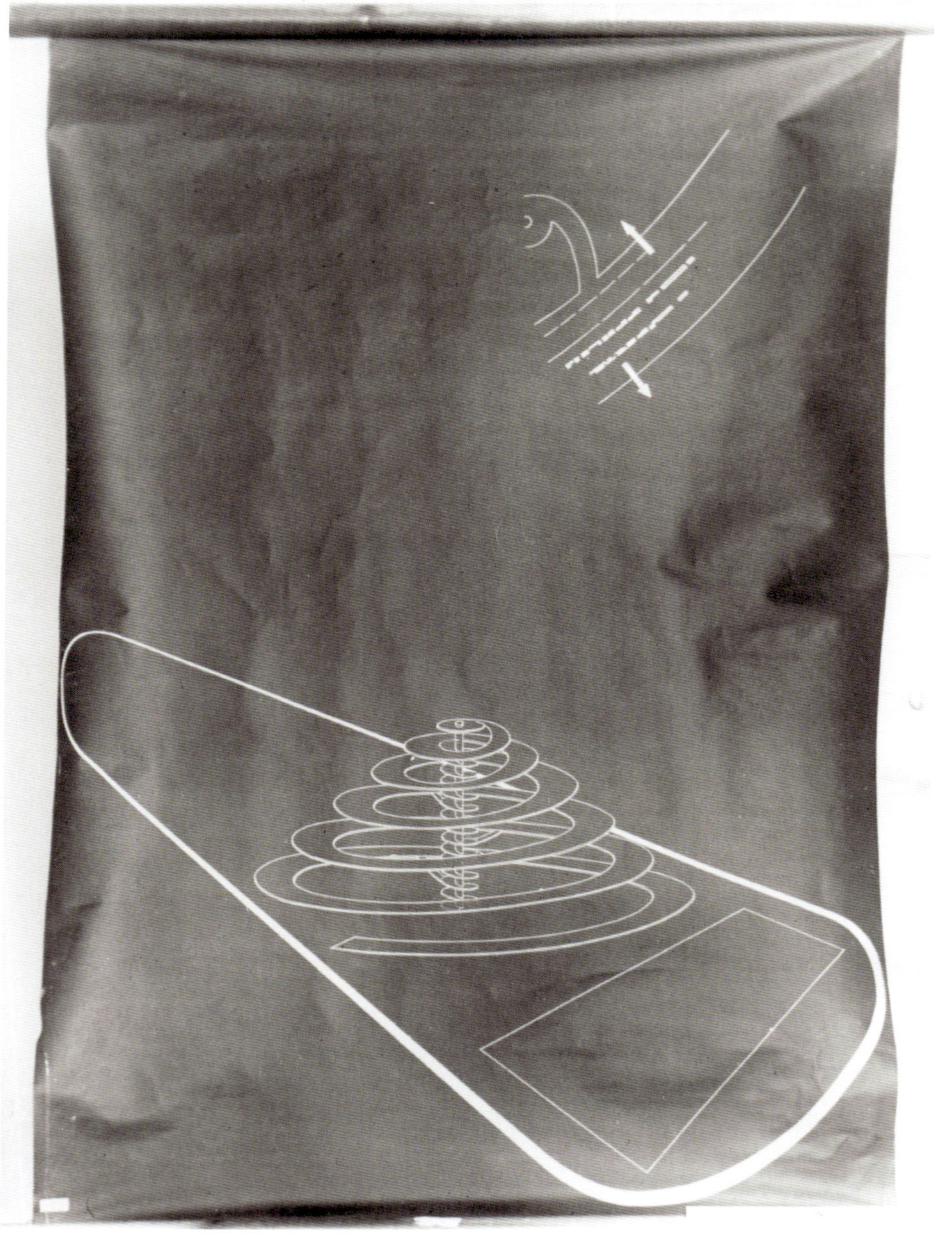

<
International Theatre Exposition, Blick in die Ausstellung mit dem Projekt Kieslers für eine Gestaltung der Place de La Concorde in Paris, New York, 1926, SW-Foto; Silbergelatineabzug auf Barytpapier
***International Theatre Exposition*, view of the exhibition with Kiesler's project for a design of the Place de La Concorde in Paris,** New York, 1926, BW photo; Gelatin silver print on baryta paper
ÖFLKS, PHO 1048/0

>
Washington Square Village Project, Ansicht der Gesamtanlage, 1956, Bleistift und Buntstift auf Transparentpapier
***Washington Square Village Project*, view of the entire site,** 1956, Pencil and colored pencil on tracing paper
ÖFLKS, PLN 310/0

>
Washington Square Village Project, perspektivische Ansicht, 1956, Bleistift und Buntstift auf Transparentpapier
***Washington Square Village Project*, perspective view,** 1956, Pencil and colored pencil on tracing paper
ÖFLKS, PLN 213/0

>
Washington Square Village Project, perspektivische Ansicht, 1956, Bleistift und Buntstift auf Transparentpapier
***Washington Square Village Project*, perspective view,** 1956, Pencil and colored pencil on tracing paper
ÖFLKS, PLN 311/0

<
Entwurf für eine Konstruktion in Spiralenform, SW-Foto; Silbergelatineabzug auf Barytpapier
Design for a structure in a spiral form, BW photo; Gelatin silver print on baryta paper
ÖFLKS, PHO 6397/0

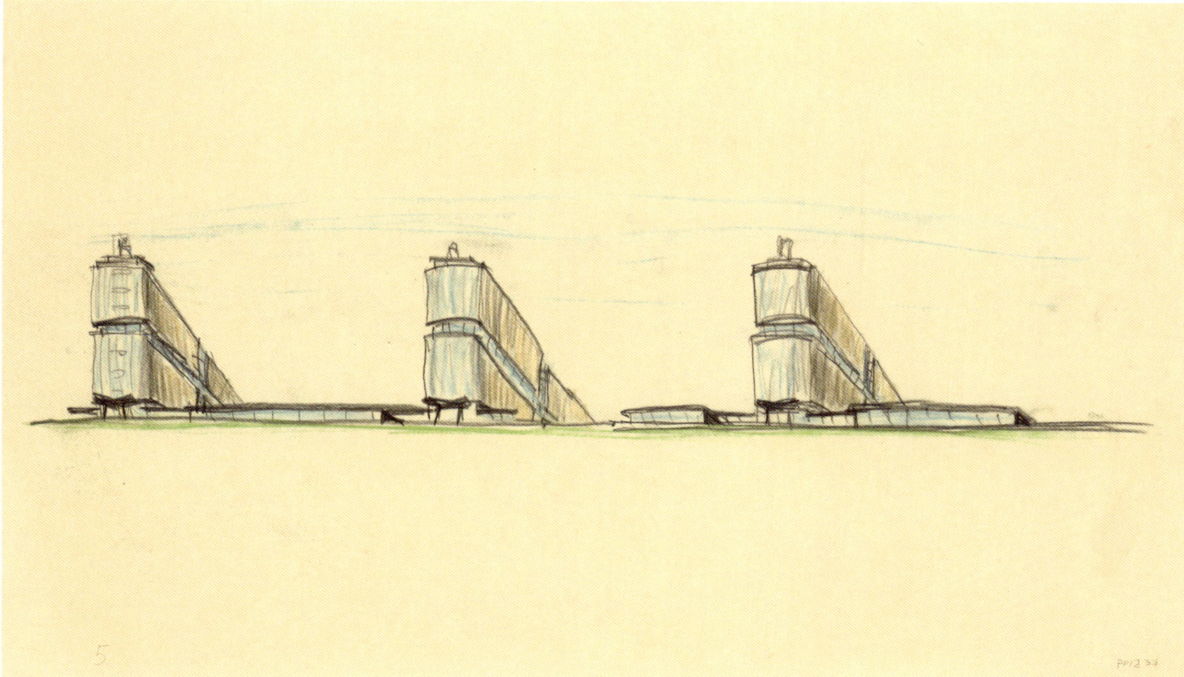

Spyros Papapetros

Magic Architecture
Höhlen, Tiere und Werkzeuge im Atomzeitalter

MAGIE

In Friedrich Kieslers umfassender Sammlung von Zeitungs- und Magazinausschnitten für sein Buchprojekt *Magic Architecture* befindet sich ein Artikel mit dem Titel „Atomic Blue Glow Kills Scientists", der am 28. Juni 1946 in *The New York Sun* erschien. Er basiert auf einem Militärbericht über eine atomare Kettenreaktion, die etwa einen Monat davor in New Mexico ausgelöst worden war.[1] Es war einer der ersten Zeitungsberichte über den heute hinlänglich bekannten Unfall bzw. die Unfallserie, die sich über einen Zeitraum von zehn Monaten am Los Alamos National Laboratory ereignet und zwei junge amerikanische Wissenschaftler das Leben gekostet hatte, als sie Experimente im Zusammenhang mit dem „Manhattan-Projekt" – dem geheimen Atomwaffenprogramm der USA – durchführten.[2] Als dem Wissenschaftler Louis Slotin „ein Werkzeug entglitt", während er seinen Kollegen ein Experiment vorführte, wurde die Anordnung prompt „überkritisch", wodurch „innerhalb von Millionstelsekunden [...] enorme Energiemengen frei wurden, die von den Anwesenden als Hitzestoß und blaues Glimmen wahrgenommen wurden". Es gab keine Explosion, keinen Knall, keine Trümmer. In den Worten eines Anwesenden: „Es war, als würde man neben einem Lichtbogen-Schweißgerät stehen, während der Lichtbogen gezündet wird."

Die „Ionisation von Luftpartikeln durch die Strahlung, die von dem spaltbaren Material ausging", füllte die unmittelbare Umgebung augenblicklich mit sich ausbreitenden Schichten verschiedener Energien – „schneller, mittlerer und langsamer" Energien. Ihre Wirkung zeigte sich am Körper in Form eines „dreidimensionalen Sonnenbrands", der anfangs einem oberflächlichen Sonnenbrand ähnelt, jedoch nach und nach Blutzellen zerstört und zum Tod führen kann. Die acht Männer aus dem Labor wurden sofort ins Krankenhaus gebracht, wo sie Transfusionen von Blut, Plasma und anderen Flüssigkeiten erhielten, wobei sich die Auswirkungen der Strahlung erst acht Tage später zeigten. Slotin starb am neunten Tag, sein jüngerer Kollege, Harry K. Daghlian Jr., der für den vorausgegangenen Unfall verantwortlich gewesen war, nach 25 Tagen.

Neben dem originalen Zeitungsausschnitt wurden in Kieslers Unterlagen mehrere Kopien einer getippten Abschrift des Artikels gefunden, dennoch wird er in den verschiedenen Versionen des Manuskripts, die unter dem Sammeltitel *Magic Architecture* archiviert wurden, niemals zitiert.[3] Wie die Kettenreaktion, die der Artikel schildert, entfaltet auch er selbst seine Wirkung lautlos. Nichtsdestoweniger ist diese unerwähnte Quelle nicht nur ein zentraler Bestandteil des Inhalts, sondern auch des Kontexts, in dem Kieslers Projekt entstand. Ich beziehe mich dabei auf die Auswirkungen der „ionisierten" Umgebung während und unmittelbar nach dem Zweiten Weltkrieg, als die ganze Welt von einem sich ausbreitenden blauen Nebel eingehüllt war, dessen latent tödliches Nachglühen erheblich länger fortbestehen sollte. Mit dem Untertitel „The Story of Human Housing" [Die Geschichte menschlicher Behausungen] versehen, beschreibt *Magic Architecture* Architektur als eine „Schutzvorrichtung" gegen die tödlichen Unfälle der Wissenschaft.[4]

Neben dem Kontext liegt die auffälligste Analogie zwischen *Magic Architecture* und dem Unfall von Los Alamos in einer Ähnlichkeit der Methoden: Eine gemeinsame Strategie verbindet die verborgenen Prozesse der Nuklearenergie mit den performativen Vorgängen der „sympathetischen Magie" – ein Begriff, den Kiesler von James Frazers *Der Goldene Zweig* ableitete. Kieslers Bibliothek enthielt eine zweibändige Ausgabe der anthropologischen Vergleichsstudie aus dem späten 19. Jahrhundert,[5] in der Frazer die Gesetze der sympathetischen Magie (wonach Dinge über einen unsichtbaren Äther aufeinander einwirken) mit den Prinzipien der modernen Wissenschaft vergleicht, die besagt, dass „Dinge einander physisch durch einen scheinbar leeren Raum beeinflussen können".[6] Frazer unterteilt zudem die sympathetische Magie in eine „nachahmende oder homöopathische" und eine „übertragende" Magie, wobei erstere auf den Gesetzen der „Ähnlichkeit" beruht, die aus der Ferne wirken, und letztere auf dem direkten physischen „Kontakt".[7]

1 Kiesler, Frederick J., *Magic Architecture. Origin and Future. The Story of Human Housing*, unveröffentlichtes Buchmanuskript (ca. 1941–1947), ÖFLKS. Im Archiv der ÖFLKS sind mehrere Versionen von Kieslers Manuskript vorhanden, die sich inhaltlich sowie im Projekttitel unterscheiden. Einige Auszüge wurden veröffentlicht in ÖFLKS/MMK (Hg.), *Friedrich Kiesler: Endless House 1947–1961*, Ausst.kat. MMK, Ostfildern-Ruit 2003.

2 Für einen offiziellen Bericht siehe U.S. Atomic Energy Commission, „A summary of accidents and incidents involving radiation in atomic energy activities—June 1945 thru December 1955", Washington, D.C. 1956, 2–6. Für einen neueren Bericht über den Wissenschaftler, der den Unfall verursachte, siehe Zeilig, Martin, „Louis Slotin and 'The Invisible Killer'", in: *The Beaver* (75) 4, August – September 1995, 20–27.

3 Transkript und Kopie des Ausschnitts aus der *New York Sun* über den Unfall in Los Alamos siehe TXT_6.820_0 und TXT_6.820_1, Original siehe CLP 6.463_0. Kieslers Forschungsunterlagen (besonders jene zum Thema Correalismus) enthalten weitere Artikel zu den Auswirkungen der Nuklearwissenschaft. Siehe: „Smashing the Atom", *New York World Telegram*, 18. November 1936 und „Radar Waves find New Force in Atom", *The New York Times*, 21. September 1947.

4 Die einzigen datierten Dokumente im Zusammenhang mit *Magic Architecture*, wie Kieslers Buchentwürfe und Briefe an Verlage, sind auf die Zeit nach dem Zweiten Weltkrieg datiert (ca. 1946–1947). Einige Abbildungen, die in *Magic Architecture* verwendet wurden, sind jedoch auf 1941 datiert, was darauf hindeutet, dass Kiesler über einen längeren Zeitraum an diesem Projekt arbeitete.

5 James Frazer, *The Golden Bough: A Study in Magic and Religion* [1890], 2 Bde., New York 1929.

6 James Frazer, *The Golden Bough: A Study in Magic and Religion*, gekürzte Auflage [1922], London 1996, 15.

7 Ebd., siehe Absatz 2 und 3 von Kapitel III, „Sympathetic Magic".

Magic Architecture

Caves, Animals, and Tools in the Atomic Era

Spyros Papapetros

MAGIC

Among Frederick Kiesler's extensive collection of illustrated journal and newspaper clippings for his *Magic Architecture* book project is a brief article titled "Atomic Blue Glow Kills Scientists," printed in the June 28, 1946 issue of *The New York Sun* and based on an army report about an atomic chain reaction that was set off in New Mexico more than a month prior.[1] This was one of the first newspaper reports of the now well-known accident, or, in actual fact, series of two similar accidents that occurred over a period of ten months at the Los Alamos National Laboratory and cost the lives of two young American scientists who were conducting experiments related to the "Manhattan project," the secret U.S. atomic weapons program.[2] Occurring "when a piece of equipment slipped" from the hands of scientist Louis Slotin, who was demonstrating the experiment to colleagues, the accident brought the radioactive material "beyond a critical point," which "resulted in a tremendous energy release within millionths of a second [...] evidenced by the persons present by the bodily sensation of heat and the visual perception of a blue glow." There was no blast, no noise, no debris. In the words of one witness, "it was as if you were standing next to an arc welder, when he struck the arc."

The "ionization of air particles by radiation emanating from the fissionable material" instantly suffused the immediate area with propagating layers of multiple energies, "fast, intermediate, and slow," an effect replicated on the body in the form of "a three-dimensional sunburn" that initially resembles a superficial sunburn but gradually destroys blood cells and can prove fatal. While the eight men in the lab were immediately hospitalized and subjected to blood, plasma, and other fluid transfusions, the effects of radiation did not become apparent until eight days later. Slotin died on the ninth day; his younger colleague Harry K. Daghlian, Jr., who had been responsible for the earlier accident, had died after twenty-five days.

In addition to the original newspaper clipping, several copies of a typed transcript of the article have been found among Kiesler's research material, yet no part of it was quoted in the various assembled versions of the manuscript filed under the general heading *Magic Architecture*.[3] Like the chain reaction described in the report, its impact remains inaudible. Nevertheless, this unacknowledged reference is central not only to the content but also to the context in which Kiesler's project was conceived. I refer to the effects of the "ionized" environment during and right after the end of the Second World War, when the entire world was enveloped by a propagating blue mist whose latently lethal afterglow would linger for much longer. Subtitled "The Story of Human Housing," *Magic Architecture* describes architecture as a "defense mechanism" against the lethal accidents of human science.[4]

In addition to context, the most striking analogy between *Magic Architecture* and the Los Alamos incident is a similarity in method: a common strategy links the covert processes of nuclear energy with the performative operations of "sympathetic magic," a term Kiesler derived from James Frazer's *The Golden Bough*. Kiesler's personal library included a two-volume edition of this well-known, late-19th-century comparative anthropological study[5] wherein Frazer compared the rules of sympathetic magic (whereby things act upon each other by way of an invisible ether) to the principles of modern science, which held that "things can physically affect each other through an empty space."[6] Frazer further categorized sympathetic magic into "imitative or homeopathic" and "contagious," the former based on the laws of "similarity" acting over a distance and the latter by "contact" and physical immediacy.[7]

The Los Alamos report copied by Kiesler reactivated both of these types of sympathetic magic—in the first case, via the contagious immediacy of the atomic chain reaction, and in the second, through the "homeopathic" reverberation of this event in New Mexico not once but twice, with the first of these occurring only a few weeks after the atomic bomb was dropped on two cities in Japan. But it was precisely the fallout of these catastrophic events

1 Kiesler, Frederick J., *Magic Architecture. Origin and Future. The Story of Human Housing*, unpublished book manuscript (ca. 1941–1947), ÖFLKS. There are several versions of Kiesler's manuscript in the archives of the ÖFLKS with differences in content as well as the project title. A brief compilation of excerpts has been published in ÖFLKS/MMK (eds.), *Friedrich Kiesler: Endless House 1947–1961*, exh. cat. MMK, Ostfildern-Ruit 2003.
2 For an official report, see U.S. Atomic Energy Commission, "A summary of accidents and incidents involving radiation in atomic energy activities—June 1945 thru December 1955", Washington, D.C. 1956, 2–6. For a recent account of the scientist who caused the accident, see Zeilig, Martin, "Louis Slotin and 'The Invisible Killer'," in: *The Beaver* (75) 4, August–September 1995, 20–27.
3 For the transcript and copy of the *New York Sun* clip on the Los Alamos incident, see TXT_6.820_0 and TXT_6.820_1 and for the original see CLP 6.463_0. Kiesler's research files (especially those related to Correalism) contain more articles on the effects of atomic science. See: "Smashing the Atom," *New York World Telegram*, 18 November 1936 and "Radar Waves find New Force in Atom," *The New York Times*, 21 September 1947.
4 The only dated documents related to *Magic Architecture*, such as Kiesler's book proposals and letters to publishers, are dated after the end of WWII (ca. 1946–1947). However, a set of illustrations used in *Magic Architecture* date from 1941, indicating that Kiesler was working on this project for a longer period of time.
5 Frazer, James, *The Golden Bough: A Study in Magic and Religion* [1890], 2 vols., New York 1929.

In dem von Kiesler kopierten Bericht über Los Alamos treten beide Formen dieser sympathetischen Magie zutage: zum einen die „übertragende" Unmittelbarkeit der atomaren Kettenreaktion, zum anderen ein – sogar zweifacher – „homöopathischer" Widerhall. Der erste der beiden tödlichen Laborunfälle ereignete sich nur wenige Wochen nach den Atombombenabwürfen auf zwei japanische Städte. Die katastrophalen Ereignisse auf einem fernen feindlichen Territorium schienen an ihrem Ausgangspunkt in den USA nachzuhallen (wenn auch in weitaus kleinerem Ausmaß), was den Unfällen etwas Unheimliches verlieh. Das „Haus" war nun von innen angreifbar – durch Kriegsgeräte, die von seinen eigenen BewohnerInnen gebaut und bedient wurden. War die animistische Magie in Frazers *Der Goldene Zweig* von der Industrialisierung der Elektrizität inspiriert, so entwickelt Kieslers *Magic Architecture* eine ähnliche animistische Epistemologie für die radioaktiven Umgebungen des Atomzeitalters.

Auch der Aufbau von *Magic Architecture* stützt sich auf die beiden Formen der sympathetischen Magie, die Frazer beschreibt. In seiner vergleichenden, diachronischen Darstellung versucht Kiesler, chronologische Distanzen sowohl mithilfe der Übertragung (durch unmittelbare Berührung) als auch der analogen Ähnlichkeit (über eine Distanz) zu überbrücken. In der interdisziplinären Forschung, die er als Architekt betreibt, strebt er eine Verschmelzung verschiedener Wissensgebiete an – von der Paläoarchäologie über die Kulturanthropologie bis hin zur Tierpsychologie, Biologie und Naturgeschichte. Aus dem erkenntnistheoretischen Verbundmodell, das daraus resultiert, entwarf er eine universelle Geschichte menschlicher Behausungen, die vom Beginn der Menschheit und den Behausungen der Tiere und ersten Hominiden bis zu den Slums der kriegsgeschundenen modernen Völker des 20. Jahrhunderts reicht.

„Ein alles fressender Omnivore – das ist der Mensch." So lautet der erste Satz eines einführenden Kapitels mit dem Titel „The Fear of the Unseen" [Die Furcht vor dem Unsichtbaren].[8] Darin beschreibt Kiesler zunächst den undifferenzierten Speiseplan des Menschen im Gegensatz zur spezialisierten Ernährung anderer Lebewesen, um dann zur Frage überzugehen, wie der Mensch versucht, seine physische Unterlegenheit gegenüber den Tieren zu kompensieren, indem er seine Umgebung aus der Ferne kontrolliert:

> „Seine Stärke hat sich in einen Winkel seines Gehirns zurückgezogen. Dort, eingebettet in die Gussform seiner Stirn, grübelt er darüber, wie er seine Unterlegenheit überwinden kann. Er wagt es nicht, mit eigener Faust gegen ein Tier zu kämpfen. […] Und je höher sein Grad an Zivilisation, desto größer die Distanz, aus der er tötet. Sein Hochmut wächst mit der Entfernung seines Verstecks. Am sichersten würde er sich fühlen, wenn er aus dem interstellaren Raum schießen könnte – unsichtbar, unhörbar und ohne sich durch seine Witterung zu verraten."[9]

Ausgehend von der „Architektur des Gehirns" als exzentrischem Sitz der geschwächten Kraft des Menschen[10] führt Kiesler seinen Gedanken weiter zur militärischen Architektur ballistischer Vorrichtungen, die aus der Ferne als eine Verlängerung der Gehirnleistung fungieren und so die Hülle des Körpers überwinden. Architekturtheorie und -praxis sind für ihn das Ergebnis projektiver Designmethoden, also einer instrumentellen Untersuchungsreihe, die sich entlang eines transhistorischen Bogens von der Antike Vitruvs über die industrielle Moderne Gottfried Sempers bis zum Atomzeitalter Kieslers und Buckminster Fullers erstreckt.[11] *Magic Architecture* nimmt die Gefahren telekinetischer Technologien, bei denen die Auswirkungen einer tödlichen, aus der Ferne übertragenen Kraft dennoch von Menschenhand gesteuert wird, zum Ausgangspunkt und richtet sich gegen sie. Wie Kiesler anmerkt, gibt es „Werkzeuge zur Verteidigung" und „Werkzeuge des Angriffs", wobei Architektur im Lauf der Geschichte für beide Zwecke eingesetzt wurde. Kieslers eigene architektonische Ideen – vom *Endless House* bis zur Geschichte der Behausung, die er in *Magic Architecture* nachzeichnet – sollten jedoch vorwiegend dem Schutz dienen. Für ihn sind Häuser „Schutzvorrichtungen", deren Hauptzweck darin besteht, die Menschen nicht nur vor den Widrigkeiten der Natur, sondern auch vor ihren eigenen projektiven, paraarchitektonischen Handlungsweisen zu schützen.[12]

HÖHLE

Kiesler spannt einen geistigen Bogen von der kriegerischen Umgebung der Nachkriegsmoderne zum ähnlich rauen Terrain der Vorgeschichte – einer urzeitlichen Landschaft, in der nur Höhlen Schutz boten – und identifiziert so einen weiteren psychologischen Schutzmechanismus in Verbindung mit der (Vor-)Geschichte der Behausung:

> „Unsere kollektive Erinnerung an schützende Höhlen geht zurück auf die Eiszeiten – eigentlich sogar noch weiter, auf eine Zeit, als der sogenannte (vorsteinzeitliche) Mensch

8 Kiesler, *Magic Architecture*, TXT_5877_0_N015.
9 Ebd., TXT_5877_0_N015–16.
10 Siehe z. B. den Anthropologen Ashley Montagu mit „The Skillful Skull: Man's Braincase in its Ability to Resist and Dissipate Manifold Stresses is a Noteworthy Example of Efficient Architecture", *The Technology Review* (MIT) XLV:9, in Kieslers Unterlagen: CLP_6536_0_N2.
11 Zu seinen Recherchen über Geschosse siehe Semper, Gottfried, *Über die bleiernen Schleudergeschosse der Alten und über zweckmässige Gestaltung der Wurfkörper im Allgemeinen. Ein Versuch die dynamische Entstehung gewisser Formen in der Natur und in der Kunst nachzuweisen*, Frankfurt/Main 1859.
12 Kiesler, Friedrich, Aufzeichnungen, ÖFLKS, SFP_6665_0_N3.

on a distant enemy territory echoing back to the interior of its very "home" space inside the U.S. (albeit on a far smaller scale) that made this accident even more uncanny. The house could now be attacked from the inside by belligerent devices built and manipulated by its own inhabitants. If animist magic was informed by the industrialization of electricity in Frazer's *The Golden Bough*, then Kiesler's *Magic Architecture* updated a similar animist epistemology for the radioactive environments of the atomic era.

Moreover, the very structure of *Magic Architecture* was informed by the two modes of sympathetic magic described by Frazer. In his comparative diachronic account, Kiesler attempted to bridge both chronological distances through the use of contagion (facilitated by contiguity) and analogical similarity (aided by distance). In the interdisciplinary research he conducted in his work as an architect, he sought to amalgamate a number of fields of knowledge, from paleo-archaeology and cultural anthropology to animal psychology, biology, and natural history. He then used the resultant composite epistemological model to sketch a universal story of human housing starting from the dawn of mankind and the habitations of animals and proto-humans and ending with the slums of 20th-century, war-torn modern peoples.

"Omnivorous all eating: that is man." This is the opening phrase of one of Kiesler's introductory chapters titled "The Fear of the Unseen."[8] Initially describing the indiscriminate diet of the all-devouring humans as opposed to the more focused nutrition of other living creatures, the chapter quickly shifts to the ways in which man strives to overcome the inferiority of his physical strength in comparison to animals by controlling his environment from a distance:

"His strength has retired to one corner of his brain. Here in the mould [*sic*] of his forehead he speculates on how to overcome his inferiority. He does not dare to combat any of the animals with his own hand. [...] And the greater his civilization the further away will he take his stand for the kill. His pride grows bigger with the distance of his hiding. His ultimate dream of safety is to be able to shoot from interstellar space unseen, unheard with nothing of his scent coming downwind."[9]

Starting with the "architecture of the brain" as the eccentric seat of man's weakened powers,[10] then moving on to the military architecture of ballistic devices operating at a distance as an extension of brain power transcending the envelope of the body, Kiesler conceived of architectural theory and practice as the outcomes of projective design technologies, i.e., a line of instrumental inquiry expanding along a trans-historical arc from the antiquity of Vitruvius to the industrial modernity of Gottfried Semper and the atomic age of Kiesler and Buckminster Fuller.[11] *Magic Architecture* was informed by and opposed to the dangers of telekinetic technologies, where the effects of a lethal force projected from a distance are still controlled by the human hand. As Kiesler noted, there are "tools for defense" and "tools for attack," with architecture historically having been employed as an instrument for both operations. However, Kiesler's own architectural ideas, from his *Endless House* to the story of housing he compiled in *Magic Architecture*, were predominantly conceived for protection. Kiesler viewed houses as "defense mechanisms" serving primarily as shelters to defend humans against not only the adversities of nature, but also man's own projective para-architectural procedures.[12]

CAVE

Mentally projecting from the belligerent environment of postwar modernity to the equally adverse terrain of prehistory—a primeval landscape that bore no architecture other than the shelter of the cave—Kiesler identified another psychological defense mechanism related to the (pre-)history of housing:

"Our collective memory of sheltering caves dates back to the time of the ice-ages [sic] and, in truth, to earlier times when man, or so called man (pre-paleolithic) was not yet entirely erect. He had crawled on four legs into his habitat with more ease than his later erect stanc[e] would permit. After he became upright he had to bend down to get through his door, and once inside he remained crouched. Finally he raised the roof of his new home to the full height of his stature."[13]

Here, the evolution of the architectural enclosure tracks the evolution of the human species from horizontality to verticality, marking the origin of bipedalism. The cave is not a "ready-made" natural enclosure but is actively shaped by the transforming ape-human. It serves as a support mechanism facilitating the first steps of the individually insufficient subject. In one of

6 Frazer, James, *The Golden Bough: A Study in Magic and Religion*, abridged ed. [1922], London 1996, 15.
7 Ibid., see paragraphs 2 and 3 of Chapter III, "Sympathetic Magic."
8 Kiesler, *Magic Architecture*, TXT_5877_0_N015.
9 Ibid., TXT_5877_0_N015-16.
10 See, for example, anthropologist Ashley Montagu's "The Skillful Skull: Man's Braincase in its Ability to Resist and Dissipate Manifold Stresses is a Noteworthy Example of Efficient Architecture," in: *The Technology Review* (MIT) XLV:9, included in Kiesler's research material: CLP_6536_0_N2.
11 On his research on projectiles, see Semper, Gottfried, *Über die bleiernen Schleudergeschosse der Alten und über zweckmässige Gestaltung der Wurfkörper im Allgemeinen. Ein Versuch die dynamische Entstehung gewisser Formen in der Natur und in der Kunst nachzuweisen*, Frankfurt/Main 1859.
12 Kiesler, Frederick, research notes, SFP_6665_0_N3.
13 Kiesler, Frederick, *Magic Architecture*, see the opening paragraph of the chapter titled "The Cave, first natural Shelter" in TXT_5877_0_N034.

noch nicht vollständig aufrecht ging. Auf vier Beinen konnte er leichter in seine Behausung kriechen als später in aufrechter Haltung. Als er dann aufrecht ging, musste er sich bücken, um einzutreten, und konnte sich im Inneren nur hockend aufhalten – bis er schließlich die Höhe seines neuen Zuhauses an die Höhe seiner Statur anpasste."[13]

Hier folgt die Entwicklung der architektonischen Behausung der Evolution der menschlichen Spezies vom Horizontalen ins Vertikale, die den Beginn der zweibeinigen Fortbewegung markiert. Die Höhle ist keine „bezugsfertige" natürliche Behausung, sondern wird durch den sich verändernden Affenmenschen aktiv gestaltet. Sie ist ein unterstützendes Element, das die ersten Schritte des alleine unzulänglichen Subjekts erleichtert. In einer Illustration für sein Buchprojekt skizziert Kiesler eine Höhle mit einem freiliegenden Dach, das aus mehreren Bögen zu bestehen scheint. Im Inneren sind Menschen und Tiere als dunkle Umrisse dargestellt, die sich allmählich von den Wänden oder Außenoberflächen des Felsgesteins lösen, in die sie als Fossilien eingeschlossen sind, und durch die Öffnung der Höhle ins Freie treten. Wie eine Umkehrung des Wasserlaufs, der einst die Höhle schuf, fließt ein dunkler, zungenförmiger Bach aus dem Höhlenausgang.

In „The Universe as architecture", einem späteren Abschnitt von *Magic Architecture*, schreibt Kiesler: „Die Höhle ist ein riesiges Gebilde – so tief und so hoch wie der Berg selbst. Sie reicht weit über das eigentliche Schutzbedürfnis hinaus. Ihr steinerner ‚Umfang' erstreckt sich beinahe bis zum Horizont, wo Himmel und Meer aufeinandertreffen, und weit hinauf zur Sonne."[14] Eine von Kieslers handgezeichneten Illustrationen für *Magic Architecture* veranschaulicht das kosmologische Modell, das er in seinem Text beschreibt: Die Höhle ist der innerste Kern eines konzentrischen Aufbaus aus mehreren Schichten. Der obere Teil des quasi-zyklischen Diagramms zeigt Bäume, Vögel, Tiere und die Sonne, während auf der unteren Hälfte mehrere horizontal angeordnete Menschenfiguren (die Toten?) zu sehen sind. Der Mond und eine riesige Schlange vervollständigen im unteren Bereich die Umgrenzung, die durch die äußere Schicht der Höhle definiert wird. Tag und Nacht scheinen sich als gegengleiche Realitäten ineinander zu spiegeln. In einer Skizze für diese Illustration stellt Kiesler das symmetrische Universum als waagrecht gehaltenen Handspiegel dar. Die Welt ist ein Objekt, und jedes Objekt ist die Welt – ob bekannt oder unbekannt, vergangen oder gegenwärtig.

Kieslers Höhle scheint zwei Seiten zu haben. An der Außenseite sehen wir eine idyllische vorzivilisatorische Landschaft, während das Innere die Angst vor einer natürlichen oder von Menschen verursachten Katastrophe widerspiegelt, die – wieder einmal – aus der Ferne kommt:

„Der ängstliche Mensch hat mit den stärksten Primaten eine Furcht gemeinsam: Die Angst vor der plötzlichen Brutalität des Wetters in Form von Stürmen, Fluten, Blitzen, Dürre, Kälte und Eis. Dass diese Ereignisse tödlich sein können, ist nicht so furchterregend wie die Tatsache, dass sie von einem unsichtbaren Feind kommen, der aus der Ferne zuschlägt. Vor ihm fliehen Menschen und Primaten gleichermaßen. Sie suchen Schutz in Höhlen über und unter der Erde, verstecken sich im Dickicht, unter dem dichten Blattwerk tropischer Pflanzen oder in hohlen Bäumen."[15]

Die Passage spricht von der um sich greifenden Angst vor etwas, das durch eine unsichtbare Kraft ausgelöst wird, und von den verschiedenen Schutzmöglichkeiten gegen diese Angst – die Höhle ist hier nur eine Option. Die erste künstlich errichtete Zuflucht, die in den Illustrationen für *Magic Architecture* auftaucht, ist eine schirmartige afrikanische Hütte in einer Zeichnung nach Leo Frobenius,[16] die Kiesler dem Entwurf Fullers für ein Dymaxion-Haus gegenüberstellt. Obwohl die Höhle „in Stein gehauen" ist, steht sie am Ursprung des mobilen nomadischen Zustands, der durch die Schirmhütte symbolisiert wird.

Kiesler betrachtet die Höhle selbst als transportierbar. Er sieht sie nicht als einzelnes Objekt oder umschlossenen Raum, sondern als wiederkehrenden „Zustand", der sich sympathetisch in einer Vielfalt späterer menschlicher Behausungen widerspiegelt, die um einen Hohlraum herum geformt wurden. „Die Höhle löst sich allmählich von ihrer natürlichen Ortsgebundenheit", schreibt Kiesler, „sie verlässt den Berghang und beginnt, selbstständig zu stehen, da sie nun künstlich errichtet werden kann".[17] Das hohle Innere des *Endless House* ist vielleicht so eine mobile, von Menschen errichtete Höhle. Anders als bei Platons sinnbildlicher Höhle, gibt es hier keine Unterscheidung zwischen Licht und Schatten, Realität und Illusion. Wir verlassen die Höhle nicht, sondern tragen sie stets mit uns.

13 Kiesler, Friedrich, *Magic Architecture*, siehe den ersten Absatz des Kapitels „The Cave, first natural Shelter" in TXT_5877_0_N034.
14 Ebd., „The Universe as Architecture", TXT_6686_0_N41-2.
15 Ebd., TXT_5877_0_N016-7.
16 Ebd., TXT_6.828_0_N6. In *Magic Architecture* bezieht sich Kiesler mehrmals auf die Arbeit von Leo Frobenius, insbesondere auf seine *Kulturgeschichte Afrikas* (1933). Zur Zeichnung eines runden Pfahlbaus, die auf der ersten Abbildung von *Magic Architecture* wiedergegeben wird, s. Abb. 175 in: Frobenius, Leo, *Kulturgeschichte Afrikas*, Zürich 1954, 226.
17 Ebd., TXT_5877_0_N050.

the preliminary illustrations for his book project, Kiesler sketched a cave with an exposed roof cover appearing to consist of multiple arches. In it, representations of men and animals shown as dark outlines gradually detach themselves from the walls or external surfaces of the rock on which they are immured as fossils to walk out into the open air through the cave's mouth. As if reversing the water stream that had once created the cavern, a dark tongue-like alluvial stream flows from the cave's exit.

In "The Universe as architecture," a later section of *Magic Architecture*, Kiesler wrote: "The cave is extensive; it is mountain-deep and mountain-high. It is far beyond the actual need of a shelter. It extends its stony 'range' almost to the horizon, where sky and ocean meet; and above it reaches to the sun."[14] Indeed, in one of his hand-drawn illustrations for *Magic Architecture*, Kiesler drew the cosmological model he described in his text by depicting the cave as the innermost stratum of a concentric succession of layers. The upper part of the quasi-cyclical diagram includes trees, birds, animals, and the sun, while its lower half consists of a series of horizontally placed human figures (the dead?); the moon and a gigantic serpent complete the enclosure defined by the outer layer of the cave. The daylight and the nocturnal region appear to mirror one another as inverted realities. In a preliminary sketch for the same illustration, Kiesler drew this symmetrical universe as a handheld mirror turned into a horizontal position. The world is an object and every object is the world, both known and unknown, past as well as present.

Kiesler's cave appears to have two sides. On the exterior, it projects the idyllic pre-civilization landscape we just witnessed, while in the interior it reflects fear of a natural or human-provoked catastrophe that—once again—arrives from a distance:

"Timid man and most powerful primates have one fear in common, namely the spontaneous savagery of climatic conditions; wind-storms, rain-squalls, lightning-fires, heat-draught, cold and ice. That these onslaughts might mean death is not so frightening as the fact that the blows are delivered from a distance and are struck by unseen enemy. Man and primate alike, flee; they make for caves above and below the ground; they look for thickets, for rich tropical foliage; they hide in hollow trees."[15]

The passage attests to the proliferating nature of fear caused by an unseen agent, and also to the multiplicity of protective solutions it necessitates, the cave being only one of these options. The first artificial shelter illustrated in the plates for *Magic Architecture* is African umbrella-type huts in a drawing after Leo Frobenius,[16] which Kiesler juxtaposed with Fuller's design for his Dymaxion House. Despite being "set in stone," the cave represents the origin of the portable nomadic condition represented by the umbrella hut.

Kiesler viewed the cave itself as being portable; he saw it not as a singular object or enclosed space, but as a recurring "condition," sympathetically mirrored in a variety of future human habitations shaped around any void, gap, or hole. "Gradually the cave detaches itself from its natural adherence," wrote Kiesler, "it leaves the mountainside and it begins to stand alone as it can be built artificially."[17] The hollow interior of the *Endless House* is perhaps just such a portable man-made cavern. Unlike the allegorical Platonic cave, there is no difference between light and shadow, reality and illusion. We never exit the cave but keep carrying it with us.

ANIMAL

While animals first appear in Kiesler's visual material for *Magic Architecture* as drawn or sculpted representations on the walls of prehistoric caves, the non-human creatures gradually leap out from these mineral surfaces to create their own tectonic enclosures. Like caves and other human habitations, animal structures emerged to preserve life, yet they are haunted by the prospect of death. "This death consciousness of animals affects the mechanism of the entire body," wrote Kiesler. "The individual animal improvises emergency solutions and robs nature from foliage to work them into defense masks: nests, houses."[18]

Akin to wearing a portable animal mask, man refurbishes the shield of animal housing to form his own composite structure. "Building is not an invention of man," wrote Kiesler "but a Architecture is."[19] This makes Kiesler's term "animal architecture" essentially a paradox—a hybrid of two different ontological conditions. While Kiesler's research material includes literature on a various kinds of animals, such as bees and birds, the second part of *Magic Architecture* concerns only two: termites and beavers, the first providing a prototype for architecture, the second a model for environmental engineering.

14 Ibid., "The Universe as Architecture," TXT_6686_0_N41-2.
15 Ibid., TXT_5877_0_N016-7.
16 Ibid., TXT_6.828_0_N6. In *Magic Architecture*, Kiesler makes several references to the work of Leo Frobenius, particularly his *Kulturgeschichte Afrikas* (1933). For the drawing of a "circular post-building" (*Runder Pfahlbau*) reproduced in the first plate of *Magic Architecture*, see fig. 175 in: Frobenius, Leo, *Kulturgeschichte Afrikas*, Zurich 1954, 226.
17 Ibid., TXT_5877_0_N050.
18 Ibid., TXT_5877_0_N057; see the chapter "Man's House is Animal Architecture."
19 Ibid., TXT_5877_0_N058.

TIER

Tiere tauchen in Kieslers Bildmaterial für *Magic Architecture* zunächst als gezeichnete oder modellierte Darstellungen an den Wänden prähistorischer Höhlen auf. Nach und nach lösen sich die nichtmenschlichen Lebewesen jedoch aus diesen Oberflächen und errichten ihre eigenen Behausungen. Wie Höhlen oder andere menschliche Behausungen entstanden auch Tierbauten zur Sicherung des Überlebens, dennoch sind sie geprägt von der Erwartung des Todes. „Dieses Todesbewusstsein der Tiere wirkt sich auf ihre gesamte Lebensweise aus", schreibt Kiesler. „Das einzelne Tier schafft sich improvisierte Notlösungen und raubt der Natur Blätter und Zweige, um daraus schützende Tarnungen herzustellen: Nester, Bauten."[18]

Ähnlich dem Tragen von Tiermasken, entwickelt der Mensch aus den schützenden Tierverstecken seine eigenen kombinierten Konstruktionen. „Das Bauen ist keine Erfindung des Menschen", meint Kiesler, „Architektur jedoch schon."[19] Dies macht Kieslers Begriff der „Tierarchitektur" zu einem Paradox – einer Kreuzung aus zwei verschiedenen ontologischen Bedingungen. Obwohl Kieslers Unterlagen Literatur über verschiedene Tierarten – etwa Bienen und Vögel – enthalten, werden im zweiten Teil von *Magic Architecture* nur zwei davon behandelt: Termiten und Biber. Erstere liefern einen Architekturprototyp, letztere ein Modell für Umwelttechnik.

Warum Termiten? Die Antwort liegt erneut in der Angst vor Vernichtung. Sobald das winzige Insekt seinen Bau verlässt, wird es von anderen Tieren gefressen: „Innerhalb weniger Minuten wimmelt es von Lebewesen, die zum Festmahl kommen", darunter Vögel und Meerestiere.[20] Anders als Ameisen oder Bienen seien Termiten völlig wehrlos (was Kieslers psychologische Affinität zu diesem winzigen Insekt erklären könnte). Die bedauernswerten Termiten „scheinen auf die Welt zu kommen, um zu sterben", weshalb die Natur sie millionenfach produziere. „Jedes Paar ist notwendig, denn das Gemetzel ist ungeheuerlich", fährt Kiesler fort, in Anspielung auf die Massentötungen von Menschengruppen durch ihre eigene Spezies in den vergangenen Kriegsgräueln.[21]

Was Termiten an körperlichen Verteidigungsmechanismen fehlt, gleichen sie durch ihre Fähigkeit zum Bauen aus. Kiesler nennt den Termitenbau ein „zusammengesetztes Tier". Es gibt keine klare Unterscheidung zwischen dem Tierleben und der Baustruktur. Der Termitenbau selbst ist ein Tier, das aus den kollektiven Beiträgen seiner Mitglieder besteht. Die Existenz der Termite ist abhängig von einem kontinuierlich fortgeführten Bau, der tödlichen Angriffen standhält. Die Termiten-„ArbeiterInnen" sind sich keines Bauplans bewusst und führen doch alle Bauarbeiten fehlerlos aus. „Die BauarbeiterInnen auf einer Seite des Spalts wissen nichts von jenen auf der anderen Seite", schreibt Kiesler. „Trotzdem errichten sie auf jeder Seite einen gleichartigen Bogen oder Turm. Die beiden Hälften der Wand passen perfekt zueinander, nachdem der trennende Spalt repariert wurde."[22] Kiesler lehnt die Vorstellung von einem ererbten Instinkt der ArbeiterInnen ab: „Es ist der Instinkt und Plan einer Seele außerhalb der einzelnen Termite" – ein von Lévy-Bruhl beschriebenes Konzept, das diese Art des Bauens im Bereich einer unbewussten partizipativen Tätigkeit ansiedelt und Partizipation als eine gemeinsame Erweiterbarkeit zwischen Menschen, Tieren und Natur versteht.[23]

Während die Termite in einer abgeschiedenen Baukolonie lebt, ist der Biber ein Tier der freien Wildbahn, das die Grenzen zwischen Land und Wasser überschreitet. Kämpft die Termite für den Schutz ihrer Spezies vor anderen Tieren, so ist der Biber ein Bauherr mit ausgeprägtem ökologischem Instinkt. Er versucht, lebensbedrohliche Umweltkatastrophen wie die jährlichen Trockenperioden abzuwehren, indem er Dämme baut, die für konstante Wasserstände sorgen.[24] Während die Termite jedes Körnchen verwertet, das ihr die Natur in den Weg legt, geht der Biber bei der Auswahl seines Baumaterials einen Schritt weiter. Anders als die Termite, die scheinbar gedankenlos immer weiterbaut, scheint der Biber mit einem gewissen Grad an Planung zu agieren: Kiesler beschrieb detailliert, wie ein Biber nach einem Baum in der passenden Größe für seinen Damm suchte, bevor er diesen mit seinen Zähnen fällte.

Der Biber ist auch eine Art Umweltingenieur, dessen Bauarbeit von der Natur fortgesetzt wird. Wenn beispielsweise ein Biberdamm an einem Fluss zum Nährboden für Samen wird, aus denen Bäume wachsen, wird der Tierbau irgendwann zu einem Stück des umgebenden Waldes.[25] Der Biber nutzt das Innere des Damms weiterhin als Vorratskammer und legt Löcher an, durch die er hinein- und hinausschwimmen kann. Kiesler vergleicht Biberbauten mit Inuit-Behausungen (Iglus) und mit primitiven Hütten in Ostindien. Für ihn verkörpert der Biberdamm (und analog dazu der Termitenbau) nicht nur eine physische, sondern auch eine symbolische Barriere gegen den Ansturm der aktuellen historischen Ereignisse. Mit seiner Beschwörung von Höhlen und prähistorischen Werkzeugen ist *Magic Architecture* auch ein post-kataklystisches Dokument – ein Zeugnis für den Status der Architektur nach der Sintflut des Zweiten Weltkriegs.

18 Ebd., TXT_5877_0_N057; siehe Kapitel „Man's House is Animal Architecture".
19 Ebd., TXT_5877_0_N058.
20 Ebd., TXT_5877_0_N060-1; siehe Kapitel „The building Instinct of Animals: The Termitary of the Termites".
21 Ebd., TXT_5877_0_N061.
22 Ebd., TXT_5877_0_N069.
23 Zu Kieslers Anmerkungen über Lucien Lévy-Bruhls „Primitive Mentality" siehe Forschungsunterlagen: TXT_6.815 und TXT_6.810_0.
24 Kiesler, *Magic Architecture*, TXT_6690_0_N1.
25 Ebd., TXT_6690_0_N4.

Why start with termites? Once again the answer is fear of annihilation. From the moment this miniscule insect comes out of its abode, every other animal wants to eat it: "Within a few minutes, the surface of the earth is seething with living creatures coming to the feast," including birds and marine creatures.[20] Unlike the large black ant or the bee, the termite is entirely defenseless (which might explain Kiesler's psychological affinity for that diminutive insect). The unfortunate termites "appear to be going to fly merely to die," which is why nature produces them by the millions. "Every pair is necessary because the slaughter is immense," Kiesler continued, evoking mass slayings of human groups by their own species in recent war atrocities.[21]

What the termite lacks in terms of bodily defenses, it compensates with its capacity for building. Kiesler called the termitary a "composite animal." There is no solid distinction between animal life and building structure. The termitary itself is an animal composed by the collective contributions of its members. The termite's very existence subsists on continuous building that can withstand mortal attacks. The termite "worker" is not conscious of a building plan, yet it unfailingly brings all building tasks to completion. "The builders on one side of the breach know nothing of those on the other side," wrote Kiesler. "In spite of this the termites build a similar arch or tower on each side of the plate, the two halves match perfectly after the dividing cut has been repaired."[22] Kiesler rejected the idea of an inherited instinct in the worker: "It is the instinct and design of a separate soul situated outside the individual termite"—a concept described by Lévy-Bruhl that resituates building technique into the realm of an unconscious participatory activity and invokes the notion of participation as communal extensibility between men, animals, and nature.[23]

While the termite lives in a hermetic building colony, the beaver is an animal of the open territory that crosses borders between land and water. If the termite is fighting to preserve its species against other animal predators, the beaver is a builder with a pronounced ecological instinct, striving to avert environmental disasters such as the mortal danger of seasonal drought via the construction of dams to preserve constant water levels.[24] While the termite instantly uses any morsel of nature it finds in its path, the beaver goes further in terms of choosing material for building. Unlike the termite, which seems to keep building unthinkingly, the beaver appears to act with a certain degree of precision as well as prediction, and Kiesler described in detail how a beaver sizes the tree it needs for building a dam, before cutting it with its teeth.

The beaver could also be described as an environmental engineer, since the building work it performs is further extended by nature, as when the river dam built by beavers becomes fertilized with seeds and trees start to grow, eventually uniting the animal structure with the forest.[25] The beaver continues to use the interior of the dam for storage and opens up holes in the structure so that it can swim in and out. Kiesler compared beaver dam structures with Inuit abodes (igloos), as well as with slum shelters in East India. To him, the beaver dam (and by analogy, the termitary) represented not only a physical, but also a symbolic barrier against the watershed of current historical events. In its invocation of caves and prehistoric tools, *Magic Architecture* is also a post-cataclysmic document—a testament to the state of architecture after the deluge of World War II.

TOOL

For Kiesler the house was primarily a tool, the very medium of animal architecture. Animals often have no tools other than the appendages of their own bodies, in contrast to humans who manufacture their own tools, which they fashion as prosthetic extensions of their bodies. Kiesler illustrated in detail the tools and mechanisms protruding from the mouth of the worker bee as well as the tail, teeth, feet, and nails of the beaver; he underlined the primacy of the mouth and jaw which, in terms of building effectiveness, preceded the development of the feet and hands. Man is still "teething" via industrial mechanisms, wrote Kiesler, just as the animal supports and ultimately supersedes the jaw with the more articulate members of the forefoot, and finally, the hand.[26]

To illustrate the "transformation of useless materials of nature into useful tools," one of Kiesler's diagrams in the third section of *Magic Architecture* depicts a series of stone flints, jaw or other animal bones, as well as fish vertebrae and seashells used by prehistoric humans for a variety of functions. In proximity to the human hand, such objects transform dead material into living tools. A second drawing in the same series shows a human hand using the jaw and part of the skull of a dead man (often an enemy slain in battle) as a tool and weapon.

20 Ibid., TXT_5877_0_N060-1; see the chapter, "The building Instinct of Animals: The Termitary of the Termites."
21 Ibid., TXT_5877_0_N061.
22 Ibid., TXT_5877_0_N069.
23 For Kiesler's notes on Lucien Lévy-Bruhl's "Primitive Mentality" see research material: TXT_6.815 and TXT_6.810_0.
24 Kiesler, *Magic Architecture*, TXT_6690_0_N1.
25 Ibid., TXT_6690_0_N4.
26 Ibid., TXT_5877_0_N088; see the chapter "The Building Tools of Animals".

WERKZEUG

Für Kiesler ist das Haus in erster Linie ein Werkzeug, das zentrale Medium der Tierarchitektur. Tiere haben meist keine anderen Werkzeuge als ihre eigenen Körperglieder – im Gegensatz zum Menschen, der Werkzeuge als prothetische Verlängerungen seines Körpers selbst herstellt. Kiesler fertigte detaillierte Illustrationen der Mundwerkzeuge der Arbeitsbiene sowie von Schwanz, Zähnen, Füßen und Krallen des Bibers an. Er unterstreicht die Vorrangstellung von Maul und Kiefer als ersten effektiven Bauwerkzeugen, die der Entwicklung von Füßen und Händen vorausgehen. Der Mensch würde mittels industrieller Mechanismen nach wie vor „beißen", schreibt Kiesler, so wie das Tier den Kiefer mit den immer besser ausgebildeten Gliedern des Vorderfußes unterstütze und schließlich mit der Hand ersetze.[26]

Eine Illustration Kieslers im dritten Abschnitt von *Magic Architecture* veranschaulicht die „Umwandlung nutzloser Materialien aus der Natur in nützliche Werkzeuge". Hier sehen wir Steine, Kiefer- und andere Tierknochen, eine Fischwirbelsäule und Muschelschalen, die von prähistorischen Menschen für verschiedene Zwecke genutzt wurden. In Verbindung mit der menschlichen Hand wurden so aus totem Material lebendige Werkzeuge. Eine weitere Zeichnung zeigt eine menschliche Hand, die den Kiefer und Teile des Schädels eines toten Menschen (häufig ein im Kampf getöteter Feind) als Werkzeug oder Waffe verwendet. Kiesler veranschaulicht außerdem, wie das Werkzeug in ein Schmuckstück verwandelt werden kann, indem Steine oder andere Materialien mithilfe von Tierhaaren wie Anhänger daran befestigt werden.

Von Bildern menschlicher Hände, die die ersten Werkzeuge der Menschheit halten, ist es nur ein kurzer Weg zum Foto von Daghlians Hand mit der präzise weggebrannten Haut, das nach dem ersten Atomenergie-„Unfall" in Los Alamos aufgenommen wurde. Während das Werkzeug oder Instrument, das das radioaktive Material enthielt, auf dem Bild nicht zu sehen ist, sind die Folgen der Fehlbedienung am Körper des Opfers in grauenhafter Deutlichkeit zu erkennen. Als konzeptuelles Gegenstück zu Kieslers Zeichnung einer Hand, die selbstsicher ihr erstes Instrument umfasst, schildert dieses Zeitungsfoto den unheimlichen Augenblick, in dem das mächtige – aber immer noch in der Hand gehaltene – Instrument sich gegen die Hand richtet, die es erschaffen hat und es dennoch nicht mehr (zurück-)halten kann.

Erfunden als Werkzeug oder Wegweiser zu einem neuen Architekturtyp für das 20. Jahrhundert, der dem Maschinenfunktionalismus von Le Corbusier entgegenstehen sollte, verwandelt sich Kieslers *Magic Architecture* letztlich in ein Rudiment oder Fossil seines ursprünglichen organischen Selbst.[27] Das Manuskript enthält nicht nur eine Reihe unvollständiger oder nicht realisierter Architekturprojekte von MalerInnen, DichterInnen und ArchitektInnen (darunter Kiesler selbst), sondern ist auch selbst eine monumentale Ruine. In einem ersten Angebot, das Kiesler nach Kriegsende an US-Verlage schickte, spricht er von 500 Seiten Text und 100 Illustrationen, an anderer Stelle verspricht er 600 Seiten Text und 200 Illustrationen (die Hälfte davon Strichzeichnungen).[28] Das zusammengeführte Manuskript in seiner heutigen Form besteht aus 300 Seiten Text (viele enthalten nur den Titel eines geplanten Kapitels) und 60 zusammengefassten Illustrationen. Das archivarische Fragment des geplanten Buchs hat also nur die Hälfte des ursprünglich vorgesehenen Umfangs. Doch vielleicht konnte *Magic Architecture* niemals mehr als ein Rudiment sein. Wie Kieslers andere „endlose" Projekte setzt es sich selbst ein Denkmal – durch dieselben Konservierungsprozesse, die Werkzeuge zu Fossilien versteinern lassen: Fossilien, die unter der Erde darauf warten, von ArchäologInnen wiederentdeckt zu werden, während ihre rudimentären Überreste bereits in die Oberfläche zahlreicher zeitgenössischer Bauwerke eingemeißelt sind.

26 Ebd., TXT_5877_0_N088; siehe Kapitel „The Building Tools of Animals".
27 Ebd., TXT_6712_0_N1; zur Gegenüberstellung von *Magic Architecture* und Le Corbusiers *Towards an Architecture* (1922) siehe Kieslers „Note to the Publisher" mit handschriftlichen Anmerkungen.
28 Ebd.; siehe „Note to the Publisher", TXT_6190_0_N3, und „Note to the Editor" TXT_6711_0_N1.

Further, Kiesler illustrated how the tool can be turned into an ornament by perforating the jaw and attaching animal hair extensions, with stones or other materials hanging like oscillating pendants from the former tool, now an article of adornment.

From images of human hands holding the first tools of mankind, we can fast-forward to photograph of Daghlian's hand with the skin burned clean off taken after the first atomic energy "accident" in Los Alamos. While the actual tool or equipment that contained the radioactive material is not visible in the picture, the effects of its accidental misuse are horrifically discernible on the victim's body. Acting as the conceptual correlate to Kiesler's drawing of the hand confidently holding its first instrument, this newspaper photograph depicts the uncanny moment when the powerful—but still handheld—instrument turns against the very hand that created it, yet can no longer (with)hold it.

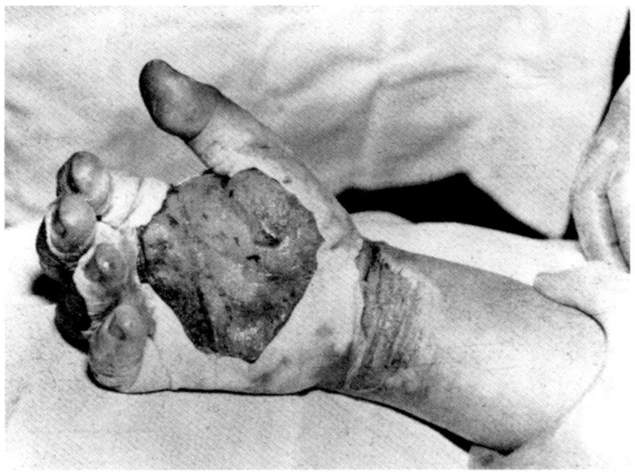

Harry K. Daghlians verbrannte Hand, 1945, SW-Foto
Harry K. Daghlian's burned hand, 1945, BW photo

Invented as a tool or guide for a new type of architecture for the 20th century that would stand in opposition to the machine functionalism of Le Corbusier, Kiesler's *Magic Architecture* finally transforms into a rudiment or even a fossil of its former organic self.[27] Not only does it contain a number of incomplete or unrealized architectural projects by painters, poets, and architects (including Kiesler himself), but the manuscript itself is a monumental ruin. An initial proposal Kiesler sent to U.S. publishers after the end of the war mentioned 500 pages of text and 100 illustrations, while another note to editors promised 600 pages of text and 200 illustrations (half of them line drawings).[28] The composite manuscript assembled today includes 300 pages of text (many containing only the title of an anticipated chapter) and 60 composite illustrations, meaning that this archival fragment of the planned book is about half the volume originally projected. But perhaps *Magic Architecture* could never be anything other than a rudiment. Like the rest of Kiesler's "endless" projects, it memorializes itself through the same preservationist techniques that lapidify active tools into fossils buried under the ground awaiting rediscovery by archeologists, while their rudimentary vestiges are already engraved on the surfaces of a multitude of contemporary structures.

27 Ibid., TXT_6712_0_N1; on the opposition between *Magic Architecture* and Le Corbusier's *Towards an Architecture* (1922), see Kiesler's "Note to the Publisher" with manuscript notes.
28 Ibid.; see "Note to the Publisher," TXT_6190_0_N3, and "Note to the Editor," TXT_6711_0_N1.

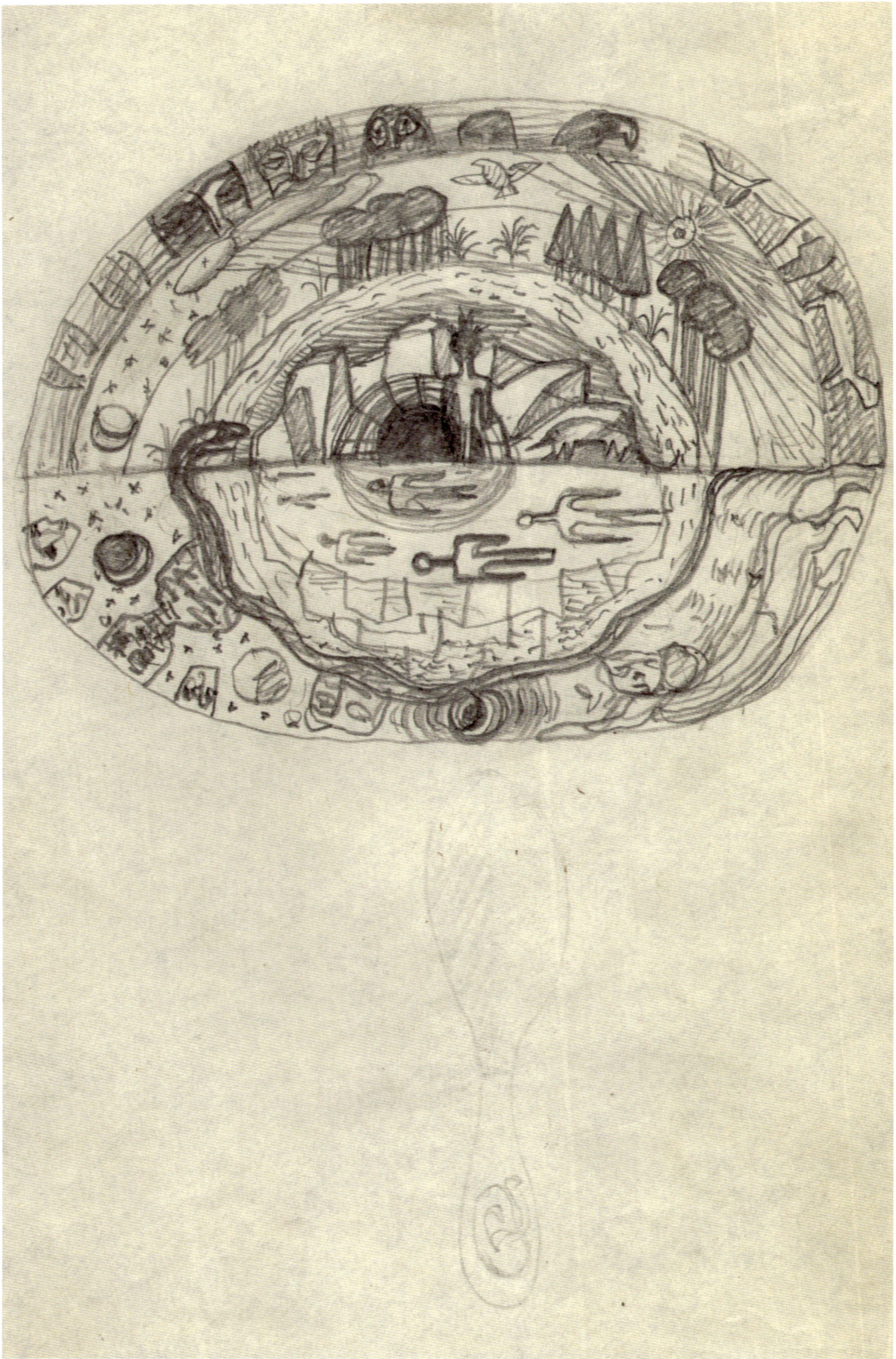

Illustration zu *Magic Architecture*, New York, Mitte der 1940er Jahre, Zeichnung; Bleistift auf Papier
Illustration for *Magic Architecture*, New York, mid-1940s, Drawing; Pencil on paper
ÖFLKS, SFP 6662/0, Blatt folio N2

>
„Atomic Blue Glow Kills Scientists" [*The New York Sun*, 28.6.1946], Zeitungsausschnitt, auf Papier kaschiert, New York, 1946
"Atomic Blue Glow Kills Scientists" [*The New York Sun*, 28 Jun 1946], Newspaper clipping, affixed to paper, New York, 1946
ÖFLKS, CLP 6463/0

>
The Discovery of the Superfluous, Illustration zu *Magic Architecture*, New York, Mitte der 1940er Jahre, Zeichnung; Bleistift auf Papier
***The Discovery of the Superfluous* illustration for *Magic Architecture*,** New York, mid-1940s, Drawing; Pencil on paper
ÖFLKS, TXT 6825/0, Blatt folio N5

>
Light and Shadow of the mirror [...] of primitive man, Illustration zu *Magic Architecture*, New York, Mitte der 1940er Jahre, Zeichnung; Bleistift auf Papier
***Light and Shadow of the mirror [...] of primitive man*, illustration for *Magic Architecture*,** New York, mid-1940s, Drawing; Pencil on paper
ÖFLKS, SFP 6666/0, Blatt folio N1

>
Animals use body-mechanisms as tools, Illustrationen zu *Magic Architecture*, New York, Mitte der 1940er Jahre, Zeichnung mit Beschreibungen; Tinte auf Papier
***Animals use body-mechanisms as tools*, illustrations for *Magic Architecture*,** New York, mid-1940s, Drawing with descriptions; Ink on paper
ÖFLKS, SFP 6664/0, Blatt folio N1

Sun, June 28, 1946

Atomic Blue Glow Kills Scientists

1946

Army Reports Accidents Caused No Blast, Debris or Noise.

Los Alamos N. M., June 28 (A. P.).—The Army today described an atomic chain reaction set up on May 21 at the Los Alamos atomic laboratory, which burned a scientist fatally, as a blue glow with "no explosion in the sense that there were no mechanical effects, no debris, no noise."

The detailed report also disclosed that the accident, which cost the life of another scientist, Harry K. Daglian, 24 years old, of New London, Conn., in September, was almost identical with the one in May which proved fatal to Dr. Louis B. Slotin, 35, of Winnipeg, Canada.

In both cases equipment slipped, allowing fissionable materials of the type used in atom bombs to come together swiftly instead of under control as had been done safely many times at the laboratory.

Seven others working with Slotin were burned, but recovered. Daglian was working alone.

The Army report gave this description of the accident:

"An accident occurred when a piece of equipment slipped. This brought the material swiftly together beyond the critical point. This resulted in a tremendous energy release within millionths of a second, which was evidenced to the persons present through a sensation of heat and visual perception of a blue glow around the material.

"In the words of one of the men present, 'It was as if you were standing near an arc welder when he struck the arc.'

No Blast or Noise.

"The blue glow resulted from the ionization of air particles by radiation emanating from the fissionable material. There was no explosion in the sense that there were no mechanical effects, no debris, no noise.

"In the millionths of a second in which this occurred, the immediate area and all in it were bombarded by intense high energy gamma rays and neutrons of all energies—fast, intermediate and slow. There were no beta and no alpha radiation.

"Dr. Slotin, at the instant of the mishap, knocked the equipment apart, thus halting the intensifying radiation and averting serious consequences, possibly death to his companions. He was grasping part of the equipment with his left hand at the moment of the accident."

The report told of immediate removal to the Los Alamos Hospital of the eight men, and the wait of several days before effects of radiation were apparent. Slotin died in nine days.

"The medical men began to treat the accident victims as soon as they were admitted to the hospital," the report said. "This treatment, in general, consisted of many transfusions of whole blood and plasma and fluids, principally glucose and saline."

The report said that the burns suffered by Slotin were comparable to a "three-dimensional sunburn," explaining: "The skin burns from the radiation are superficial, but as the rays penetrate the body they burn deep, resulting in injury and destruction of tissue and blood cells."

Daglian, whose burns were less severe, died in twenty-six days after the accident.

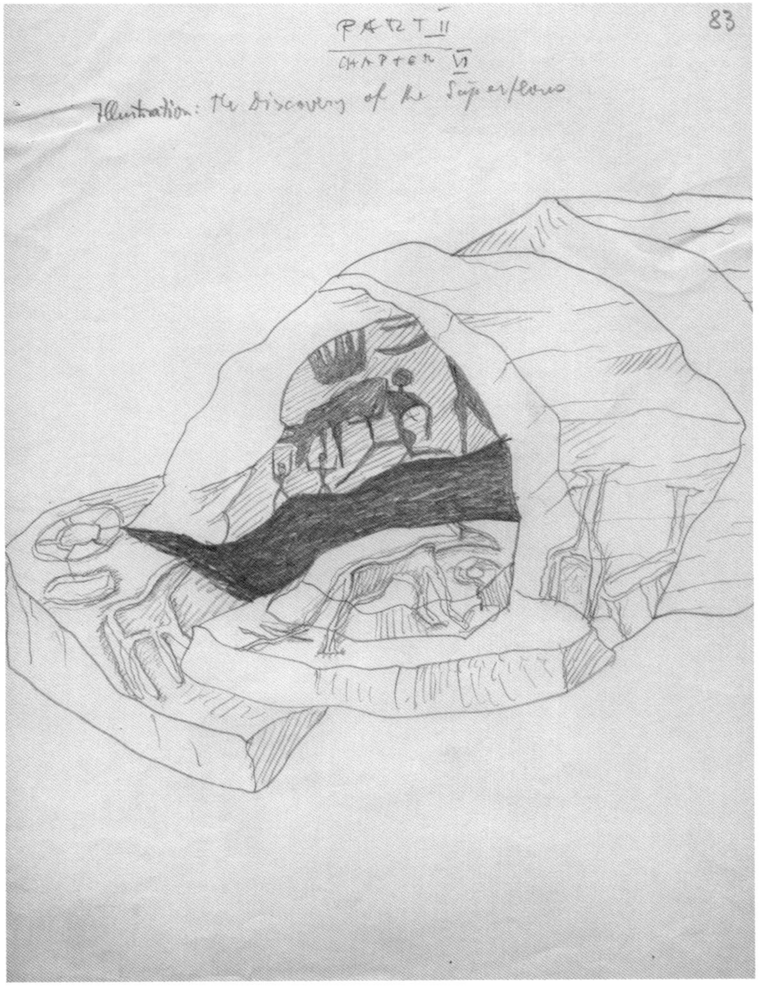

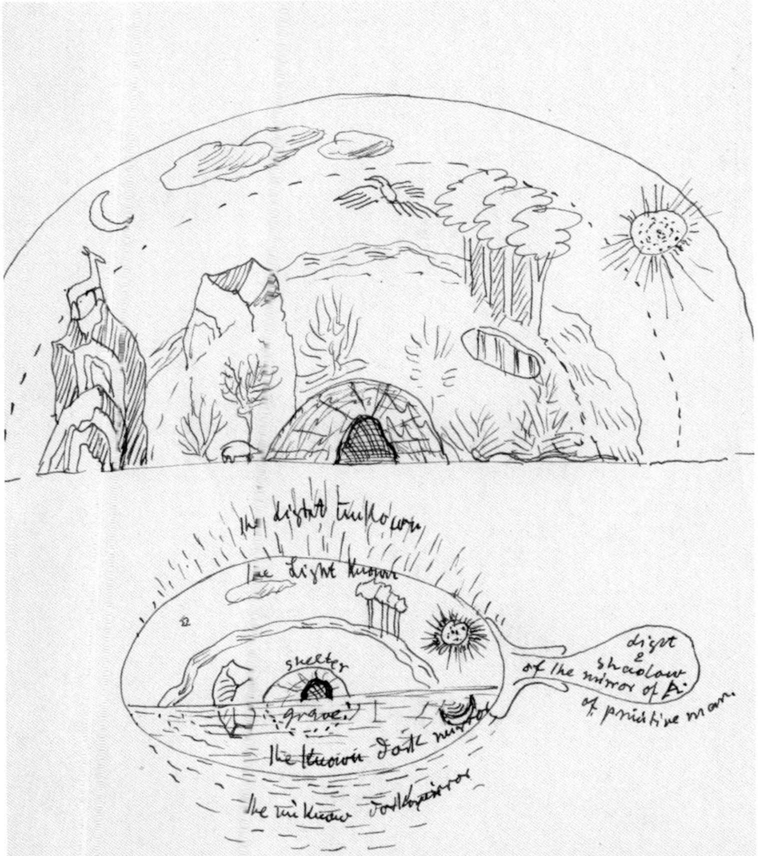

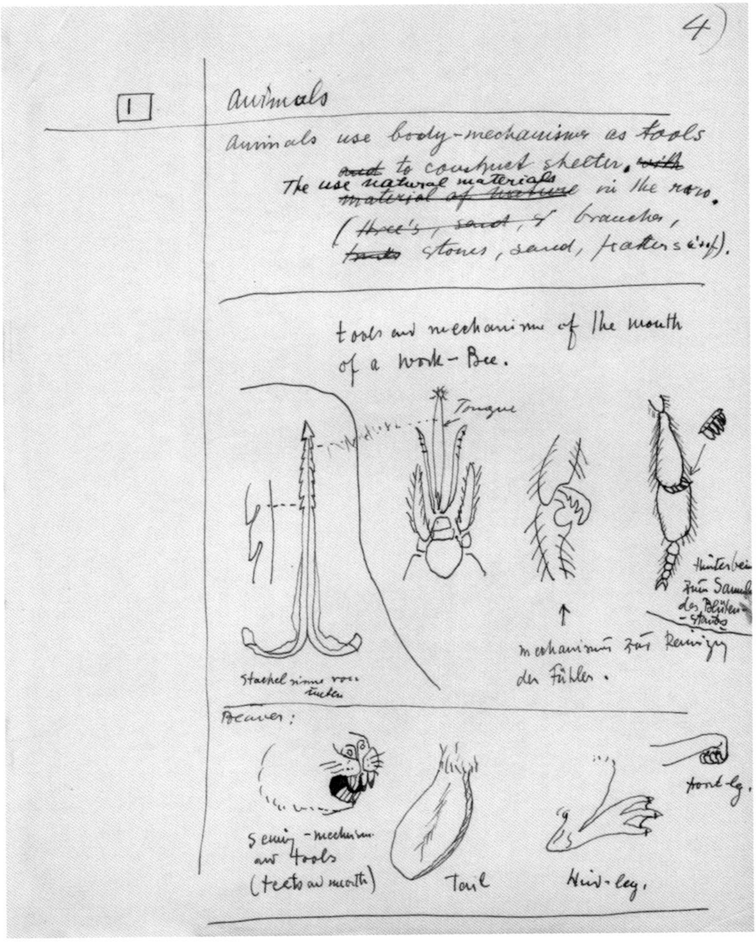

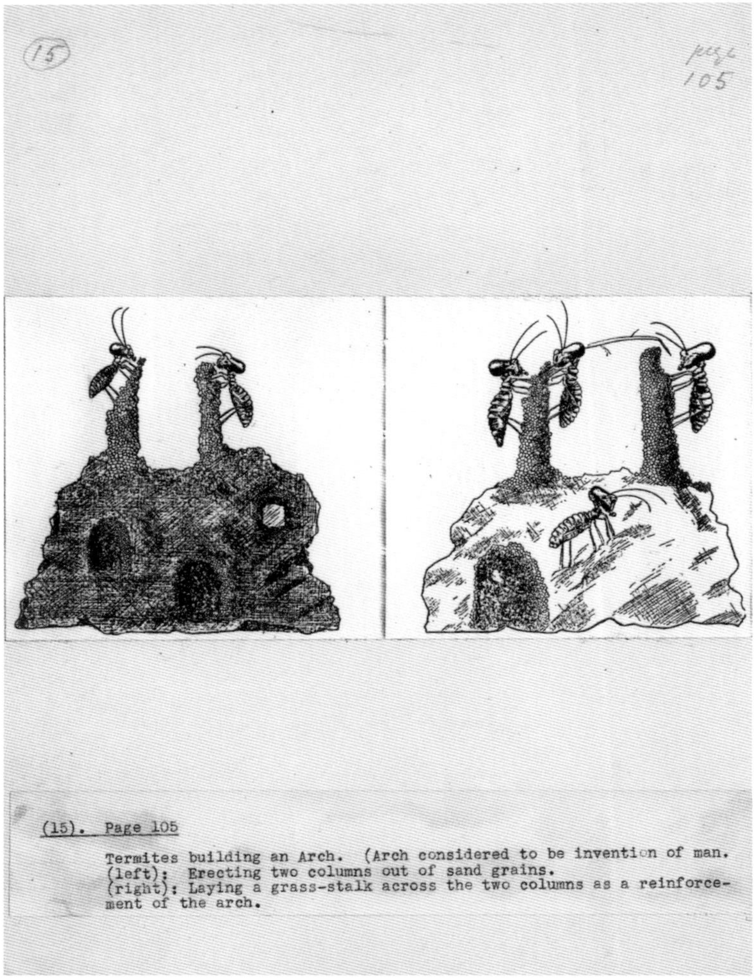

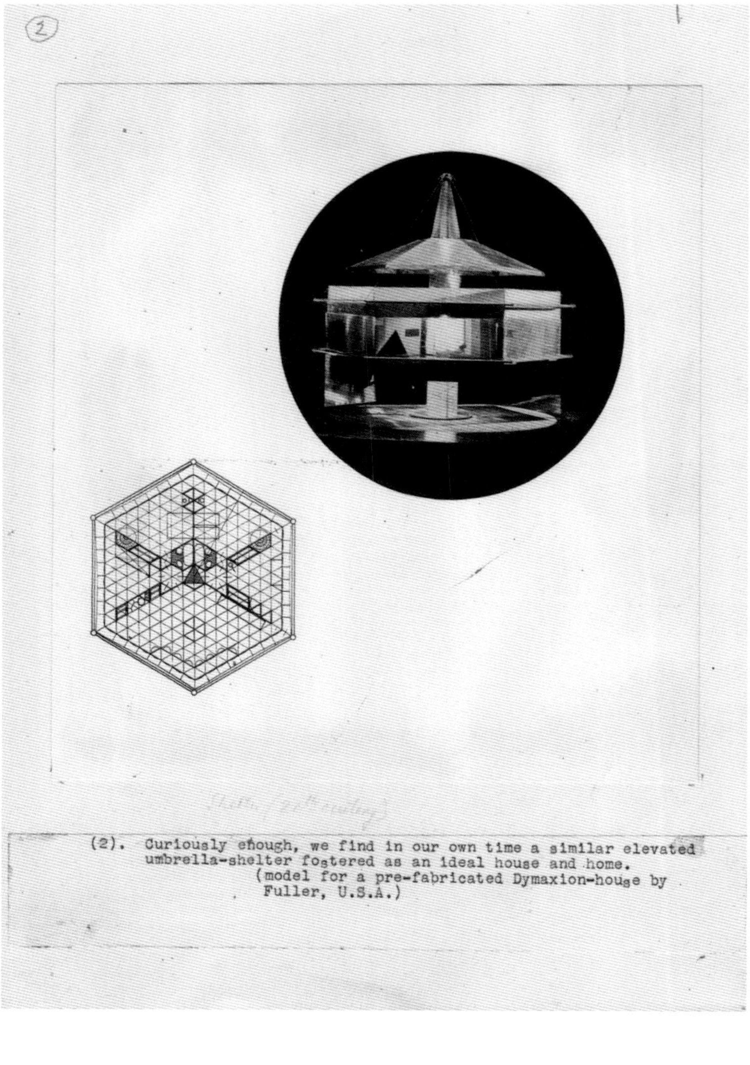

Termites building an Arch und *Similar arch-form made by man*, Illustrationen zu *Magic Architecture*, New York, Mitte der 1940er Jahre, Collage; Schreibmaschine, Papier
Termites building an Arch **and** ***Similar arch-form made by man*****, illustrations for** ***Magic Architecture*****,** New York, mid-1940s, Collage; Typewriter, paper
ÖFLKS, SCL 23/0

<
Dymaxion-House by Buckminster Fuller, Illustrationen zu *Magic Architecture*, New York, Mitte der 1940er Jahre, Collage; Schreibmaschine, Papier
Dymaxion-House by Buckminster Fuller**, illustrations for** ***Magic Architecture*****,** New York, mid-1940s, Collage; Typewriter, paper
ÖFLKS, SCL 7/0

>
Earliest artificial shelter of man, Illustration zu *Magic Architecture*, New York, Mitte der 1940er Jahre, Collage; Schreibmaschine, Papier
Earliest artificial shelter of man**, illustration for** ***Magic Architecture*****,** New York, mid-1940s, Collage; Typewriter, paper
ÖFLKS, SCL 6/0

House of a beaver family, Illustration zu *Magic Architecture*, New York, Mitte der 1940er Jahre, Collage; Schreibmaschine, Papier
House of a beaver family**, illustrations for** ***Magic Architecture*****,** New York, mid-1940s, Collage; Typewriter, paper
ÖFLKS, SCL 28/0

Man's transformation of useless materials of nature into usefull tools, Illustration zu *Magic Architecture*, New York, Mitte der 1940er Jahre, Zeichnung mit Beschreibungen; Tinte auf Papier
Man's transformation of useless materials of nature into usefull tools**, illustrations for** ***Magic Architecture*****,** New York, mid-1940s, Drawing with descriptions; Ink on paper
ÖFLKS, SFP 6662/0, Blatt folio N5

The Third Transformation, Illustration zu *Magic Architecture*, New York, Mitte der 1940er Jahre, Zeichnung; Tinte auf Papier
The Third Transformation**, illustration for** ***Magic Architecture*****,** New York, mid-1940s, Drawing; Ink on paper
ÖFLKS, SFP 6662/0, Blatt folio N6

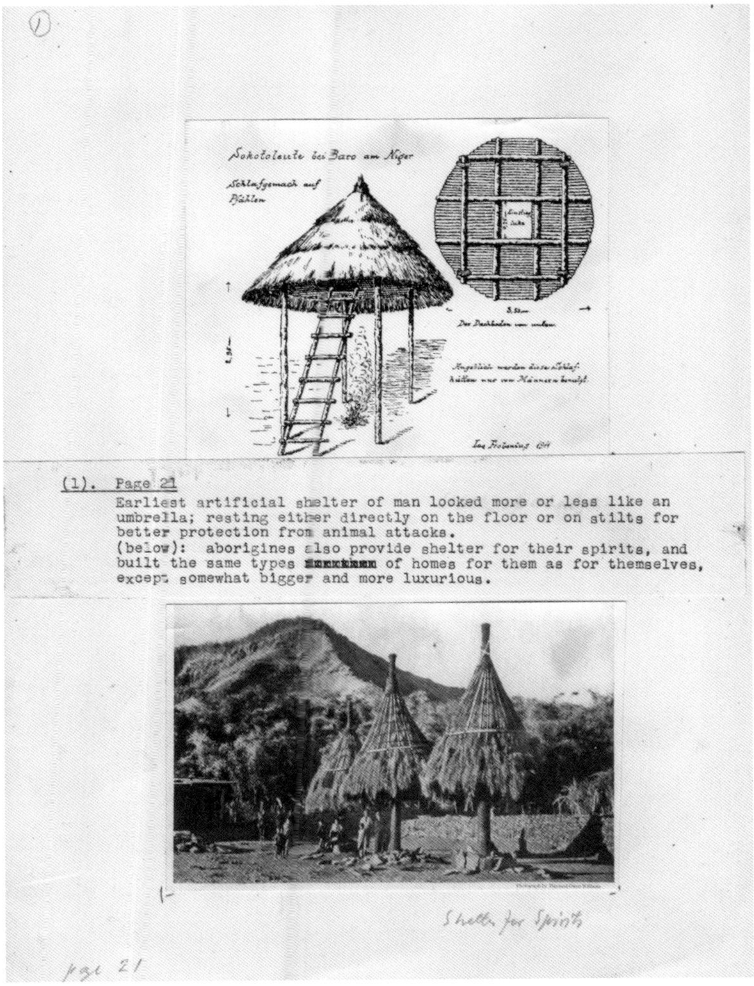

(1)

(1). Page 21
Earliest artificial shelter of man looked more or less like an umbrella; resting either directly on the floor or on stilts for better protection from animal attacks.
(below): aborigines also provide shelter for their spirits, and built the same types ~~xxxxxxxx~~ of homes for them as for themselves, except somewhat bigger and more luxurious.

Shelter for Spirits

page 21

(19) P. 115

(19). Page 115
(Top): The finished house of a beaver family (beaver visible repairing roof). Remarkable construction to keep entrance free.
(Below): Compare the similar materials of a primitive shelter (note entrance!) Erected by a Hindu (India, today).

Hindu Shelter in India

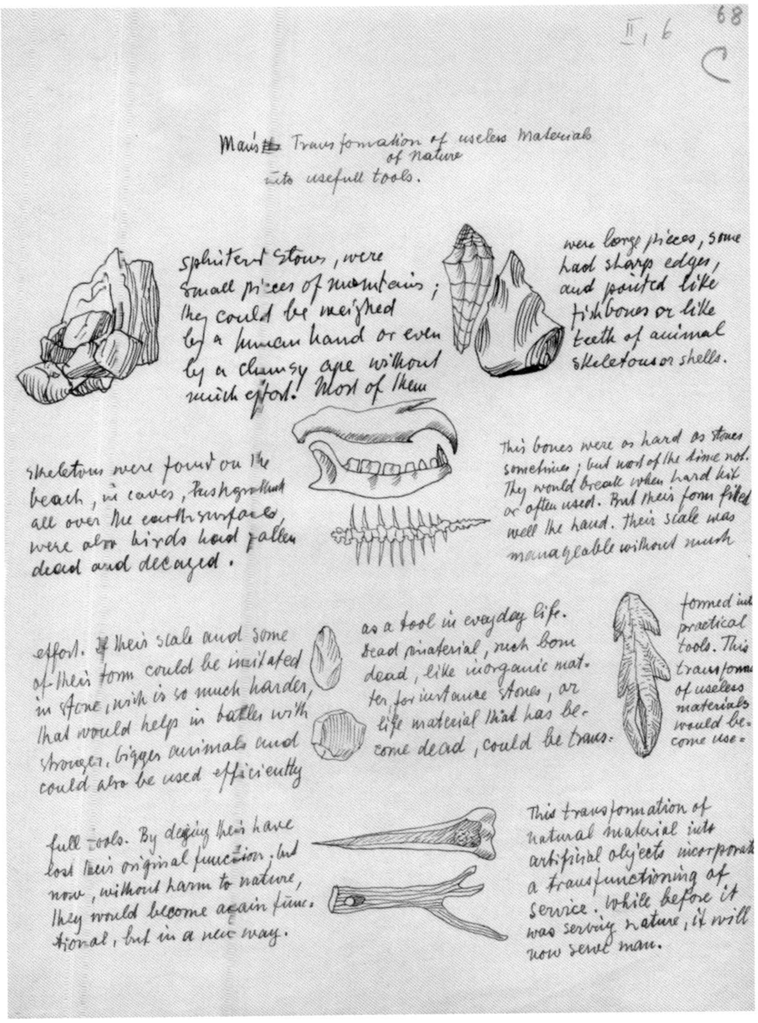

II, 6 68 C

Man's Transformation of useless Material of Nature into usefull tools.

Splintered stones, were small pieces of mountains; they could be weighed by a human hand or even by a clumsy ape without much effort. Most of them were long pieces, some had sharp edges, and pointed like fishbones or like teeth of animal skeletons or shells.

Skeletons were found on the beach, in caves, [illegible] all over the earth surfaces, were also birds had fallen dead and decayed.

This bones were as hard as stones sometimes; but most of the time not. They would break when hard hit or often used. But their form fitted well the hand. Their scale was manageable without much effort. If their scale and some of their form could be imitated in stone, with is so much harder, that would helps in battles with stronger, bigger animals and could also be used efficiently as a tool in everyday life. Dead material, such from dead, like inorganic matter, for instance stones, or life material that has become dead, could be transformed into practical tools. This transformation of useless materials would become useful tools. By doing this they have lost their original function, but now, without harm to nature, they would become again functional, but in a new way.

This transformation of natural material into artificial objects incorporate a transfunctioning of service. While before it was serving nature, it will now serve man.

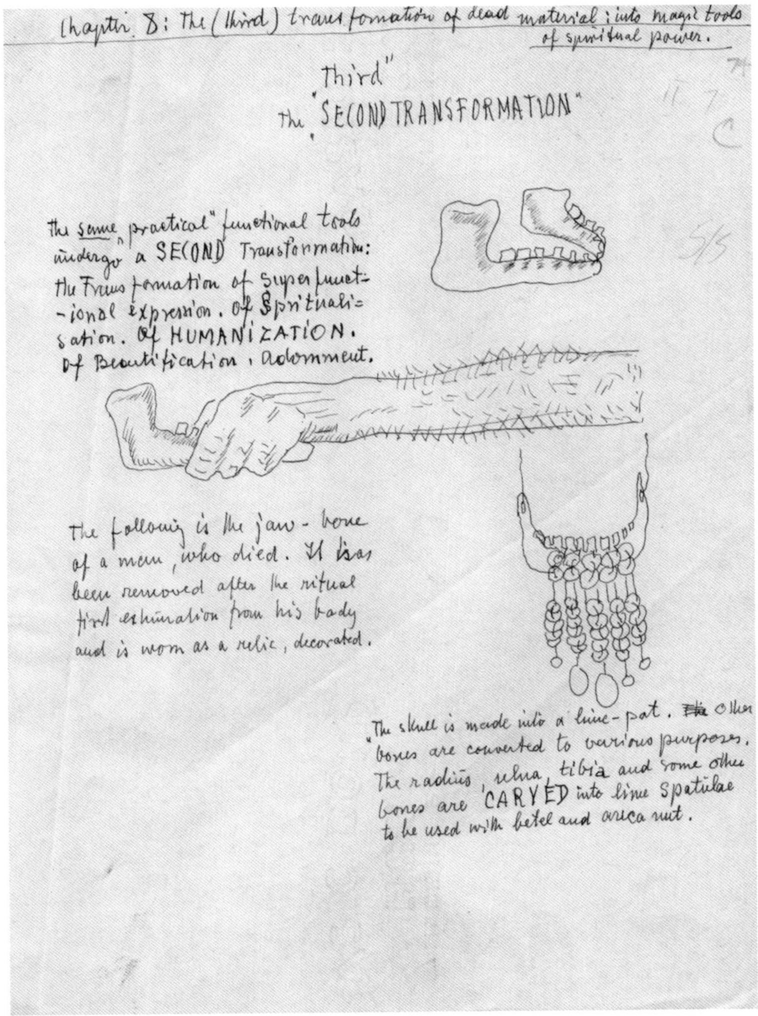

Chapter 8: The (third) transformation of dead material into magic tools of spiritual power.

II, 7 74 C 5/5

The "Third" "SECOND TRANSFORMATION"

The same "practical" functional tools undergo a SECOND Transformation: the Transformation of superfunct-ional expression. Of Spiritualisation. Of HUMANIZATION. Of Beautification, adornment.

The following is the jaw-bone of a man, who died. It has been removed after the ritual first exhumation from his body and is worn as a relic, decorated.

The skull is made into a lime-pot. ~~The~~ Other bones are converted to various purposes. The radius, ulna, tibia and some other bones are CARVED into lime spatulae to be used with betel and areca nut.

Maria Lind

Der Drang der Zeit
Friedrich Kiesler: zwischen Kurator und dem Kuratorischen

Unter Friedrich Kieslers zahlreichen Errungenschaften ist seine Arbeit als Kurator möglicherweise am wenigsten anerkannt. Als solcher arbeitete er an einer Vielzahl von Ausstellungsformen in unterschiedlichen Funktionen: Er war Ausstellungsarchitekt, Schaufensterdesigner, Kunstmediator und Autor, wählte die Kunstwerke und Artefakte aus, vermittelte KünstlerInnen und arbeitete mit ihnen zusammen. Man kann ihn als Kurator „avant la lettre" bezeichnen, der bekannten modernen VertreterInnen wie Harald Szeemann und Lucy Lippard um Jahrzehnte voraus war. Einige seiner Ansätze weisen in Richtung heutiger Debatten rund um „das Kuratorische", wie es – unter anderen – Irit Rogoff und Beatrice von Bismarck formulieren. Noch bedeutender war jedoch sein dynamischer Ansatz als Kurator, dessen Ziel es war, durch die Inszenierung einer Ausstellung die Begegnung zwischen Ausstellungsobjekt (ob Kunstwerk oder nicht) und BetrachterInnen zu intensivieren und die Beziehungen oder den Austausch zwischen Menschen und ihrem Umfeld vor dem Hintergrund der jeweiligen Zeit zu maximieren.

Was bei Kieslers Ausstellungskonzepten hervorsticht, ist die Inszenierung des Raums als Medium, neben korrelativen Aspekten und der Idee des Modellhaften.[1] Kieslers erstes Werk als Kurator, die gefeierte *Internationale Ausstellung neuer Theatertechnik* 1924 im Wiener Konzerthaus, nutzte den vorhandenen Raum – einen ausgeräumten Konzertsaal – als Bühne.[2] Das für diesen Anlass konzipierte *Leger- und Trägersystem* – zwei einfache, leicht auf- und abzubauende Holzkonstruktionstypen mit sichtbaren rot, schwarz und weiß gestrichenen Planken – ließ die reich verzierten Wände unberührt. Zwei- und dreidimensionale Objekte wurden auf vertikalen und horizontalen Flächen präsentiert.[3] Dieses auffallend konstruktivistische Präsentationssystem, das auf menschliche Proportionen zugeschnitten war, beinhaltete auch ein eigenes Beleuchtungssystem aus Glühbirnen, die von Holzstangen herabhingen, um eine intime Betrachtung zu erleichtern.[4] Das *Leger- und Trägersystem* wurde in halbtransparenten labyrinthischen Formationen in der Mitte des Bodens aufgestellt und konnte von den BesucherInnen aus unter- schiedlichen Richtungen und Blickpunkten erkundet werden. So wurde der Boden zur Bühne für die Ausstellungskonstruktion, die gezeigten Objekte und die Menschen.[5]

Während die europäische Theateravantgarde vorbereitendes und dokumentierendes Material über die *Leger- und Trägersystem*-Elemente zeigte, wurde die eigentliche Sache nebenan aufgebaut und erprobt. Dies war Kieslers *Raumbühne*, eine erhöhte kreisförmige Bühne, die über eine spiralförmige Rampe und einen Aufzug zugänglich war. Das Publikum saß im ersten Rang, also auf gleicher Höhe mit den SchauspielerInnen auf der runden Plattform. Auf dieser Bühne, dem sogenannten „Railway-Theater", fanden während der Dauer der Ausstellung Vorführungen statt, die Einflüsse aus Sport und Zirkus aufwiesen.[6]

Da es auf der *Raumbühne* keine Requisiten gab, rückte der Raum selbst in den Mittelpunkt. Raum war hier ein formbares Medium – oder sogar das zentrale Gestaltungselement: eines, das sich durch Aktivierung konkretisierte, jedoch einer Gliederung bedurfte.[7] Später beschrieb Kiesler den Raum als etwas, das schlummerte, bis es erweckt wurde, aber auch als „elastischen Raum" voller Potenzial an Energien und Kräften.[8] Er entwarf sogar einen Plan für eine Bühne ganz ohne Menschen, auf der das Licht zum „Schauspieler" werden sollte. Dieses so genannte *Optophon*-Theater kam dem heutigen Konzept der ungegenständlichen Kunstinstallation sehr nahe: einem leeren Raum, der mit Klang, Musik und Farbe gefüllt wird.[9]

Wie ungewöhnlich die *Internationale Ausstellung neuer Theatertechnik* und die *Raumbühne* auf das Publikum gewirkt haben mussten, zeigt sich im Vergleich mit dem typischen Ausstellungsmodell, das von den großen öffentlichen Kunstmuseen in Europa in den ersten Jahrzehnten des 20. Jahrhunderts praktiziert wurde.[10] Wie die Kunsthistorikerin Charlotte Klonk aufzeigt, war dies eine von Innerlichkeit und Intimität geprägte Kunsterfahrung. Ansätze aus der modischen Innenraumgestaltung eroberten Ausstellungsräume, die sich zu „harmonischen Kultstätten" entwickelten, in denen auf emotionale Unmittelbarkeit gesetzt wurde. Gemälde wurden fein-säuberlich an die Wände gehängt – meist in einer Linie – und Skulpturen auf viereckige Sockel gestellt. Nach und nach – beeinflusst vom Deutschen Expressionismus – hielten kräftige

1 Die Bühne als Haupttropus wird in Bogner, Dieter, „Staging Works of Art: Frederick Kiesler's Exhibition Design 1924–1957", in: Davidson, Susan/Rylands, Philip (Hg.), *Peggy Guggenheim & Frederick Kiesler: The Story of Art of This Century*, New York 2004, 34–49 behandelt. Siehe auch Bogner, „Alles Theater! Kieslers Ausstellungskonzepte aus dem Blickwinkel seiner Bühnengestaltung", in: Lesák, Barbara/Trabitsch, Thomas (Hg.), *Frederick Kiesler: Theatervisionär – Architekt – Künstler*, Ausst.kat. Österreichisches Theatermuseum, Wien 2012, 123–131. Monika Pessler erörtert Kieslers Ausstellungen als „Kunst-Stücke", siehe „‚Meant to Be Lived In'. Zu Friederich Kieslers Performance von Kunst und Architektur", in: ebd.
2 Er entwarf auch das Briefpapier, das Plakat, die Eintrittskarte und den Katalog, der nicht weniger als drei Beiträge von Kiesler enthält.
3 Die Idee eines modularen Systems taucht erneut in Kieslers unrealisiertem biomorphen Entwurf für eine Architekturausstellung in Moskau 1945 auf, sowie im Entwurf von 194 für eine Reihe modularer Requisiten für die Juilliard School of Music, die beide auf einfachen abstrakten Formen basieren. Siehe Goodman, Cynthia, „Friedrich Kiesler – Die Kunst revolutionärer Ausstellungstechniken", in: Bogner, Dieter (Hg.), *Friedrich Kiesler 1890–1965*, Wien 1988, 273–285: 278 f.
4 Eine Variante der Ausstellung von 1924 war unter dem Titel *International Theatre Exposition* 1926 in New York zu sehen. Sie enthielt Leger- und Trägereinheiten in modifizierten Formen und Größen.
5 Hier lohnt sich ein Vergleich mit der 40 Jahre später gezeigten Installation der Sammlung des MASP in São Paulo von der Architektin Lina Bo Bardi, in der die Gemälde an mannshohen, in Betonblöcke eingesetzten Glasscheiben präsentiert wurden, wodurch die Vorder- und Rückseite der Gemälde zu sehen war.
6 „Frederick Kiesler: Das Railway-Theatre", in: *Frederick Kiesler: Theatervisionär – Architekt – Künstler*, Ausst.kat. Österreichisches Theatermuseum, Wien 2012.
7 Katalog 1924. Siehe auch *The Film Guild Cinema*, New York, 1929, ein megaphonförmiges Filmtheater, bei dem das ganze Gebäude Teil des Kinoerlebnisses werden sollte: Der Raum des Films dehnte sich auf den Zuschauerraum aus, mit Lichtprojektionen an den Wänden und an der Decke.
8 Zu Kieslers Raumkonzept siehe Maria Auxiliadora und Galvez Perez: „Raumnotierungen: Dynamische Kristallografien in Architektur und Tanz", in: *Frederick Kiesler: Theatervisionär – Architekt – Künstler*, Ausst.kat. Österreichisches Theatermuseum, Wien 2012.
9 Es scheint, als würden einige dieser Ideen in seinem Bühnenbild für Eugene O'Neills Stück *Kaiser Jones* erprobt worden sein, das 1924 am Lustspieltheater in Berlin aufgeführt wurde. Der Bühnenbereich war dominiert von großen geometrischen Flächen, die unterschiedlich große „Räume" erzeugten – mit geneigtem Boden, gekrümmten Wänden, einer vagen Perspektive und dramaturgischer Beleuchtung. Während der 45-minütigen Vorstellung vollführten mechanische Bühnenelemente eine sorgfältig erstellte Choreografie. Siehe Katalog *Internationale Ausstellung neuer Theatertechnik*.
10 Theo van Doesburg bezeugte dies.

The Urge of the Age

Frederick Kiesler between Curator and the Curatorial

Maria Lind

Among Frederick Kiesler's many achievements, his work as a curator might be his least recognized. He worked on numerous exhibitions in different capacities in connection with his functions as a curator: exhibition architect, display designer, educator, writer, selector of artworks and other artefacts, facilitator of and collaborator with artists. In fact, he can be seen as a curator *avant la lettre* decades before more well-known latter-day examples such has Harald Szeemann and Lucy Lippard came onto the scene. Some of his approaches point toward contemporary discussions around "the curatorial" as formulated by, among others, theoreticians Irit Rogoff and Beatrice von Bismarck. But even more important was his dynamic approach to curating: the ultimate goal of staging an exhibition in order to intensify the encounter between the item on display (whether an artwork or not) and the viewer and to maximize the relations and exchange between people and the world around them, all the while being quintessentially part of one's time.

What stands out in Kiesler's work with exhibitions are the notions of staging and space as a medium, as well as correlations and the idea of the model.[1] Kiesler's first deed as a curator, the acclaimed 1924 *International Exhibition of New Theatre Techniques* in Vienna, already used the space at hand—an emptied concert hall—as a stage.[2] His invention for this occasion, the *Leger- und Trägersystem* [*Leger (L) and Träger (T) System*]—two simple and easily mountable and dismountable wooden structures with visible planks painted red, black, and white—left the richly decorated walls untouched. Two- and three-dimensional objects were displayed on vertical and horizontal surfaces.[3] This strikingly constructivist display system, scaled to human proportions, also incorporated its own lighting system with light bulbs suspended from wooden rods to facilitate intimate viewing.[4] The *L + T System* was placed in semi-transparent maze-like formations in the middle of the floor, allowing visitors multiple routes and points of view and turning the floor into a stage for the display structures, the items on display, and the people.[5]

Whereas the material about the *L + T System* units put on view by Europe's theatrical avant-garde was preparatory and documentary, the real thing was installed and tested next door. This was Kiesler's own *Raumbühne* [*Space Stage*], an elevated circular stage accessible via both a spiraling ramp and an elevator. The audience was referred to the balcony, thus placing them on the same level as the actors on the round platform. This stage, a "railway theater," was used for performances during the exhibition, conveying influences from both the sports and circus entertainment realms.[6]

In the absence of props on the *Space Stage*, more emphasis was indeed placed on space itself. Space was a malleable medium here; it could even be considered to be the main structuring device: one that could become highly concrete when activated, but one in need of articulation.[7] Later, Kiesler would describe space as slumbering until awakened, but also as "elastic space" full of potential thanks to its energies and powers.[8] He even drafted a proposal for a stage entirely devoid of people, where light would become the "actor." The "*Optophon* Theater," a theater without humans, came very close to what we think of today as immaterial art installations: an empty room to be filled with sound, music, and color.[9]

How unusual the experience of the *International Exhibition of New Theatre Techniques*, including the *Space Stage*, must have been becomes clear in comparison with the typical spectatorship model orchestrated by major public art museums in Europe in the first decades of the 20th century.[10] As art historian Charlotte Klonk has shown, this experience was one of interiority and intimacy. Principles from trendy interior decoration moved into exhibition spaces, which tended towards being "harmonious sanctuaries" drawing on emotional immediacy. Paintings were hung neatly on the walls—most typically in one row—and sculptures were placed squarely on pedestals. Gradually, influenced by German expressionism, strong wall colors entered galleries and museums. Eventually, strong wall colors became associated with museum directors targeting a broader audience, while neutral wall colors were associated with elitist positions.[11]

1 The stage as a main trope is discussed in Bogner, Dieter, "Staging Works of Art: Frederick Kiesler's Exhibition Design 1924–1957," in *Peggy Guggenheim & Frederick Kiesler: The Story of Art of This Century*, Guggenheim Museum Publications, 2004. See also Bogner, "Alles Theater! Kieslers Ausstellungskonzepte aus dem Blickwinkel seiner Bühnengestaltung" in Lesák/Trabitsch (eds.), *Frederick Kiesler: Theatervisonär – Architekt – Künstler*, exh. cat. Österreichisches Theatermuseum, Vienna 2012, 123–131. Monika Pesssler discusses Kiesler's exhibitions as "art-plays," see "'Meant to Be Lived In.' Zu Friederich Kieslers Performance von Kunst und Architektur," ibid.
2 In addition, he designed the stationery, poster, ticket, and catalog. The latter features no less than three essays by Kiesler.
3 The idea of a modular system appears again in Kiesler's unrealized biomorphic design for an architecture exhibition in Moscow in 1945, as well as in the 194 design of a set of modular props for the Juilliard School of Music, both based on simple abstract shapes. See Goodman, Cynthia, "Friedrich Kiesler: Die Kunst revolutionärer Ausstellungstechniken" in Bogner (ed.), *Friedrich Kiesler 1890–1965*, Vienna 1988, 273–285: 278 f.
4 A version of the 1924 exhibition, the *International Theatre Exposition*, traveled to New York in 1926, featuring the *L + T System* units, but in modified shapes and sizes.
5 It is worth comparing this with architect Lina Bo Bardi's installation of the collection in Sao Paolo's museum MASP 40 years later, where the paintings were displayed on human-sized sheets of glass inserted into concrete blocks, allowing for both the front and the back of the paintings to be seen.
6 "Frederick Kiesler: Das Railway-Theatre" in *Frederick Kiesler: Theatervisonär – Architekt – Künstler*, exh. cat. Österreichisches Theatermuseum, Vienna 2012.
7 Catalog 1924. See also *The Film Guild Cinema,* New York, in 1929, a megaphone-shaped movie theater where the whole building was considered to be part of the cinematic experience: the space of the film was extended to encompass the space of the spectator and light projections were planned for all the walls plus the ceiling.
8 For discussions on Kiesler's conception of space, please see Maria Auxiliadora and Galvez Perez: "Raumnotierungen: Dynamische Kristallografien in Architektur und Tanz" in *Frederick Kiesler: Theatervisonär – Architekt – Künstler*, exh. cat. Österreichisches Theatermuseum, Vienna 2012.
9 Some of these ideas seem to have been tested in his set design for Eugene O'Neill's play Kaiser Jones, staged at the Lustspieltheater in Berlin in 1924. The area of the stage was dominated by large geometric surfaces creating "rooms" of varying sizes, with a slanted floor, curving walls, and a vague sense of perspective, all lit in a dramatic way. During the 45-minute performance, mechanical stage elements performed a carefully crafted choreography. See the catalog *Internationale Ausstellung neuer Theatertechnik*.
10 Theo van Doesburg testified to this.
11 Klonk, Charlotte, "Spaces of Experience: Art Gallery Interiors from 1800–2000," New Haven/London, 2009. The 1911 *Der Blaue Reiter* exhibition at the Galerie Thannhauser in Munich is a well-known example, conveying dark walls.

Wandfarben in Galerien und Museen Einzug. Diese kräftigen Farben wurden schließlich mit der Absicht assoziiert, ein breiteres Publikum anzusprechen, während neutrale Wandfarben mit elitären Positionen in Verbindung gebracht wurden.[11]

Laut Klonk trug Kiesler, gemeinsam mit El Lissitzky, zu einem neuen, kollektiven und lebendigen konstruktivistischen Betrachtungsmodell bei, das auf ein dynamisches Raumerlebnis mit direkter psychophysischer Wirkung setzte. Dieser immersive Ansatz wurde 1925 in Kieslers *Raumstadt*-Ausstellung in Paris fortgeführt.[12] Sie präsentierte die jüngsten Entwicklungen der österreichischen Theaterwissenschaften, die auf die Arbeit von LehrerInnen und AbsolventInnen innerhalb der nationalen Theaterpädagogik zurückgingen, und stellte somit einen Teil des offiziellen österreichischen Beitrags zur *Exposition internationale des Arts décoratifs et industriels modernes* im Grand Palais dar. Umhüllt von einem schwarzen Gehäuse aus Stoff, war die *Raumstadt* eine hängende Holzkonstruktion, auf der die Theaterarbeiten ausgestellt wurden. Auf damaligen Schwarz-Weiß-Fotos wirkt sie wie ein in die Dreidimensionalität ausgedehntes De Stijl-Bild – mit horizontalen Flächen (einige möglicherweise rot, gelb und blau gestrichen) auf verschiedenen Ebenen, auf denen Modelle und kleine Objekte standen, und vertikalen Platten, an denen zweidimensionale Arbeiten und Texte in unterschiedlicher Höhe hingen. Gleichzeitig war sie ein radikaler Entwurf für eine Stadt der Zukunft.

Als „neues ideologisches Gerüst" beschreibt die Kunsthistorikerin Mary Anne Staniszewski Kieslers Ausstellungsarchitektur der 1920er Jahre.[13] Sie liest Kieslers Arbeit zusammen mit jener von zeitgenössischen ArchitektInnen und KünstlerInnen wie Herbert Beyer, El Lissitzky und Lilly Reich und schlägt vor, deren didaktische Ausstellungen als Massenmedien zu verstehen, die wie Radio, Film, Werbung und Zeitschriften das moderne Leben aufgreifen und transformieren konnten – und sollten. Verglichen mit seinen ZeitgenossInnen arbeitete Kiesler jedoch mehr mit künstlerischem Material und weniger mit Ausstellungen von gewerblichen Objekten, textbasierten Informationen oder Architektur per se. Dennoch waren seine – wenn auch spekulativen – Ausstellungen als Stellungnahmen zu gesellschaftlichen und kulturellen Themen fest in den Diskursen seiner Zeit verankert. Gleichzeitig wirkte er als jüngstes Mitglied von De Stijl an den umfassenden Gestaltungen der Gruppe mit, die Restaurants, andere kommerzielle Einrichtungen und häusliche Interieurs miteinbezogen.

Obwohl die *Internationale Ausstellung neuer Theatertechnik*, die *International Theatre Exposition* und die *Raumstadt* im institutionellen Rahmen des Theaters stattfanden, waren viele KünstlerInnen und Kunstwerke beteiligt, wobei Kiesler die typischen Funktionen eines Kurators übernahm. Er kümmerte sich um die Auswahl der gezeigten Werke und den Ausstellungsaufbau und verfasste Essays zu den Ausstellungen. Weniger üblich unter KuratorInnen war es, dass er auch das Layout der begleitenden Druckerzeugnisse entwarf.[14] Zudem trat er als Organisator und Vermittler der transdisziplinären Ausstellungen auf – im heutigen Sinn als Pädagoge. Zumindest von den Ausstellungen in Wien und New York ist bekannt, dass er als Kurator selbst Vorträge hielt.

Die drei sehr inszenatorischen Ausstellungen, die den Raums als Medium nutzten, dienten aber auch als Modelle: Sie waren temporär und von relativ geringer Größe, spekulativ und zukunftsweisend. Ein Modell wird durch seine projektiven Eigenschaften charakterisiert, durch sein Potenzial, Künftiges wie auch Vergangenes zu projizieren, aber auch durch seine Fähigkeit, konkret und abstrakt, funktionsfähig und imaginär zugleich zu sein. Die Einheiten des *Leger- und Trägersystems* funktionierten präzise als hyperpragmatische Selbstbauprototypen zur weiteren Verwendung, die in die Zukunft wiesen und dennoch in Vergessenheit gerieten. Die *Raumstadt* war ein visionärer Entwurf für etwas viel Größeres – eine ganze Stadt. Die *Raumbühne* wiederum war eine kleine und trotzdem voll funktionsfähige Version einer potenziellen größeren Konstruktion.[15]

Der Modellgedanke kehrte in der allumfassenden räumlichen Komposition für Peggy Guggenheims Museum und Galerie *Art of This Century* wieder, die 1942 in Manhattan eröffnet wurde. Die Galerie war zugleich eine Mikro-Utopie der Welt als solcher – eine Mikro-Utopie, die eine neue Art des Sehens und Seins vermittelte, die anders, aber nicht kategorisch losgelöst vom Rest der Realität war. Selbst hochwertige Fotos aus der Galerie werden der radikalen Präsentation kaum gerecht, in der beispielsweise rahmenlose Bilder von Max Ernst und Joan Miró vor den gewölbten Holzwänden der *Surrealist Gallery* „schwebten".[16] Die Bilder waren an hölzernen „Armen" mit Scharniergelenken an der Wand befestigt, sodass der Betrachtungswinkel verstellt werden konnte. Für jedes Bild gab es eine individuelle Beleuchtung, die nach einer bestimmten „Partitur" an- und ausging.

In der *Abstract Gallery*, wo zwei Wände mit ultramarinblauem Stoff verhängt waren, der wellenförmig mit Schnüren an Decke und Boden befestigt war, hingen Bilder von Francis Picabia, Kasimir Malewitsch und anderen an raumhohen V-Trägern wie in einem Schaufenster, wodurch

11 Klonk, Charlotte, „Spaces of Experience: Art Gallery Interiors from 1800–2000", New Haven/London 2009. Die Ausstellung *Der Blaue Reiter*, die 1911 in der Galerie Thannhauser in München auf dunklen Wänden präsentiert wurde, ist ein bekanntes Beispiel.
12 S. Auxiliadora/Perez 2012 (Anm. 8).
13 Staniszewski, Mary Anne, *The Power of Display: A History of Exhibition Displays at the Museum of Modern Art*, Cambridge (MA, USA)/London 1998.
14 Ausgenommen war hier die Ausstellung in Paris, deren Druckwerk auf mehrere Länder aufgeteilt wurde. Mit seiner Erfahrung als Grafikdesigner gestaltete Willem Sandberg, der legendäre Direktor des Amsterdamer Stedelijk Museums von 1945 bis 1963, zahlreiche Kataloge und Plakate für das Museum.
15 Kiesler entwickelte einige mehr oder weniger experimentelle Entwürfe für permanente Theaterbauten, von denen jedoch keiner realisiert wurde (s. Anm. 7).
16 Siehe Kiesler, Friedrich, „Notes on the Design of the Galleries", Manuskript im Archiv der Österreichischen Friedrich und Lillian Kiesler-Privatstiftung.

According to Klonk, Kiesler, together with El Lissitky, contributed to a new, collective, and vigorous constructivist spectatorship model relying on a dynamic spatial experience with direct psycho-physical impact. This immersive approach was further elaborated in Kiesler's 1925 *Raumstadt* [*City in Space*] exhibition in Paris.[12] Featuring recent developments in Austria's theater arts stemming from the work of teachers and graduates from domestic theater education, it represented part of Austria's official participation in the *Exposition internationale des Arts décoratifs et industriels modernes*, which took place in the Grand Palais. Enveloped by a black box made of fabric, the *City in Space* was a suspended wooden structure upon which the theater works were displayed. Black-and-white photographs convey something akin to a de Stijl-painting blown up to 3D, with horizontal surfaces (some of them possibly painted red, yellow, and blue) on different levels holding models and small objects, and vertical panels featuring two-dimensional work and text hung at various heights. It was simultaneously a radical proposal for a city of the future.

"New ideological scaffolding" is how art historian Mary Anne Staniszewski described Kiesler's 1920s exhibition architecture.[13] Reading Kiesler's work together with that of contemporary architects and artists such as Herbert Beyer, El Lissitzky, and Lilly Reich, she has suggested that their didactic exhibitions should be understood as mass media, which, like radio, film, advertising, and the illustrated press, could—and should—embrace and transform modern life. However, compared to his contemporaries, Kiesler tended to work more with artistic material and less with exhibitions of industrial objects, text-based information, or architecture per se. Nevertheless, while speculative, his exhibitions were statements about societal and cultural contemporaneity placed firmly into current debates. At the same time, as the youngest member of de Stijl, he contributed to this group's "total environments," which included restaurants, other commercial settings, and domestic interiors.

The *International Exhibition of New Theatre Techniques*, the *International Theatre Exposition*, and the *City in Space*, while all taking place within the institutional field of theater, involved many artists and artworks, with Kiesler fulfilling functions usually associated with a curator. He took on the tasks of selecting the work to be shown, designing the display structures, and writing essays about the exhibitions. Less common among curators was that he was also doing the layout of the accompanying printed material.[14] In addition to this, he was a promoter of and general mediator for the trans-disciplinary exhibitions—what nowadays we would call an educator. The Vienna and New York exhibitions, if not others, featured lectures by the curator himself.

In addition to being highly staged and employing space as a medium, these three exhibitions functioned as models, in that they were temporary and relatively small-scale, emphasized speculation, and pointed to the future. A model is characterized by its projective qualities, with the potential to project in forward as well as backward directions, but also by its capacity to be both concrete and abstract, operational and imaginative. The *L + T System* units operate precisely as hyper-pragmatic DIY prototypes for further use, looking ahead despite falling into oblivion. The *City in Space* is a visionary proposal for something much larger, an entire city. The *Space Stage*, in turn, is a small, but fully functional version of a potentially much larger construction.[15]

The notion of the model returns in the all-encompassing spatial orchestration for Peggy Guggenheim's museum and gallery *Art of This Century*, which opened in Manhattan in 1942. While it was a gallery, it was also a micro-utopia of the world as such, a micro-utopia facilitating a new way of seeing and being that is distinct, but not categorically divorced from the rest of reality. Even good photographs of the galleries can hardly do justice to the radical presentation, which, for example, featured frameless paintings by Max Ernst and Joan Miró "floating" in front of curved wooden walls in the *Surrealist Gallery*.[16] The paintings were attached to the walls by wooden "arms" with hinges that made it possible to change the viewing angle. Each painting had individualized lighting, which went on and off according to a "score."

In the *Abstract Gallery*, where two walls were covered with undulating ultramarine fabric attached to the ceiling and floor with strings, pictures by Francis Picabia and Kazimir Malevich, among others, were hung on V-straps running from floor to ceiling like in a shop window, thus allowing for unorthodox viewing angles. Between the cables, flat surfaces that could be moved up and down were placed so as to create horizontal areas for displaying sculptures as well as paintings. The entire unit could be turned in order to allow for a maximum variety of perspectives and the experience enhanced by fluorescent lights in the ceiling. In the *Kinetic Gallery*, items from Duchamp's *Boîte-en-valise* were displayed on a Ferris-wheel-like structure that could be maneuvered by the visitors themselves and viewed through a peephole. A paternoster displayed works by Paul Klee and another peephole structure revealed a work by André Breton.

12 See Auxiliadora/Perez 2012 (note 8).
13 Staniszewski, Mary Anne, *The Power of Display: A History of Exhibition Displays at the Museum of Modern Art*, Cambridge (MA, USA)/London 1998.
14 With the exception of the Paris exhibition, where the publication was shared between nations. With a background in graphic design, Willem Sandberg, the legendary director of Amsterdam's Stedelijk Museum from 1945 to 1963, designed numerous catalogs and posters for the museum.
15 Kiesler made several more or less experimental proposals for permanent theater buildings, but none of them was realized. See note 7.
16 See Frederick Kiesler, "Notes on the Design of the Galleries," manuscript in the archive of the Austrian Frederick and Lilian Kiesler Private Foundation.

ungewöhnliche Blickwinkel entstanden. Dazwischen waren flache Oberflächen eingespannt, die nach oben und unten verschoben werden konnten und als horizontale Träger für Skulpturen und Bilder dienten. Die Konstruktion ließ sich drehen, um eine maximale Vielfalt an Perspektiven zu ermöglichen. Neonlichter an der Decke ergänzten das Gesamterlebnis. In der *Kinetic Gallery* wurden Stücke aus Duchamps *Boîte-en-valise* an einer Riesenrad-ähnlichen Konstruktion präsentiert, die von den BesucherInnen gesteuert und durch ein Guckloch betrachtet werden konnte. Ein Paternoster zeigte Werke von Paul Klee und eine weitere Gucklochkonstruktion offenbarte eine Arbeit von André Breton. Die *Daylight Gallery*, in der Verkaufsausstellungen stattfanden, war eine „Bilderbibliothek", in der die BesucherInnen sich setzen und die Bilder selbst aus dem „Lager" nehmen konnten, das aus beweglichen „Ständern" mit Regalböden an der Außenseite bestand.[17]

Verweise auf utopistische Architektur, Bühnenbild und Schaufenstergestaltung liefen in *Art of This Century* zusammen.[18] Kiesler bezeichnete dies als „räumliche Präsentation". Der Begriff implizierte, dass alle Komponenten im Raum beweglich, deinstallierbar und einfach zu handhaben sein sollten – bei minimalem Kosten- und Arbeitsaufwand für die Galerie.[19] Zur gleichen Zeit war das Museum mit Galerie aber noch viel mehr: ein Modell einer idealen Welt, ein Entwurf einer Sphäre, in der die Kunst weder vom Raum noch vom Leben getrennt ist. Das Weglassen der Rahmen war nur eine Maßnahme, um der künstlichen Trennung zwischen Kunstwerk und Raum und damit zwischen Kunst und Leben entgegenzuwirken. Ein weiteres Mittel war das Geräusch eines dröhnenden Zugs, das von der Außenwelt in die *Surrealist Gallery* geleitet wurde. Für Kiesler bewies das Format dieser Ausstellung, dass es möglich war, eine Einheit zwischen kreativem Bewusstsein und alltäglicher Umgebung zu erreichen – eine ursprüngliche Einheit, die durch eine erzwungene Trennung verloren gegangen war.[20]

In seinen beiden folgenden Ausstellungen, die er 1947 für zwei kommerzielle Galerien gestaltete, war Kiesler für die räumliche Komposition, nicht jedoch für die Auswahl der KünstlerInnen verantwortlich: *Bloodflames 1947* in der Hugo Gallery in New York und *Exposition Internationale du Surréalisme* in der Galerie Maeght in Paris. Doch auch sie funktionierten wie *Art of This Century* als Mikro-Utopien, als Modelle einer anderen Welt.[21] In Ersterer waren beispielsweise Arshile Gorky, Wifredo Lam und Isamu Noguchi zu sehen, Letztere zeigte unter anderem Arbeiten von Max Ernst, Yves Tanguy und Joan Miró und wurde von Marcel Duchamp und André Breton kuratiert.

Nicholas Calas wählte die KünstlerInnen und Werke für *Bloodflames 1947* aus, wo Bilder und Menschen – wie in *Art of This Century* – vom Raum selbst umrahmt wurden, statt von konventionellen Rahmen. Kieslers Intention war es, das Publikum „mitten in der Milchstraße der Malerei" zu platzieren. Inspiriert von mitteleuropäischen Bauern und unter Verwendung einfachster, jedoch effektiver Mittel der Malerei, schuf Kiesler in der ehemaligen Wohnung eine stimmige Umgebung, die die Illusion einer Höhle weckte – mit großen, organischen Flecken aus dunkler Farbe, die den rechten Winkeln der Innenarchitektur entgegenwirkten. Die Bilder und Skulpturen wurden „in der großen Familie der Architektur" willkommen geheißen, wie Kiesler es bezeichnete. Einige Malereien hingen schief an den Wänden, andere waren auf dem Boden aufgestellt. Ein Bild von Lam hing an der Decke – um es zu betrachten, konnten sich die BesucherInnen auf einem correalistischen Möbelstück zurücklehnen, das ursprünglich für *Art of This Century* entstanden war.[22] Das Ganze war umgeben von einem Vorhang aus transparentem Stoff (ähnlich einem *Séparée*), der eine erotische Atmosphäre evozierte.[23] An den Wänden war Kieslers eigene Schrift neben den Namen der teilnehmenden KünstlerInnen zu sehen.

Anders als bei *Bloodflames 1947*, stand bei der von Breton und Duchamp konzipierten *Exposition Internationale du Surréalisme* Kieslers Zusammenarbeit mit den gezeigten KünstlerInnen im Vordergrund. Ernst, Tanguy, Miró und andere realisierten Kunstwerke nach Kieslers Anweisungen, der die Arbeiten in eine Schilderung der menschlichen Entwicklung von ihren primitiven Anfängen durch verschiedene Initiationsriten hindurch eingliederte. Wie in der *Abstract Gallery*, waren einige Wände mit dunkeltürkisem Stoff verhängt, doch diesmal gab es darin Gucklöcher, durch die man Kunstwerke sehen konnte. Die magische Seite der Ausstellung trat in der *Salle de Superstition* [Raum des Aberglaubens] zutage. Mithilfe eines helleren Stoffs verwandelte Kiesler diesen Raum in eine sphärische Höhle – ein endlos fließendes Raumkontinuum ohne Ecken und Kanten. Von der Decke fiel ein Miró-„Wasserfall" aus Papier, dem man nach dem Durchqueren eines Vorraums mit Kieslers *Figue anti-tabou* begegnete: einer riesigen Skulptur einer Faust, deren Daumen zwischen Zeige- und Mittelfinger steckte – eine traditionelle Geste zur Abwehr des Bösen.[24]

In Kieslers Universum wird nicht nur dem Raum Handlungsfähigkeit zugeschrieben, sondern auch der Kunst. Die Kunst macht etwas mit den Menschen, die selbst wiederum Einfluss auf die

17 Als eingehende Studie zu *Art of This Century* siehe: Davidson, Susan/Rylands, Philip (Hg.), *Peggy Guggenheim & Frederick Kiesler: The Story of Art of This Century*, Guggenheim Museum Publications, New York 2004.
18 Aus Interesse an Präsentationsformen, aber auch aus wirtschaftlicher Not gestaltete Kiesler Ende der 1920er Jahre Schaufenster für das Kaufhaus Saks Fifth Avenue und andere Auftraggeber. Seine Auslagen waren reduziert und doch spektakulär: Die Inszenierungen aus nur wenigen Artikeln – vor allem Kleidung – wirkten wie eine Art Schauspiel. Er entwarf auch eigene Konstruktionen, z. B. Holzständer, für die Auslagen.
19 S. Anm. 17.
20 In „Notes on the Design of the Galleries" (s. Anm. 16) schreibt Kiesler: „Wir, die Erben des Chaos, müssen zu den Architekten einer neuen Einheit werden. Diese Galerien sind die Demonstration einer sich verändernden Welt, in der […] Kunst ein lebenswichtiges Verbindungselement in der Struktur eines neuen Mythos darstellt".
21 Er war der Meinung, das Streben nach „Einheit" und das Potenzial dazu seien typisch für das 20. Jahrhundert, doch er verstand darunter weniger ein monolithisches Ganzes als eine Einheit, die sich aus verschiedenen vernetzten Teilen zusammensetzte. So bestanden beispielsweise seine Gemälde aus mehreren Teilen und trugen Serientitel wie *Nova*, *Galaxy* oder *Cluster*.
22 Kieslers flexible, sogenannte „correalistische" Möbel dienten sowohl als Ständer für Bilder und Skulpturen als auch als Sitzmöbel.
23 Siehe Goodman 1988 (s. Anm. 3). Kiesler erwähnte *Bloodflames 1947*, als einen Raum für das erotische Spiel.
24 Das organische, magisch aufgeladene Raumerlebnis von *Bloodflames 1947* und *Exposition Internationale du Surréalisme* verarbeitete Kiesler anschließend in verschiedenen skulpturalen Umgebungen (heute würde man „Installationen" sagen), den sogenannten *Galaxies*, weiter.

The *Daylight Gallery*, which functioned as a commercial gallery, was a "painting library" where visitors could sit down and handle the paintings themselves from "stock" placed in movable "bins" with shelves on the outside.[17]

References to utopian architecture, stage design, and retail display converged in *Art of This Century*.[18] Kiesler's notion for this was "spatial presentation." It implied that all components in the space were mobile and possible to deinstall and ought to involve only minimal costs and labor and be simple to handle by the gallery.[19] At the same time, the museum-cum-gallery was something much more: a model of an ideal world, a maquette of a sphere where art is separated from neither space nor life. The removal of frames was only one measure to limit and even counteract the artificial division between artwork and space, between art and life. Another measure was the sound of a roaring train piped into the *Surrealist Gallery* from the outside world. For Kiesler, the exhibition—as a format—had come to exemplify the possibility of bringing about a unity between creative consciousness and daily environment, a primordial unity that had been lost through imposed separation.[20]

Kiesler handled the spatial orchestration, but not the selection of artists in his subsequent two exhibitions, which both took place in commercial galleries in 1947: *Bloodflames 1947* at New York's Hugo Gallery and *Exposition Internationale du Surréalisme* at the Galerie Maeght in Paris. Nevertheless, like *Art of This Century*, they functioned as micro-utopias, models of how the world could be different.[21] The former included works by Arshile Gorky, Wifredo Lam, and Isamu Noguchi; while the latter showed works by Max Ernst, Yves Tanguy, and Joan Miró, among others, and was curated by Duchamp and Breton.

Nicholas Calas selected the artists and works for *Bloodflames 1947*, where, like in *Art of This Century*, the pictures as well as the people were framed by the space itself rather than by conventional frames. Kiesler's ambition was to place the viewer "in the middle of the Milky Way of painting." Inspired by Central European farmers, and using only modest yet efficient means of painting, Kiesler created a coherent environment evoking the illusion of a cave in the former apartment, with large organically shaped patches of dark color working against the straight angles of the interior architecture. Paintings and sculptures where thus welcomed "into the big family of architecture," according to Kiesler. Some of the paintings hung askew on the walls, others were even propped on the floor. A painting by Lam was hanging from the ceiling; spectators were to view it while reclining on a piece of correalistic furniture originally designed for *Art of This Century*.[22] The setup was surrounded by a curtain of diaphanous fabric (not unlike a *chambre separé*), emphasizing an atmosphere of eroticism.[23] The walls featured Kiesler's own writing next to the names of the participating artists.

In comparison with *Bloodflames 1947*, the *Exposition Internationale du Surréalisme*, which was conceptualized by Breton and Duchamp, underlined Kiesler's function as a collaborator with the artists in the exhibition. Ernst, Tanguy, and Miró, among others, executed artworks according to instructions by Kiesler, who incorporated them into a narrative of human development from its primitive stages through various initiation rites. Like in the *Abstract Gallery*, a number of walls were covered with dark turquoise fabric, only this time with occasional "peep-holes" through which artworks could be viewed. The magical side of the exhibition was fleshed out in the *Salle de Superstition* [Hall of superstition]. Using brighter cloth, Kiesler transformed the room into a spherical cave, an endlessly flowing spatial continuum without corners or edges. Cascading from the ceiling was a Miró "waterfall" made of paper, to be encountered after passing through an antechamber with Kiesler's own *Figue anti-tabou*: a large sculpture resembling a fist with the thumb stuck between index and middle finger—a traditional gesture to ward off evil.[24]

In Kiesler's universe not only does space have potential agency, art does too. Art does things to and with people, who in turn can have an effect on the artworks. A firm believer in the transformative capacity of art, he promoted the idea that integrating many art forms could even facilitate a better life. As Bogner has argued, one of Kiesler's principle concerns was to maximize the perception of art, to tease the most out of each piece.[25] In this, the spatial articulation of the overall environment is as important as the individual exhibit, whether an art object or not, which is staged, but not separated from the rest of reality. On the contrary, the staging is there to facilitate maximum interaction between work and viewer. Unwilling to separate facts from artifacts, Kiesler contended that painters, sculptors, and architects ought to conceive their work—technically and ideologically—as part of the world in which they live. Boundaries, like those of Cartesian geometry, should be crossed in order to further develop the concept of space and by extension life itself.

17 For a thorough study on *Art of This Century*, see Davidson, Susan/Rylands, Philip (eds.), *Peggy Guggenheim & Frederick Kiesler: The Story of Art of This Century*, Guggenheim Museum Publications, New York 2004.
18 Out of both an interest in methods of display and economic necessity, Kiesler worked with shop window displays in the late 1920s, at the department store Saks Fifth Avenue, among other places. His displays were sparse and yet dramatic with a few items, primarily clothing, shown in settings indicative of a certain kind of drama. He also designed display structures, like a wooden stand, for the shop window displays.
19 See note 17.
20 In "Notes on the Design of the Galleries," (see note 16), Kiesler writes: "We, the inheritors of chaos, must be the architects of a new unity. These galleries are a demonstration of a changing world, in which the artists' work stands forth as a vital link in the structure of a new myth."
21 Furthermore, he thought that the seeking of and potential for "unity" was typical of the 20th century, but he saw it less as a monolithic entity than as a unity composed of various interconnected parts. His paintings, for example, consisted of different pieces and carried network-related titles such as *Nova*, *Galaxy*, and *Cluster*.
22 Flexible pieces of so-called "correalistic" furniture were specially designed by Kiesler to function as stands for both paintings and sculptures, but also as seating.
23 See Goodman 1988 (see note 3). Kiesler mentioned *Bloodflames 1947* as a space for erotic play.
24 The overall, organic, and magically charged spatial experience of *Bloodflames 1947* and *Exposition Internationale du Surréalisme* was to subsequently be elaborated in his various sculptural environments—or installations in today's terms—called *Galaxies*.
25 Bogner 2004 (see note 1).

Kunstwerke haben können. Überzeugt von der transformativen Kraft der Kunst, trat Kiesler für die Idee ein, dass die Integration verschiedener Kunstformen das Leben selbst positiv beeinflussen könne. Wie Dieter Bogner erörtert, war eines von Kieslers Hauptanliegen die Maximierung der Kunstwahrnehmung, um möglichst viel aus jedem Stück herauszuholen.[25] Dabei ist die räumliche Gliederung der Gesamtumgebung genauso wichtig wie das einzelne Ausstellungsstück – ob Kunstobjekt oder nicht –, das trotz seiner Inszenierung nicht vom Rest der Realität getrennt ist. Im Gegenteil: Die Inszenierung dient sogar dazu, die Interaktion zwischen Werk und BetrachterInnen zu intensivieren. Nicht gewillt, Fakten von Artefakten zu trennen, forderte Kiesler, dass MalerInnen, BildhauerInnen und ArchitektInnen ihre Arbeit technisch und ideologisch als Teil ihrer Lebenswelt auffassen sollten. Grenzen wie jene der kartesischen Geometrie sollten überschritten werden, um eine Weiterentwicklung des Raums und damit des Lebens selbst zu ermöglichen.

Ebenso wichtig waren Kieslers Experimente mit individualisierten Betrachtungsbedingungen, in denen er versuchte, die Begegnung zwischen einem einzelnen Kunstwerk und dessen BetrachterIn zu vertiefen. Von seinem Interesse an verschiedenen Möglichkeiten, ein Kunstwerk visuell wahrzunehmen, zeugen zahlreiche Zeichnungen und Gouachen im Zusammenhang mit *Art of This Century* und den beiden Surrealismusausstellungen, auf denen verschiedene – oft sehr erfindungsreiche – Präsentationsvorrichtungen skizziert sind: von Hängevorrichtungen bis hin zu Gucklöchern in raffinierten Vorhängen. Mit einem Fuß fest in der Welt des Theaters verankert, in der Licht ein etabliertes Medium war, spielte Kiesler für jeden Raum, an dem er arbeitete, den Lichtaspekt präzise durch. Für *Art of This Century* führte er sogar eigene Berechnungen über den Reflexionsgrad in den Räumen durch.

Kieslers Publikation *Contemporary Art Applied to the Store and its Display* von 1930 ist das vielleicht umfassendste Beispiel seiner Beschäftigung mit dem Thema Kunstvermittlung. Darin schlug er vor, die europäische Avantgardekunst in einem völlig neuen Kontext – außerhalb der bereits „konvertierten" Kreise – weithin bekannt zu machen: in den USA und besonders in deren gewerblichem Sektor. Die Idee war, beispielsweise über die Präsentation in Schaufenstern ein Massenpublikum zu erreichen. Kiesler befasste sich auch in einem weiteren Sinn damit, wie Kunst präsentiert und somit öffentlich gemacht werden konnte. In den 1920er-Jahren stellte er sich den Ausstellungsraum der Zukunft als einen „modernen Raum" mit lichtempfindlichen Platten oder Bildschirmen vor, die gesendete Bilder empfangen konnten. Die Originalwerke würden in „Schatzkammern" verwahrt und nur gelegentlich aus diesen entnommen werden – Kunst als permanente „Wanddekoration" wäre ein obsoletes Konzept.[26] Einige Jahre später entwickelte Kiesler die Idee des *Telemuseums*, durch das beispielsweise die Kunstwerke aus dem Louvre oder Prado für Menschen an anderen Orten über eine ans Telefon angeschlossene Wählkonsole zugänglich gemacht würden.[27]

Ein ausgeprägtes Merkmal der drei letzteren Ausstellungen war die nahezu organische Vernetzung. Dies galt für die Verbindungen zwischen Raum und Kunstwerk, zwischen den Werken untereinander und zwischen Kunstwerk und Mensch. Kieslers Theorie des Correalismus basierte auf dem – seit den 1920er Jahren in seinem Werk präsenten – Gedanken der Vernetzung und der Überschreitung aller Arten von Grenzen. Mit seinem Fokus auf Verbindungen zwischen Natur, Mensch und Technik statt zwischen gewöhnlichen Objekten, ist der Correalismus ein auf Strukturen ausgerichtetes Konzept – im Gegensatz zur drahtlosen Energieübertragung oder dem Internet (Wi-Fi), also einer Korrelation ohne Verbindung.[28]

Man kann behaupten, dass das Herstellen von Verbindungen ein Kernbereich des Kuratierens ist, bei dem es um Verbindungen zwischen Kunstwerken und anderem Material, dem Raum, der Zeit und dem Ort der Präsentation usw. geht. Beatrice von Bismarck, die sich seit den 1990er Jahren mit dem sich herausbildenden Gebiet des Kuratierens beschäftigt, betont vor allem den „konstellativen Aspekt" des Kuratorischen, also das dynamische Feld von Konstellationen, in das die verschiedenen Aktivitäten rund um das Öffentlichmachen von Kunst eingebettet sind.[29] In den von Kiesler kuratierten Projekten wurde dies durch eine buchstäbliche Mischung aus Kunst, Architektur, Design, Theater und Tanz erzielt, wobei er selbst die Rolle des Impresarios des Ganzen einnahm. Gleichzeitig können seine kuratierten Projekte als „Wissensereignisse" (um es mit Rogoff auszudrücken) beschrieben werden – als Konfigurationen, in denen verschiedene Arten von Wissen zusammenkommen und etwas Neues erprobt wird. Sie beinhalten epistemologische Prozesse und sind eher präsentativ als repräsentativ, unter starker Einbeziehung der BesucherInnen selbst.

In den meisten Fällen erfolgte Kieslers unermüdliche Kunstmediation durch dynamische, immersive und atmosphärische räumliche Präsentationen, die zu visionären Mikrokosmen der Welt wurden. Ohne gänzlich von der Welt außerhalb der institutionellen Mauern getrennt zu

25 Bogner 2004 (s. Anm. 1).
26 Einige dieser Ideen wurden im Hinblick auf ein nicht realisiertes Museum entwickelt, das er für die Sammlerin Katherine Dreier, Mitbegründerin der Société Anonyme Inc. und zentrale Unterstützerin von Marcel Duchamps Arbeit, entwarf.
27 Siehe Kiesler, Friedrich, *Contemporary Art Applied to the Store and Its Display*, New York 1930.
28 Nach Bogner zeichneten sich Kieslers Ausstellungen dadurch aus, dass die Kunstwerke im Raum so arrangiert waren, dass ein ganzes Environment entstand.
29 „Kulturen des Kuratorischen" heißt der Masterstudiengang unter der Leitung von Beatrice von Bismarck an der Hochschule für Grafik und Buchkunst, Leipzig.

Equally important were Kiesler's experiments with individualized viewing conditions, wherein he attempted to deepen the encounter between a single artwork and the viewer. Testifying to his interest in the possibilities for looking at works of art, numerous drawings and gouaches related to *Art of This Century* and the two surrealist exhibitions sketched different—often highly inventive—framing devices and display features ranging from suspension machines to peepholes with elaborate curtains. With one foot firmly in the field of theater, where light is an established medium, he incessantly thought through the aspect of light for each space he worked on. *For Art of This Century*, he even carried out special calculations of the amount of reflection in the spaces.

Kiesler's 1930 publication *Contemporary Art Applied to the Store and its Display* is perhaps the most far-reaching example of his concern with mediation. Here he proposed to widely introduce European avant-garde art in an entirely new context beyond the sphere of the already converted, namely the U.S. and its commercial sector. The idea was to reach out to a mass audience through presentations in shop windows, for example. Kiesler also concerned himself with how art was presented and made public in a broader sense. In the 1920s, he conceived of the future exhibition space as a "modern room" with light sensitive plates or screens that could receive images sent from elsewhere. Original artwork would be kept in "treasure rooms" and would be taken out only occasionally—the notion of art as permanent "decoration" on walls would be discarded.[26] A few years later, he developed the idea of the *Telemuseum*, through which the artworks at, say, the Louvre and the Prado would be accessible to people in other locations through a selection plate connected to their telephone sets.[27]

A distinct feature of the three latter exhibitions was interconnectedness, almost in an organic sense. This pertained to the connections between the space and the work on display, between the works themselves, and between the works and people. Kiesler's own theory of Correalism elaborated on ideas—present in his work since the 1920s—of interconnectedness and crossing all kinds of borders. In its focus on connections between nature, humans, and technology, rather than between discreet objects, Correalism is oriented towards structures, in contrast to wireless electricity or the Internet (Wi-Fi); i.e., correlation without connection.[28]

Making connections is arguably at the core of curating, which centers on the connections between works of art and other material, the space, the specific time and location of the presentation, etc. While discussing the emergence of the field of curating since the 1990s, Beatrice von Bismarck emphasized the "constellational mode" of the curatorial, i.e., the dynamic field of constellations in which various activities around making art go public are embedded.[29] In Kiesler's curated projects, this was achieved in part through for example a literal mix of art, architecture, design, theater, and dance where he himself took on the role of impresario of the totality. At the same time, his curated projects can be described as "events of knowledge" (to borrow Rogoff's term), settings where different kinds of knowledge come together and something new is tested. They incorporate epistemological processes and are presentational rather than representational, in profound credit to the visitors.

More often than not, Kiesler's unremitting promotion of art was done through dynamic, immersive, and atmospheric spatial presentations of art, which became visionary microcosms of the world. Without being entirely removed from the world outside the walls of the institution, the exhibitions were models of a different reality: his earlier social and technological utopias progressing to his later emotional and magical, imaginary ones. Visitors activated the space and became part of the orchestration, encouraged to engage with individual works of art in numerous ways, often facilitated by technological features typical of the times, but also of modest means (like pure paint). His particular methodology encompassed both the singular components, which were to be placed in the "best light," and the embracing totality. The exhibition space itself was simply one where things could be different from how we know them in everyday life, where both technological invention and the power of magic could exert influence over the viewers' experience, albeit temporarily.

In this ambitious operation, Kiesler took on the role of curator as we know it today. But if the word "curating" refers to the routine of the craft, however skillful, it sticks to the established order of things. From that perspective, Kiesler, rather than curating per se, was working curatorially in the sense of sensitively combining the works with which to engage, the questions to address to them, and the ways of making them go public, including the where, when, and how. He employed a specific yet sensitive, timely, and clever combination of parameters and approaches as the basis of making art go public. This is can be described as the "curatorial"—always adding extra synergetic value, not least by going beyond the status quo.

26 Some of these ideas were developed in relation to an unrealized museum that he sketched for the collector Katherine Dreier, co-founder of the Société Anonyme, Inc. and a major supporter of Marcel Duchamp's work.
27 See Frederick Kiesler, *Contemporary Art Applied to the Store and Its Display*, New York 1930.
28 According to Bogner, Kiesler's exhibitions were characterized by the arrangement of artworks in three-dimensional space in such a way that a total environment appears.
29 "Cultures of the Curatcrialis" the name of the Master's degree coordinated by Beatrice von Bismarck at the Academy of Fine Arts, Leipzig.

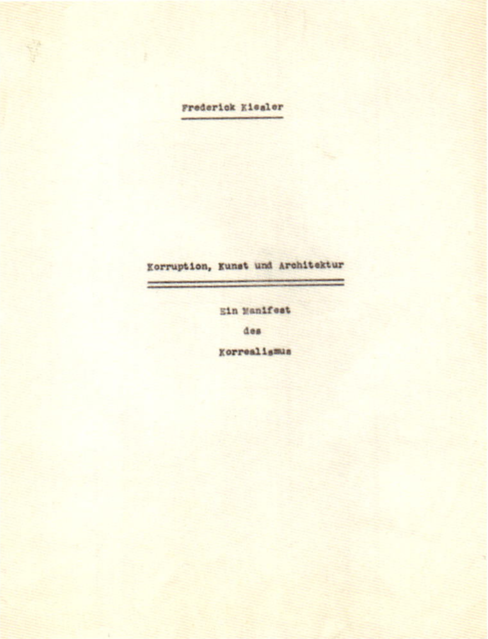
Frederick Kiesler

Korruption, Kunst und Architektur

Ein Manifest
des
Korrealismus

„Korruption, Kunst und Architektur. Ein Manifest des Korrealismus“, New York, 1947/49?, Typoskript
“Corruption, art and architecture. A Manifesto of Correalism,” New York, 1947/49?, Typescript
ÖFLKS 7223/0 Blatt folio N13 (Titelblatt cover)

sein, waren die Ausstellungen Modelle einer anderen Realität: von Kieslers frühen sozialen und technischen Utopien bis hin zu seinen späteren emotionalen, magischen und imaginären Welten. Die BesucherInnen aktivierten den Raum und wurden als Teil der Komposition auf vielfältige Weise aufgefordert, sich mit einzelnen Kunstwerken auseinanderzusetzen – oft mithilfe von typischen technischen Hilfsmitteln der jeweiligen Zeit, aber auch mit ganz einfach Mitteln (wie Farbe). Kieslers spezielle Methodik umfasste sowohl die einzelnen Komponenten, die ins „beste Licht“ gerückt werden sollten, als auch das übergeordnete Ganze. Der Ausstellungsraum war letztlich ein Raum, in dem die Dinge anders sein konnten, als wir sie aus dem Alltag kennen, und in dem sowohl technische Erfindungen als auch die Kraft der Magie die Erfahrung der BetrachterInnen beeinflussen konnten – wenn auch nur temporär.

In diesem ambitionierten Unterfangen nahm Kiesler die Rolle des Kurators ein, wie wir sie heute kennen. Doch wenn der Begriff „kuratieren“ für die – wenn auch kundige – Routine des Handwerks steht, bleibt er in der etablierten Ordnung der Dinge verhaftet. Aus diesem Blickwinkel war Kieslers Tätigkeit weniger ein reines Kuratieren als vielmehr eine kuratorische Arbeit im Sinne einer sensiblen Zusammenführung der Arbeiten, mit denen eine Auseinandersetzung erfolgen sollte, der Fragen, die an sie gestellt wurden, und der Wege, sie öffentlich zu machen – einschließlich des Wo, Wann und Wie. Er bediente sich einer spezifischen und doch einfühlsamen, zeitgemäßen und klugen Kombination von Parametern und Ansätzen als Basis für die Vermittlung von Kunst. Dies kann als das „Kuratorische“ beschrieben werden – als das stete Streben nach einem synergetischen Zusatznutzen, der nicht zuletzt durch das Verlassen des Status quo erzielt wird.

>
„Korruption, Kunst und Architektur. Ein Manifest des Korrealismus“, New York, 1947/49?, Typoskript
“Corruption, art and architecture. A Manifesto of Correalism,” New York, 1947/49?, Typescript
ÖFLKS 7223/0 Blatt folio N16 (S. p. 3)

Corr. -3

1

Das Ziel

Treibt die Kunst-Küngtler aus den Galerien. Ausstellen is Exhibitionismus geworden, Maler müde Fabrikanten oder verbissene Eigenbrötler.

Treibt die Kunst-der-Zeit aus den Museen. Kunst gehört der Strasse, den Häusern, dem Volke. Verwalter leben fett, Künstler hungern und hausieren mit ihrem Stolz.

Treibt die Kunst-Händler aus den Salons der Gewinner. Sie stellen das Werk an den Pranger.

Treibt die Kunst-Reklame aus den Städten in denen zu viele Zeichner sich erniedrigen, die Ideen der Einsamen und Echten schamlos zu bestehlen, und die Kunst zur Hure der Profit-Industrie machen.

Treibt die Kunst-Kritiker aus den Journalen, jene, die mit Routine Wissen fabrizieren und aus der geistigen Faulheit des Publikums Kapital schlagen.

Treibt die Kunst-Belehrer aus den Blitz-Schulen. Sie lehren Imitation. Weisheit ist billige Information geworden.

Demoliert ihre Tempel, denn Architektur und Kunst des Volkes sind tot;

Die Massen haben sie verlassen, die Spezialisten haben sie verraten.

Träger-Type mit Zeichnungen und einem Bühnenmodell in der *Internationalen Ausstellung neuer Theatertechnik*, Wien, 1924, SW-Foto; Silbergelatineabzug auf Barytpapier
T-Type with drawings and a stage model at the *International Exhibition of New Theatre Techniques*, Vienna, 1924, BW photo; Gelatin silver print on baryta paper
ÖFLKS, PHO 187/0

Leger-Type (noch ohne Ausstellungsstücke) in der *Internationalen Ausstellung neuer Theatertechnik*, Wien, 1924, Foto: unbekannt, SW-Foto; Silbergelatineabzug auf Barytpapier
L-Type (still without exhibition objects) in the *International Exhibition of New Theatre Techniques*, Vienna, 1924, Photo: unknown, BW photo; Gelatin silver print on baryta paper
ÖFLKS, PHO 235/5

Blick in die *Internationale Ausstellung neuer Theatertechnik*, Wien, 1924, SW-Foto; Silbergelatineabzug auf Barytpapier
View into the *International Exhibition of New Theatre Techniques*, Vienna, 1924, BW photo; Gelatin silver print on baryta paper
ÖFLKS, PHO 186/0

Exposition internationale des Arts décoratifs et industriels modernes, österreichischer Theaterbeitrag [*Raumstadt*], Detail mit einem Projekt Alfred Rollers, Paris, 1925, Foto: Henri Manuel, SW-Foto; Silbergelatineabzug auf Barytpapier
***Exposition internationale des Arts décoratifs et industriels modernes*, Austrian theatre contribution [*City in Space*], detail with a project by Alfred Roller,** Paris, 1925, Photo: Henri Manuel, BW photo; Gelatin silver print on baryta paper
ÖFLKS, PHO 874/0

Exposition internationale des Arts décoratifs et industriels modernes, österreichischer Theaterbeitrag [*Raumstadt*], Detail mit der *Ringbühne* von Oskar Strnad, Paris, 1925, SW-Foto; Silbergelatineabzug auf Barytpapier
***Exposition internationale des Arts décoratifs et industriels modernes*, Austrian theatre contribution [*City in Space*], detail with *Ring Stage* by Oskar Strnad,** Paris, 1925, BW photo; Gelatin silver print on baryta paper
ÖFLKS, PHO 874/0

Exposition internationale des Arts décoratifs et industriels modernes, österreichischer Theaterbeitrag [*Raumstadt*], Paris, 1925, Foto: Henri Manuel, SW-Foto; Silbergelatineabzug auf Barytpapier
***Exposition internationale des Arts décoratifs et industriels modernes*, Austrian theatre contribution [*City in Space*],** Paris, 1925, Photo: Henri Manuel, BW photo; Gelatin silver print on baryta paper
ÖFLKS, PHO 875/0

2
CETTE CONSTRU
REGARD
LES
1

International Theatre Exposition, Blick in die Ausstellung,
New York, 1926, SW-Foto; Silbergelatineabzug auf Barytpapier
***International Theatre Exposition*, view into the exhibition,**
New York, 1926, BW photo; Gelatin silver print on baryta paper
ÖFLKS, PHO 6445/0

International Theatre Exposition, Blick in die Ausstellung,
New York, 1926, SW-Foto; Silbergelatineabzug auf Barytpapier
***International Theatre Exposition*, view into the exhibition,**
New York, 1926, BW photo; Gelatin silver print on baryta paper
ÖFLKS, PHO 6447/1

<
International Theatre Exposition, Blick in die Ausstellung, New York, 1926, SW-Foto; Silbergelatineabzug auf Barytpapier
***International Theatre Exposition*, view into the exhibiton,** New York, 1926, BW photo; Gelatin silver print on baryta paper
ÖFLKS, PHO 6455/0 (Foto: World Wide Photos)

>
Büroeinrichtung, Präsentation der AUDAC auf der *12th Annual Home Show*, Grand Central Palace, New York, 1930, Ausstellungsgestaltung: Friedrich Kiesler, Foto: Ruth Bernhard, SW-Foto; Silbergelatineabzug auf Barytpapier
Office furnishings, AUDAC presentation at the *12th Annual Home Show*, Grand Central Palace, New York, 1930, Exhibition design: Frederick Kiesler, Photo: Ruth Bernhard, BW photo; Gelatin silver print on baryta paper
ÖFLKS, PHO 5362/0

>
Büroeinrichtung, Präsentation der AUDAC auf der *12th Annual Home Show*, Grand Central Palace, New York, 1930, Ausstellungsgestaltung: Friedrich Kiesler, Foto: Ruth Bernhard, SW-Foto; Silbergelatineabzug auf Barytpapier
Office furnishings, AUDAC presentation at the *12th Annual Home Show*, Grand Central Palace, New York, 1930, Exhibition design: Frederick Kiesler, Photo: Ruth Bernhard, BW photo; Gelatin silver print on baryta paper
ÖFLKS, PHO 5357/2

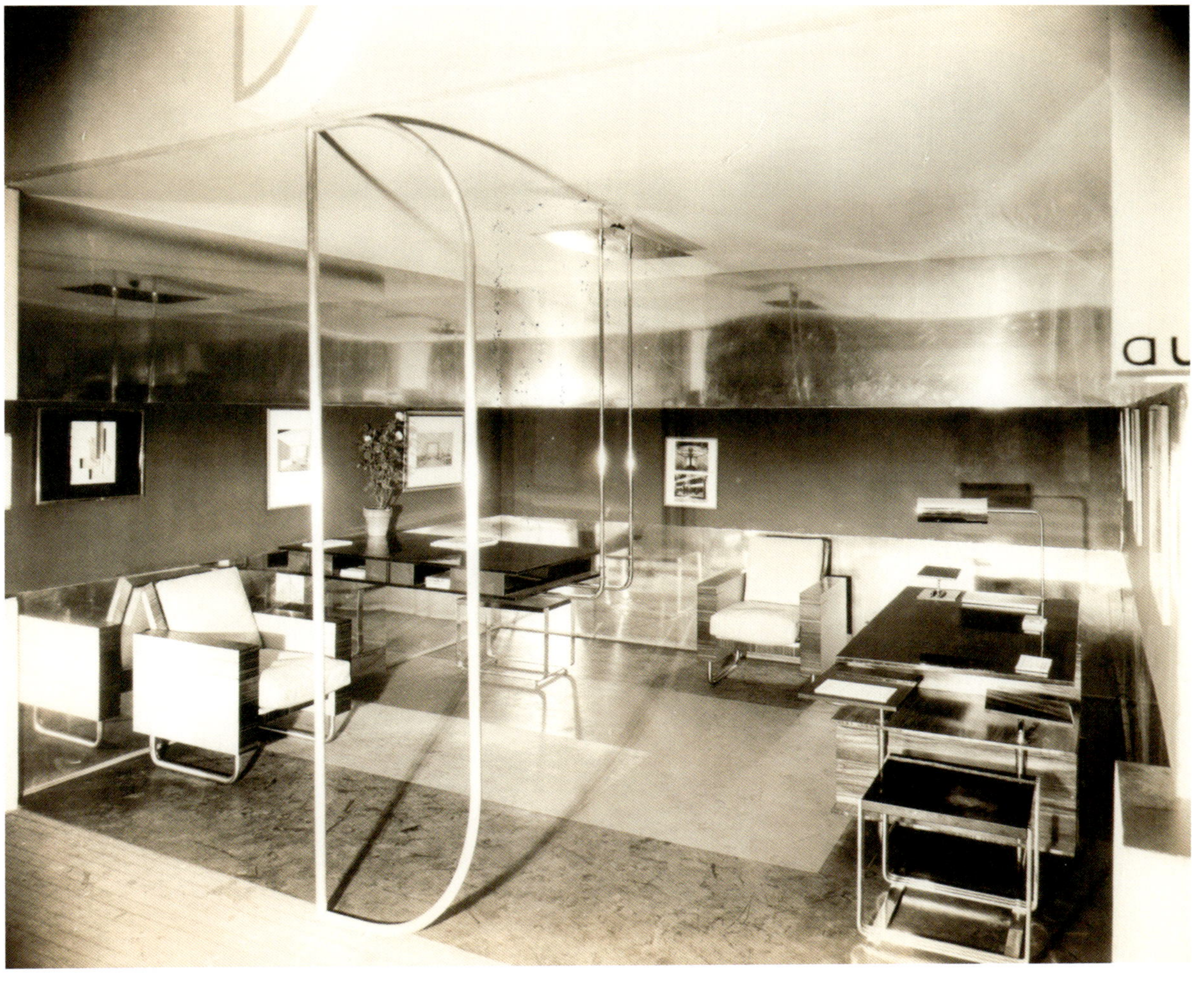
au

Studie zur Wahrnehmung von Kunst [*The hair-frame*], New York, 1942, Zeichnung; Bleistift und Tinte auf Papier
Study on the perception of art [*The hair-frame*], New York, 1942, Drawing; Pencil and ink on paper
ÖFLKS, SFP 706/0

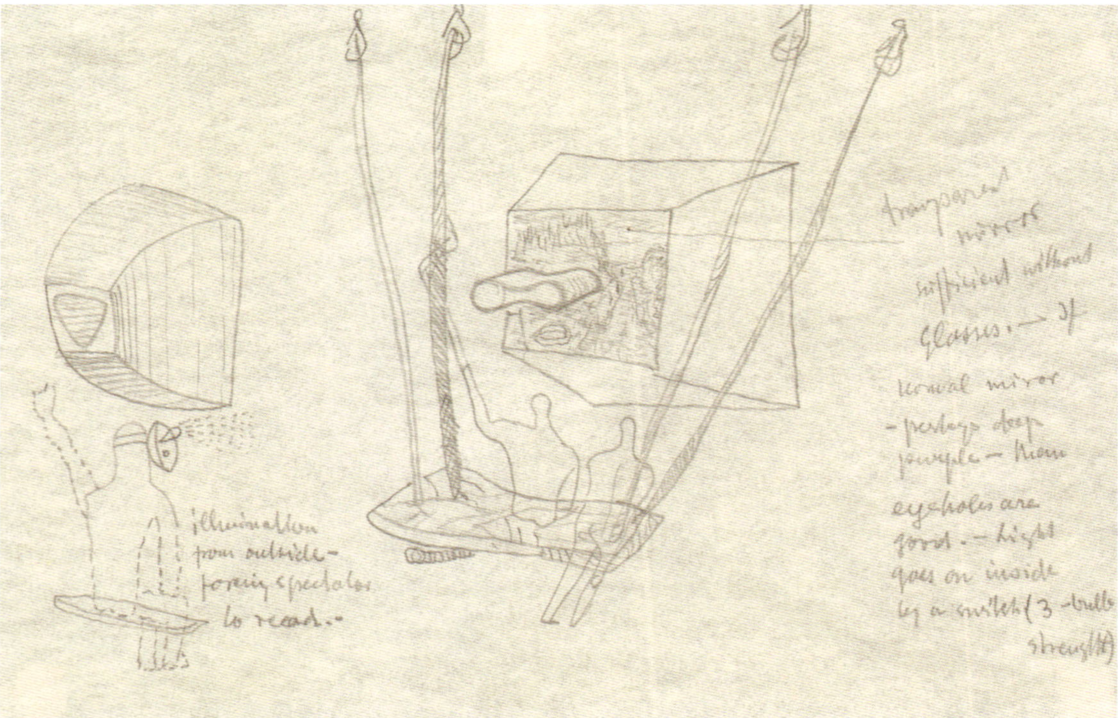

Studie zu einem Betrachtungsapparat [zwei Personen auf einer Schaukel], New York, 1942, Zeichnung; Bleistift auf Papier,
Study for a viewing device [two people on a swing], New York, 1942, Drawing; Pencil on paper
ÖFLKS, SFP 129/0

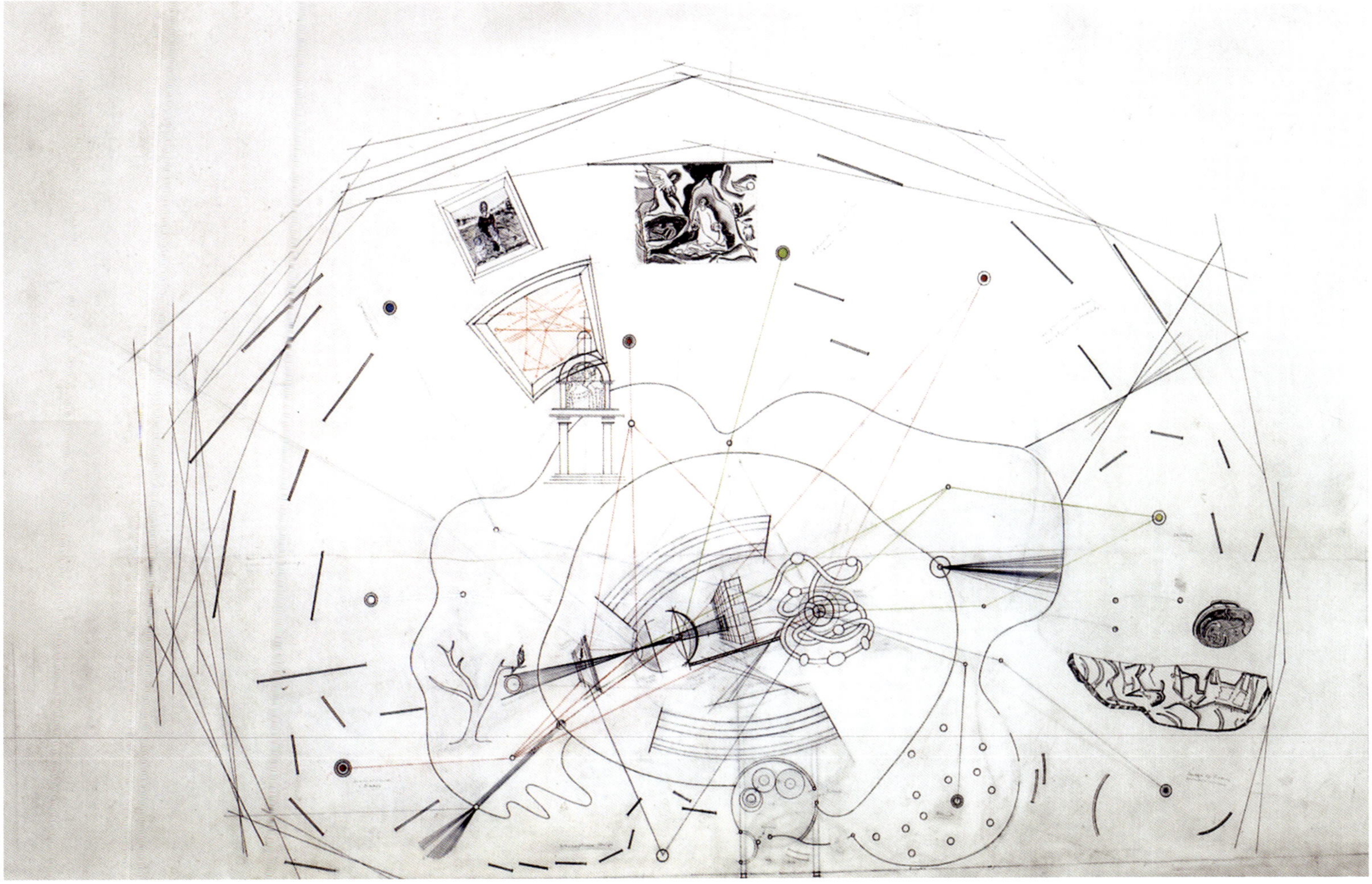

Plan zur *Vision Machine*, New York, 1940,
Zeichnung; Bleistift, Buntstift, Transparentpapier,
kaschiert auf Museumskarton
Plan for the *Vision Machine*, New York, 1940,
Drawing; Pencil, colored pencil, tracing paper,
affixed to museum mounting board
Sammlung Gertraud und and Dieter Bogner collection,
Dauerleihgabe an die Permanent loan to the ÖFLKS, LFP 102/0

Vision Machine

Durch diese Demonstration lernen wir, dass weder das Licht noch das Auge oder das Gehirn alleine oder in Verbindung mit anderen Elementen sehen kann. Vielmehr vermögen wir nur durch die umfassende Koordination unserer menschlichen Erfahrungen zu sehen: Und auch dann nehmen wir unser eigenes, vorgefasstes Bild und nicht das tatsächliche Objekt wahr. Dies zeigt uns, dass wir aufgrund unserer kreativen Fähigkeit und nicht bloß aufgrund mechanischer Reproduktion sehen können.

Friedrich Kiesler, „Brief Description of Vision Machine", Typoskript, 1940/42, ÖFLKS.

Through this demonstration we learn that neither light, nor eye, nor brain, alone or in association, can see. But rather, we see only through the total coordination of human experiences; and even then, it is our own conceived image, and not really the actual object which we perceive. We learn, therefore, that we see by creative ability and not by mechanical reproduction.

Frederick Kiesler, "Brief Description of Vision Machine," typescript, 1940/42, ÖFLKS.

Art of This Century, Betrachtungsmechanismus für Marcel Duchamps *Boîte en valise* [Schachtel im Koffer], New York, 1942, Foto: K. W. Herrmann, SW-Foto; Silbergelatineabzug auf Barytpapier
Art of This Century, viewing device for Marcel Duchamp's *Boîte-en-valise* [Box in a Suitcase], New York, 1942, Photo: K. W. Herrmann; BW photo; Gelatin silver print on baryta paper
ÖFLKS, PHO 230/0

Art of This Century, Einblick in die *Surrealist Gallery* Richtung Süden mit Friedrich Kiesler und einer unidentifizierten Frau, New York, 1942, Foto: Berenice Abbott, Ausstellungsgestaltung: Friedrich Kiesler, SW-Foto; Silbergelatineabzug auf Barytpapier
Art of This Century, southward view of the *Surrealist Gallery* with Frederick Kiesler and an unidentified woman, New York, 1942, Photo: Berenice Abbott, Exhibition design: Frederick Kiesler, BW photo; Gelatin silver print on baryta paper
ÖFLKS, PHO 339/4

>
Art of This Century, *Surrealist Gallery* (Detail), New York, 1942, Ausstellungsgestaltung: Friedrich Kiesler, SW-Foto; Silbergelatineabzug auf Barytpapier
Art of This Century, *Surrealist Gallery* (detail), New York, 1942, Exhibition design: Frederick Kiesler, BW photo; Gelatin silver print on baryta paper
ÖFLKS, PHO 244/0

Art of This Century, Surrealist Gallery (Detail),
New York, 1942, Foto: Berenice Abbott,
Ausstellungsgestaltung: Friedrich Kiesler, SW-Foto;
Silbergelatineabzug auf Barytpapier
***Art of This Century, Surrealist Gallery* (detail),**
New York, 1942, Photo: Berenice Abbott,
Exhibition design: Frederick Kiesler, BW photo;
Gelatin silver print on baryta paper
ÖFLKS, PHO 339/4

Das Vorstrecken des Bildes in den Raum hatte zweifache Bedeutung: es löste sich vom Hintergrunde ab, und brachte es physisch dem Beschauer näher. Das Bild schien frei zu schweben. Es wurde eine feste Insel im Meer des Raumes. Es war nicht mehr Wanddekoration. Es war eine Welt in sich, die der Maler geschaffen und die der Architekt im Raum verankert hatte.

Friedrich Kiesler, „Manifeste du Corréalisme", Typoskript, 1947, o. S, ÖFLKS.

This advanced position of the picture has two consequences; It stands away from the background and approaches the spectator. The picture seems to float freely. It is a solid island in space, it is no longer a mural decoration. It is a world in itself which the painter has conceived and the architect anchored.

Frederick Kiesler, "Manifeste du Corréalisme," typescript, 1947, 12, ÖFLKS.

Art of This Century, Studie zur Bildhängung in der ***Surrealist Gallery***, New York, 1942, Zeichnung; Bleistift auf Papier
***Art of This Century*, study on picture placement at the *Surrealist Gallery*,** New York, 1942, Drawing; Pencil on paper
ÖFLKS, SFP 178/1

Art of This Century, Studie zur Objektinszenierung in der ***Surrealist Gallery***, New York, 1942; Gouache und Tusche auf Aquarellpapier
***Art of This Century*, study on exhibiting objects at the *Surrealist Gallery*,** New York, 1942; Gouache and India ink on watercolor paper
ÖFLKS, SFP 390/0

Art of This Century, Skizze zum Innenraum der ***Surrealist Gallery***, New York, 1942, Zeichnung; Bleistift auf Papier
***Art of This Century*, sketch for the interior of the *Surrealist Gallery*,** New York, 1942, Drawing; Pencil on paper
ÖFLKS, SFP 183/0

Art of This Century, Studie zur Präsentation von Alberto Giacomettis Skulptur *Femme égorgée* [Frau mit durchschnittener Kehle], New York, 1942; Gouache und Tusche auf Aquarellpapier
***Art of This Century*, study on the presentation of Alberto Giacometti's sculpture *Femme égorgée* [Woman with Her Throat Cut],** New York, 1942; Gouache and India ink on watercolor paper
ÖFLKS, SFP 272/0

Art of This Century, Blick in die *Abstract Gallery* mit Werken von Pevsner, Ozenfant und Vantongerloo, New York, 1942, Foto: K. W. Herrmann, SW-Foto; Silbergelatineabzug auf Barytpapier
***Art of This Century*, view into the *Abstract Gallery* with works by Pevsner, Ozenfant and Vantongerloo,** New York, 1942, Photo: K. W. Herrmann, BW photo; Gelatin silver print on baryta paper
ÖFLKS, PHO 245/0

Art of This Century, Blick in die *Abstract Gallery* mit Werken von Pevsner, Vantongerloo, Laurens und Ozenfant, New York, 1942, Foto: K. W. Herrmann, SW-Foto; Silbergelatineabzug auf Barytpapier
***Art of This Century*, view into the *Abstract Gallery* with works by Pevsner, Vantongerloo, Laurens, and Ozenfant,** New York, 1942, Photo: K. W. Herrmann, BW photo; Gelatin silver print on baryta paper
ÖFLKS, PHO 364/0

Das Kunstwerk muss wieder seine ursprüngliche Funktion als aktiver, organischer Faktor im menschlichen Leben einnehmen. Der Mensch, der in einer Plastik oder einem auf Leinwand gemalten Bild die vom Künstler ausgedrückte Vision betrachtet, muss seinen Akt des Betrachtens – des „Empfangens" – als eine Beteiligung am kreativen Prozess erkennen, der um nichts weniger wichtig oder direkt ist als jener des Künstlers.

Friedrich Kiesler, „Brief Note On Designing The Gallery", Typoskript, 1942, ÖFLKS.

The work of art must resume its generic function as an active, organic factor in human life. Man, seeing in a piece of sculpture or a painting on canvas the artist's projected vision, must recognize his act of seeing—of "receiving"—as a participation in the creative process no less essential and direct than the artist's own.

Frederick Kiesler, "Brief Note On Designing The Gallery," typescript, 1942, ÖFLKS.

>
Art of This Century, Studie zur Bildbetrachtung und zu Bildhängesystemen, New York, 1942, Zeichnung; Tusche auf Papier
***Art of This Century*, study on viewing pictures and on picture placement systems**
New York, 1942, Drawing; Pencil on paper
ÖFLKS, SFP 451/0

>>
Art of This Century, Studie zu den Seilverspannungen der verschiedenen Bildhängesysteme in der Abstract Gallery, New York, 1942, Zeichnung; Bleistift auf Papier
***Art of This Century*, study on the cables for the various picture placement systems at the Abstract Gallery,** New York, 1942, Drawing; Pencil on paper
ÖFLKS, SFP 233/0

Art of This Century, Einblick in die *Abstract Gallery*, New York, 1942,
Foto: unbekannt, SW-Foto; Silbergelatineabzug auf Barytpapier
***Art of This Century*, view into the *Abstract Gallery*,** New York, 1942,
Photo: unknown, BW photo; Gelatin silver print on baryta paper
ÖFLKS, PHO 346/0

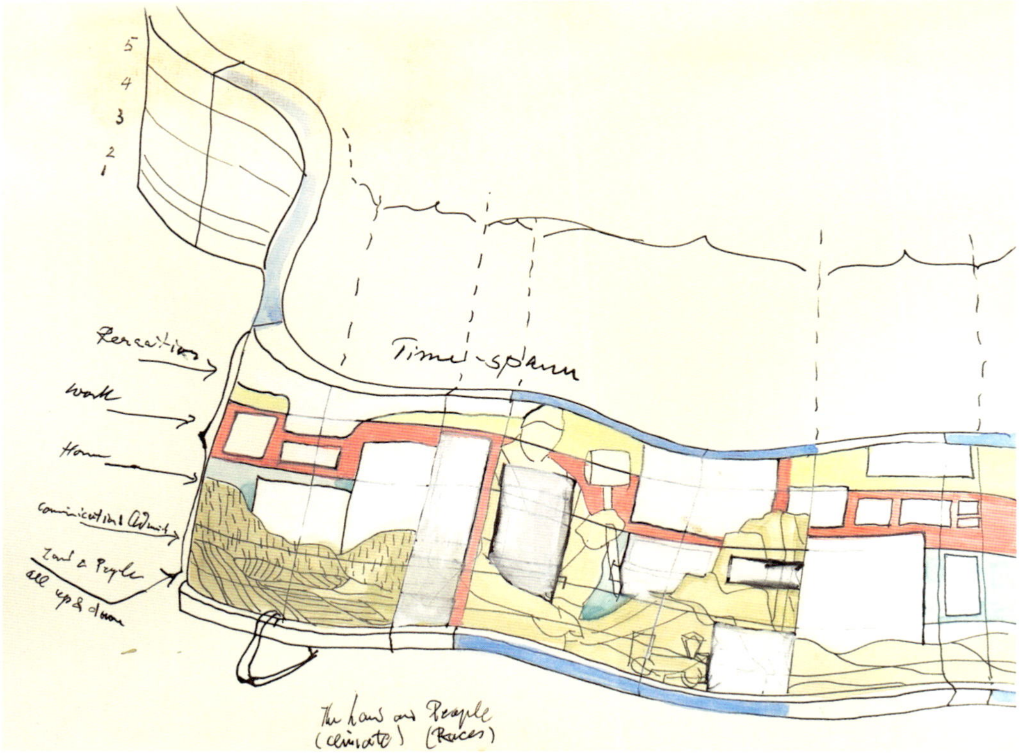

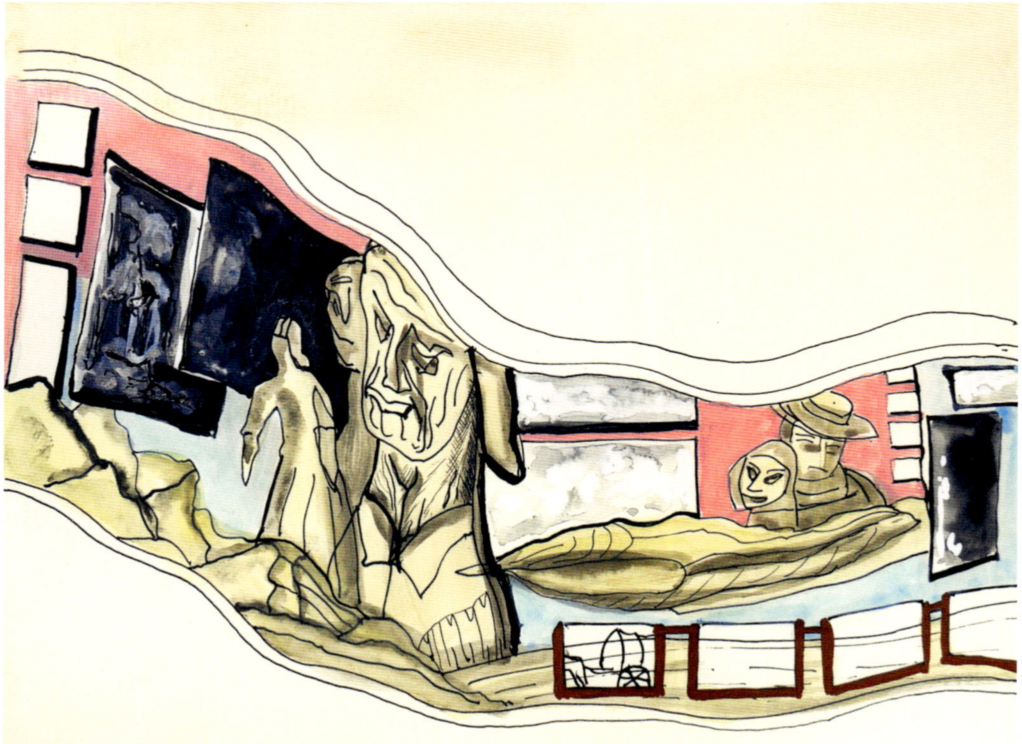

U. S. Housing in War and Peace, Sonderschau in Moskau, Studien zur Ausstellungsgestaltung, New York, 1944, Zeichnungen; Gouache und Bleistift auf Papier
***U. S. Housing in War and Peace*, special exhibition in Moscow, studies for the exhibition design,** New York, 1944, Drawings; Gouache and pencil on paper
ÖFLKS, SFP 6610/0, SFP 6609/0

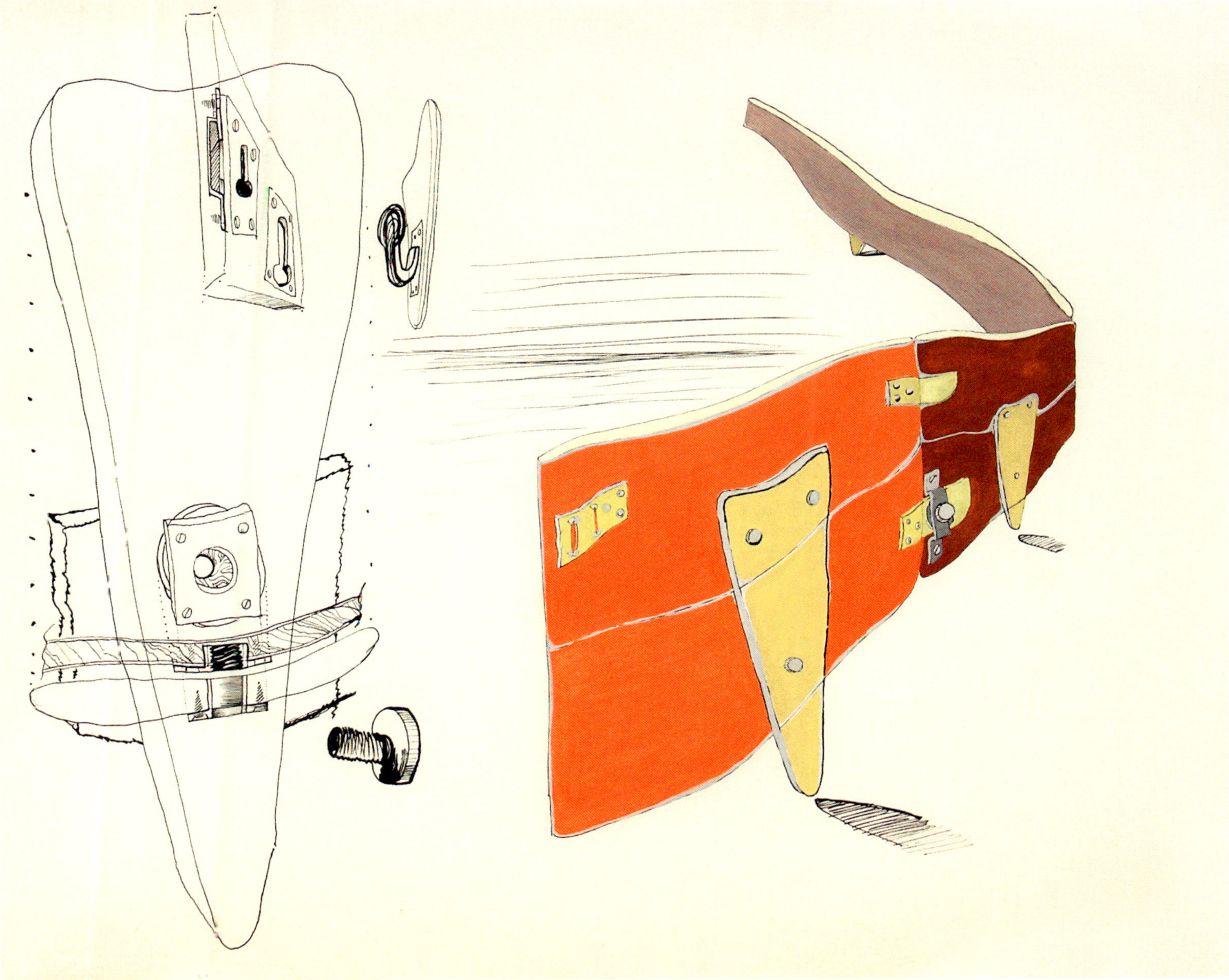

U. S. Housing in War and Peace, Sonderschau in Moskau, Studie zur Ausstellungsgestaltung, New York, 1944, Zeichnung: Gouache, Kugelschreiber und Tusche auf Papier
***U. S. Housing in War and Peace*, special exhibition in Moskow, study for the exhibition design,** New York, 1944, Drawing; Gouache, ballpoint pen, and India ink on paper
ÖFLKS, MFP 1010/0

U. S. Housing in War and Peace, Ausstellungsansicht der Sonderschau in Moskau, Moskau, 1945, SW-Foto; Silbergelatineabzug auf Barytpapier
***U. S. Housing in War and Peace*, view of the special exhibition in Moscow,** Moscow, 1945, BW photo; Gelatin silver print on baryta paper
ÖFLKS, PHO 1006/0

U. S. Housing in War and Peace, Sonderschau in Moskau, Studie zur Werkpräsentation, New York, 1944/45, Zeichnung; Tusche auf Karton
***U. S. Housing in War and Peace*, special exhibition in Moscow, study for the presentation of the work,** New York, 1944/45, Drawing; India ink on cardboard
ÖFLKS, SFP 1035/0

>
Ecology Exhibition, Studie für ein Projekt im American Museum of Natural History, New York, 1944, Zeichnung; Tusche auf Papier
***Ecology Exhibition*, study for a project in the American Museum of Natural History,** New York, 1944, Drawing; India ink on paper
ÖFLKS, SFP 6613/0

U. S. Housing in War and Peace, Sonderschau in Moskau, Studie zur Werkpräsentation, New York, 1944/45, Zeichnung; Tusche auf Papier
***U. S. Housing in War and Peace*, special exhibition in Moscow, study for the presentation of the work,** New York, 1944/45, Drawing; India ink on paper
ÖFLKS, SFP 1028/0

Ecology Exhibition, Studie für ein Projekt im American Museum of Natural History, New York, 1944, Zeichnung; Tinte auf Papier
***Ecology Exhibition*, study for a project in the American Museum of Natural History,** New York, 1944, Drawing; Ink on paper
ÖFLKS, SFP 6614/0

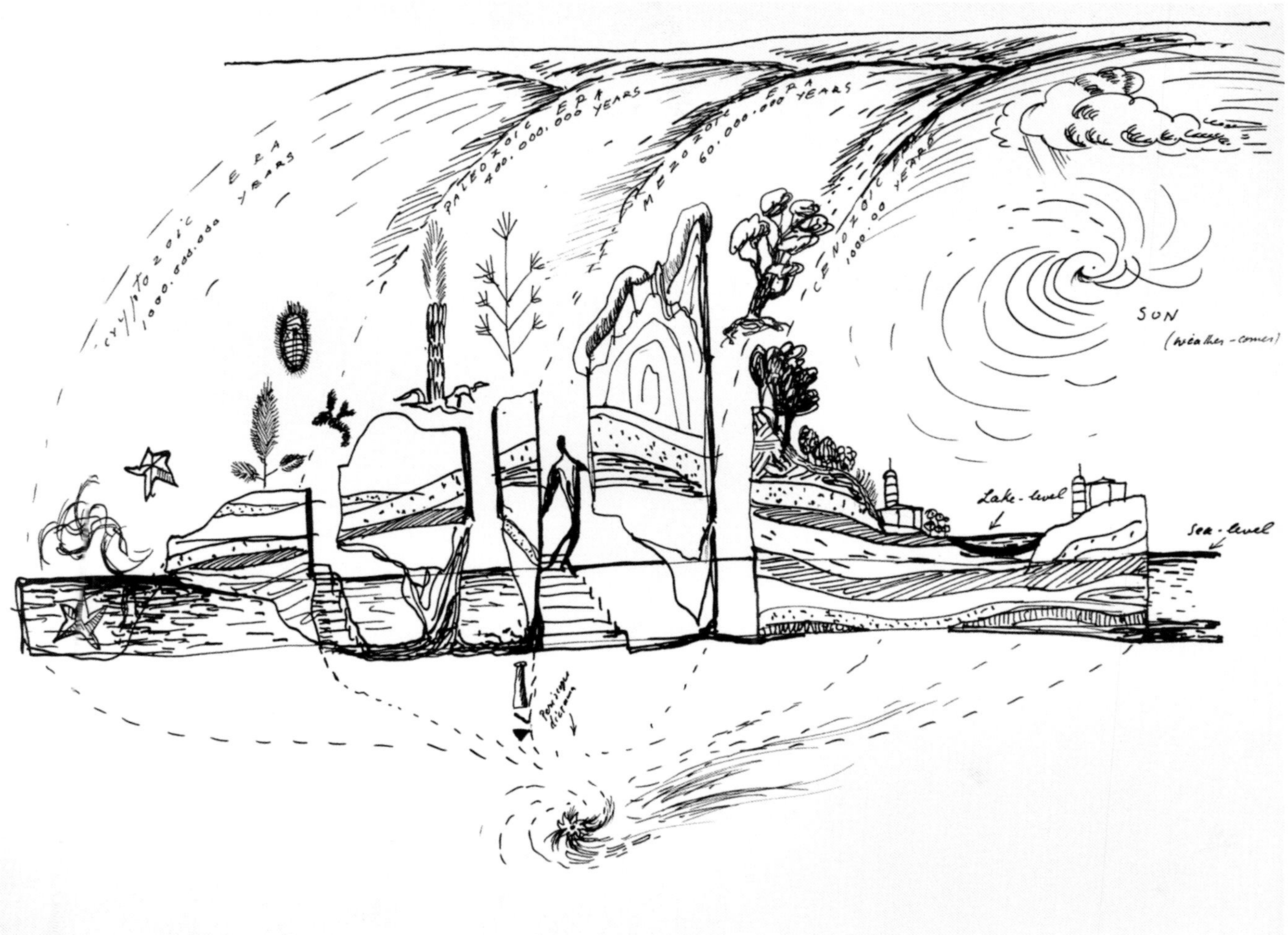
CRYPTOZOIC ERA
1.000.000.000 YEARS
PALEOZOIC ERA
400.000.000 YEARS
MEZOZOIC ERA
60.000.000 YEARS
SUN
(weather-comes)
Lake-level
Sea-level

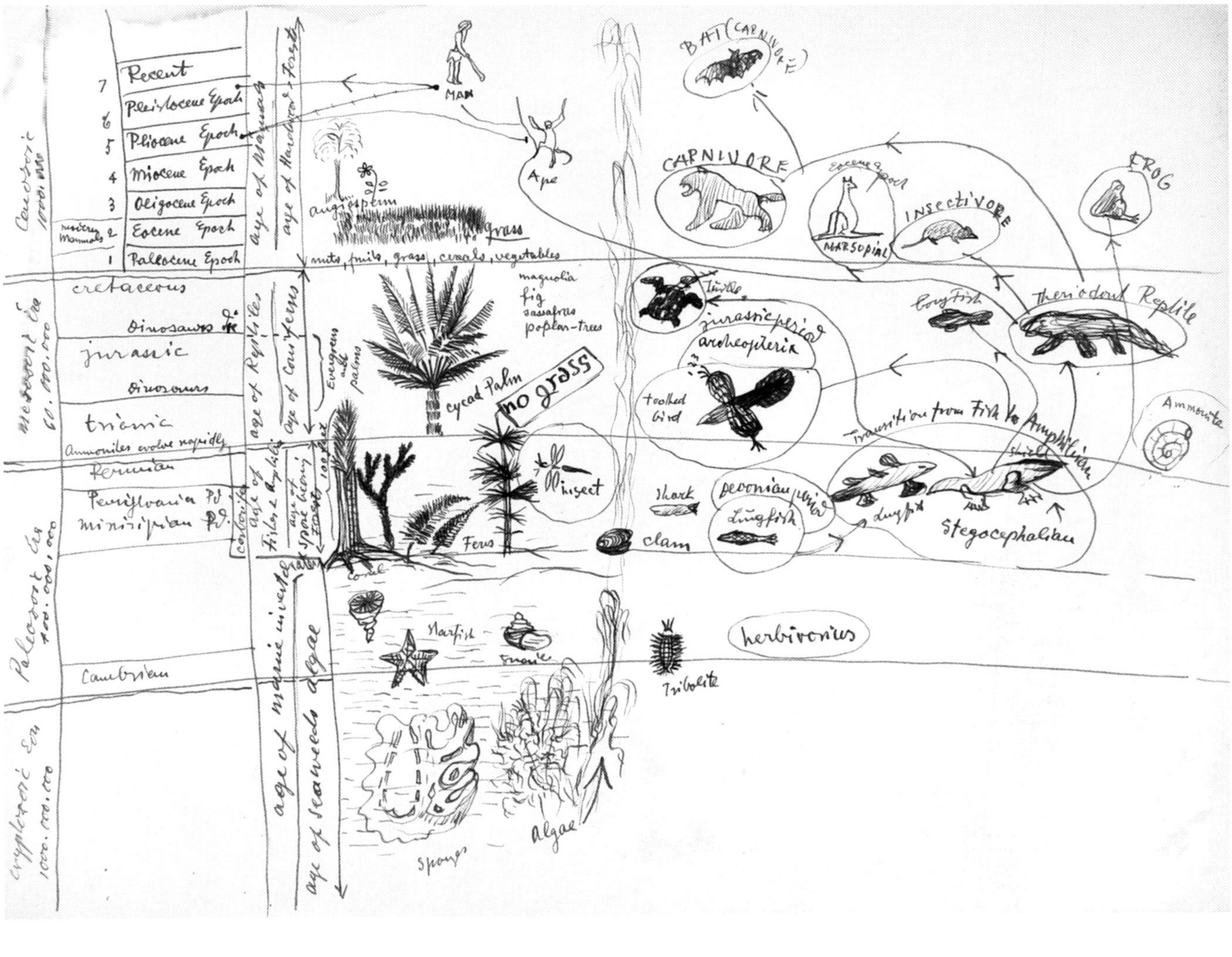
Recent
Pleistocene Epoch
Pliocene Epoch
Miocene Epoch
Oligocene Epoch
Eocene Epoch
Paleocene Epoch
cretaceous
Dinosaurs
jurassic
Dinosaurs
triassic
Ammonites evolve rapidly
Permian
Cambrian
age of Mammals
age of Hardwood Forests
age of Reptiles
age of Conifers
age of Fishes & Amphibians
age of marine invertebrates
age of seaweeds algae
MAN
Ape
angiosperm
grass
nuts, fruits, grass, cereals, vegetables
magnolia
fig
sassafras
poplar-trees
cycad Palm
no grass
insect
Ferns
clam
Shark
Lungfish
Starfish
Trilobite
Sponges
Algae
herbivorous
BAT (CARNIVORE)
CARNIVORE
MARSUPIAL
INSECTIVORE
FROG
Turtle
jurassic period
archeopterix
toothed bird
Ray Fish
theriodont Reptile
Ammonite
Transition from Fish to Amphibian
Stegocephalian

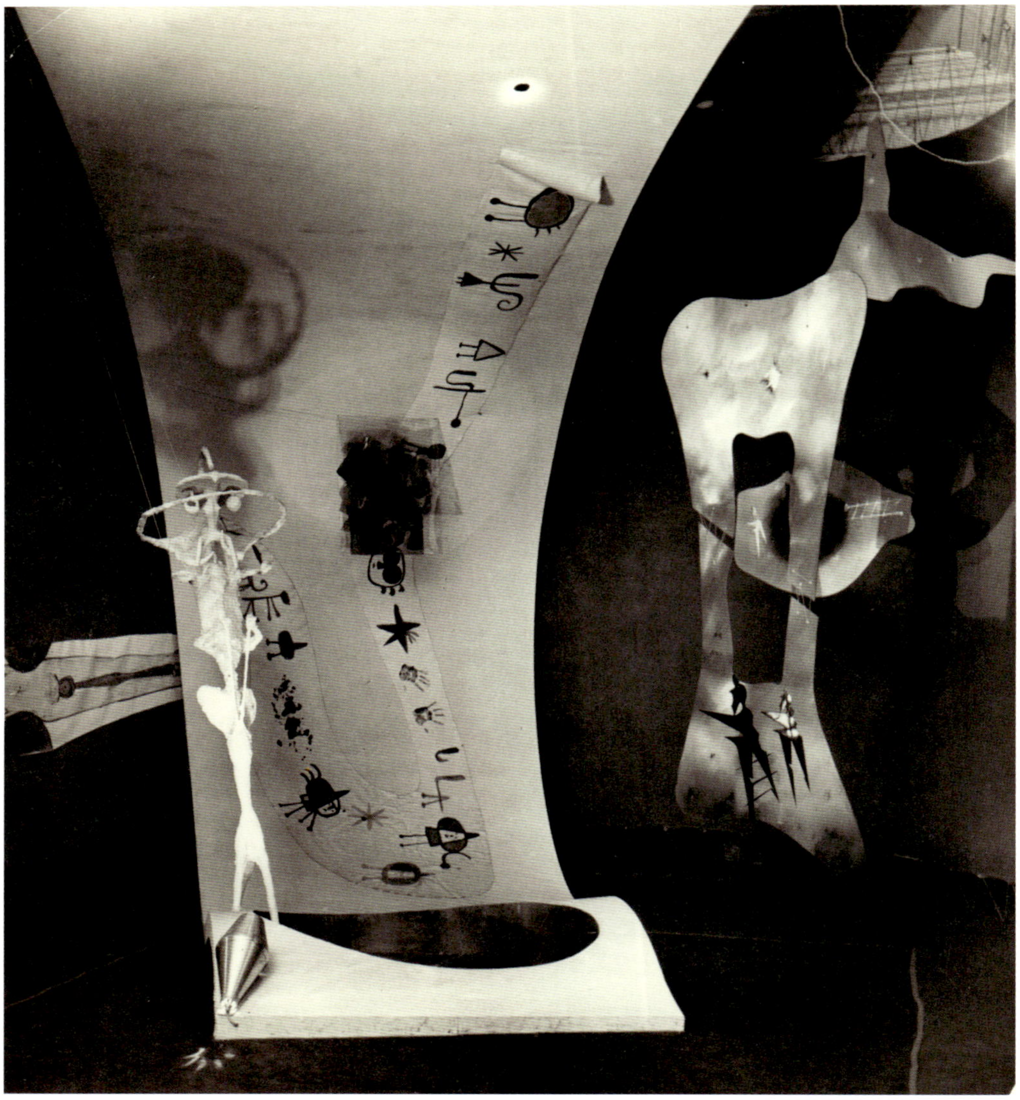

Exposition Internationale du Surréalisme, Blick in die *Salle de Superstition* mit der *Cascade architecturale* [architektonischer Wasserfall], dem Fries von Joan Miró, David Hares *L'homme-angoisse* [Angst-Mensch] und Yves Tanguys *L'Échelle qui annonce la mort* [Die Leiter, die den Tod ankündigt] im Hintergrund, Paris, 1947, Foto: William Maywald, SW-Foto; Silbergelatineabzug auf Barytpapier

***Exposition Internationale du Surréalisme*, view into the *Salle de Superstition* with the *Cascade architecturale* [architectural waterfall], the frieze by Joan Miró, David Hare's *L'homme-angoisse* [Anguish man], and Yves Tanguy's *L'Échelle qui annonce la mort* [The ladder announcing death] in the background**

Paris, 1947, Photo: William Maywald BW photo; Gelatin silver print on baryta paper

ÖFLKS, PHO 976/0

\>

Exposition Internationale du Surréalisme, Blick in die *Salle de Superstition* mit Friedrich Kieslers *Figue anti-tabou* und Marcel Duchamps *Le Rayon vert* [Der grüne Strahl] im Hintergrund, Paris, 1947, Foto: Remy Duval, SW-Foto; Silbergelatineabzug auf Barytpapier

***Exposition Internationale du Surréalisme*, view into the *Salle de Superstition* with Frederick Kiesler's *Figue anti-tabou* and Marcel Duchamp's *Le Rayon vert* [The green ray] in the background,**

Paris, 1947, Photo: Remy Duval, BW photo; Gelatin silver print on baryta paper

ÖFLKS, PHO 924/0

Salle de Superstition

J'oppose au mysticisme de l'hygiène qui est la superstition de "l'architecture fonctionnelle", les réalités d'une architecture magique qui prend racine dans la totalité de l'être humain, et non dans des parties bénies ou maudites de cet être.

Frédérick Kiesler, "L'architecture magique de la Salle de Superstition", in: *Le Suréalisme en 1947*, Paris 1947, 134.

Ich setze dem Mysterium der Hygiene, die der Aberglaube der funktionellen Architektur ist, die Wirklichkeit einer magischen Architektur entgegen, die ihre Wurzeln in der Totalität des menschlichen Wesens hat und nicht in den gesegneten oder verfluchten Aspekten des Seins.

Friedrich Kiesler, „L'architecture magique de la Salle de Superstition", in: *Le Suréalisme en 1947*, Paris 1947, 134.

Against the mysticism of Hygiene, which is the superstition of 'Functional Architecture,' I set the realities of a Magical Architecture which takes root in the totality of the human being and not in the blest or accursed parts of that being.

Frederick Kiesler, "L'architecture magique de la Salle de Superstition" in: *Le Suréalisme en 1947*, Paris 1947, 134.

Exposition Internationale du Surréalisme, Studie zur *Salle de Superstition*, 1947, Zeichnung; Tinte auf Papier
***Exposition Internationale du Surréalisme*, study for the *Salle de Superstition*,** 1947, Drawing; Ink on paper
ÖFLKS, SFP 1205/0

>
Exposition Internationale du Surréalisme, Studie zur *Salle de Superstition*, 1947, Zeichnung; Gouache und Tusche auf Papier
***Exposition Internationale du Surréalisme*, study for the *Salle de Superstition*,** 1947, Drawing; Gouache and India ink on paper
ÖFLKS, MFP 1020/0

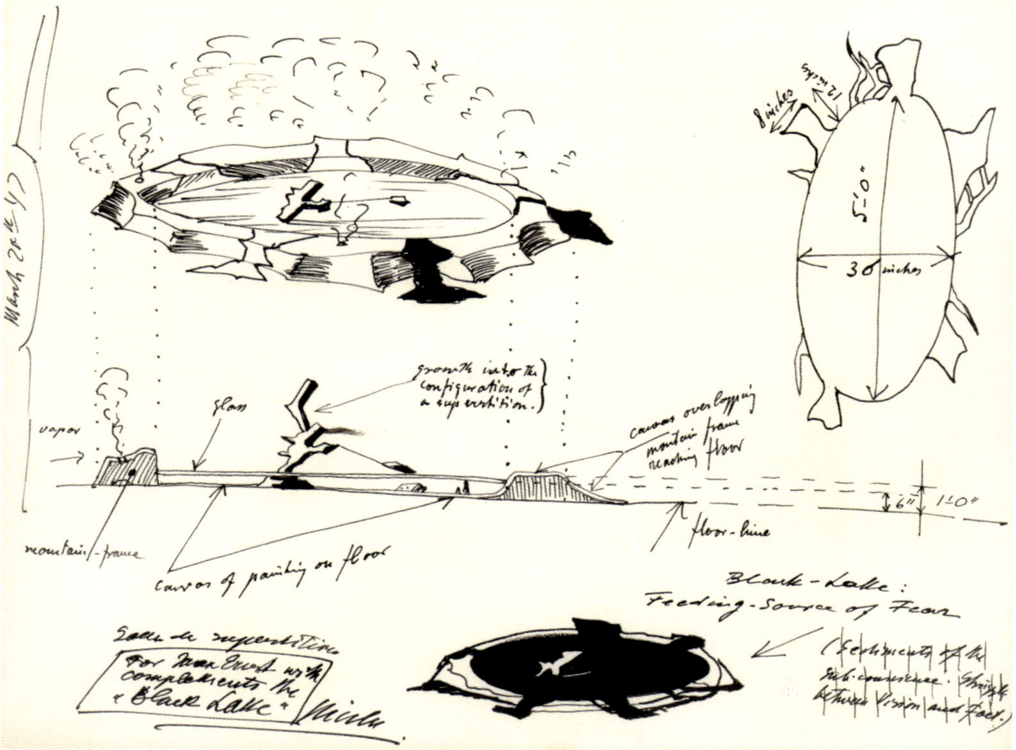

Exposition Internationale du Surréalisme, Studie zur Inszenierung von Max Ernsts *Le lac, source d'angoisse* [Der See, Quell der Angst] in der *Salle de Superstition*, 1947, Zeichnung; Tinte auf Papier
***Exposition Internationale du Surréalisme*, study for the staging of Max Ernst's *Le lac, source d'angoisse* [The sea, source of anguish] in the *Salle de Superstition*,** 1947, Drawing; Ink on paper
ÖFLKS, SFP 1203/0

Exposition Internationale du Surréalisme, Studie zur *Salle de Superstition* mit Varianten der *Figue anti-tabou*, 1947, Zeichnung; Gouache und Tusche auf Papier, Transparentpapier
***Exposition Internationale du Surréalisme*, study for the *Salle de Superstition* with variants of the *Figue anti-tabou*,** 1947, Drawing; Gouache and India ink on paper, tracing paper
ÖFLKS, MFP 1021/0

Bloodflames 1947, Ausstellungsansicht mit Roberto Mattas Gemälden *Avoeu-gle!* und *A Grave Situation (j'ai j'eus)*, New York, 1947, Foto: unbekannt, Ausstellungsgestaltung: Friedrich Kiesler, SW-Foto; Silbergelatineabzug auf Barytpapier
***Bloodflames 1947*, exhibition view with Roberto Matta's paintings *Avoeu-gle!* and *A Grave Situation (j'ai j'eus)*,** New York, 1947, Photo: unknown, Exhibition design: Frederick Kiesler, BW photo; Gelatin silver print on baryta paper
ÖFLKS, PHO 1030/0

Bloodflames 1947, Ausstellungsansicht mit Werken von Gerald Kamrowski und Isamu Noguchi, New York, 1947, Foto: unbekannt, Ausstellungsgestaltung: Friedrich Kiesler, SW-Foto; Silbergelatineabzug auf Barytpapier
***Bloodflames 1947*, exhibition view with works by Gerald Kamrowski and Isamu Noguchi,** New York, 1947, Photo: unknown, Exhibition design: Frederick Kiesler, BW photo; Gelatin silver print on baryta paper
ÖFLKS, PHO 1026/0

Bloodflames 1947, Max Ernst und Dorothea Tanning beim Betrachten von Wifredo Lams *Le présent éternel* [Die ewige Gegenwart], New York, 1947, Foto: unbekannt, Ausstellungsgestaltung: Friedrich Kiesler, SW-Foto; Silbergelatineabzug auf Barytpapier
***Bloodflames 1947*, Max Ernst und Dorothea Tanning observing Wifredo Lam's *Le Présent éternel* [The eternal present],** New York, 1947, Photo: unknown, Exhibition design: Frederick Kiesler, BW photo; Gelatin silver print on baryta paper
ÖFLKS, PHO 1036/0

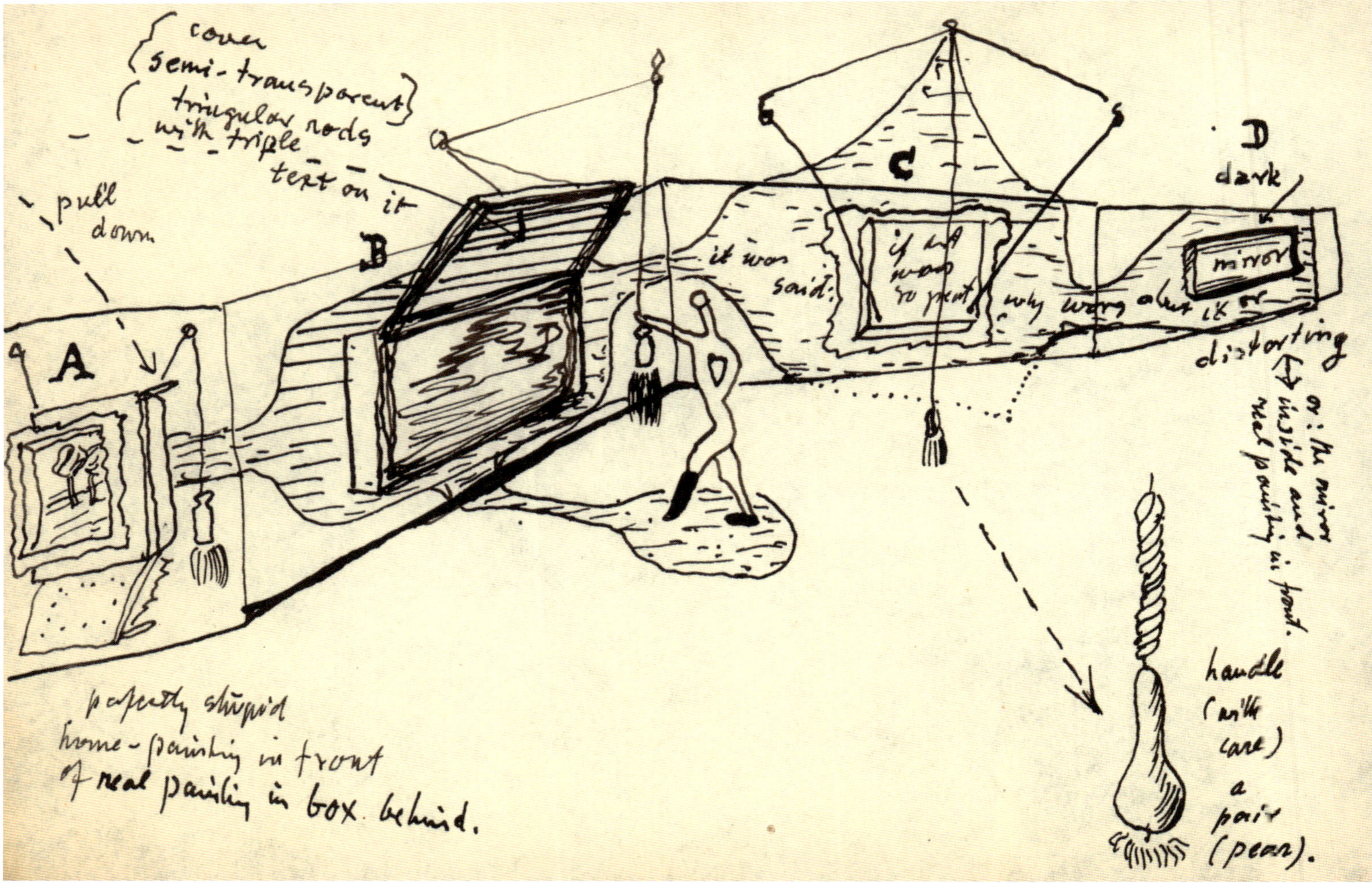

Bloodflames 1947, Studie zur Raumgestaltung und Bildhängung, New York, 1947, Zeichnung; Tusche auf Papier
***Bloodflames 1947*, study for the spatial design and picture placement,** New York, 1947, Drawing; India ink on paper
ÖFLKS, SFP 1145/0

>
Bloodflames 1947, Studien zur Ausstellungsgestaltung, New York, 1947; Gouache und Tusche auf Papier
***Bloodflames 1947*, studies for the exhibition design,** New York, 1947; Gouache and India ink on paper
ÖFLKS, SFP 1099/0, SFP 1101/0

In einer Klein-Raum-Ausstellung der Hugo-Galerie in New York habe ich mit Pferdeinstinkt die Wände beschmiert und Bauer gespielt, denn mit der Illusion der Malerei konnte ich flache Wände in Höhlen [verwandeln], niedrige Decken auffliegen lassen, Zimmerecken ausstrecken und Löcher und Schwellungen dort hinzaubern, wo der Kastendeckelgeist trotzig steif verbleiben wollte.

Friedrich Kiesler, „Manifeste du Corréalisme", Typoskript, 1947, o. S, ÖFLKS.

For an exhibition held in the narrow cube of the Hugo Gallery in New York, I played the peasant and smeared the walls with colors. Thus I was able to transform the room into a cavern, to make the low ceilings leap upwards, to widen the corners, and give the illusion of holes and swellings wherever the observer might otherwise have felt constricted or boxed-in.

Frederick Kiesler, "Manifeste du Corréalisme," typescript, 1947, 9, ÖFLKS.

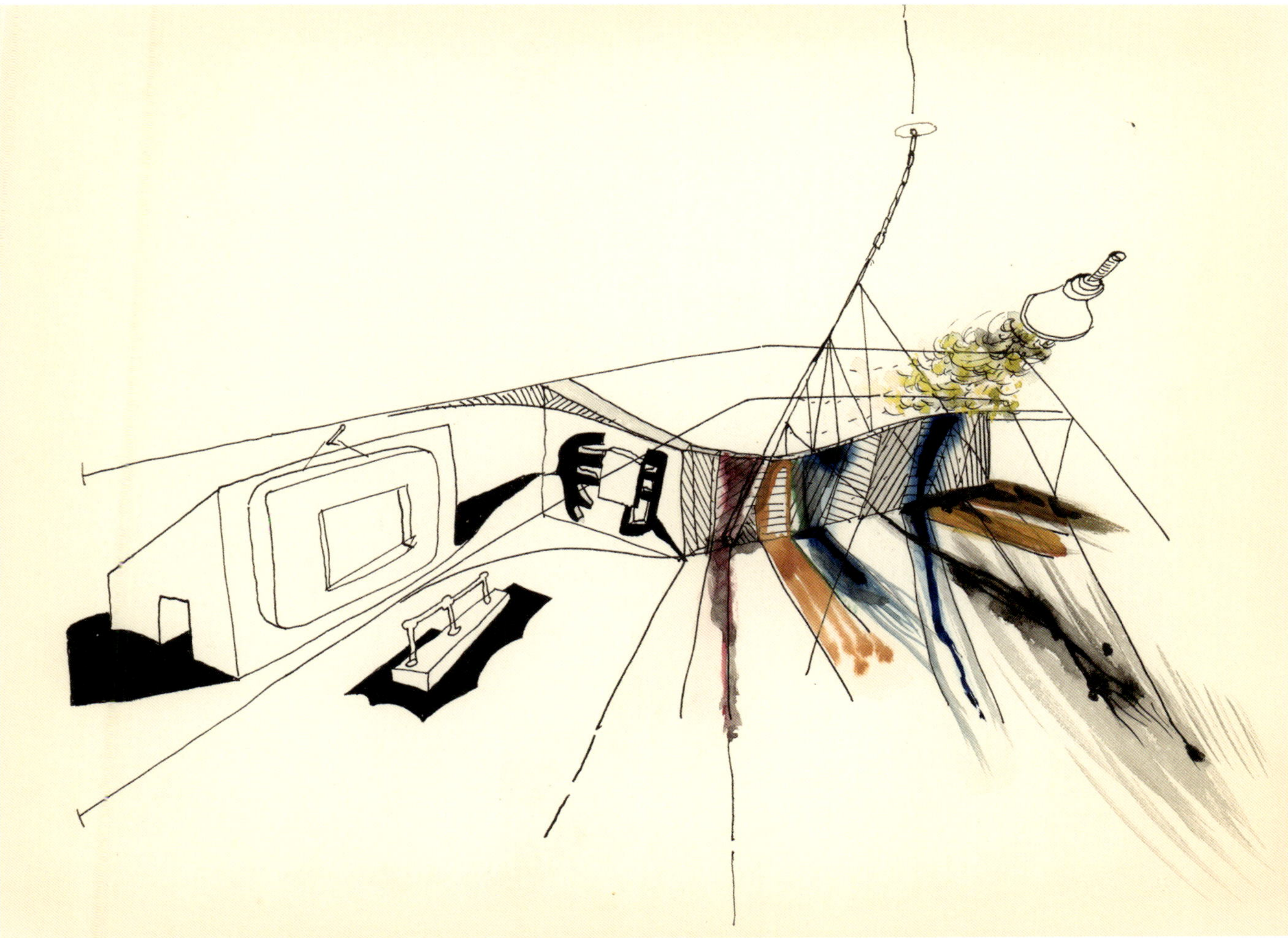

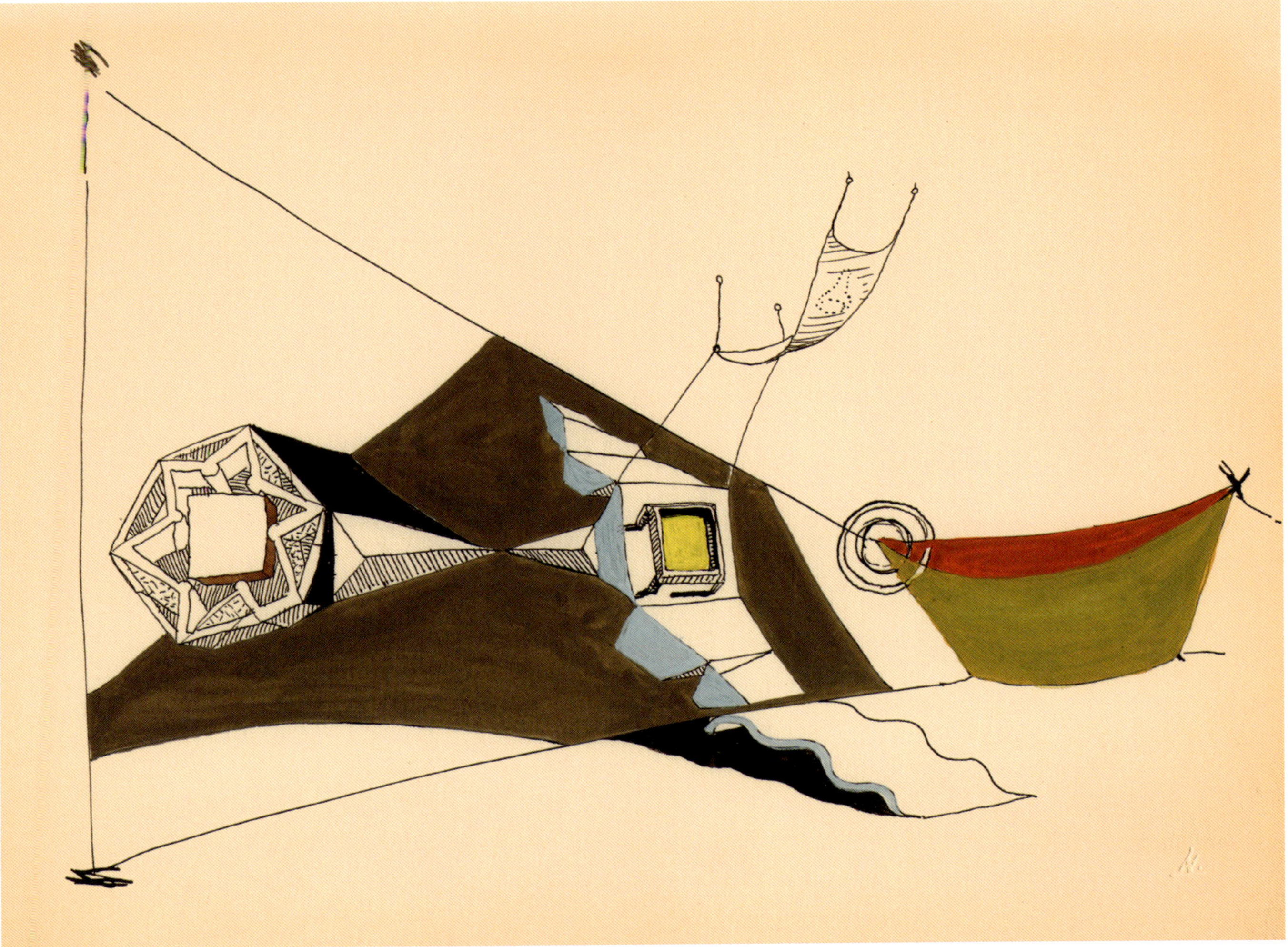

Vanessa Joan Müller

Friedrich Kiesler
Design und Auslagengestaltung

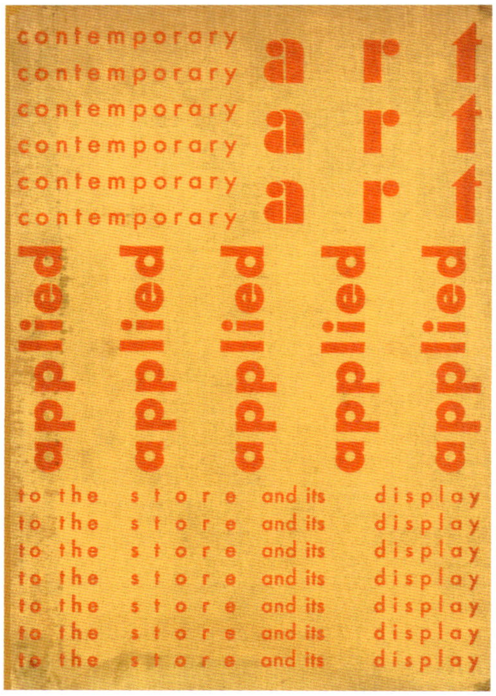

Contemporary Art Applied to the Store and its Display, New York 1930, Offsetdruck; Papier, Karton
Contemporary Art Applied to the Store and its Display, New York, 1930, Offset print; Paper, cardboard
ÖFLKS, MED 302/0

„Alles ansehen, nichts anfassen", schreibt Walter Benjamin angesichts der Weltausstellungen des ausgehenden 19. Jahrhunderts. Sie gelten ihm als „die hohe Schule, in der die vom Konsum abgedrängten Massen die Einfühlung in den Tauschwert lernten".[1] Die Weltausstellung als künstliche Gestaltung von Traumwelten sei ein erster Versuch der Industrie, die Massen zu manipulieren, denn sie verkläre den Tauschwert der Waren und lade dazu ein, sich von Produkten zerstreuen zu lassen.

Auch das Schaufenster wandelte sich im späten 19. Jahrhundert von einer bloßen Fensteröffnung zu einer den Blick rahmenden, die Waren auf ihren Schauwert reduzierenden Präsentationsbühne. Panoramaartige Glasflächen erweiterten das Interieur in den Außenraum hinein oder stülpten wie eine große Vitrine das Innere nach außen. Das Glas schützt seitdem die Ware, inszeniert sie aber auch für den öffentlichen Blick, der ein interessierter, begehrlicher sein soll, bis die PassantInnen – verführt von der Warenwelt – das Geschäft betreten. So charakterisiert das Prinzip des „Alles-Ansehens" auch die Warenpräsentation im Schaufenster, das die taktile Begegnung mit der Ware durch deren aufwendig gestaltete Inszenierung ersetzt, aber auch bei den Produkten selbst verstärkt auf deren optische Wirkung achtet. Georg Simmel spricht bereits 1896 von der „Schaufenster-Qualität der Dinge" – dem äußeren Reiz des Objekts und der Art seines Arrangements, die das Interesse der KäuferInnen zu erregen versuchen.[2] Das Schaufenster ist seitdem nicht nur Werbeinstrument für den Handel, sondern auch prägendes Element in der Zeichensprache der Straßen und Boulevards.

Friedrich Kiesler entwarf 1927/28 für das New Yorker Kaufhaus Saks Fifth Avenue eine ebenso reduzierte wie eindrucksvolle Schaufenstergestaltung, die an seine Bühnenbilder der 1920er Jahre anknüpft und ausgewählte Luxuswaren als surrealistische Stillleben inszeniert. Aus den Schaufenstern des 1924 eröffneten, von Starrett & van Vleck entworfenen Kaufhauses schuf er durch Entfernung der Zwischenwände eine durchgehende Bühne, auf der einzelne Kleidungsstücke in einen Dialog traten. Das Arrangement der Kleider, Handschuhe und Pelzmäntel vor einem Hintergrund aus Metallrastern und anderen geometrisch-abstrakten Wandverkleidungen präsentierte sich als Defilee einer Luxuswelt für die am Schaufenster vorbeiflanierenden PassantInnen. So waren in einem der Schaufenster lediglich ein Pelzmantel und ein Paar Abendhandschuhe auf einem Stuhl drapiert, ein anderes war bis auf ein Paar Sandaletten leer. An anderer Stelle war eine Schaufensterpuppe mit einem Herrenanzug unter der in einer kreisförmigen Konstruktion sitzenden Figur eines Schwans inszeniert. In einer weiteren eleganten Auslage zeigte Kiesler ein einziges Abendkleid an einer kopflosen Puppe, während sich im Hintergrund des Schaukastens eine riesige weiße Wand wölbte. Nicht nur hier wurde das Zusammenspiel der großzügigen Weite des Raums und des isolierten und detailreichen Ausstellungsstücks zum Blickfang, auch in den anderen Segmenten des die ganze Straßenseite des Gebäudes umspannenden Fensters dominierte das Zusammenspiel von weiten Räumen und aufwendig gestalteten, luxuriösen Kleidungsstücken und Accessoires. Vor allem die großzügige Leere wurde zum Ausdruck exklusiver Eleganz. Viele der den Hintergrund komponierenden Materialassemblagen waren asymmetrisch angelegt, um einen abwechslungsreichen, kinetischen Rhythmus zu erzeugen. Kiesler betrachtete das Schaufenster insgesamt als Raum, den es nach den Prinzipien der zeitgenössischen bildenden Kunst zu gestalten galt. Eine radikale Reduktion in Bezug auf Formen und Farben, einfache Mittel der Hintergrundgestaltung und nur wenige ausgesuchte Kleidungsstücke sorgten für eine Mischung aus moderner Ästhetik und Aufmerksamkeit erregender Inszenierung. Darin folgte Kiesler den Maximen des Surrealismus, dem Mode den Rohstoff bot: eine überraschende Mischung aus Haute Couture und theatraler Präsentation, die Fetischisierung und Traum zum Ziel hat. Für den Surrealismus war das Schaufenster Bühne, Ort der Performance, Spektakel – und die Warenwelt eine inszenierte „natura morte". Wünsche und Sehnsüchte in den BetrachterInnen zu wecken und sie hinter Glas in stofflicher Opulenz zu materialisieren, war letztlich auch die Intention von Kieslers Design.

Seine Schaufenstergestaltungen für Saks Fifth Avenue verbanden dieses Bestreben allerdings mit dezidiert kommerziellen Interessen: Mode wurde als verführerische Illusion von Luxus

1 Benjamin, Walter, *Das Passagen-Werk*, hg. von Rolf Tiedemann, Frankfurt/Main 1982, 267.
2 Simmel, Georg: „Berliner Gewerbe-Ausstellung" [1896], in: Ders., *Aufsätze und Abhandlungen 1894–1900*, Gesamtausgabe Bd. 5, hg. von Heinz-Jürgen Dahme und David P. Frisby, Frankfurt/Main 1992, 172.

Frederick Kiesler
Design and Window Dressing

Vanessa Joan Müller

"View everything, touch nothing," wrote Walter Benjamin in the context of the World's Fairs of the waning 19th century. He considered them to be "the elite school, where the masses shunted aside by consumerism could learn to get a feeling for exchange value."[1] The World's Fair as the artificial construct of dream worlds was a first attempt by industry to manipulate the masses, for it glorified the exchange value of the wares and offered an invitation to let oneself become bedazzled by products.

The shop window, too, was transformed in the late 19th century from a mere window opening to a presentation stage framing one's glance and reducing the wares to their visual appeal. Glass surfaces like panoramas expanded the interior into the exterior space or flipped the inside to the outside like a giant vitrine. Since that time, the glass has protected the merchandise, but also staged it for the public gaze—which ought to be an interested, covetous one—until the passersby, seduced by the offering of wares, enter the store. Thus, the principle of "viewing everything" also characterized the presentation of merchandise in the shop window, replacing a tactile encounter with the wares through elaborately designed orchestration, while also paying careful attention to the optical effect of the products themselves. In 1896 Georg Simmel already spoke of the "show-window quality of things"—the outward appeal of an object and the manner of its arrangement—for arousing the interest of buyers.[2] Ever since, the shop window has been not only an advertising instrument for commerce, but also a distinctive element of the sign language of streets and boulevards.

In 1927/28 Frederick Kiesler designed a show-window concept for New York retailer Saks Fifth Avenue that was as reduced as it was striking and drew on his 1920s stage sets in that selected luxury goods were posed as surrealist still lifes. For Saks (designed by Starrett & van Vleck and opened in 1924), he removed the partitions between the hitherto segmented shop windows to create a continuous stage upon which individual garments entered into dialog with one another. For the people strolling by the store window, the arrangement of clothing, gloves, and fur coats in front of a background of metal grids and other geometric-abstract wall coverings presented itself as a parade through a world of luxury. Thus, one window showcased only a fur coat and a pair of evening gloves draped over a chair, while another was empty except for a pair of high-heeled sandals. At another point, a mannequin in a man's suit was positioned under the figure of a swan sitting inside a circular structure. In a further elegant window display, Kiesler featured a single evening gown on a headless doll, while a giant white wall vaulted up the back of the showcase. It was not only here that the juxtaposition of a generous expanse of space and an isolated and detail-rich exhibition piece drew attention, the interplay between vast spaciousness and intricately designed garments and accessories also dominated in the other segments of the window spanning the entire length of the building along Fifth Avenue. Most of all, the generous emptiness came to be the expression of exclusive elegance. Many of the assemblages that composed the background were arranged asymmetrically in order to create a varied, kinetic rhythm. Kiesler regarded the shop window as a space to be designed according to the principles of contemporary fine art. A radical reduction of forms and colors, simple means for constructing the background, and only a few select clothing pieces came together in a fusion of modern aesthetics and attention-grabbing staging. In doing so, Kiesler followed the maxims of surrealism, for which fashion supplied the raw materials: a surprising mixture of haute couture and theatrical presentation, with fetishization and dreams as its objective. For the surrealists, the shop window was stage, performance venue, spectacle—and the agglomeration of wares a posed "natura morte." Ultimately the intention behind Kiesler's design was to awaken wishes and yearnings in the viewers and actualize them behind glass in material opulence.

His window designs for Saks Fifth Avenue did, however, merge this striving with decidedly commercial interests: Fashion was presented as a seductive illusion of luxury, individuality, and beauty, going beyond a particular item of clothing. What nowadays is commonplace—the creation of a lifestyle to which one gains access by acquiring certain products—already was considered in the storefront displays of the New York retailer. For this reason, the entire

1 Benjamin, Walter, *Das Passagen-Werk*, ed. by Rolf Tiedemann, Frankfurt/Main 1982, 267.
2 Simmel, Georg, "Berliner Gewerbe-Ausstellung" [1896], in: Id., *Aufsätze und Abhandlungen 1894–1900*, complete edition vol. 5, ed. by Heinz-Jürgen Dahme and David P. Frisby, Frankfurt/Main 1992, 172.

Individualität und Schönheit inszeniert, die über das einzelne Kleidungsstück hinausgeht. Was heute gängig ist – die Kreation eines Lifestyles, an dem man über den Erwerb bestimmter Produkte partizipieren kann – war in den Auslagen des New Yorker Warenhauses bereits mitgedacht. Aus diesem Grund wurde nicht die gesamte Kollektion gezeigt, sondern nur ausgewählte Stücke, in denen sich die Vorstellung eines gehobenen Lebensstils mit modischer Informiertheit anreichern konnte: „SCHAFFEN WIR NACHFRAGE, erzeugen wir Bedürfnisse. Genau aus diesem Grund wurden Schaufenster, prestigeträchtige Werbung und andere Werbemaßnahmen geschaffen, und ihre Bedeutung nimmt kontinuierlich zu."[3]

In seinem Buch *Contemporary Art Applied to the Store and its Display*, das die Erfahrungen der Arbeit für Saks Fifth Avenue verarbeitet und weiterdenkt, analysiert Kiesler detailliert, wie ein modernes Schaufenster, das möglichst viel Aufmerksamkeit auf sich zieht, aussehen sollte. Die Herausforderungen des freien Marktes annehmend, stellt er praktische Überlegungen zur Warenpräsentation, deren Beleuchtung und zur Gestaltung des Schaufensters an. Er diskutiert, welche Materialien am besten eingesetzt werden können und legt den Fokus auf preisgünstige Optionen mit hoher optischer Wirkung. Dabei unterbreitet er Vorschläge für einfache, aber effektive Displays, die die Präsentation der Waren dynamisieren sollen. Solche direkt an LadenbesitzerInnen gerichtete Empfehlungen sind zugleich Ausdruck von Überlegungen zur Rolle des Schaufensters in der modernen Gesellschaft. Kiesler fordert insbesondere die Anwendung von Prinzipien der zeitgenössischen Kunst auf die Konzeption und Gestaltung des Schaufensters. Wie der Titel des Buchs bereits andeutet, geht es ihm nicht allein um das verkaufsfördernde Inszenieren von Produkten, sondern um die Verbindung von moderner Konsumkultur und zeitgenössischer Kunst. Das Kaufhaus ist für Kiesler weniger ein Konsumtempel als vielmehr eine wichtige Schnittstelle im Dialog mit den KonsumentInnen. Die kommerziell bestückte Vitrine ist ein modernes Kommunikationsmedium, über das einerseits einem breiten Publikum die Ästhetik der modernen Kunst vorgestellt werden soll, andererseits erzeugt diese aber auch einen Zugewinn für die Konsumkultur. Im Kapitel „Contemporary Art Reached the Masses Through the Store" schreibt Kiesler großen Warenhäusern die Rolle zu, das allgemeine Publikum mit der modernen Kunst bekannt zu machen: Die zeitgenössische Kunst erreicht die Masse über den Umweg des Geschäfts. So stellt das Kaufhaus durch seine Auslagen Tendenzen vor, die sich auch in der zeitgenössischen Kunst finden, und sollte deshalb für die breite Bevölkerung als Interpret eines neuen Geistes in der Kunst fungieren.[4] Über das innovative Display wird das Kaufhaus insofern zum aktiven Vermittler der Ideen moderner Gestaltung:

„Das Kaufhaus hat die Aufgabe, die neue Atmosphäre in der Kunst der breiten Masse zu vermitteln. Hier gelangt die Kunst nicht etwa durch Theorien und Prinzipien in den Akademien und an den Kunsthochschulen zu Akzeptanz, sondern lediglich durch die Positionierung kreativer Ideen am kommerziellen Markt."[5]

In *Contemporary Art Applied to the Store and its Display* beschreibt Kiesler aber auch Ansätze zur Ökonomisierung der Aufmerksamkeit, die die idealistischen Ziele seiner Theaterkonzepte der 1920er Jahre aufgreifen und auf die Schaufenstergestaltung angewandt werden können. Die Auflösung der Trennung zwischen Bühne und Zuschauerraum sowie die Einbindung der ZuschauerInnen in das Bühnengeschehen ließen sich beispielsweise auf das Display übertragen, um die PassantInnen aus ihrer passiven Rolle zu befreien. In den 1938 verfassten „Some Notes on Show Windows" träumt Kiesler von einem Theaterstück mit Herrn Hut und Fräulein Handschuh, in dem das Schaufenster zur variablen Guckkastenbühne und die Straße zum Auditorium mit ständig wechselnden ZuschauerInnen wird.[6] Die Frage, warum noch niemand ein solches Stück geschrieben hat, in dem die Ware die Hauptrolle spielt, bleibt rhetorisch. Tatsächlich versucht Kiesler, den BetrachterInnen eine aktive Rolle zuzuweisen, um in ihnen den Wunsch zu wecken, die gesehenen Waren tatsächlich zu kaufen. Was das „totale Theater" des russischen Regisseurs Wsewolod Meyerhold ausmachte – Treppen, Terrassen, kinetische Apparate mit Versenkungen, Rolltreppen und rotierende Wände auf einer Bühne ohne Vorhänge sowie ein Spiel, das mit Dia- und Filmprojektionen, Scheinwerfer- und Musikeinblendungen vorangetrieben wurde –, wird von Kiesler für die Schaufenstergestaltung adaptiert. Variable Beleuchtung, rotierende Displays, optische Reize, die die Blicke auf sich ziehen, dienen dem, was Kiesler „dramatizing the merchandise" nennt. Am Ende steht die jegliche technische Machbarkeit ignorierende Vision für das Modehaus der Zukunft. Unter dem Titel „Ein Traum von einem kinetischen Fenster" imaginiert Kiesler ein interaktives Schaufenster, an dem sich die PassantInnen per Knopfdruck näher über die präsentierten Waren informieren können. Das kinetische Fenster würde das Ausstellungsstück zur besseren Betrachtung näher an die Glasfront rücken, den Preis anzeigen, es würde das Podest oder die Schaufensterpuppe drehen, um die Ware von allen Seiten zu zeigen, auf Wunsch bestimmte Partien extra beleuchten, Auskunft über Material und Fertigung geben und sogar Fragen der KundInnen

3 Kiesler, Friedrich, *Contemporary Art Applied to the Store and its Display*, New York 1930, 79.
4 „The department store at home was the true introducer of modernism to the public at large. It revealed contemporary art to American commerce. […] And finally, entering the home through interior decoration, modern art is becoming a lasting contribution to a new outlook on life. The department store acted as the interpreter for the populace of a new spirit in art.", aus: Kiesler 1930 (s. Anm. 3), 66. Dt. Übersetzung von Claudia Fuchs: „Es war in Wirklichkeit das Kaufhaus, das die Moderne der breiten Öffentlichkeit näherbrachte und den amerikanischen Handel die zeitgenössische Kunst entdecken ließ. […] Über die Innendekoration kam die moderne Kunst schließlich in die Häuser der Menschen und wurde zu einem dauerhaften Bestandteil einer neuen Lebensauffassung. Das Kaufhaus diente für die Bevölkerung als Vermittler eines neuen Geistes in der Kunst."
5 Ebd.
6 „Why doesn't the show window hold, instead of a display – a play? A stage play. Where Mr. Hat and Miss Glove are partners. The window a vertible peepshow stage. Let the street be your auditorium with its ever-changing audience. Has nobody tried to conceive plays for merchandise? Pantomime or abstract. Silent. Mechanized or real. Or talking. Certainly, people have. But storeowners are apprehensive.", aus: Kiesler, Friedrich, „Some Notes on Show Windows", 1938, in: ÖFLKS/Müller, Vanessa Joan/Lo Pinto, Luca (Hg.), *Function Follows Vision, Vision Follows Reality*, Berlin 2015, 106. Dt. Übersetzung von Claudia Fuchs: „Warum zeigt das Schaufenster nicht ein Schauspiel anstelle einer Auslage? Ein Bühnenstück mit Herrn Hut und Fräulein Handschuh in den Hauptrollen. Das Schaufenster als Guckkastenbühne – die Straße sei unser Zuschauerraum mit ihrem sich immer aufs Neue verändernden Publikum. Hat noch niemand ein Theaterstück für Handelswaren geschrieben? Pantomime oder abstrakt, stumm, mechanisiert oder real – oder mit gesprochenem Text. Bestimmt gibt es das. Doch die Ladenbesitzer sind skeptisch."

collection was not shown, but only selected pieces through which the fantasy of an upper-class lifestyle could be fortified with fashion know-how: "CREATE DEMAND. You must stimulate desire That is why show windows, institutional propaganda, and advertising were created and why their importance is continually increasing."[3]

Contemporary Art Applied to the Store and its Display, New York, 1930, Offsetdruck; Papier, Karton
Contemporary Art Applied to the Store and its Display, New York, 1930, Offset print; Paper, cardboard
ÖFLKS, MED 302/0, S. p. 95

In his book *Contemporary Art Applied to the Store and its Display*, wherein he processed and revised the experiences of the work he did for Saks Fifth Avenue, Kiesler analyzed in detail what a modern shop window ought to look like if it was to be maximally eye-catching. Accepting the challenges of the free market, he covered practical considerations as to the presentation and lighting of the merchandise and the design of the display window. He discussed which materials could best be utilized and focused on reasonably priced options delivering a strong optical impact. In so doing, he offered suggestions for simple, but effective displays designed to dynamize the presentation of the wares. Such recommendations aimed directly at the proprietors were also an expression of the role of the shop window in modern society. In particular, Kiesler urged that the principles of contemporary art be applied to the conception and design of the show window. As his book title indicates, he was concerned not only with the promotional staging of products, but with a fusion of modern consumer culture and contemporary art. For Kiesler the department store was less a temple to consumption and much more an important interface in the dialog with consumers. This commercially appointed vitrine was a modern communications medium, used on the one hand to present the aesthetics of modern art to a broad audience, and on the other to deliver a benefit for consumer culture. In the chapter "Contemporary Art Reached the Masses Through the Store," Kiesler assigned to large department stores the task of acquainting the general public with modern art: "The department store at home was the true introducer of modernism to the public at large. It revealed contemporary art to American commerce. [...] And finally, entering the home through interior decoration, modern art is becoming a lasting contribution to a new outlook on life."[4] In this way, through innovative displays, the department store became an active arbiter of modern design concepts:

"The department store acted as the interpreter for the populace of a new spirit in art. Here was an art gaining acceptance not through slow fostering of its theories and principles in academies and art schools, but simply by planting its creations down in the commercial arts."[5]

In *Contemporary Art Applied to the Store and its Display*, Kiesler also described ideas for the economization of attention, which took up the idealistic goals of his theatre concepts of the 1920s and could be applied to window dressing. Dissolving the separation between stage and audience space and involving spectators in what was transpiring onstage, for example, were transferrable to window displays; in this way passersby could be freed from their passive role. In "Some Notes on Show Windows," which he wrote in 1938, Kiesler imagined a play about Mr Hat and Miss Glove, whereby the display window becomes a vertible peepshow stage and the street an auditorium with a constantly changing audience.[6] The question of why no one had yet written such a play where the wares play the leading roles remained rhetorical. In actual fact Kiesler tried to assign an active role to the observers in order to awaken in them the desire to purchase the goods they were beholding. That which typified Russian director Vsevolod Meyerhold's "total theatre"—stairs, terraces, kinetic devices with trapdoors, escalators, and rotating walls on a stage without curtains, and also a play that was driven forward with slide and film projections, and fade-ins with spotlights and music—Kiesler adapted to shop window design. Variable lighting, rotating displays, optical attractions to draw the eye served what Kiesler called "dramatizing the merchandise." In the end the vision that ignored all issues of technical feasibility represented the fashion emporium of the future. Under the heading "A Dream of a Kinetic Window," Kiesler envisioned an interactive shop window, whereby passersby could inform themselves about the merchandise on display by just pressing a button. The kinetic window would move the exhibited piece closer to the glass front for better viewing, reveal the price, rotate the pedestal or mannequin in order to show the wares from all sides, cast additional light on certain areas on demand, provide information about materials and finishing, even answer customer questions.[7] Additional mechanical devices, so-called "sales robots"[8] would give customers additional product information via film shorts and transform the display window pane into a forerunner of the television, for "the store window is a silent loudspeaker and not a dead storage."[9] It ought not to be a mere vitrine, but take on an active, communicative role. After the presentation of the merchandise seduced passersby into stopping and contemplating, it became the job of the shop window to give up its mute presence and "to talk, to demonstrate. To explain. In short: to sell."[10] The modern shop window ought to be flexible and adapt to the ever-changing wishes of the

3 Kiesler, Frederick, *Contemporary Art Applied to the Store and its Display*, New York 1930, 79.
4 Ibid., 66.
5 Ibid.
6 "Why doesn't the show window hold, instead of a display – a play? A stage play. Where Mr. Hat and Miss Glove are partners. The window a vertible peepshow stage. Let the street be your auditorium with its ever-changing audience. Has nobody tried to conceive plays for merchandise? Pantomime or abstract. Silent. Mechanized or real. Or talking. Certainly, people have. But storeowners are apprehensive." Kiesler, Frederick: "Some Notes on Show Windows," in: ÖFLKS/Müller, Vanessa Joan/Lo Pinto, Luca (eds.), *Function Follows Vision, Vision Follows Reality*, Berlin 2016, 106.
7 Cf. Kiesler 1930 (see note 3), 110.
8 Ibid., 120.
9 Ibid., 8.
10 Ibid., 69.

beantworten.[7] Zusätzliche mechanische Apparate, sogenannte „Sales Robots"[8], würden den KundInnen mittels kurzer Filme weitere Informationen zu den Produkten geben und die Schaufensterscheibe in einen Vorläufer des Fernsehers verwandeln, denn „das Schaufenster ist ein stiller Lautsprecher und kein totes Warenlager".[9] Es soll keine bloße Vitrine sein, sondern eine aktive, kommunikative Rolle übernehmen. Nachdem die PassantInnen von der Präsentation der Waren zum Anhalten und Betrachten verführt worden sind, ist es die Aufgabe des Schaufensters, seine stumme Präsenz aufzugeben und „zu reden, zu demonstrieren. Zu erklären. Kurzum: zu verkaufen".[10] Das moderne Schaufenster soll flexibel sein und sich den wandelnden Wünschen der VerbraucherInnen anpassen können. Es soll nicht nur etwas präsentieren, sondern zur Interaktion auffordern. Vor allem soll es jedoch ein Medium sein, das den Konsum, gleichzeitig aber auch die zeitgenössische Kunst fördert, indem es auf demokratische Art und Weise buchstäblich die Menschen auf der Straße mit ihrer Ästhetik und Formensprache bekannt macht.

Betrachtet man die Inszenierungsstrategien, die Kiesler später in der Galerie *Art of This Century* zur Anwendung bringen wird, wirken viele von ihnen wie eine Weiterentwicklung jener Ideen und praktischen Vorschläge, die seine Abhandlung über das Schaufenster als Wegweiser zur modernen Kunst prägen. Das Schaufenster ist nicht länger Werbefläche und Dekoration, sondern Mittel zur Einfühlung in den Mehrwert der Kunst. Ästhetische Prämissen der bildenden Kunst erreichen über die kommerzielle, zeitgenössische Gestaltungsprinzipien aufgreifende Auslagengestaltung die breite Bevölkerung.

In „The Art of Architecture for Art" aus dem Jahr 1957 revidiert Kiesler allerdings teilweise diese Vorstellung einer sich gegenseitig bereichernden Synthese aus Kunst, Architektur und Gestaltung:[11] Eingeladen, eine Galerie für moderne Kunst zu gestalten, sieht er sich vor die Aufgabe gestellt, ein Ambiente zu entwerfen, das den Verkauf der Kunstwerke unterstützt und sie nicht nur optimal ins Licht rückt, sondern sie sogar besser aussehen lassen soll, als sie es tatsächlich taten. Dem Künstler würde angesichts dieser Aufgabenstellung alles, was der Architekt unternähme, als unliebsame Intervention erscheinen, dem Galeristen hingegen wäre es vermutlich nicht genug, die Kunst allein durch die architektonische Rahmung in ihrer Erscheinung zu überhöhen. Künstlerische Prinzipien in den Dienst der Warenpräsentation zu stellen, so schien es Kiesler im Nachhinein, ist die eine Sache. Die Kunstgalerie zum Kaufhaus zu machen, eine andere.

7 Vgl. Kiesler 1930 (s. Anm. 3), 110.
8 Ebd., 120.
9 Ebd., 8.
10 Ebd., 69.
11 Kiesler, Friedrich, „The Art of Architecture for Art", in: *Art News* (56) 6 1957.

users. It should not only present something, but challenge the viewer to interact with it. Mainly, though, it ought to be a medium to foster consumption and contemporary art simultaneously, by literally—in a democratic way—acquainting people on the street with its aesthetics and language of form.

If one ponders the staging strategies later employed by Kiesler in *Art of This Century*, one notices that many of them appear to be the further development of those ideas and practical suggestions that informed his treatise on the show window as a signpost to modern art. The shop window is no longer an advertising space or a decoration, but a means for getting a feel for the added value of art. Aesthetic premises of the fine arts reach the broad populace through window dressing that leverages commercial, contemporary design principles.

In "The Art of Architecture for Art," published in 1957, Kiesler partially revised this vision of a mutually enriching synthesis of art, architecture, and design.[11] Invited to design a gallery for modern art, he saw himself confronted with the task of coming up with an ambiance that would support the sale of the works of art, not only showing them to optimal effect, but even making them look better than they perhaps were. In light of this challenge, the artist might interpret everything undertaken by the architect as an unwelcome intervention, while the gallerist presumably would not be satisfied with exalting the art's appearance solely through its architectural framing. To place artistic principles in service of the presentation of wares, according to Kiesler in retrospect, is one thing. To turn an art gallery into a department store is quite another.

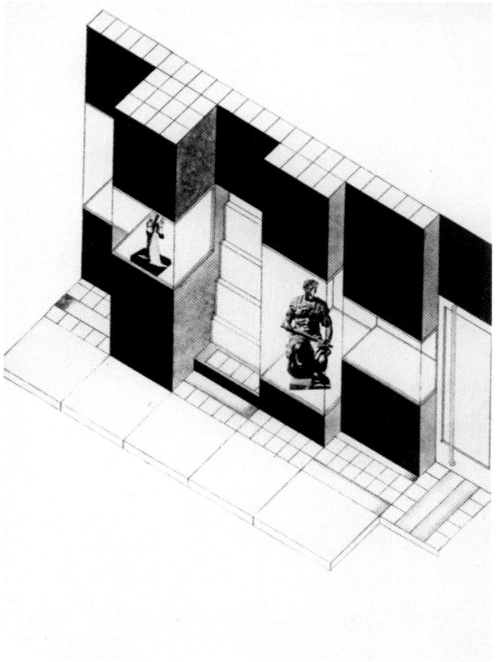

Contemporary Art Applied to the Store and its Display, New York, 1930, Offsetdruck; Papier, Karton
Contemporary Art Applied to the Store and its Display, New York, 1930, Offset print; Paper, cardboard
ÖFLKS, MED 302/0, S. p. 83

11 Kiesler, Frederick, "The Art of Architecture for Art," in: *Art News* (56) 6 1957.

Saks Fifth Avenue, Schaufenstergestaltung,
New York, 1928, SW-Foto; Silbergelatineabzug auf Barytpapier
Saks Fifth Avenue, show window design,
New York, 1928, BW photo; Gelatin silver print on baryta paper
ÖFLKS, PHO 442/0

Saks Fifth Avenue, Schaufenstergestaltung,
New York, 1928, SW-Foto; Silbergelatineabzug auf Barytpapier
Saks Fifth Avenue, show window design,
New York, 1928, BW photo; Gelatin silver print on baryta paper
ÖFLKS, PHO 434/0

Barbara Lesák

Aller Anfang ist Theater

Zu Kieslers theatralisch grundierter Schaffensweise

Für die vielfältigen künstlerischen Aufgaben, die sich Kiesler in raschen und entschlossenen Schritten seit 1923 eroberte, war – rückblickend gesehen – sein großer Erfolg ausschlaggebend, den er 1923 mit seiner für Karel Čapeks Drama *R.U.R.* (in Otto Picks deutscher Übersetzung *W.U.R.*) geschaffenen „elektromechanischen Kulisse" errungen hatte. Diese in Berlin erzielte Anerkennung wirkte wie eine Initialzündung auf seine – bislang nur verdeckt – schlummernden Begabungen. Die Anerkennung, die er in Europas Avantgardezirkeln erfuhr, setzte nicht nur sein Talent frei, zunächst für das Theater der 1920er Jahre geradezu ein Feuerwerk an utopisch-technoiden Verbesserungsideen zu zünden, sondern sie ermutigte ihn, auch seine anderen künstlerischen Facetten zu zeigen.

Eine dieser Facetten, die nun sichtbar wurde, war seine Beschäftigung mit radikalen raumkonzeptuellen Ideen, die die Architektur unserer Zeit noch sehr inspirieren sollten. Dabei übernahm das Theater sehr oft eine Vorreiterrolle, wenn es um die Formulierung der großen Themenkomplexe ging, mit denen er sich von da an beschäftigte. Am Begriff der „Raumbühne" – von ihm 1924 in Berlin zum ersten Mal auf einem Theaterzettel erwähnt – lässt sich der Begriffstransfer auf ein Architekturthema gut verfolgen. Dieser fand ein Jahr später, 1925, im Rahmen der *Exposition internationale des Arts décoratifs et industriels modernes* in Paris statt, wo er anhand seines Ausstellungssystems für die Präsentation des österreichischen Theaterbeitrags – eine quasi lupenreine De Stijl-Konstruktion aus rot-weiß-schwarzen Latten und Platten, auf denen die Entwürfe und Maquetten entweder hingen oder lagen – die *Raumstadt* proklamierte. Dieser schwebenden, von der Decke hängenden Konstruktion, der eine pragmatische Bauaufgabe zugrunde lag, maß Kiesler auch eine metaphorische Bedeutung zu. Sie diente ihm als Illustration für seine urbane Vision, in der er eine von der Erde losgelöste, im Raum schwebende, dezentrale, lichterfüllte Stadt ohne Verkehrsprobleme imaginierte. Seine *Raumstadt* verstand sich als Kontrapunkt zu den lichtlosen, im städtischen Raum zusammengedrängten, monotonen Wohnkasernen der Moderne.

Das vielleicht noch folgenschwerere Schlagwort „Endless", das philosophisch mehr als schwergewichtig war, prägte Kiesler 1926 in New York auf der *International Theatre Exposition*, wo er seine Pläne für ein Theater ausstellte, das er wechselweise „Endless" oder auch „Universal" nannte. Die Pläne für diese Theaterutopie hatte er bereits 1925 während seines Aufenthaltes in Paris entworfen. Die Transponierung des Begriffs „Endless" auf architektonische Konzepte erforderte einen etwas längeren Zeitraum und war erst nach seiner Abwendung vom Konstruktivismus – der Gestaltungssprache, der er bis etwa 1930 anhing – möglich. In einem Befreiungsschlag hatte sich Kiesler aus dem allzu engen Korsett der exakten Formensprache gelöst, indem er sich dem Surrealismus zuwandte, der ihm größere gestalterische Freiheiten versprach. Er begab sich jedoch nicht in die Abhängigkeit des Dogmatikers des Surrealismus André Breton und seines Zirkels, sondern, theoriebegabt wie er war, begründete seinen eigenen Ismus: den Correalismus, allerdings ohne Gefolgschaft anzuwerben. Im Gedankengebäude des Correalismus, der zu seiner ureigenen Domäne wurde, berücksichtigt das gestaltende Ich beim Gestaltungsvorgang sowohl die Gesetze der Natur als auch die „Conditio humana" und den technischen Genius der Zeit. Seine frühesten Skizzen und Modelle zum *Endless House* entstanden etwa 1950. Dem Terminus „Raum" blieb er auch in New York treu und applizierte ihn sehr erfolgreich gleichermaßen auf seine Theater- und Architekturprojekte, denen jedoch keine Realisierung vergönnt war. So konzipierte er 1933 das sogenannte *Space House* als ein Musterhaus für die Zukunft und seine „Space Theatres" (Theater für Brooklyn, New York, 1926/27, und Festival-Theater für Woodstock, New York, 1931) als flexible Theaterräume. Mehr als zehn Jahre später, 1948, schuf er schließlich für seine Opernausstattungen an

Everything Begins with Theater

On Kiesler's Theatrical Creative Process

Barbara Lesák

Among the diverse artistic challenges that Kiesler conquered in quick and decisive steps beginning in 1923, in retrospect the great success he achieved in 1923 with his electro-mechanical stage set for Karel Čapek's drama *R.U.R.* (*W.U.R.* in Otto Pick's German translation) would prove to be pivotal. The acclaim he enjoyed in Berlin acted as a spark igniting his—heretofore merely concealed—slumbering gifts. The recognition he experienced in Europe's avant-garde circles not only liberated his talent, initially to set off a veritable firework of utopian-technoid ideas for improvements to the theater of the 1920s, but also encouraged him to display his other artistic facets.

One of the facets that became evident was his pursuit of radical spatial concepts, which were to significantly inspire the architecture of our present era. When he was working on the formulation of the great overarching themes with which he concerned himself, the theater very often took on a role in the vanguard. It is possible to trace the transfer of term "Raumbühne" [Space Stage] (first mentioned by him in Berlin in 1924 on a playbill) to an architectural topic. This took place one year later in 1925 in the context of the *Exposition internationale des Arts décoratifs et industriels modernes* in Paris, where he proclaimed the *City in Space*—a quasi-immaculate De Stijl construction made of red-white-black slats and panels, upon which hung or lay the designs and maquettes. Kiesler also ascribed a metaphorical meaning to this floating, ceiling-mounted construction, which was based on a pragmatic architectural assignment and served as an illustration of his urban vision, wherein he imagined a decentralized, light-filled city untethered from the ground and floating in space, without any traffic problems. His *City in Space* was conceived as a counterpoint to modernity's lightless, monotonous apartment barracks crowded together within an urban space.

In 1926 in New York, Kiesler applied the perhaps even more consequential buzzword "endless," which philosophically was more than weighty, at the *International Theatre Exposition*, where he exhibited plans for a theater he alternately called "endless" or "universal." He had already drafted the plans for this theater utopia in 1925 during his sojourn in Paris. Transposing the term "endless" onto architectural concepts required a somewhat longer timeframe and was only possible after his retreat from constructivism, the design language he adhered to until about 1930. By turning to surrealism, which promised him greater freedom as a designer, Kiesler broke out of the all too constricting corset of exact language of form. He did not, however, surrender himself to dependence on the dogmatist of surrealism, André Breton, and his circle, but rather, given his aptitude for theory, founded his own -ism, Correalism, albeit without attracting a following. In the philosophy of Correalism, which became his very own domain, the designing self in the midst of the creative process considers the laws of nature as well as the "Conditio humana" and the technical genius of the times. He drew his earliest sketches and models for the *Endless House* around 1950. In New York he remained faithful to the term "space" and applied it in equally successful measure to his theater and architecture projects, which were not to be granted realization, however. Thus, in 1933 he conceived the so-called *Space House* as a model house for the future and his "Space Theatres" (theater for Brooklyn, New York, 1926/27; and festival theater for Woodstock, New York, 1931) as flexible theater spaces. More than ten years later, in 1948, for his opera sets at the Juilliard School of Music, he ultimately created a multipartite "Space Set" made up of simple geometric, partly flat, partly bent corpuses, a sort of modular construction set for the stage that could be used to compose many different scenes.

der Juilliard School of Music ein vielteiliges, aus einfachen geometrischen, zum Teil flachen, zum Teil gekrümmten Körpern zusammengesetztes „Space Set“, eine Art Baukastensystem für die Bühne, mit dem sich unterschiedlichste Szenen aufbauen ließen.

Von der elektromechanischen Kulisse zu surrealen Bilderwelten

Die elektromechanische Kulisse, die Kiesler für Karel Čapeks utopistisches Drama *R.U.R.* aus dem Jahr 1920 entwarf, war sein Einstieg in die Welt des Theaters, der er trotz seiner vielen Abstecher in Bereiche wie Architektur, Ausstellungs- und Produktgestaltung sowie Malerei und Bildhauerei letztlich sein Leben lang treu blieb. Der bekannte, mit utopischen Stoffen arbeitende tschechische Autor Čapek brachte in *R.U.R.* zum ersten Mal die Figur eines Roboters auf die Bühne und traf damit eindeutig den Nerv seiner Zeit, denn das Stück wurde ein Welterfolg. Teile der Gesellschaft der 1920er Jahre in Europa waren durch die neuen, aus den USA stammenden Methoden des Fordismus und Taylorismus, mit denen die Mechanisierung der menschlichen Arbeitskraft mit großem Tempo erfolgreich vorangetrieben wurde, entweder äußerst beunruhigt oder, wenn sie dem Lager des Kapitals zuzurechnen waren, geradezu euphorisiert. In der Zuspitzung des einst menschlichen Arbeitssklaven, wie man ihn aus der kolonialen, noch handwerklich bestimmten Vergangenheit kannte, hin zu einem künstlichen Wesen, dem Roboter, liegt Čapeks geniale Erfindungskraft. Seine Sympathie gehörte den von ihm sehr vermenschlicht dargestellten Robotern, denen er in seinem Stück den Aufstand gegen ihre unmenschliche Ausbeutung als Arbeitskräfte gelingen lässt. Kiesler hingegen verstand es, kontrapunktisch zur humanistischen Vision von Čapek, die vorgeblich kalte, gefühllose Welt der Technik und Automatisierung in seiner elektromechanischen Kulisse zu einem Paradestück triumphaler Technikeuphorie werden zu lassen. Dafür lag ihm die Welt der zukunftsoptimistischen KünstlerInnen des Konstruktivismus und der De Stijl-Bewegung, aber auch des Futurismus zu Füßen. In einem erst kürzlich entdeckten Brief Kieslers an den deutschen Architekturkritiker Adolf Behne erklärt Kiesler voller Enthusiasmus und anhand einer schnell hingeworfenen Skizze seinem neuen Berliner Freund, welch zündende Idee seiner Kulisse zugrunde liege. Zu den drei bisher bekannten Fotos des Bühnenbildes stellt diese Funktionsskizze quasi den Missing Link dar, da auf ihr die Mechanik hinter der Kulisse demonstriert wird.

Bühnentechnisch gesehen ist die elektromechanische Kulisse ein Hintergrundprospekt. Dies war das klassische Ausstattungsmittel seit der Barockzeit, mit dem zumeist ein Außenraum malerisch illusioniert wurde. Kiesler jedoch interpretiert dieses alte und bewährte bühnenbildnerische Mittel völlig neu. Er habe, wie er selber schreibt, „[…] den Versuch unternommen, den Bühnen-Raum in die Hauptprospektfläche zu projizieren, also einen Raum in eine Fläche zu verwandeln“.[1] Auf dieser Fläche, der elektromechanischen Kulisse, oder, besser gesagt, auf diesem Relief, sind in äußerst komprimierter Collagetechnik sowohl illusionistisch gemalte Symbole als auch die reale Apparatewelt einer utopischen Industrieanlage zusammengefügt. Das allein jedoch hätte nicht diese magische Wirkung erzielt, wenn die Apparate – die Lautsprecher, Alarmlampen oder technische Medien wie Filmprojektionen auf eine geöffnete Kamerablende und ein kleines optisches Trickgerät wie das Tanagra-Theater (das hier wie eine Vorform einer Video-Überwachungskamera wirkte) – nicht wirklich funktioniert hätten. Kiesler beschreibt den dynamischen Ablauf folgendermaßen:

> „[…] Die Kulisse nicht starr, sondern bewegt, mitspielend, ins Spiel eingreifend. Bewegung durch: Steigerung der Fläche zur Plastik, durch rhythmisches Flammen verschiedenfarbiger Lichter u. Scheinwerfer, durch Rotieren, durch kantige Bewegungen (des Seismographen), durch Öffnen u. Schließen der Iris-Blende (des Kinoausschnitts), durch Verdunkeln des Raumes (bei der Kino- u. Tanagravorführung) u. Aufhellung, durch Springen der Nummer (9) [Anzeige der Fertigfabrikate], durch Öffnen der Wand-Fläche (Kino, Tanagra, Megaphon), endlich durch die Bewegung des Films u. der Vorgänge im Tanagra. […]“[2]

Zehn Jahre später findet bei Kiesler ein Stilwechsel um 180 Grad statt. 1934 entwirft er als frisch engagierter Bühnenbildner der Juilliard School of Music in New York für das kleine, aber von New Yorks Musikkritik durchaus wahrgenommene Opernstudio das Bühnenbild für *Helen retires*, eine zeitgenössische, amerikanische Oper nach einem Libretto des Lyrikers John Erskine und der Musik von George Antheil. Analog zum Antikenstoff aus Griechenlands Mythologie schafft Kiesler mit biomorph geformten Ganzkörpermasken, die sich die Sänger wie Schilder vor den Körper halten, traumhafte Bilderwelten. In eindrucksvollen Fotos von Gottscho-Schleisner sind sie ein paradigmatisches Dokument für den Einzug des Surrealismus auf der Bühne. Wie man weiß, gibt es nur wenige Beispiele dafür, zumal die Surrealisten der ersten Generation wenig Interesse am Theater zeigten.

1 Brief v. 22.5.1923, Bauhaus Archiv, Berlin, Inv.-Nr.1997/36.82.
2 Ebd.

From the electromechanical stage set to surreal imagery

The electromechanical stage set that Kiesler designed for Karel Čapek's 1920 utopian drama *R.U.R.* was his entry into the world of theater, to which he ultimately stayed true throughout his entire life, despite many detours into fields such as architecture, exhibition and product design, as well as painting and sculpture. In *R.U.R.* the well-known Czech author Čapek, who worked with utopian material, brought a robotic character to the stage for the first time; this clearly struck a contemporary nerve, for the play became a worldwide success. Factions of society in 1920s Europe were either extremely unsettled by the new methods of "Fordism" and "Taylorism," which hailed from the USA and were driving the mechanization of human labor forward with great rapidity, or, if they could be counted among the capitalist camp, were downright euphoric. Čapek's ingenious inventiveness lay in the exacerbation of the once-human slave worker (as known from colonial times characterized still by handcraftsmanship) to an artificial being, a robot. In the play his sympathies lay with his anthropomorphized robots, which he allowed to succeed in their revolt against the inhumane exploitation of them as laborers. Kiesler, on the other hand, understood how to use his electromechanical stage set contrapuntally to Čapek's humanistic vision to let the allegedly cold, unfeeling world of technology and automation become a showpiece of triumphal technological euphoria. For that, the world of the optimistic constructivist and De Stijl movement artists, and also that of the futurists, lay at his feet. In a recently discovered letter Kiesler wrote to architecture critic Adolf Behne, he enthusiastically describes for his new friend the catalyzing idea that underlies his stage set and even includes a hastily scribbled sketch. This functional sketch appears to represents the missing link to the three known photos of the set design, since the mechanism behind the scenes is demonstrated.

In terms of stage technology, the electromechanical stage set is a backdrop. This was the classical furnishings medium since the Baroque era, most often employed to create the illusion of an exterior space. But Kiesler reinterpreted this tried and true scenery technique in a wholly new way. As he himself writes, he has "[…] made the attempt to project the stage space onto the main backdrop area, thus to transform a space into a surface."[1] Onto this surface, this electromechanical backdrop—or better said, this relief—illusionist painted symbols as well as the real-world apparatus of a utopian industrial facility are joined together in an extremely compressed collage technique. This alone would not have produced this magical effect had not the gadgetry—the loudspeakers, warning lights, or technical media like film projection onto an open camera aperture and a small optical trick device such as the tanagra theater (which here functioned as a precursor to video surveillance camera)—really worked. Kiesler describes the dynamic sequence as follows:

"[…] The backdrop not rigid, but moving, part of the game, impinging on the play. Motion through: escalation of the surface to 3D, through the rhythmic flaring of differently colored lights a[nd] spotlights, through rotation, through jerking motions (of the seismograph), the opening a[nd] closing of the iris diaphragm (of the film segment), through the darkening of the room (during the film a[nd] tanagra segments) a[nd] brightening, through advancing the counter (9) [indicating the number of finished products], through opening the wall surface (film, tanagra, megaphone), lastly through the movement of the film a[nd] the processes in the tanagra. […]"[2]

Ten years later Kiesler changed his style 180 degrees. In 1934, as newly hired set designer at the Juilliard School of Music in New York, he created the scenery for *Helen retires* (a contemporary American opera with a libretto by lyricist John Erskine and music by George Antheil) for the small, but critically acclaimed opera studio. Analogously to antique material from Greek mythology, Kiesler came up with phantasmagoric imagery by using biomorphic full-body masks that the singers held like shields in front of their bodies. In striking photos by Gottscho-Schleisner, they are a paradigmatic document for surrealism's entrée onto the stage. As far as known, there are only few examples of this, particularly since first-generation surrealists showed little interest in the theater.

In 1948 Kiesler created a second stage design, classifiable under the category of scenic surrealism, for Darius Milhaud's opera *The Poor Sailor* (French *Le pauvre matelot*). The story of its genesis is highly interesting, since it reveals much about Kiesler's working method of continually transposing an idea onto a different artistic medium. First, the fisherman's cottage made of a few picturesque pieces of driftwood stood on a stage. As a next step, he transformed the motif of the fisherman's cottage into the *Galaxy* sculpture, which in turn became the crucial impetus for his painted, 19-piece *Galaxy* that arose at almost exactly the same time in the years 1951/52. Kiesler's 1946 designs for what can be considered Jean-Paul Sartre's best-

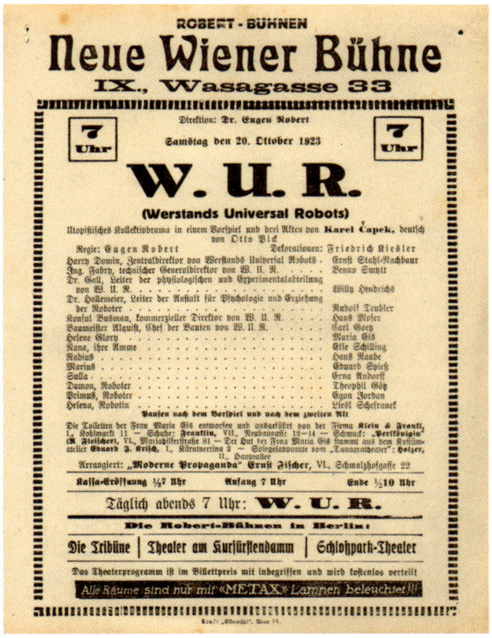
ROBERT - BÜHNEN
Neue Wiener Bühne
IX., Wasagasse 33
Direktion: Dr. Eugen Robert
7 Uhr
Samstag den 20. Oktober 1923
7 Uhr
W. U. R.
(Werstands Universal Robots)
Utopistisches Kollektivdrama in einem Vorspiel und drei Akten von Karel Čapek, deutsch von Otto Pick
Regie: Eugen Robert — Dekorationen: Friedrich Kiesler

Harry Domin, Zentraldirektor von Werstands Universal Robots	Ernst Stahl-Nachbaur
Ing. Fabry, technischer Generaldirektor von W. U. R.	Benno Smytt
Dr. Gall, Leiter der physiologischen und Experimentalabteilung von W. U. R.	Willy Hendrichs
Dr. Hallemeier, Leiter der Anstalt für Psychologie und Erziehung der Roboter	Rudolf Teubler
Konsul Busman, kommerzieller Direktor von W. U. R.	Hans Moser
Baumeister Alquist, Chef der Bauten von W. U. R.	Carl Goetz
Helene Glory	Maria Eis
Nana, ihre Amme	Else Schilling
Radius	Hans Raabe
Marius	Eduard Spieß
Sulla	Erna Andorff
Damon, Roboter	Theophil Götz
Primus, Roboter	Egon Jordan
Helena, Robotin	Liesl Schefranek

Pausen nach dem Vorspiel und nach dem zweiten Akt
Die Toiletten der Frau Maria Eis entworfen und ausgeführt von der Firma Klein & Frankl, I., Kohlmarkt 11 — Schuhe: Franklin, VII., Neubaugasse 12–14 — Schmuck: „Perlkönigin" (R. Fleischer), VI., Mariahilferstraße 81 — Der Hut der Frau Maria Eis stammt aus dem Kostümatelier Eduard J. Krisch, I., Kärntnerring 2 — Spiegelapparate vom „Tanagratheater": Holzer, II., Hauptallee
Arrangiert: „Moderne Propaganda" Ernst Fischer, VI., Schmalzhofgasse 22
Kassa-Eröffnung ½7 Uhr — Anfang 7 Uhr — Ende ½10 Uhr
Täglich abends 7 Uhr: W. U. R.
Die Robert-Bühnen in Berlin:
Die Tribüne | Theater am Kurfürstendamm | Schloßpark-Theater
Das Theaterprogramm ist im Billettpreis mit inbegriffen und wird kostenlos verteilt
Alle Räume sind nur mit «METAX» Lampen beleuchtet!!!

W.U.R., Theaterzettel für die Aufführung auf der Neuen Wiener Bühne, Wien, 20.10.1923, Offsetdruck
***W.U.R.* [*R.U.R.*], playbill for the performance at the Neue Wiener Bühne theater,** Vienna, 20 Oct 1923, Offset print
ÖFLKS, LD 203/0

1 Letter dated 22 May 1923, Bauhaus archives, Berlin, Inv.-Nr. 1997/36.82.
2 Ibid.

Raumbühne, Mittlerer Saal (heute Mozartsaal) des Wiener Konzerthauses beim Auf- oder Abbau, Wien, 1924, SW-Foto; Silbergelatineabzug auf Barytpapier
***Space Stage*, middle hall (today's Mozartsaal) of the Vienna Konzerthaus, during setup or teardown,** Vienna, 1924, BW photo; Gelatin silver print on baryta paper
ÖFLKS, PHO 237/0

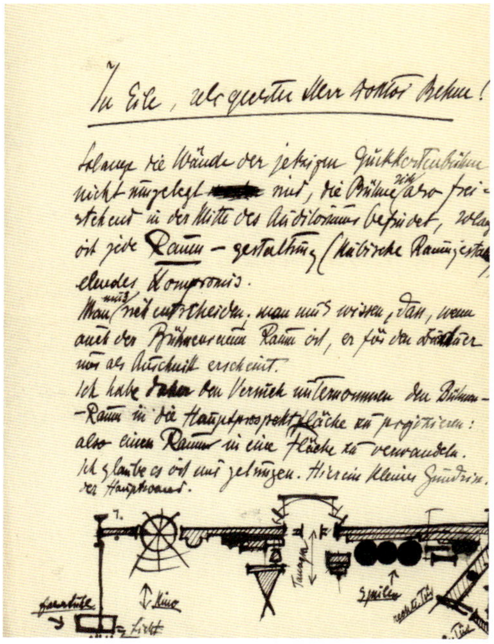

In Eile, sehr geehrter Herr Doktor Behne!

Solange die Wände der jetzigen Guckkastenbühne nicht umgelegt sind, die Bühne sich also freistehend in der Mitte des Auditoriums befindet, solang ist jede Raum-gestaltung (kubische Raumgestaltung) elendes Kompromiss.
Man muß sich entscheiden. Man muß wissen, dass, wenn auch der Bühnenraum Raum ist, er für den Zuschauer nur als Ausschnitt erscheint.
Ich habe daher den Versuch unternommen den Bühnen-Raum in die Hauptprospektfläche zu projizieren: also einen Raum in eine Fläche zu verwandeln.
Ich glaube es ist mir gelungen. Hier ein kleiner Grundriss der Hauptwand.

Adolf Behne, Korrespondenz-Mappe 30
Adolf Behne, correspondence file 30
Bauhaus-Archiv, Inv.-Nr. 1997/36.82

Eine zweite Bühnengestaltung Kieslers, die in die Kategorie des szenischen Surrealismus passt, ist 1948 für Darius Milhauds Oper *The Poor Sailor* (frz. *Le pauvre matelot*) entstanden. Ihre Entstehungsgeschichte ist hochinteressant, weil sie viel von Kieslers Arbeitsweise der kontinuierlichen Transponierung eines Einfalls in ein anderes künstlerisches Medium verrät. Zuerst stand die aus wenigen, pittoresk geformten Treibhölzern geformte Fischerhütte auf der Bühne. In einem nächsten Schritt sodann transformierte er das Motiv der Fischerhütte zur *Galaxy*-Skulptur, die wiederum den entscheidenden Impuls für seine gemalte 19-teilige *Galaxy* gab, die nahezu gleichzeitig in den Jahren 1951/52 entstanden ist. Zwischen diesen beiden Eckpunkten einer surrealistischen Bühnenbildgestaltung bewegen sich Kieslers Entwürfe aus dem Jahr 1946 für Jean-Paul Sartres wohl berühmtestes Stück *No exit* (frz. *Huis clos*), ein Meisterwerk des existenzialistischen Dramas. Es entstand eine Fülle von Entwürfen, die alle einen surrealen Hintergrund haben: sie variierten von einer Bühne in Lippenform bis zu einer ganz leeren Bühne. Ausgewählt wurde vom Regisseur John Ford allerdings der konventionellste Entwurf: ein bürgerliches Zimmer mit bedrohlich nach hinten fluchtender Enge. Zusätzlich inspirierte *No exit* Kiesler zu dem Essay „Ein Theater für den Dichter", in dem er eine Bühnenform beschreibt, die – entgegen seiner früheren Überzeugung – ganz im Dienste des Wortes (der Poesie von Sartres Worten) stehen sollte.

Die Entwicklung der *Raumbühne* (1924) zum *Endless* oder *Universal Theatre* (1926 und 1959/62)

Im Herbst 1924 realisierte Kiesler im Rahmen seiner *Internationalen Ausstellung neuer Theatertechnik* im Wiener Konzerthaus die *Raumbühne*, die er im Frühjahr 1924 in vorauseilender Ungeduld in Berlin auf einem Theaterzettel bereits proklamiert hatte. In Berlin war sie nur ein Schlagwort, in Wien nahm sie konkrete Gestalt an. Sie kann nicht als bloßes Hirngespinst abqualifiziert werden, wie jene Theater, die sich „Kugeltheater" (Andor Weininger, 1927), „U-Theater" (Farkas Molnár, um 1924), „Totaltheater" (Walter Gropius, 1926/27) oder „Theater ohne Zuschauer" (Levy Moreno, 1924) nannten, weil sie über ein Entwurfsstadium nie hinauskamen. Die *Raumbühne* wurde realisiert, und es wurde auf ihr gespielt. Natürlich war sie nur temporär verfügbar (solange die Ausstellung lief, drei Wochen lang), dann wurde sie – die im leer geräumten Mittleren Konzerthaussaal (dem heutigen Mozartsaal) stand – wieder abgebaut. Das genügte jedoch als Provokation für alle Traditionshüter, von denen es in Wien gerade genug gab. Für manche aber gab sie das Signal zum Aufbruch.

Die *Raumbühne* war eine Turmkonstruktion aus Holzbalken, Brettern und Stahlelementen. In der Mittelachse lief ein elektrischer Lift, der die Schauspieler zu einem der Spielorte beförderte und auch ein Schaustück modernster Technik sein sollte. Es gab in diesem vertikalen Bühnensystem drei Spielorte: (1) eine dynamisch sich hinaufschraubende Rampe, die vom Parkett weg in einer halben Umdrehung zu einem (2) ringförmigen Spielband führte, von wo aus man über zwei Leitern auf das (3) oberste runde Spielplateau klettern konnte; direkt zum obersten Spielrund führte jedoch auch eine Holztreppe. Der Feuilletonist Anton Kuh drückte in einem Zweizeiler ihre formale Eigenart treffend aus: „Ein symbolischer Anblick: Konstruktion – Geschraubtheit – Holz auf Eisen. Röntgenaufnahme der neuen Talent-Technik."[3] Das Publikum, das U-förmig um den Bühnenturm auf dem Balkon saß, genoss hier exklusiv eine beinahe vollendete Rundansicht, die damals allen TheatervisionärInnen wichtig war: Nach deren Meinung hatte die konventionelle, nur auf eine Sichtachse angelegte Guckkastenbühne, der Kiesler in seinem bekannten theaterrevolutionären Beitrag „Die Kulisse explodiert"[4] den Kampf angesagt hatte, ein für alle Mal ausgedient. Die *Raumbühne* bestand die Probe aufs Exempel – zumindest beim modernen Tanz – sehr wohl, für den sie aufgrund ihrer bewegungsintensiven Form die ideale Plattform abgab. Weniger reüssierte sie bei Paul Frischauers spätexpressionistischem Drama *Im Dunkel*, da ihre offene Form dem intimen Kammerspiel widersprach.

Ein Jahr später, 1925, entstand in Paris sein bei Weitem radikalstes Theaterprojekt, das er unter dem spektakulären Titel *Universal. The Endless Theatre without Stage* (kurz auch *Endless Theatre* genannt) 1926 auf der *International Theatre Exposition* in New York zeigte. Kiesler hatte für dieses Theaterprojekt Textelemente aus dem *Railway Theatre*-Manifest von 1924 als Vorlage für die Visualisierung des *Endless Theatre* entnommen. Als Resultat dieser Transformierung von Worten in ein Formgebilde haben sich drei überdimensionale Blaupausen erhalten. Kiesler wählte diese bei Architekten übliche Form der Blaupause, um mit großer Geste eine unmittelbar bevorstehende Realisierung des Theaterentwurfs zu suggerieren. Zusätzlich waren die Großformate auch ein bewusst von ihm eingesetztes Mittel zur Steigerung

3 Kuh, Anton, „Das Drama auf der Rutschbahn. Die Eröffnung der Raumbühne", in: *Prager Tagblatt* 5.10.1924, 11.
4 Kiesler, Friedrich, „Die Kulisse explodiert", in: *Pásmo* 5/6 1924, 1.

Proben auf der *Raumbühne* (*Methusalem* von Iwan Goll), Wien, 1924, SW-Foto; Silbergelatineabzug auf Barytpapier
Rehearsal on the *Space Stage* (*Methusalem* by Yvan Goll), Vienna, 1924, BW photo; Gelatin silver print on baryta paper
ÖFLKS, PHO 334/0

known play, *No Exit* (French *Huis clos*), a masterpiece of existential drama, can be located between these two endpoints of surrealist stage set design. He thought up a plethora of designs, all with a surrealist background, running the gamut from a lip-shaped stage to one that was completely empty. It should be noted, however, that director John Ford chose the most conventional one: a bourgeois room narrowing threateningly toward a vanishing point in the back. Moreover, *No Exit* inspired Kiesler to write "A Theatre for the Poet," wherein he describes a stage form that—contrary to his earlier conviction—ought to be completely in service of the text (the poetry of Sartre's words).

The progression of the *Raumbühne [Space Stage]* (1924) to the *Endless* or *Universal Theatre* (1926 and 1959/62)

In the autumn of 1924, in the framework of his *International Exhibition of New Theatre Techniques* in Vienna's Konzerthaus, Kiesler realized the *Space Stage* he had hurriedly and impatiently heralded on a playbill in Berlin in the spring of that year. What in Berlin was only a buzzword took on concrete shape in Vienna. Unlike Andor Weininger's *Spherical Theatre* (1927), Farkas Molnár's *U Theatre* (1924), Walter Gropius's *Total Theatre* (1926/27), or Levy Moreno's *Theatre without an Audience* (1924), which never went beyond the planning stages, the *Space Stage* cannot be dismissed as a mere pipe dream. It was realized and performances were held on it. Of course it was only available temporarily (for the three weeks the exhibition was running), before it was dismantled where it stood in the emptied-out middle hall of the Konzerthaus (today's Mozartsaal). This sufficed, however, as a provocation for all the guardians of tradition, of which there were plenty in Vienna. On the other hand, for some it was the signal for departure.

The *Space Stage* was a towering construction of wooden beams, boards, and steel elements. Along the middle axis rose an electric elevator for conveying actors to one of the stage areas; this was reputed to be a showpiece of the most modern technology. There were three stages on this vertical performance system: (1) a dynamic spiral ramp, which led away from the parquet floor in a half-turn to a (2) circular stage, from whence one could clamber up two ladders to reach the (3) topmost round stage platform; wooden stairs also led to this upper stage, however. Essayist Anton Kuh needed only two lines to trenchantly sum up its idiosyncratic form: "A symbolic sight: Construction—Orotundity—Wood on iron. X-ray image of the new talent technique."[3] Seated in a U-shape around the stage tower, the audience here exclusively enjoyed an almost complete panoramic view, something that was important for all theater visionaries of that time: In their opinion, the conventional proscenium stage laid out along a single line of sight, against which Kiesler had declared war in "The Scenery Explodes,"[4] his popular essay on revolutionizing the theater, had become obsolete once and for all. The

3 Kuh, Anton, "Das Drama auf der Rutschbahn. Die Eröffnung der Raumbühne," in: *Prager Tagblatt* 5 Oct 1924, 11.
4 Kiesler, Friedrich, "Die Kulisse explodiert," in: *Pásmo* 5/6 1924, 1.

der Wahrnehmung seines utopischen Theaterprojekts gegenüber den Theaterutopien seiner europäischen KollegInnen, die ebenfalls auf der Ausstellung in New York zu sehen waren. Zwei Grundrisse in Spiralen- und Kreisform sowie ein Längsschnitt durch eine sphärische Form beschreiben ein Theater, das nur aus Bewegungsbahnen zu bestehen scheint, das von einem Publikum durchschritten werden soll, ohne eine auf eine Bühne zentrierte Aktion anzubieten. Kiesler wollte den Kernsatz seines Manifests umsetzen, der da lautete: „Das Theater der Zeit ist ein Theater der Geschwindigkeiten. Deshalb ist seine konstruktive Form und das Spiel der Bewegung poly-dimensional, das heißt sphärisch."[5]

War die erste Version des *Endless Theatre* ein rein geometrisches Formgebilde, so weist die zweite Version von 1959/62 analog zu Kieslers Wandel in seiner Formensprache eine irreguläre, also organisch begründete Form auf. Dieses letzte Theaterprojekt Kieslers geht auf eine Anregung des Ford Foundation Program for Theater Design zurück, die acht TheaterkünstlerInnen einlud, ein „ideales Theater" zu entwerfen. Kühn applizierte Kiesler all seine Erfahrungen mit biomorpher Architektur auf die Großform „Theater", das er in einem raffinierten Wechsel- bzw. Spannungsspiel zwischen Hightech (für die bühnentechnischen Verwandlungen) und sinnlich gestaltetem Baukörper (Uterusform) angelegt hatte. Ein taktiles, weich modelliertes Modell aus Aluminiumguss mit abnehmbarer Deckschale, um den Blick in den Innenraum zu gewähren, stellte die perfekte Visualisierung seiner Ideen dar. Im zeichnerischen Entwurf sah Kiesler, von ökonomischen Motiven angeregt, zusätzlich noch einen schlanken, mehrgeschossigen, konvex strukturierten Turm für den Kulturkommerz (Galerien, Buchhandlungen, TV-Studios) vor, der an das Theater andockte. Eindrucksvoll war es Kiesler mit diesem seinem letzten Theaterprojekt gelungen, biomorphes, naturnahes Gestalten mit einer Technik, die auf der Höhe der Zeit war, zu verbinden.

5 Kiesler, Friedrich, „Das Railway-Theater", in: Ders. (Hg.), *Internationale Ausstellung neuer Theatertechnik*, Ausstellungskatalog Wiener Konzerthaus, Wien 1924, Klappentext.

Space Stage passed the real-world test with flying colors—at least in the sphere of modern dance, for which it was the ideal platform on account of its movement-intensive form. It succeeded less well with Paul Frischauer's late-expressionist drama *Im Dunkel*, because its open form was a mismatch with the intimate chamber play.

One year later, in 1925 in Paris, he created his most radical theater project by far, which he showed in 1926 at the *International Theatre Exposition* in New York under the spectacular title *Universal. The Endless Theatre without Stage* (or *Endless Theatre* for short). For this theater project, Kiesler had borrowed text elements from the 1924 *Railway Theatre* manifesto as a template for the visualization of the *Endless Theatre*. Three oversized blueprints have been preserved as a result of this transformation of words into a structure. Kiesler selected this type of blueprint commonly used by architects as a grand gesture to suggest the imminent realization of his theater design. Furthermore, the large-scale formats were a conscious choice of medium to heighten awareness of his utopian theater project versus the utopian theaters of his European colleagues, who were also present at the New York exhibition. Two floor plans, one spiral and one circular, as well as a longitudinal section through a spherical shape describe a theater seeming to consist only of trajectories, which the audience is meant to traverse, without offering action centered on a stage. Kiesler wanted to implement the central premise of his manifesto, which read as follows: "The contemporary theater is a theater of velocities. Therefore the form of construction and play of movement are poly-dimensional, namely spherical."[5]

While the first version of the *Endless Theatre* had a strictly geometric shape, the second version from 1959/62—analogous to Kiesler's transformation as regards his language of form—evinces an irregular, organically based shape. This last theater project of Kiesler's was inspired by the Ford Foundation Program for Theater Design, which invited eight theater artists to design an "ideal theater." Kiesler boldly applied all of his experiences with biomorphic architecture to the large scale of the theater, which he laid out in a suspenseful, cunning interplay between high tech (for the physical transformations of the stage) and a sensuously shaped building corpus (uterine form). A tactile, softly fashioned model of cast aluminum with a removable cover, so as to afford a view of the interior space, represented the perfect visualization of his ideas. Additionally, in his planning sketch, galvanized by economic motives, Kiesler envisioned a slender, multi-story, convexly shaped tower for cultural commerce (galleries, bookstores, TV studios), which would dock onto the theater. In this—his last—theater project, Kiesler succeeded impressively in fusing biomorphic, naturalistic design with the latest available technology.

5 Kiesler, Friedrich, "Das Railway-Theatre,", in: Id. (ed.), *Internationale Ausstellung neuer Theatertechnik*, Vienna Konzerthaus exhibition catalog, Vienna 1924, jacket copy.

20

einen mittelbaren, eben durch den Regisseur.
Wer wirklich frei ist, zeigt sich erst in der Gebundenheit, auch in der Kunst.
Der Schauspielkünstler hat die Möglichkeit, eine optische oder akustische Form zu wählen, oder beide Formen gleichzeitig zu benutzen. Die geistige „logische" Form gehört ihm nicht, die gehört dem Dichter: er kann sie nur reproduzieren, nicht produzieren. Der Schauspieler richtet sich mit seiner Produktion also nicht an das geistige Fassungsvermögen, er richtet sich an die sinnliche Wahrnehmungsfähigkeit mit seiner Kunst. Er gestaltet in optischer oder akustischer Form und kann nur in dieser gestalten, falls er gestalten will.
Charakteristische Klänge zu formen, diese Aufgabe ist als Darstellungsprinzip heute beinahe noch nicht gesehen worden. Und doch umfaßt es den

13 **K. SCHMIDT, TELTSCHER, BOGLER:**
Mechanisches Ballett
Bühnenaufbau (Lith.)
8 Figurinen (4 Bl.)
Bühnenaufbau mit Figur
Bühnenaufbau mit 2 Figuren
Maschine plus Mensch
Maschine minus Mensch

14 **BOGLER-SCHMIDT:**
Bühnenspiel III.
3 Figuren (1 Bl.)

Schauspieler-Individualität = Garderobe x Visage / Ich heiße Meier

Hauptbestandteil der Schauspielkunst und wird am ehesten geeignet sein, einen neuen Schauspielsprechstil zu bilden, der inneres Leben hat.
Der Dichter regt den Regisseur zum Schaffen an, er gibt ihm Vorwand und Gelegenheit (wie die Natur dem Maler) – er schafft aber nicht an seiner Stelle. Die Rolle, die der Schauspieler spielen soll, ist ebenso schon geschaffen wie das ganze Werk, deshalb kann es nicht künstlerische Aufgabe des Regisseurs oder des Spielers sein, sie zu schaffen. Die Ausgestaltung des Dichtwerks in Bühnenmitteln ist aber noch nicht da: die schafft der Regisseur und die Verlebendigung dieser Ausgestaltung ist auch noch nicht da: die schafft der Schauspieler. Er schafft „Leben". Der Dichter hat uns nur vom Leben erzählt. Der Regisseur hat es organisiert, im Raum festgestellt. Die Schauspielkunst aber gibt es uns.
Spielen ohne jedes Schielen nach bewußten Zusammenhängen – dem Augenblicke ganz hingegeben – das heißt spielen wie ein großer Künstler und wie ein – Kind!

DE LA NATURE MORTE VIVANTE

FRIEDRICH KIESLER: **Hauptprospekt (Dezember 1922) des Direktionszimmers der Menschen-Fabrik aus Capeks Drama W. U. R. L'aimable auteur a ordonné: Zimmer, an den Wänden Landkarten, Tabellen. Schreibtisch, Klubsessel-Garnitur. Großes Fenster, durch das man Fabriken sieht. Excusez moi, ce que j'ai fait: Erster Versuch einer elektro-mechanischen Kulisse. Die Bildstarre ist zum Leben erweckt. Die Kulisse ist aktiv, spielt mit. De la nature morte vivante. Mittel der Ver-**

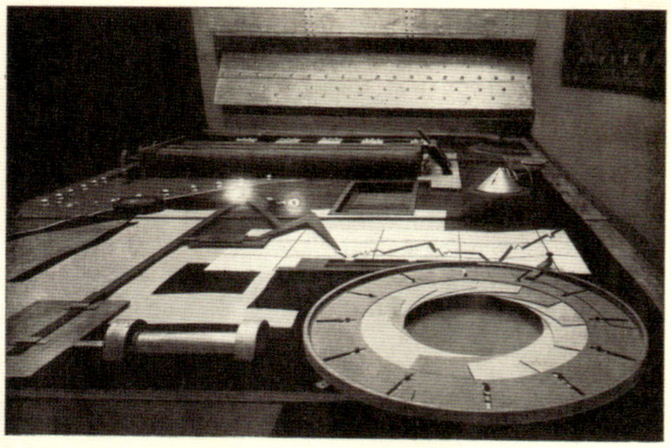

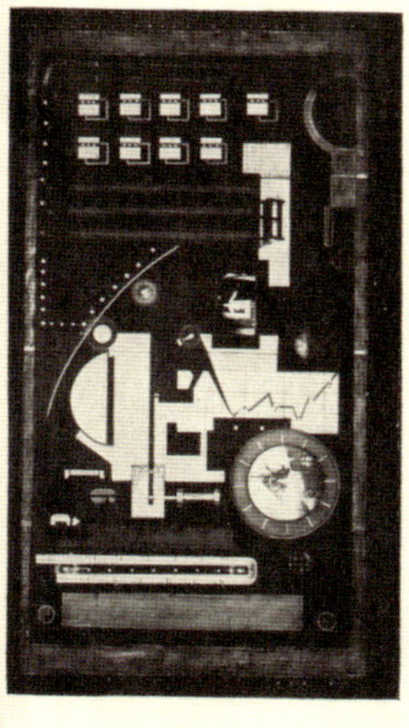

lebendigung sind: Bewegung der Linien; grelle Kontrastierung der Farben. Überleitung von Flächen in Relief-Formen bis zur Rundplastik MENSCH (Schauspieler). Bewegungsspiel farbiger Lichter und Scheinwerfer auf der Kulisse. Rhythmisch akzentuiert, dem Sprechen und Bewegen der Schauspieler koordiniert. TEMPO. Links eine große Irisblende, 1·10 m Durchmesser. Material: Nickelblech. Die Blende öffnet sich langsam: Der Filmprojektor rattert, auf der Kreisfläche spielt ein Film, blitzschnell abgekurbelt; die Blende schließt sich. Rechts, in die Kulissen eingebaut ein Tanagra-Apparat. Klappt auf, zu. Der Direktor kontrolliert den Warteraum im Spiegelbild des Apparates. Die Tastatur am Schreibtisch organisiert seine Befehle. Der Seismograph (in der Mitte) rückt stoßweise vorwärts. Die Turbinenkontrolle (Mitte unten) rotiert ununterbrochen. Die Zahl der Fertig-Fabrikate springt. Arbeitssirenen signalisieren. Megaphone sprechen Bestellungen, geben Antwort.

De la nature morte vivante [Vom lebendigen Stillleben], lose Seiten aus dem Katalog zur *Internationalen Ausstellung neuer Theatertechnik*, Wien, 1924, Offsetdruck
De la nature morte vivante* [Of the lively still life], loose pages from the catalog for the *International Exhibition of New Theatre Techniques, Vienna, 1924, Offset print
ÖFLKS, MED 5025/1, S. p. 20, 21

Bühnenprospekt in Karel Čapeks *W.U.R.* mit Hervorhebung, Berlin, 1923, Reproduktion, SW-Foto; Tinte auf Barytpapier, Karton, Klebeband
Backdrop in Karel Čapek's *W.U.R.* [*R.U.R.*] with accentuation, Berlin, 1923, Reproduction, BW photo; Ink on baryta paper, cardboard, tape
ÖFLKS, PHO 2921/6

Endless Theatre, Grundriss, Paris, 1925, SW-Foto; Silbergelatineabzug auf Barytpapier
***Endless Theatre*, floor plan,** Paris, 1925, BW photo; Gelatin silver print on baryta paper
ÖFLKS, PHO 841/0

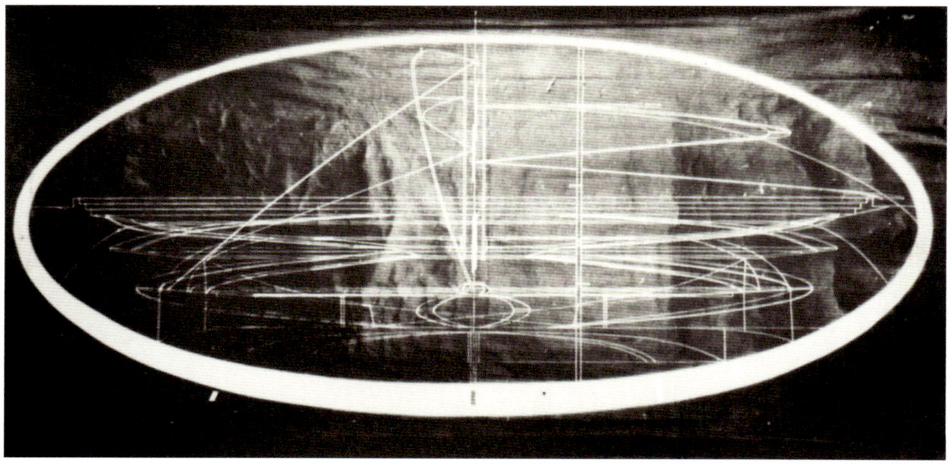

Endless Theatre, Längsschnitt, Paris, 1924, SW-Foto; Silbergelatineabzug auf Barytpapier, Karton
***Endless Theatre*, longitudinal section,** Paris, 1924, BW photo; Gelatin silver print on baryta paper
ÖFLKS, PHO 842/0

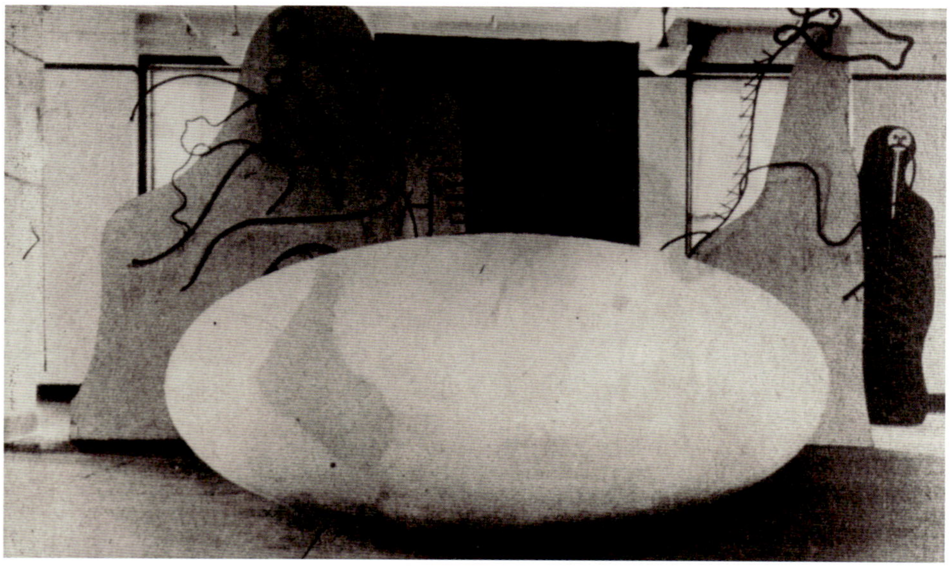

International Theatre Exposition, Blick in die Ausstellung mit einem Modell für ein *Endless Theatre*, New York, 1926, historische Reproduktion, SW-Foto; Fotopapier
***International Theatre Exposition*, view into the exhibition with a model for an *Endless Theatre*,** New York, 1926, Historical reproduction, BW photo; Photo paper
ÖFLKS, PHO 5961/0

Internationale Ausstellung neuer Theatertechnik, Raumbühne, Gesamtansicht, Entwurf: Friedrich Kiesler, 1924
***International Exhibition of New Theatre Techniques, Space Stage*, overall view,**
Design: Frederick Kiesler, 1924
ÖNB/Wien Bildarchiv 75.578

Die gesamte Konstruktion ist von Doppelschalen aus Stahl und geschweißtem Milchglas umgeben. Die Bühne (am Plan weiß dargestellt) hat die Form einer endlosen Spirale. Die verschiedenen Ebenen sind durch Aufzüge und Plattformen verbunden. Sitzflächen, Bühne und Liftplattformen sind freischwebend über- und nebeneinander durch den Raum gespannt. Das Gebäude besteht aus einem elastischen Bausystem aus Kabeln und Plattformen, das aus dem Brückenbau entwickelt wurde. Das Drama kann sich frei im Raum ausdehnen und entfalten.

Friedrich Kiesler, „Project for a ‚Space Theatre' Seating 100.000 People", in: *Architectural Record*, Mai 1930.

The whole structure is encased in double shells of steel and opaque welded glass. The stage (shown white on the plan) an endless spiral. The various levels are connected with elevators and platforms. Seating platforms, stage and elevator platforms are suspended and spanned above each other and next to each other in space. The structure is an elastic building system of cables and platforms developed from bridge building. The drama can expand and develop freely in space.

Frederick Kiesler, "Project for a 'Space Theatre' Seating 100.000 People," in: *Architectural Record*, May 1930.

Film Guild Cinema, Ansicht einer Position der flexiblen Filmleinwand *Screen-o-scope*,
New York, 1929, Foto: Ruth Bernhard, SW-Foto; Silbergelatineabzug auf Barytpapier
***Film Guild Cinema*, view of a position of the flexible *Screen-o-scope* movie screen**
New York, 1929, Photo: Ruth Bernhard, BW photo; Gelatin silver print on baryta paper
ÖFLKS, PHO 6179/0

Film Guild Cinema, Fassade, New York, 1929, SW-Foto; Silbergelatineabzug auf Barytpapier
***Film Guild Cinema*, façade,** New York, 1929, BW photo; Gelatin silver print on baryta paper
ÖFLKS, PHO 2792/0

Doppeltheater für Brooklyn Heights, Axonometrie, New York, 1926; Aquarell, Tusche, Papier, Karton
Double theater for Brooklyn Heights, axonometric, New York, 1926; Watercolor, India ink, paper, cardboard
ÖFLKS, MFP 1150/0

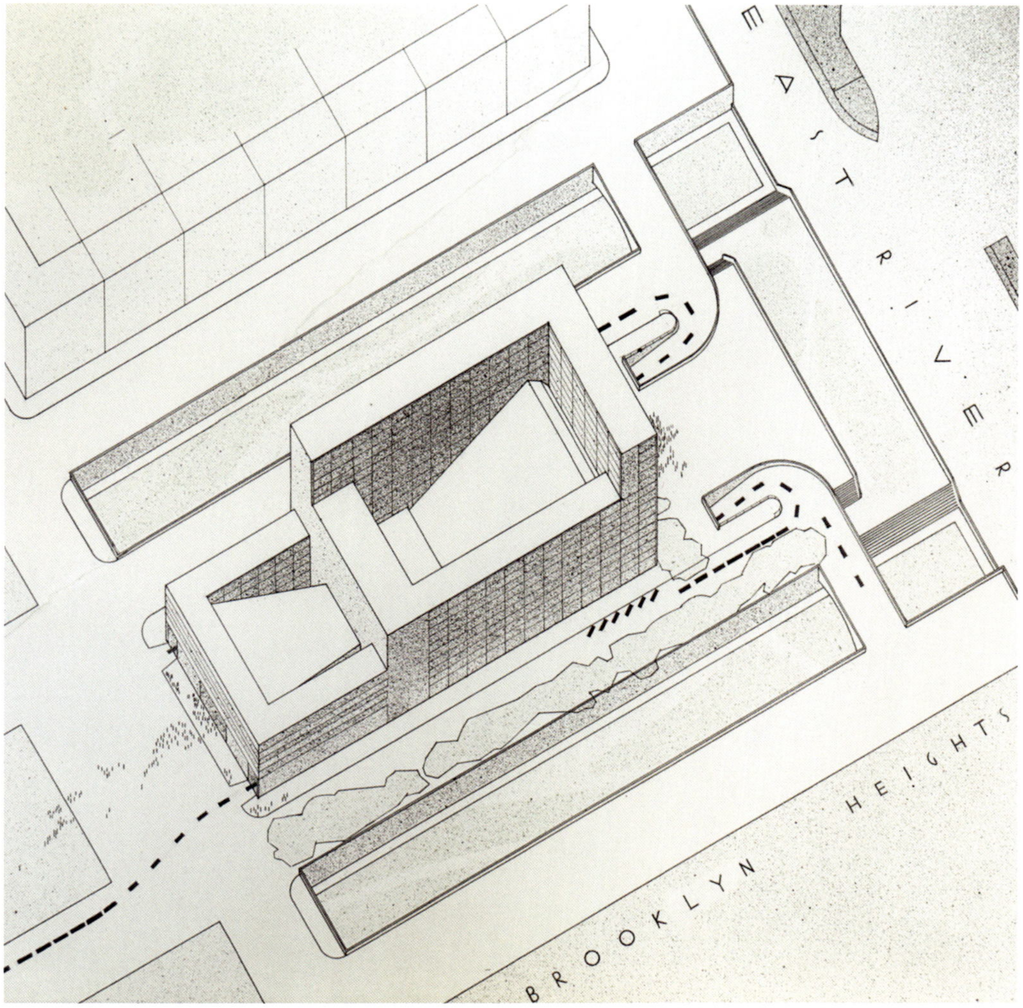

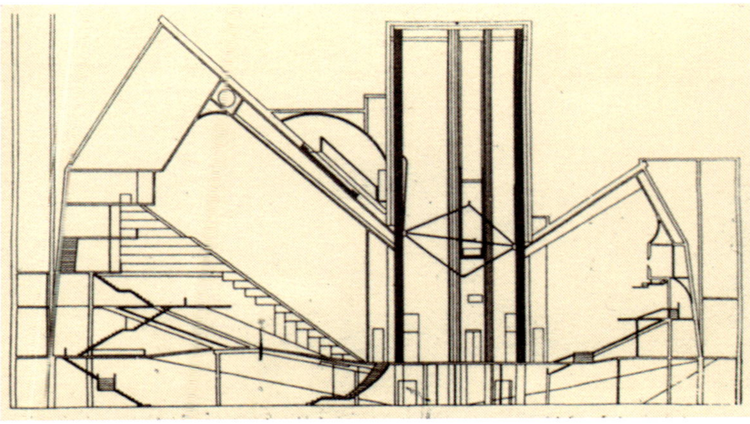

Doppeltheater für Brooklyn Heights, Schnitt, New York, 1926, Negativreproduktion; Fotonegativ, Papier
Double theater for Brooklyn Heights, section, New York, 1926, Reproduction from a negative; Photo negative, paper
ÖFLKS, PHO 6440/0

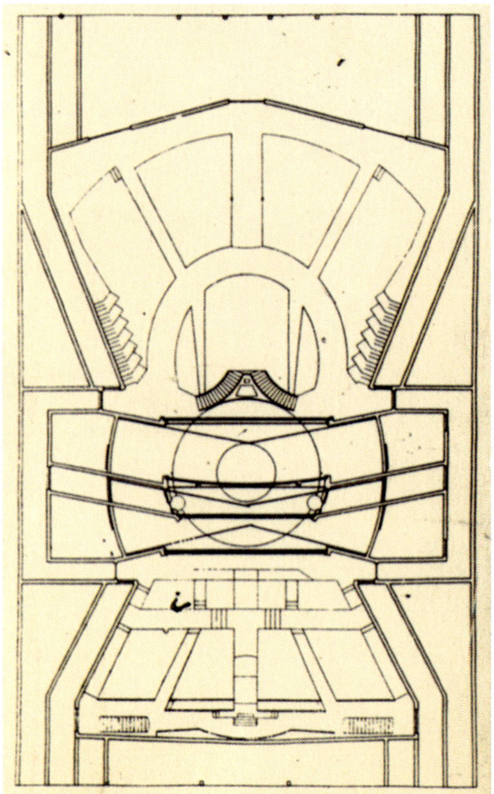

Doppeltheater für Brooklyn Heights, Grundriss, New York, 1926, Negativreproduktion; Fotonegativ, Papier
Double theater for Brooklyn Heights, floor plan, New York, 1926, Reproduction from a negative; Photo negative, paper
ÖFLKS, PHO 6441/0

Woodstock Theatre, Ansicht des Auditoriums, New York, 1931, Sepiadruck auf Papier
***Woodstock Theatre*, view of the auditorium,** New York, 1931, Sepia print on paper
ÖFLKS, PLN 845/0

Woodstock Theatre, Modell mit Lageplan, New York, 1931, Foto: Studio Anton & Martin Bruehl; SW-Foto; Silbergelatineabzug auf Barytpapier, auf Karton montiert
***Woodstock Theatre*, model with site plan,** New York, 1931 Photo: Studio Anton & Martin Bruehl, BW photo; Gelatin silver print on baryta paper, mounted on cardboard
ÖFLKS, PHO 831/0

Woodstock Theatre, Modell, New York, 1931, Foto: Studio Anton & Martin Bruehl, SW-Foto; Silbergelatineabzug auf Barytpapier, auf Karton montiert
***Woodstock Theatre*, model,** New York, 1931, Photo: Studio Anton & Martin Bruehl, BW photo; Gelatin silver print on baryta paper, mounted on cardboard
ÖFLKS, PHO 839/0

The Universal

Die wechselnden Anforderungen an die Bühnenproduktion und der Bedarf nach einer korrekten Beziehung zwischen Schauspielern und Publikum machten eine flexible, „ephemere" Konstruktion und eine Bautechnik nötig, die am besten durch Spannungsstrukturen erreicht werden konnte, aus leichten, einfach herzustellenden metallenen Röhrenstützen und einer Abdeckung aus wasserdicht gemachten Stoffen.

Friedrich Kiesler, „The Universal", in: *The Architectural Forum*, Dezember 1932, 535–542.

The changing demands of stage production and the need for proper correlation between actor and audience made necessary a flexible "ephemeral" construction and a building technique best achieved through tensional structures, lightweight easily fabricated tubular metal supports, and web coverings of weatherproofed fabrics.

Frederick Kiesler, "The Universal," in: *The Architectural Forum*, December 1932, 535–542.

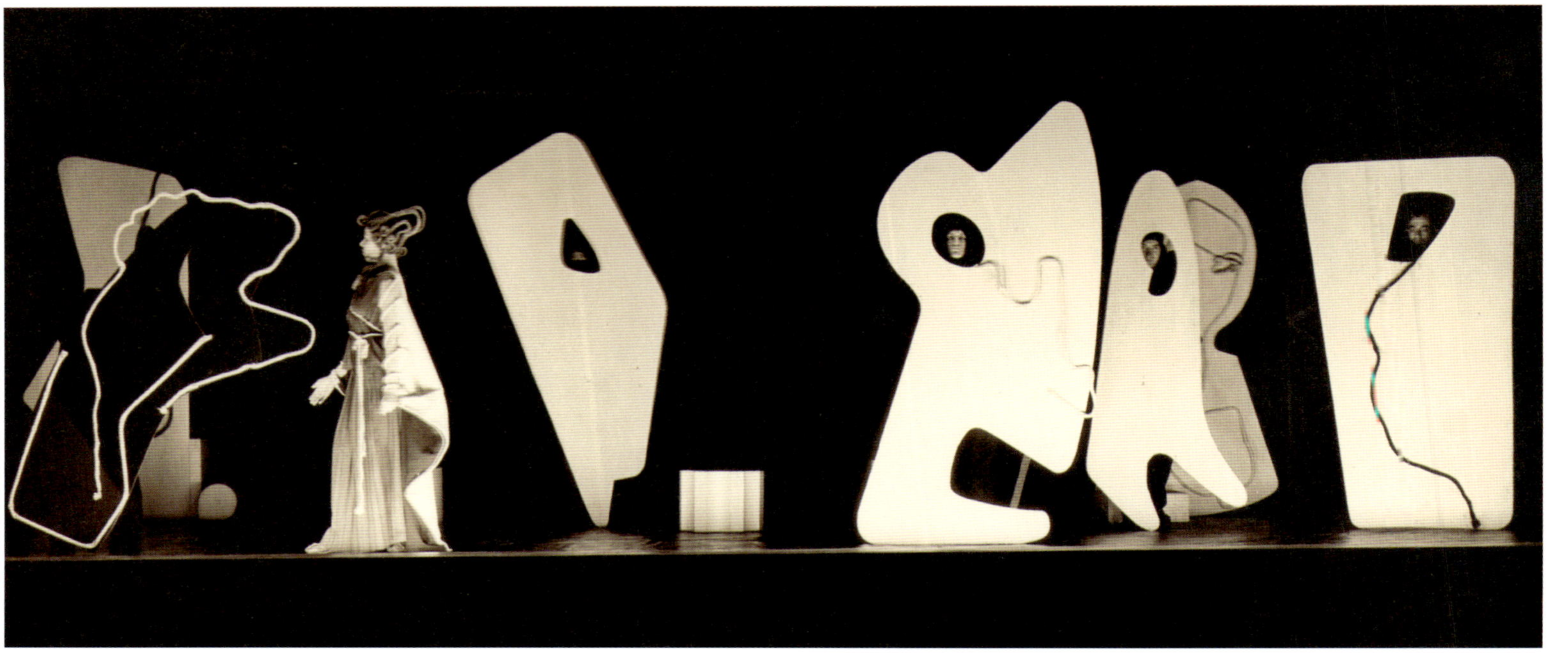

^

Bühnenszene mit Darstellern (2. Akt) aus George Antheils Oper *Helen Retires*, Aufführung an der Juilliard School of Music, New York, 1934, Foto: Gottscho-Schleisner, Abzug vom Originalnegativ, SW-Foto; Barytpapier

Stage scene with actors (2nd act) from George Antheil's opera *Helen Retires*, performance at the Juilliard School of Music, New York, 1934, Photo: Gottscho-Schleisner, Print from the original negative, BW photo; Baryta paper

ÖFLKS, PHO 2940/0

Bühnenszene mit Helen und den Fischern aus George Antheils Oper *Helen Retires*, Aufführung an der Juilliard School of Music, New York, 1934, Foto: unbekannt, SW-Foto; Silbergelatineabzug auf Barytpapier

Stage scene with Helen and the fishermen from George Antheil's opera *Helen Retires*, performance at the Juilliard School of Music, New York, 1934, Photo: unknown, BW photo; Gelatin silver print on baryta paper

ÖFLKS, PHO 2942/0

v

^

Bühnenszene mit Darstellern (1. Akt) für Wolfgang Amadeus Mozarts Oper *Die Zauberflöte* mit Elementen des *Space Set*, Aufführung an der Juilliard School of Music, New York, 1940, Foto: Gottscho-Schleisner, SW-Foto; Silbergelatineabzug auf Barytpapier
Stage scene with actors (1st act) in Wolfgang Amadeus Mozart's opera *Die Zauberflöte*, with elements of the *Space Set*, performance at the Juilliard School of Music, New York, 1940, Photo: Gottscho-Schleisner, BW photo; Gelatin silver print on baryta paper
ÖFLKS, PHO 2982/0

The Poor Sailor (Jean Cocteau/Darius Milhaud), Oper, Bühnenbild der Aufführung an der Juilliard School of Music, New York, 1948, Bühnenbild: Friedrich Kiesler, SW-Foto; Silbergelatineabzug auf Barytpapier
***The Poor Sailor* (Jean Cocteau/Darius Milhaud), opera, backdrop from the performance at the Juilliard School of Music,** New York, 1948, Set design: Frederick Kiesler, BW photo; Gelatin silver print on baryta paper
ÖFLKS, PHO 2971/0

v

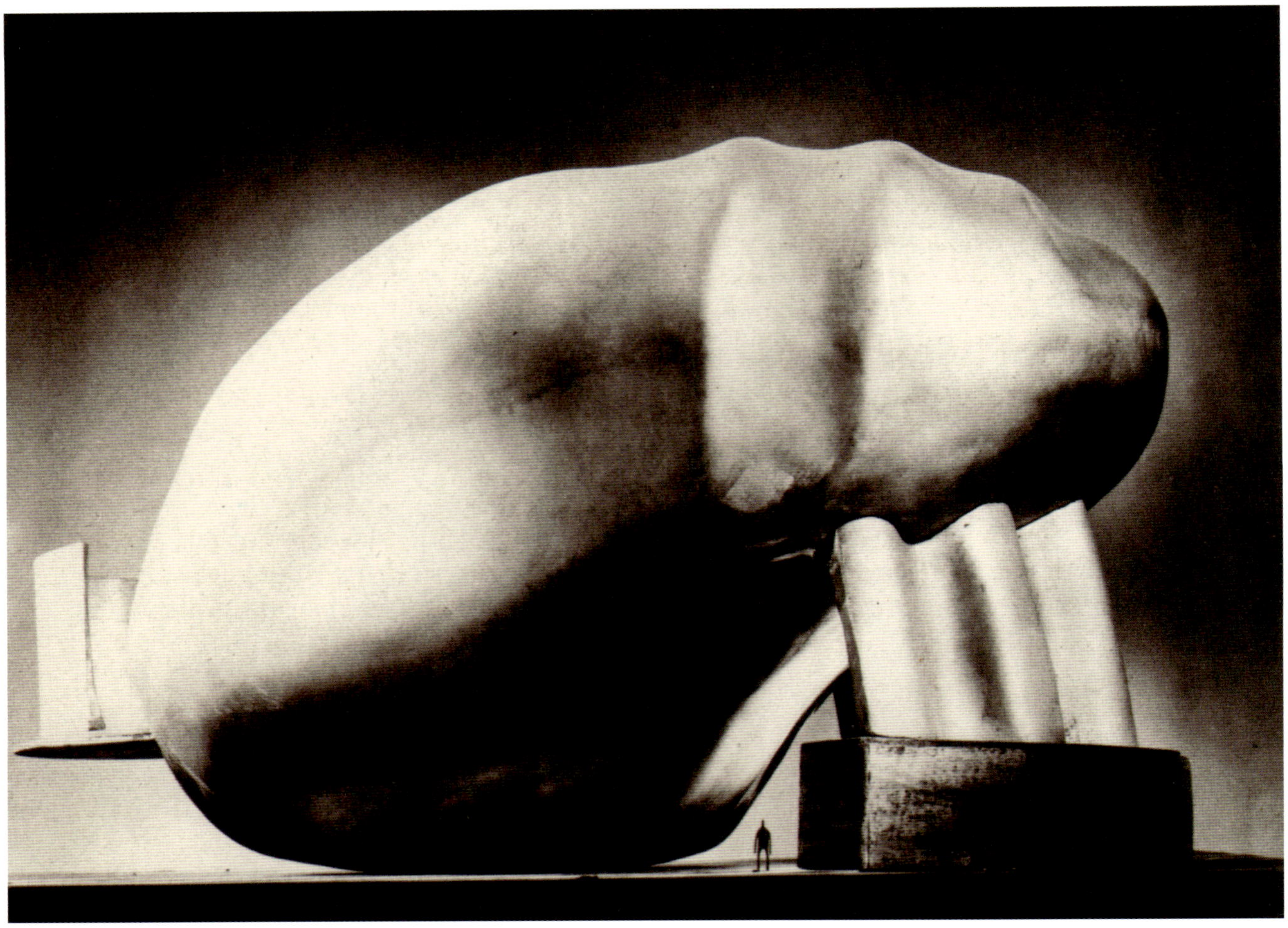

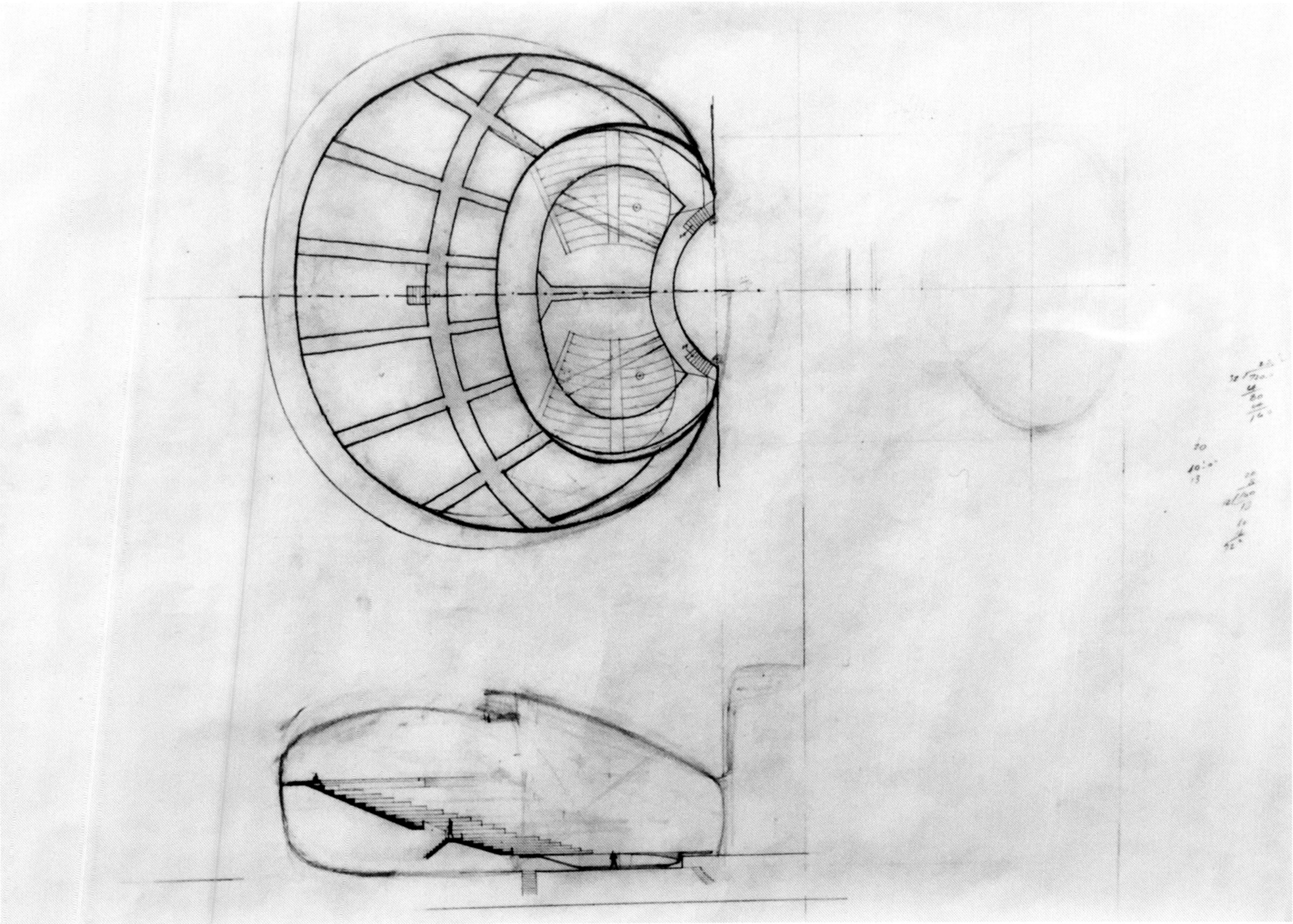

The Universal, Grundriss und Schnitt durch das große Theater, frühe Projektphase, New York, 1959/61, Bleistift auf Transparentpapier
***The Universal*, floorplan and section through large theatre, early project phase,** New York, 1959/61, pencil on tracing paper
ÖFLKS, PLN 849/0

<
The Universal, Seitenansicht mit Blick auf den Eingang, New York, 1962, SW-Foto; Silbergelatineabzug auf Barytpapier, auf Karton montiert
***The Universal*, side elevation with a view of the entrance,** New York, 1962, BW photo; Gelatin silver print on baryta paper, mounted on cardboard
ÖFLKS, PHO 5958/0

<
The Universal, teilweise geöffnetes Modell, New York, 1962, SW-Foto; Silbergelatineabzug auf Barytpapier, auf Karton montiert
***The Universal*, partially open model,** New York, 1962, BW photo; Gelatin silver print on baryta paper, mounted on cardboard
ÖFLKS, PHO 5959/0

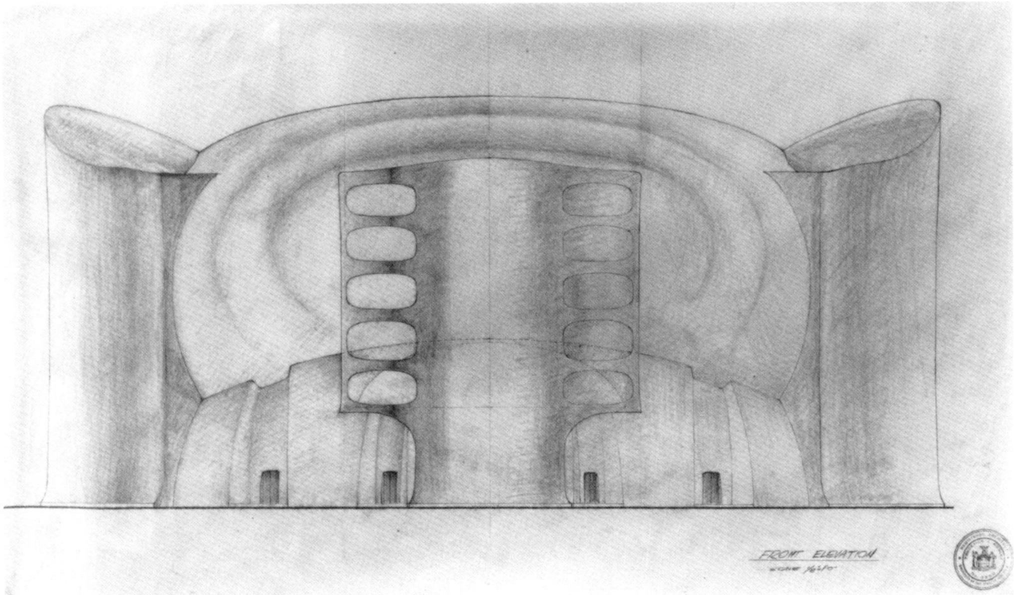

The Universal, Ansicht aus einer frühen Projektphase, New York, 1959/61, Bleistift auf Transparentpapier
***The Universal*, Front Elevation, early project phase,** New York, 1959/61, pencil on tracing paper

Bärbel Vischer

„An egg upon blue" Leonor Antunes, Céline Condorelli, Verena Dengler, Lili Reynaud-Dewar, Apolonija Šušteršič und Rirkrit Tiravanija zu Friedrich Kiesler

Kultur, Sprache, Mobilität und die Auseinandersetzung mit der Welt zeichnen feine Linien in Friedrich Kieslers Œuvre, der jener Generation angehört, die sich durch gesellschaftliche und politische Umbrüche im Europa der Zwischenkriegszeit und des Zweiten Weltkriegs zur Migration entschließen musste oder ihre Zukunft in einem neuen Umfeld sah. „Die Migration ist eine kreative Situation. Und eine schmerzhafte. Wer die Heimat verlässt (aus Zwang oder aus freier Wahl, und beides ist schwer zu unterscheiden), leidet. Denn tausend Fäden verbinden ihn mit der Heimat […]", analysiert der Medienphilosoph Vilém Flusser und sendet ein Signal: Migranten sind die Fenster, durch welche wir die Welt erfahren und sehen können.[1]

Das Fenster und die Frage kultureller Identität lenken unser Interesse auf Czernowitz, wo Kiesler 1890 in eine jüdische Familie geboren wurde. Neben Wien und Lemberg zählte Czernowitz zu den größten jüdischen Gemeinden von Österreich-Ungarn.[2] Die inspirative und multikulturelle Stadt wird von einer vielfältigen territorialen Zugehörigkeit geprägt und zählt im Verlauf der Geschichte zu Rumänien, der Sowjetunion und mit deren Auflösung zur Ukraine.[3] Die kleinen und großen Erzählungen der Schriftstellerin Rose Ausländer oder die symbolistischen und surrealistischen Sprachgebilde des Literaten Paul Celan beginnen in Czernowitz – einer Stadt der Poesie. Einflüsse und Vorstellungen verdichten sich hier durch das Miteinander der Kulturen zu einer kollektiven und individuellen Ideenwelt. Kulturelle Identität entwickelt sich durch Vielfalt, losgelöst von allgemeinen gesellschaftlichen, religiösen, nationalen und politi-schen Vorzeichen. In Czernowitz erscheinen Zeitungen in mehreren Sprachen – Deutsch, Ukrainisch, Rumänisch, Polnisch, Jiddisch und Hebräisch. Die verschiedenen ethnischen Netzwerke bespielen eigene Theater, eingeladen sind auch Wiener Bühnen oder das Moskauer Künstlertheater.[4]

Den Kosmos des Theaters übersetzt Kiesler in künstlerische Konzepte oder Architekturentwürfe – und agiert wie ein Dramaturg. Immanente Themen sind die Auseinandersetzung mit dem Körper – Raum, Form, Innen, Außen – und das Moment der Wahrnehmung. Die konzeptuellen Überlegungen zu Körper und Wahrnehmung verweisen auch auf Studien seines Czernowitzer Freundes Wilhelm Reich, einem Vordenker der Körperpsychotherapie, der wie Kiesler und viele andere in der Wiener Metropole lebt und arbeitet. Dass Kieslers Handlungsanweisungen Kreise im Zeichen von Czernowitz ziehen, zeigt sich beispielsweise in der interdisziplinären Arbeit von Constantin Flondor, der Fragestellungen zu Architektur, Kybernetik, Ästhetik, Psychologie, Vermittlung und gruppendynamische Prozesse einbezieht. Abstrakte Arbeiten der 1960er Jahre erinnern an Kieslers Pläne für das *Endless Theatre*-Projekt (1924), während eine in den 1970er Jahren entwickelte Medienkunst-Installation der von Flondor mitgegründeten Künstlergruppe Sigma 1 die multimedial bespielbare Installation *Raumstadt* (1925) von Kiesler interpretiert.

Interessiert an Kontextverschiebung als künstlerischer Strategie, erweiterte Kiesler die Sprache von Kunst und Architektur. Das Deuten von Inhalten ist Teil eines kulturellen Verständnisses, das oftmals – bewusst oder unbewusst – von einer religiösen Vorstellungswelt, in der sich säkulare Gesellschaften gleichzeitig bewegen, mitbestimmt wird. Die moderne Rationalität und das europäische Wertesystem finden ihren dualistischen Ausgangspunkt in Jerusalem und Athen, vermittelt der Philosoph und Soziologe Jürgen Habermas.[5] In der Kabbala, eine Inspirationsquelle für Philosophie, Literatur und Kunst der Avantgarde des 20. Jahrhunderts, sind festgelegten Begriffen verschiedene Bedeutungen – kontextbezogen – zugeschrieben.[6] Analog ordnet Kiesler in seinen konzeptuellen Überlegungen den Materialien und Objekten durch changierende Zusammenhänge neue Bedeutungen und Anwendungen zu.

1 Flusser, Vilém, *Von der Freiheit des Migranten. Einsprüche gegen den Nationalismus*, Hamburg 2013, 10 ff.
2 Vgl. Hausleitner, Mariana, „Eine wechselvolle Geschichte. Die Bukowina und die Stadt Czernowitz vom 18. bis zum 20. Jahrhundert", in: Braun, Helmut (Hg.), *Czernowitz. Die Geschichte einer untergegangenen Kulturmetropole*, 3. Auflage, Berlin 2013, 50.
3 Vgl. Yavetz, Zvi, *Erinnerungen an Czernowitz. Wo Menschen und Bücher lebten*, 2. Auflage, München 2008, 10–17.
4 Vgl. Rycho, Peter, „Czernowitz als geistige Lebensform. Die Stadt und ihre Kultur", in: Braun, Helmut (Hg.), *Czernowitz. Die Geschichte einer untergegangenen Kulturmetropole*, 3. Auflage, Berlin 2013, 7–9.
5 Vgl. Habermas, Jürgen, *Nachmetaphysisches Denken. Philosophische Aufsätze*, Frankfurt/Main 1992, 22 f.
6 Vgl. Dan, Joseph, *Kabbalah: A Very Short Introduction*, New York 2006, 3–10.

"An egg upon blue"
Leonor Antunes, Céline Condorelli, Verena Dengler, Lili Reynaud-Dewar, Apolonija Šušteršič, and Rirkrit Tiravanija on Frederick Kiesler

Bärbel Vischer

Culture, language, mobility, and engagement with the world trace fine lines through Frederick Kiesler's oeuvre, which belongs to a generation forced by the social and political upheavals in interwar and Second World War Europe to choose migration or to contemplate a future in a new environment. "Migration is a creative situation. And a painful one. Whoever leaves his home country (under duress or out of free choice, both are difficult to distinguish), suffers. For a thousand threads bind him to his home country [...]," analyses media philosopher Vilém Flusser and sends a signal: migrants are the windows through which we can see and experience the world.[1]

The window and the question of cultural identity steer our interest towards Chernivtsi, where Kiesler was born into a Jewish family in 1890. Together with Vienna and Lviv, Chernivtsi counted as one of the largest Jewish communities of Austria-Hungary.[2] Over the course of its history, this inspiring and multicultural city characterized by diverse territorial affiliations has belonged to Romania, the Soviet Union, and after the breakup of the latter, to Ukraine.[3] The small and large narratives of writer Rose Ausländer and the symbolic and surrealist linguistic structures of littérateur Paul Celan begin in Chernivtsi—a city of poetry. Influences and ideas crystallized into a collective and individual imagination through the melding of cultures. Cultural identity developed through diversity, detached from general social, religious, national, and political portents. In Chernivtsi, newspapers appeared in several languages—German, Ukrainian, Romanian, Polish, Yiddish, and Hebrew. The different ethnic networks had their own theaters in which to stage plays, with Viennese playhouses and the Moscow Art Theater being invited as well.[4]

By putting himself in the role of a dramaturgist, Kiesler was able to translate the cosmos of the theater into artistic concepts or architectural designs. Confrontation with the body—space, form, inside, outside—and the moment of perception were immanent themes. His conceptual deliberations about body and perception also referred to studies done by Wilhelm Reich, his friend from Chernivtsi and thought leader in body psychology, who, like Kiesler and many others, lived and worked in the Viennese metropolis. That Kiesler's instructions had a ripple effect radiating from Chernivtsi may be seen in the example of Constantin Flondor's interdisciplinary work, which encompasses topics in architecture, cybernetics, aesthetics, psychology, communication, and group dynamics processes. His abstract work of the 1960s evokes Kiesler's plans for the *Endless Theatre* project (1924), while a media art installation developed in the 1970s by Sigma 1, the artists' group cofounded by Flondor, interprets Kiesler's installation *Raumstadt* [*City in Space*] (1925), which incorporated multimedia elements.

Through his interest in contextual shifts as an artistic strategy, Kiesler expanded the language of art and architecture. Discerning meaning from content is part of a cultural understanding that oftentimes—consciously or unconsciously—is co-determined by a religious worldview through which secular societies are maneuvering at the same time. Philosopher and sociologist Jürgen Habermas claimed that modern rationality and the European value system could discover their dualistic origin in Jerusalem and Athens.[5] In the Kabbala, a source of inspiration for the philosophy, literature, and art of the 20th-century avant-garde, different meanings—depending on the context—are ascribed to established terms.[6] Analogously, in his conceptual deliberations, Kiesler attributed new meanings and applications to materials and objects by changing associations.

1 Flusser, Vilém, *Von der Freiheit des Migranten. Einsprüche gegen den Nationalismus*, Hamburg 2013, 10 ff.[2] Cf. Hausleitner, Mariana, "Eine wechselvolle Geschichte. Die Bukowina und die Stadt Czernowitz vom 18. bis zum 20. Jahrhundert," in: Braun, Helmut (ed.), *Czernowitz. Die Geschichte einer untergegangenen Kulturmetropole*, 3rd edition, Berlin 2013, 50.
3 Cf. Yavetz, Zvi, *Erinnerungen an Czernowitz. Wo Menschen und Bücher lebten*, 2nd edition, Munich 2008, 10–17.
4 Cf. Rycho, Peter, "Czernowitz als geistige Lebensform. Die Stadt und ihre Kultur," in: Braun, Helmut (ed.), *Czernowitz. Die Geschichte einer untergegangenen Kulturmetropole*, 3rd edition, Berlin 2013, 7–9.
5 Cf. Habermas, Jürgen, *Nachmetaphysisches Denken. Philosophische Aufsätze*, Frankfurt/Main 1992, 22 f.
6 Cf. Dan, Joseph, *Kabbalah: A Very Short Introduction*, New York 2006, 3–10.

Constantin Flondor, *Undulatory Mirage*, 1968;
Tinte auf Papier, auf Holzpaneel montiert, geripptes Glas
Constantin Flondor, *Undulatory Mirage*, 1968;
Ink on paper, mounted on wood panel, grooved glass
Courtesy Jecza Gallery & Galerie Volker Diehl

Die Vorstellung, dass das Universum durch Sprache geschaffen wurde, ist ein Motiv des Judentums. Die Regeln der Kreation entsprechen den Regeln der Sprache und Schrift.[7] In der Avantgarde trifft mit Dadaismus und Surrealismus die Sprache der Schrift auf die Sprache der Kunst. 1924 gestaltet Kiesler ein Plakat für die *Internationale Kunst-Ausstellung* in der Wiener Secession und tauscht im Schriftzug „SEZESSION" den Buchstaben C durch Z aus – eine Sprachintervention. Offen für Interpretationen, formuliert Kiesler mit minimalistischen Mitteln eine Verschiebung des Kontexts und öffnet die Institution für den Diskurs.

„An egg upon blue"[8] zitiert atmosphärisch die in der Ukraine geborene und nach Brasilien emigrierte Schriftstellerin Clarice Lispector, die elementare wie ungewöhnliche Sprachbilder entwickelte. An verschiedenen Nahtstellen entstehen im Rahmen der MAK-Ausstellung prozesshafte künstlerische Interventionen und performative Arbeiten – orchestriert von Leonor Antunes, Céline Condorelli, Verena Dengler, Lili Reynaud-Dewar, Apolonija Šušteršič und Rirkrit Tiravanija. Die KünstlerInnen treten mit Kiesler in einen zeitgenössischen Dialog, der ideelle Kontextverschiebungen generiert und die Ausstellung als Medium beziehungsweise Plattform anwendet, deren Sequenzen intuitiv entwickelt werden.

Mit ihrem eigenen Körper bespielt Lili Reynaud-Dewar performative Szenerien und Environments. In den Bewegungen sind die Grenzen zwischen privatem und öffentlichem Raum fließend, konventionelle Ordnungssysteme in Relation zu Mensch, Sexualität, Macht und Raum werden übersprungen. Reynaud-Dewar tanzt in der Rolle des *Endless House* um das Modell für eine Stadt der Zukunft. Analog zu einer Aufnahme, die Kiesler für einen Vortrag zu De Stijl bearbeitet hatte, sind einzelne Flächen der *Raumstadt*, die gleichzeitig als Skulptur, Architektur, Display und Bühne fungiert, durch die Farben Rot, Gelb und Blau akzentuiert.

Als Form verbindet das Ei alle Dimensionen – horizontal, vertikal und räumlich – und versinnbildlicht ein Motiv, das Kiesler im *Endless House*-Projekt übersetzt. Für ihre Performance schlüpft Reynaud-Dewar in ein aus Maschendraht und Herrenanzugstoffen zugeschnittenes Kostüm, das von einem Modell des *Endless House* von 1959 inspiriert ist – „Es ist endlos wie der menschliche Körper – es gibt keinen Anfang und kein Ende", wie Kiesler kommentiert – und sich wie eine Muschel um ihren Körper schmiegt.[9] Die Hülle wird nach dem kontemplativen

7 Ebd. 18–19.
8 Lispector, Clarice, „The Egg and the Chicken" [„O ovo e a galinha"], in: Benjamin Moser (Hg.), *Clarice Lispector. The Complete Stories*, London 2015, 277 f.
9 Kiesler, Friedrich, „The ‚Endless House': A Man-Built Cosmos [1962]", in: Gohr, Siegfried/Luyken, Gunda (Hg.), *Frederick J. Kiesler: Selected Writings*, Ostfildern 1996, 126.

The idea that the universe arose through language is a motif in Judaism. The rules of creation correspond to the rules of language and writing.[7] In the avant-garde, with Dadaism and surrealism, the language of writing intersected with the language of art. In 1924 Kiesler drew up a poster for the *International Art Exhibition* at the Vienna Secession and swapped the letter C for a Z in the "SEZESSION" logo—a linguistic intervention. By employing minimalistic means to formulate a shift in context that was open to interpretation, Kiesler opened up the institution for discussion.

"An egg upon blue"[8] was an evocative quote by Ukrainian-born, Brazilian emigré writer Clarice Lispector, who developed elemental, as well as unusual verbal images. Orchestrated by Leonor Antunes, Céline Condorelli, Verena Dengler, Lili Reynaud-Dewar, Apolonija Šušteršič, and Rirkrit Tiravanija, processual artistic interventions and performative works arise at various interfaces in the context of the MAK exhibition. The artists enter into a contemporary dialogue with Kiesler, thus generating a contextual shift of ideas and leveraging the exhibition as a medium or a platform whose sequences unfold intuitively.

Using her own body, Lili Reynaud-Dewar acts in performative scenarios and environments. In her movements, the boundaries between private and public space become fluid, conventional arrangements in relation to humans, sexuality, power, and space are bypassed. In the role of the *Endless House*, Reynaud-Dewar dances around the model of a city for the future. Analogous to a photograph Kiesler retouched for a presentation on De Stijl, the individual surfaces of the *City in Space*—which functions simultaneously as sculpture, architecture, display, and stage—are accented with the colors red, yellow, and blue.

In its shape, the egg fuses all dimensions—horizontal, vertical, and spatial—and symbolizes a motif that Kiesler translated in the *Endless House* project. For her performance, Reynaud-Dewar slips into a costume tailored out of wire mesh and men's suit fabrics, which was inspired by a 1959 *Endless House* model—"It is endless like the human body—there is no beginning and no end to it," as Kiesler commented—and envelops her body like a seashell.[9] After the contemplative act of her performance, which explores the possibilities of perception, the sheath will be integrated into the installation along with the film footage. Performance, video, and sculpture animate the *City in Space* and interpret the institutional framework. The artist's staging is a poetic analysis of a linkage that at first glance appears to be diametrically opposed. In translating the *Endless House* principle, Reynaud-Dewar condenses it to the realm of the simple lines and planes of the floating *City in Space*.[10]

Verena Dengler is interested in the dramaturgy of things; together with set designer Janina Audick and actress Sachiko Hara as the group Black Widows, she stages *Die Geburt des Bucephalus* [The birth of Bucephalus] (1964). Kiesler's monumental and unfinished sculpture is an expanded version of the *Endless House*. The rotund, cavernous space of several interwoven chambers was intended for lying down and letting oneself be inundated with sound. Kiesler named the sculpture after Alexander the Great's horse, appearing as the worldly-wise Dr. Bucephalus in Franz Kafka's short story, *The New Advocate*: "In the quiet lamplight, his flanks unhampered by the thighs of a rider, free and far from the clamor of battle, he reads and turns the pages
of our ancient tomes."[11]

The staging of *Black Widows* weaves together images, scenery components, and fragments from art and theater realms linked by different narrative times and actions. The performers move between elements of the *Leger- und Trägersystem* [*Leger (L) and Träger (T) System*] (1924), a display for the *International Exhibition of New Theatre Techniques* in Vienna. In use are stage projections employed by Kiesler, as well as rugs that Dengler had made according to a drawing of a horse and a receipt of Kiesler's for the sale of a tapestry by Fernand Léger. Sculptures made of ceramic or produced by 3D printing were inspired by the series of bronzes *Horses* (1963); a *Painting Library stand* (1942) activates a display from the *Daylight Gallery, Art of This Century*, New York; while Janina Audick wears a stage model as a hat. Freely—in the manner of Kiesler—the artists fuse the hybrid language of form of the various artistic disciplines into a situational entity. After the performance for the opening of the exhibition, this will remain as an installation and put the conditions of art system production—then as now—up for debate.

In her sculptural work and installations, Leonor Antunes traces 20th-century narratives about art, architecture, and design that appear to play a certain secondary role in art appreciation. Beyond this, Antunes elucidates questions of applied art—craftsmanship production, traditional techniques, and the language of natural materials like wood, textiles, leather, or

7 Ibid. 18–19.
8 Lispector, Clarice, "The Egg and the Chicken" ["O ovo e a galinha"], in: Benjamin Moser (ed.), *Clarice Lispector. The Complete Stories*, transl. by Katrina Dodson, London 2015, 277 f.
9 Kiesler, Frederick, "The 'Endless House': A Man-Built Cosmos [1962]," in: Gohr, Siegfried/Luyken, Gunda (eds.), *Frederick J. Kiesler: Selected Writings*, Ostfildern 1996, 126.
10 Cf. Bogner, Dieter (ed.), *Friedrich Kiesler 1890–1965. Inside the Endless House*, Historical Museum of the City of Vienna, Wien/Cologne/Weimar 1997, 15.
11 Koch, Hans-Gerd/Kittler, Wolf/Neumann, Gerhard (eds.), *Franz Kafka. Drucke zu Lebzeiten*, Frankfurt/Main 1994, 251 f. Kafka's story appeared in 1920 as "Der neue Advokat" in the volume *Ein Landarzt. Kleine Erzählungen*, Kurt Wolff Verlag (pub.), Leipzig. Transl. of "The New Advocate" by Edwin and Willa Muir in Kafka's *"The Metamorphosis" and Other Writings*, ed. by Helmut Kiesel, New York 2002, 59 f.

Akt der Performance, die Möglichkeiten der Wahrnehmung auslotet, mit dem Filmmaterial in die Installation integriert. Performance, Video und Skulptur aktivieren die *Raumstadt* und interpretieren den institutionellen Rahmen. Die Inszenierung der Künstlerin ist eine poetische Analyse einer Verbindung, die auf den ersten Blick diametral entgegengesetzt scheint. Reynaud-Dewar verdichtet die Übersetzung des Prinzips des *Endless House* in die Sphäre aus einfachen Linien und Flächen der schwebenden *Raumstadt*.[10]

Verena Dengler interessiert sich für die Dramaturgie der Dinge und inszeniert mit der Bühnenbildnerin Janina Audick und der Schauspielerin Sachiko Hara als Gruppe Black Widows *Die Geburt des Bucephalus* (1964). Kieslers monumentale und unvollendete Skulptur ist eine expandierte Version des *Endless House* (1959). In der bauchigen, aus mehreren Kammern verwobenen Raumhöhle sollte man liegen können und sich von Sound beschallen lassen. Kiesler nannte die Skulptur nach dem Pferd von Alexander dem Großen, das Franz Kafka als den lebenserfahrenen Dr. Bucephalus in seiner Erzählung *Der neue Advokat* auftreten ließ: „Frei, unbedrückt die Seiten von den Lenden des Reiters, bei stiller Lampe, fern dem Getöse der Alexanderschlacht, liest und wendet er die Blätter unserer alten Bücher."[11]

Die Inszenierung der *Black Widows* verwebt Bilder, Versatzstücke und Fragmente aus Kunst- und Theaterwelten, die verschiedene Erzählzeiten und Handlungen verbinden. Die Performerinnen bewegen sich zwischen Elementen des *Leger- und Trägersystems* (1924), einem Display für die *Internationale Ausstellung neuer Theatertechnik* in Wien. In Verwendung sind von Kiesler eingesetzte Bühnenprojektionen sowie Teppiche, die Dengler nach einem Beleg Kieslers zum Verkauf eines Wandteppichs von Fernand Léger und einer Zeichnung von einem Pferd anfertigen ließ. Skulpturen aus Keramik oder im 3-D-Druck gefertigt, sind von der aus Bronze hergestellten Serie *Horses* (1963) inspiriert, ein *Painting Library stand* (1942) aktiviert ein Display der *Daylight Gallery*, *Art of This Century*, New York, während Janina Audick ein Bühnenmodell als Hut trägt. Die hybride Formensprache der verschiedenen Künste fügen die Künstlerinnen – frei nach Kiesler – zu einer situationsbezogenen Einheit zusammen, die nach der Performance im Rahmen der Eröffnung der Ausstellung als Installation verbleibt und auch die Produktionsbedingungen des Kunstsystems damals wie heute zur Diskussion stellt.

In ihren skulpturalen Arbeiten und Installationen zeichnet Leonor Antunes Erzählungen des 20. Jahrhunderts zu Kunst, Architektur und Design nach, die in der Kunstbetrachtung eine gewisse Nebenrolle zu spielen scheinen. Antunes beleuchtet darüber hinaus Fragen der angewandten Kunst – handwerkliche Produktion, traditionelle Techniken und die Sprache von natürlichen Materialien wie Holz, Textilien, Leder oder Metall. Im Rahmen der MAK-Ausstellung untersucht die Künstlerin – analog zu Kiesler – das Schaufenster im Gefüge der Stadt (oder des Museums) als experimentelles Feld, das ideologisch besetzt ist[12] und seit dem 18. Jahrhundert das Konsumverhalten der Menschen verändert hat.

Das Schaufenster fungiert als Bühne der Wünsche und Projektionen, das im 21. Jahrhundert seine Bedeutung aus dem Stadtraum in den virtuellen Raum übertragen hat, der das Motiv des Fensters in vielen Facetten zeigt, da sich Maschinen und Gegenstände des Alltags infolge einer neuen industriellen Revolution zunehmend vernetzen.[13] Der Ausstellungsraum oder das Museum en miniature, das Schaufenster, umgeht diese Algorithmen und rückt Möglichkeiten der Präsentation alltäglicher wie ungewöhnlicher Dinge aus dem Blickwinkel der Kunst in den Vordergrund. Im imaginären Rhythmus von handwerklichen Materialien, Texturen und Formen entwickelte die Künstlerin in der permanenten MAK-Schausammlung Wien 1900 das Modell eines Schaufensters nach einer Gestaltung Kieslers für das Kaufhaus Saks Fifth Avenue in New York (1930), das Kieslers Zugang zur Moderne poetisch verdeutlicht.

Céline Condorelli geht den Fragen nach, auf welche Weise Gewohnheit und Wahrnehmung unser Verhalten mitbestimmen oder ob existierende Gegebenheiten unser Handeln beeinflussen. Sie macht die Transformation von Produktionen sichtbar, indem sie dafür plädiert, Prozesse, Methoden und Strukturen, die Entwicklungen evozieren, zu überdenken. Analog zum Layout und den architektonischen Gegebenheiten der Ausstellung entwickelt Condorelli eine Installation aus Sound- und Lichtwellen, die nach einem komponierten Rhythmus verlaufen, und integriert *The Swindelier* (2015) – eine Skulptur, die die atmosphärischen Elemente modelliert.

Der Einsatz der Licht- und Soundtechnik begann Ende des 19. Jahrhunderts mit der Industrialisierung, als analog zu Erfindungen neue mechanische Geräusche sowie die Reproduzierbarkeit und elektronische Verbreitung von Tönen folgten. Klang und Schall sind sowohl Zeitzeugnisse als auch Mediatoren der Gegenwart. In einem Interview über die Relation zwischen Akustik und Architektur erklärt Kiesler, dass alle Elemente – die Akustik, die Form, die Handlung und die visuelle Präsenz – koordiniert, jedoch nicht im mechanischen Sinn, sondern vielmehr dirigiert

10 Vgl. dazu Bogner, Dieter (Hg.), *Friedrich Kiesler 1890–1965. Inside the Endless House*, Historisches Museum der Stadt Wien, Wien/Köln/Weimar 1997, 15.
11 Koch, Hans-Gerd/Kittler, Wolf/Neumann, Gerhard (Hg.), *Franz Kafka. Drucke zu Lebzeiten*, Frankfurt/Main 1994, 251 f. Die Geschichte von Kafka erschien 1920 unter dem Titel „Der neue Advokat" in dem Band *Ein Landarzt. Kleine Erzählungen* im Kurt Wolff Verlag, Leipzig.
12 Kiesler, Friedrich, „The Ideology of the Show Window [about 1928]", in: Gohr, Siegfried/Luyken, Gunda (Hg.), *Frederick J. Kiesler: Selected Writings*, Ostfildern bei Stuttgart 1996, 13 f.
13 Vgl. dazu Binswanger, Mathias, „Internet der Dinge: Das Ende des souveränen Konsumenten", in: *Die Zeit* 12/2016, 26.3.2016.

metal. For the MAK exhibition, the artist—analogous to Kiesler—studies the show window in the city (or museum) ecosystem as an experimental field that has changed consumer behavior since the 18th century and is possessed of an inherent ideology.[12]

Functioning as a stage for desires and projections, the 21st century show window has transferred its impact from the urban to the virtual realm, which evinces the motif of the window in many facets. Today, machines and everyday objects are becoming increasingly networked as a result of a new Industrial Revolution.[13] The exhibition space or the museum "en miniature," the show window, sidesteps these algorithms and shifts into the foreground possibilities for presenting quotidian as well as unusual things from the perspective of art. In an imaginary rhythm of handcrafted materials, textures, and forms, the artist developed a model of a show window in the MAK Permanent Collection Vienna 1900 relating to a design by Kiesler for the department store Saks Fifth Avenue in New York (1930) to poetically illustrate Kiesler's approach to modernism.

Céline Condorelli pursues the questions of the ways in which habit and perception help to determine our behavior and whether existing circumstances influence our actions. She visualizes the transformation of productions by advocating for the contemplation of processes, methods, and structures that evoke developments. As an analog to the layout and architectonic circumstances situations of the exhibition, Condorelli developed an installation out of sound and light waves that progress according to a composed rhythm and integrates *The Swindeler* (2015)—a sculpture that models the atmospheric elements.

Sound and light technologies came into use with industrialization toward the end of the 19th century since new mechanical sounds and the reproducibility and electronic dissemination of tones arose in parallel with inventions. Tone and sound are testimonials of the times, as well as mediators of the present. In an interview about the relationship between acoustics and architecture, Kiesler explained that all elements needed to be coordinated—acoustics, form, action, and visual presence—that they could not, however, be directed in a mechanical sense, but rather only through a situational confrontation with circumstances—open to inspiration.[14] Through subtle interventions in the existing lighting system and the creation of an accompaniment for the acoustics of the MAK exhibition, Condorelli creates a structural background that draws viewers into a separate spatial sphere.

Rirkrit Tiravanija concentrates on the formation of communities that emerge under the auspices of globalization free from national and territorial tendencies. He counters art-historical references and notations with situative ideological social and work models, which he tests in interdisciplinary performances, happenings, banquets, and productions in the milieu of the art industry. Upon Tiravanija's invitation, Karl Holmqvist, known for his poetry and readings, has developed a live performance in the context of the opening of the MAK exhibition. Holmqvist plays the role of the protagonist Kiesler posing in a setting of associative stage scenery and reading from his controversial and visionary theoretical texts.

Kiesler was known for his unusual self-portrayal and conceptual staging. In a symbolic gesture, he would skillfully position himself among stage sets and scenery he designed, or in front of his work in the studio, or surrounded by his artist friends. In allusion to Kiesler's custom of presenting and conceptually staging himself with his works, the artists have selected a stage at the interface of painting and installation: the 8-piece *Galaxy* [Floor/Wall Piece] (1952), wherein Kiesler, posing, had himself photographed.

Apolonija Šušteršič grapples with a critical spatial analysis that sheds light on the processes and relationships between institutions, cultural-political issues, architecture, and urban space. Together with Hild Borchgrevink, Nina Krogh, Linn Lervik, and Ida Uvaas, students in the Art and Public Space program at the Kunsthøgskolen i Oslo (KHiO, Oslo National Academy of the Arts), she is developing a process-oriented project about Kiesler's first wife, Stefi Kiesler, which will be presented not only in institutional spaces, but also disseminated in public spaces and via social media.

Stefi Kiesler engaged in literary activities; her work included typewritten images, short stories, translations, and articles for the magazine *Aufbau*.[15] The newly initiated activist group "Stefi Kiesler" is dedicated to the private notations and diaristic entries she recorded in the years from 1930 to 1952. In the MAK exhibition, the artists illuminate a calendar covered in blue silk with an entry for 30 October 1945, the day on which a meeting about the unrealized *Magic Show* took place. A compilation of the appointments, events, and meetings—with Marcel Duchamp, among others—is depicted on a diagram of the Kieslers' social and artistic network, which is to be fragmentarily assembled for the MAK exhibition and promulgated via quotes in urban space.

12 Kiesler, Frederick, "The Ideology of the Show Window [about 1928]," in: Gohr, Siegfried/Luyken, Gunda (eds.), *Frederick J. Kiesler: Selected Writings*, Ostfildern 1996, 13 f.
13 Cf. Binswanger, Mathias, "Internet der Dinge: Das Ende des souveränen Konsumenten," in: *Die Zeit* 12/2016, 26.3.2016.
14 Cf. interview featuring Frederick Kiesler and Ann McMullen, *Acoustics Architecture*, typescript, WBAI (New York City radio station), 23.9.1965, 28.
15 Cf. Meißner, Jill, *Stefi Kiesler (1897–1963)*, diploma thesis, University of Vienna, Faculty of Philological and Cultural Studies, Vienna 2013.

werden können durch eine situative Auseinandersetzung mit den Gegebenheiten – offen für Inspiration.[14] Condorelli schafft mit subtilen Eingriffen in die vorhandene Lichtanlage und mittels Untermalungen der räumlichen Akustik der MAK-Ausstellung eine strukturelle Folie, die die BetrachterInnen in eine eigene Raumsphäre hineinholt.

Rirkrit Tiravanija fokussiert die Bildung von Gemeinschaften, die sich im Zeichen der Globalität frei von nationalen und territorialen Tendenzen bilden. Kunsthistorische Verweise und Anmerkungen konterkariert er mit situativen ideologischen Gesellschafts- und Arbeitsmodellen, die er in interdisziplinären Performances, Happenings, Banketts oder Produktionen im Umfeld des Kunstbetriebs testet. Auf Einladung von Tiravanija entwickelt Karl Holmqvist, bekannt für seine Poesie und Lesungen, im Rahmen der Eröffnung der MAK-Ausstellung eine Live-Performance. Holmqvist spielt die Rolle des Protagonisten Kiesler, der im Setting einer assoziativen Bühnenlandschaft posiert und aus seinen kontroversen wie zukunftsweisenden theoretischen Schriften liest.

Kiesler war bekannt für seine ungewöhnlichen Selbstdarstellungen und konzeptuellen Inszenierungen. Er setzte sich in von ihm gestalteten Kulissen und Bühnenbildern, im Atelier vor seinen Arbeiten oder umgeben von seinen KünstlerfreundInnen mit symbolischer Geste gekonnt in Szene. In Anspielung auf Kieslers Selbstdarstellungen und konzeptuellen Inszenierungen mit seinen Werken wählen die Künstler die 8-teilige *Galaxy* [Floor/Wall Piece] (1952) an der Schnittstelle von Malerei und Installation als Bühne, in welcher sich Kiesler posierend fotografieren ließ.

Apolonija Šušteršič setzt sich mit einer kritischen Raumanalyse auseinander, die Prozesse und Beziehungen zwischen Institutionen, kulturpolitischen Fragen, Architektur und dem urbanen Raum beleuchtet. Gemeinsam mit Hild Borchgrevink, Nina Krogh, Linn Lervik und Ida Uvaas, Studentinnen des Art and Public Space-Programms an der Kunsthøgskolen i Oslo (KHiO, Kunsthochschule Oslo), entwickelt sie ein prozesshaft orientiertes Projekt zu Stefi Kiesler.

Stefi Kiesler war literarisch aktiv, zu ihrer Arbeit zählen Schreibmaschinen-Bilder, Kurzgeschichten, Übersetzungen und Artikel für die Zeitschrift *Aufbau*.[15] Die neu initiierte Aktionsgruppe „Stefi Kiesler" widmet sich den privaten Aufzeichnungen und tagebuchartigen Eintragungen, die sie in den Jahren von 1930 bis 1952 notierte. In der MAK-Ausstellung beleuchten die Künstlerinnen einen in blauer Seide eingeschlagenen Kalender mit einer Notiz zum 30. Oktober 1945, an dem ein Treffen bezüglich der nicht ausgeführten *Magic Show* stattfand. Eine Zusammenstellung der Verabredungen, Treffen – u. a. mit Marcel Duchamp – und Veranstaltungen zeichnet ein Diagramm des gesellschaftlichen und künstlerischen Netzwerks der Kieslers, das in der MAK-Ausstellung fragmentarisch zusammengestellt und durch Zitate im urbanen Raum weiter vermittelt wird.

Kieslers Einstellung zu einer proaktiven Auseinandersetzung mit der Gegenwart antwortet auf brennende Fragen der Zeit. In seinem zweiten correalistischen Manifest beschreibt Kiesler Mitte der 1960er Jahre – in einer Zeit der Technik, des Fortschritts, des gesellschaftlichen und politischen Engagements – das Idealbild des Künstlers, der seine Arbeiten nicht für Galerien und Museen plant, sondern mit seinen Ideen ein neues Weltbild zeichnet. Das Kunstobjekt – Malerei, Skulptur oder Architektur – steht in Beziehung zum Environment der Wirklichkeit.[16]

14 Vgl. Interview zwischen Friedrich Kiesler und Ann McMullen, *Acoustics Architecture*, Typoskript, WBAI (Radio Station New York City), 23.9.1965, 28.
15 Vgl. dazu Meißner, Jill, *Stefi Kiesler (1897–1963)*, Diplomarbeit, Universität Wien, Philologisch-Kulturwissenschaftliche Fakultät, Wien 2013.
16 Vgl. Kiesler, Friedrich, „Second Manifesto of Correalism", in: *Art International* (9) 2, März 1965, 16.

Kiesler's attitude about proactively confronting the present provides answers to burning questions of our times. In his second correalistic manifesto—in the mid-1960s, a time of technology, of progress, of social and political engagement—Kiesler described the ideal of an artist who does not plan his work for galleries and museums, but sketches a new worldview with his ideas. The art object—painting, sculpture, or architecture—stands in relationship to the environment of reality.[16]

Friedrich Kiesler, *Internationale Kunstausstellung. Gesellschaft zur Förderung moderner Kunst in Wien,* Sezession, Wien 11. September – 20. Oktober 1924, Lithografie
Frederick Kiesler, *International Art Exhibition, Society for the Promotion of Modern Art in Vienna,* Secession, Vienna, 11 September – 20 October 1924, Lithograph
MAK, PI 4791

16 Cf. Kiesler, Frederick, "Second Manifesto of Correalism," in: *Art International* (9) 2, March 1965, 16.

Lili Reynaud-Dewar, *Monsieur Kiesler I am wearing your Endless House. How does it suit me?,* 2016, Collage
Courtesy of the artist and Galerie Emanuel Layr

Black Widows: Verena Dengler mit Janina Audick und Sachiko Hara, 2016
Black Widows: Verena Dengler with Janina Audick and Sachiko Hara, 2016
Courtesy of the artists and Galerie Meyer Kainer, Wien Vienna

<
Leonor Antunes, *Discrepancies with X and random intersections,* 2013, Bambusstäbe, Leinengarn, Leder, Hanf, Eichenholz, Installationsansicht (Detail), Kunsthalle Basel
Leonor Antunes, *Discrepancies with X and random intersections,* 2013, Bamboo sticks, linen thread, leather, hemp, oak, Installation view (detail), Kunsthalle Basel
Courtesy of the artist and Air de Paris

Céline Condorelli, *Swindelier,* 2015 Kupferrohr, Ventilator, Licht, Lautsprecher, MP3-Player, Tonspur, C-Type-Drucke, Installationsansicht, Tensta Konsthall, Stockholm
Céline Condorelli, *Swindelier,* 2015, Copper pipe, fan, light, speaker, mp3 player audio track, C-type prints, installation view, Tensta Konsthall, Stockholm

Rirkrit Tiravanija, *Untitled 2015 (run like hell),*
2015, Ausstellungsansicht, Musikperformance mit
Karl Holmqvist und Antto Melasniemi
Rirkrit Tiravanija, *Untitled 2015 (run like hell),*
2015, Exhibition view, Musical performance with
Karl Holmqvist and Antto Melasniemi
Courtesy of the artist and Galerie Chantal Crousel, Paris

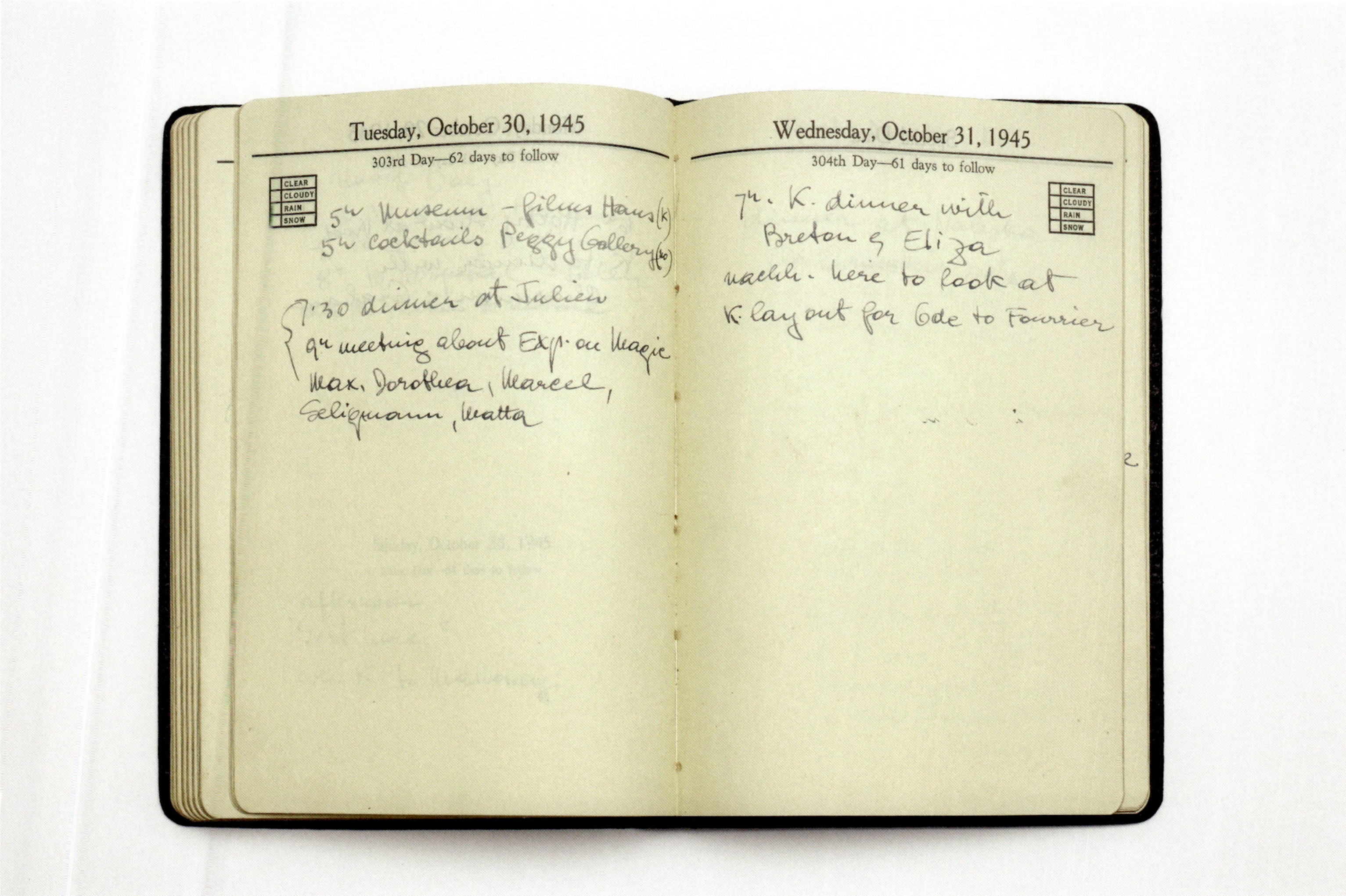

Stefi Kiesler: Apolonija Šušteršič mit Hild Borchgrevink, Nina Krogh, Linn Lervik und Ida Uvaas
(Studentinnen des Art and Public Space-Programms an der Kunsthochschule Oslo)
Calender note, 30 October 1945, 2016
Stefi Kiesler: Apolonija Šušteršič with Hild Borchgrevink, Nina Krogh, Linn Lervik, and Ida Uvaas
(Students of the Art and Public Space program at the Oslo National Academy of Arts)
Calender note, 30 October 1945, 2016
ÖFLKS, MED 860/0
Courtesy of Stefi Kiesler

Almut Grunewald

„Space-Monsters"

Die Skulpturen Friedrich Kieslers im amerikanischen Kontext[1]

In Friedrich Kieslers New Yorker Umkreis und besonders unter den KünstlerInnen der nächstjüngeren Generation spielten ab den späten 1940er Jahren Tendenzen zur Erweiterung der künstlerischen Arbeitsmethoden und zur verstärkten Thematisierung von Prozessen eine große Rolle. Diese zeigten sich zum einen in den Momentaufnahmen der gestischen Malerei und Skulptur,[2] zum anderen bildeten Prozesse in neuen künstlerischen Gattungen, wie dem Happening, die vorbereitende Struktur für den spontan sich ereignenden Moment oder waren, wie bei der Performance, die Grundlage des aufgeführten Werkes. In der Land Art ab Ende der 1960er Jahre standen die nachwirkenden Prozesse im Zentrum, denen die Werke – etwa durch Verwitterung oder Zerstörung – bewusst ausgesetzt wurden.[3] Diese Art von Prozessen war einmalig und nicht reproduzierbar.[4] Kieslers persönlicher Standpunkt im amerikanischen Kontext ließ ihn zu einem Vorläufer und auch Vorbild für die nachfolgende KünstlerInnengeneration und besonders für Robert Rauschenberg und Allan Kaprow werden.[5] Dabei nahm Kiesler eine Zwischenposition ein, indem er über Inhalte der europäischen Avantgarde der Vorkriegszeit hinausging und sich den jüngeren New Yorker KünstlerInnen und ihrem Denken in Prozessen annäherte.[6]

Die Weiterentwicklung des surrealistischen Automatismus mit einer höheren Bewertung des künstlerischen Akts gegenüber dem Bildthema durch den Abstrakten Expressionismus[7] und die Betonung der künstlerischen Geste bei Jackson Pollock wurden von Kiesler und Kaprow sehr unterschiedlich beurteilt. In seinem 1958 in der Zeitschrift *Art News* erschienenen Aufsatz leitet Kaprow aus Pollocks Action Painting die Forderung einer Erweiterung der Kunst in die Alltäglichkeit ab, wie er sie selbst mit der Form des Happenings praktizierte:

> „Pollock, so wie ich ihn sehe, verließ uns an einem Punkt, an dem wir uns um den Raum und die Objekte unseres Alltags kümmern, ja uns von ihnen verblüffen lassen müssen, entweder von unseren Körpern, Kleidern, Räumen, oder, wenn es sein muss, von der unendlichen Weite der 42. Straße."[8]

Kiesler zeigt im Gegensatz zu Kaprow wenig Interesse an der Konfrontation oder Einbettung der Werke in alltägliche Kontexte, also an einer Verlagerung der Orte, an denen Kunst stattfindet,[9] sondern deutet ein Jahr zuvor die Ausweitung der Bildfläche und die Unbegrenztheit von Pollocks Drippings allein abstrakt-räumlich:

> „Die Malerei ist im letzten Jahrzehnt auf merkwürdige Weise in die Breite gewachsen (nicht so sehr in die Höhe). In Frankreich und Amerika zeigt sich ein anhaltender Trend, von 60 cm breiten zu 6 Meter breiten Leinwänden überzugehen. Nur wenige Galerien sind für solche Raummonster ausgestattet. [...] Es ist einfach das Bedürfnis, über Rahmen und Grenzen hinauszuwachsen, aus dem Käfig auszubrechen – sei er aus Gold oder simplen Holzlatten oder seien es die Wände links und rechts von einem Bild. Es ist ein Schrei nach Ellbogenfreiheit, nach Raum zum Atmen."[10]

Die Bedeutung, die das einflussreiche Buch *Art as Experience* (1934) des amerikanischen Philosophen und Vertreters des Pragmatismus John Dewey sowohl für Kiesler als auch für die nachfolgende amerikanische KünstlerInnengeneration besaß, muss daher differenziert werden.[11] Waren Deweys Ausführungen für Kaprow die Bestätigung für eine Aufwertung des Alltäglichen in der Kunst,[12] so scheint für Kiesler die generelle Betonung des Prozesshaften von besonderem Interesse gewesen zu sein.[13]

Die Offenheit und das Interesse am Prozesshaften lässt sich begrifflich an dem für Kieslers Werk zentralen Begriff „Endless" und dessen Anwendung sowohl auf die Architektur als auch auf die Skulptur festmachen.[14] Die grundlegende Aussage ist die Ablehnung einer definitiv gültigen Lösung, eines abgeschlossenen, vollendeten Kunstwerks und stattdessen die Betonung des unabgeschlossenen Entwicklungsprozesses, den er für die Skulptur *The Cup of*

1 Bei diesem Text handelt es sich um Auszüge aus dem fünften und sechsten Kapitel der Dissertation von Almut Grunewald: *Friedrich Kiesler. Seine Skulpturen und sein offenes künstlerisches Konzept*, TU München 2014.
2 Vgl. Thierolf, Corinna, *Amerikanische Kunst des 20. Jahrhunderts in der Pinakothek der Moderne*, Pinakothek der Moderne/Bayerische Staatsgemäldesammlungen (Hg.), München (Bestandskataloge zur Kunst des 20. Jahrhunderts, Bd. 3), Ostfildern 2002, 28.
3 Vgl. Krauss, Rosalind E., *Passages in Modern Sculpture*, 13. Aufl., Cambridge (MA, USA) [1977] 1999, 282 f.
4 Vgl. Ursprung, Philip, „The 'Spiritualist of Woolworth': Duchamp in the eyes of Allan Kaprow and Robert Smithson", in: Banz, Stefan (Hg.), *Marcel Duchamp and the Forestay Waterfall*, Zürich 2010, 235.
5 Vgl. Ursprung, Philip, *Grenzen der Kunst*, München 2003, 56; Krejci, Harald, „Endless House – Endless Story. Zum Konzept des Endless House 1947–1961", in: ÖFLKS/MMK (Hg.), *Friedrich Kiesler: Endless House 1947–1961*, Ausst.kat. MMK, Ostfildern-Ruit 2003, 13.
6 Zu den Einflüssen von Futurismus und De Stijl auf Kiesler, vgl. Grunewald 2014 (s. Anm. 1), Kapitel 2.
7 Vgl. Lachner, Carolyn, „Amerikanische Malerei und Bildhauerei 1945–1976", in: Museum of Modern Art (Hg.), *Museum of Modern Art New York zu Gast im Kunstmuseum Bern und Museum Ludwig Köln: Amerikanische Kunst des 20. Jahrhunderts*, Ausst.kat., New York/Bern/Köln 1978, 77–88.
8 Kaprow, Allan, „The Legacy of Jackson Pollock", in: *Art News* (57) 6 1958, 56 f.; vgl. Kelley, Jeff, „Les expériences américaines", in: *Hors limites. L'art et la vie 1952–1994*, Ausst.kat. Centre Georges Pompidou, Paris 1994, 48; Ursprung 2003 (s. Anm. 5), 60–66. Dt. Übersetzung von www.medienkunstnetz.de.
9 Anspruch und Umsetzung von Kieslers Skulpturen gehen weit auseinander. Seine hölzernen *Galaxies* sind für einen privaten Gebrauch, für ein Zusammenleben sowohl als Kunstobjekt wie auch als Möbel nur schwer geeignet. Die großen, sperrigen Konstruktionen unterscheiden sich in diesem Punkt nicht von klassischen Skulpturen. So ist es auch kein Wunder, dass Kieslers räumliche Inbesitznahme der Skulpturen nur eine Pose bleibt, vgl. „Meant To Be Lived In", in: *LIFE Magazine* (32) 21 1952, Abb. S. 79.
10 Vgl. Kiesler, Friedrich, „The Art of Architecture for Art", in: *Art News* (56) 6 1957, 50. Dt. Übersetzung von Claudia Fuchs.
11 Das Buch war sowohl in Kieslers als auch in Kaprows Bibliothek vorhanden, vgl. Bücherinventar von Kiesler im Archiv der ÖFLKS, befindet sich heute aber nicht mehr im Bestand der Kiesler-Bibliothek; für Kaprow vgl. Ursprung 2003 (s. Anm. 5), 75, Anm. 101.
12 Vgl. Kelley 1994 (s. Anm. 8), 51 f.; Ursprung 2003, (s. Anm. 5), 75 f.
13 Für Kieslers Skulpturen trifft weder der in den 1950er Jahren geprägte Begriff des „Environments" noch der der „Installation" exakt zu. Die Autorin wählte in ihrer Dissertation die Bezeichnung des „offenen künstlerischen Konzeptes", vgl. Grunewald 2014 (s. Anm. 1), Einführung Kapitel 5.
14 Zum Begriff „Endless" bei Kiesler, vgl. Grunewald 2014 (s. Anm. 1), Kapitel 5.1.

"Space-Monsters" Frederick Kiesler's Sculptures in the American Context[1]

Almut Grunewald

In Frederick Kiesler's milieu in New York and in particular among the next-youngest generation of artists, tendencies toward the expansion of artistic working methods and the increased attention to processes played a major role beginning in the late 1940s. On the one hand, these became apparent in the snapshots of gestural painting and sculpture,[2] and on the other hand processes formed the preparatory structure for the spontaneously occurring moment in new art forms such as the happening, or were the basis for the performed work, as in performance. In Land Art beginning in the late 1960s, the focus was on processes with lasting effects to which the works were deliberately exposed, such as weathering or destruction.[3] These kinds of processes occurred only once and were not reproducible.[4] Kiesler's personal position in the American context made him a pioneer and a model for the subsequent generation of artists, and especially for Robert Rauschenberg and Allan Kaprow.[5] Kiesler took on an intermediate position by going beyond the concepts of the European avant-garde of the pre-war era and moving toward the process-based thinking of the younger generation of artists in New York.[6]

The continued development of Surrealist automatism with a greater value accorded to the artistic act compared to the pictorial subject in Abstract Expressionism[7] and the emphasis of the artistic gesture in the work of Jackson Pollock were judged very differently by Kiesler and Kaprow. In his essay published in 1958 in the magazine *Art News*, Kaprow discerned in Pollock's Action Painting the demand for an expansion of art into the everyday, just as he practiced it himself with the art form of the happening:

"Pollock, as I see him, left us at the point where we must become preoccupied with and even dazzled by the space and objects of our everyday life, either our bodies, clothes, rooms, or, if need be, the vastness of Forty-Second Street."[8]

Unlike Kaprow, Kiesler showed little interest in the confrontation or embedding of the works in everyday contexts—that is, in a shift of the locations in which art takes place[9]—and instead interpreted the expansion of the canvas and the limitlessness of Pollock's drip paintings solely in abstract spatial terms one year before:

"Paintings, in the last decade, have strangely grown wider, much wider; particularly wider (not so much elongated). In France, in America, there was and is a growing tendency to expand the canvas from 2 to 20 feet in width. Few galleries are equipped to handle such space-monsters. [...] It is simply the need to expand beyond frames, beyond borders; a tendency to break through enclosings, be they of gold or simple wood baguettes or be they blocking walls to the left and right of a painting—a scream for elbow-room, for breathing-space."[10]

The significance that the influential book *Art as Experience* (1934) by the American philosopher and proponent of pragmatism John Dewey had for Kiesler as well as for the following generation of American artists must therefore be differentiated.[11] While for Kaprow Dewey's writings were the confirmation of a revaluation of the everyday in art,[12] for Kiesler the general emphasis on processuality seems to have been of particular interest.[13]

His openness and his interest in processuality can be discerned in the idea of the "endless," which was central to Kiesler's work, and its application both to architecture and to sculpture.[14] Its basic idea was the rejection of a definitively valid solution, a final, complete artwork, and in its place the emphasis of the incomplete process of development, which he described in detail for the sculpture *The Cup of Prometheus* (1956–1959, 1964).[15] Using this example, Kiesler demonstrated his open artistic position and his interdisciplinary thinking. The point of departure of *The Cup of Prometheus* was a model of the *Endless House* that was cast in bronze and combined into a sculptural ensemble through a deliberate process of piecing together "found" wooden boards and additional bronze elements in a seemingly haphazard manner.

1 This text is comprised of excerpts from the fifth and sixth chapters of the dissertation by Grunewald, Almut, *Friedrich Kiesler: Seine Skulpturen und sein offenes künstlerisches Konzept*, Technical University of Munich 2014.
2 Cf. Thierolf, Corinna, *Amerikanische Kunst des 20. Jahrhunderts in der Pinakothek der Moderne*, Pinakothek der Moderne/Bayerische Staatsgemäldesammlungen (eds.), Munich (Bestandskataloge zur Kunst des 20. Jahrhunderts, vol. 3), Ostfildern 2002, 28.
3 Cf. Krauss, Rosalind E., *Passages in Modern Sculpture*, 13th edition., Cambridge (MA, USA) [1977] 1999, 282 f.
4 Cf. Ursprung, Philip, "The 'Spiritualist of Woolworth': Duchamp in the eyes of Allan Kaprow and Robert Smithson," in: Banz, Stefan (ed.), *Marcel Duchamp and the Forestay Waterfall*, Zurich 2010, 235.
5 Cf. Ursprung, Philip, *Grenzen der Kunst*, Munich 2003, 56; Krejci, Harald, "Endless House – Endless Story: Zum Konzept des Endless House 1947–1961," in: ÖFLKS/MMK (eds.), *Friedrich Kiesler: Endless House 1947–1961*, exh. cat. MMK, Ostfildern-Ruit 2003, 13.
6 On the influences of Futurism and De Stijl on Kiesler, cf. Grunewald 2014 (see note 1), ch. 2.
7 Cf. Lachner, Carolyn, „Amerikanische Malerei und Bildhauerei 1945–1976", in: Museum of Modern Art (ed.), *Museum of Modern Art New York zu Gast im Kunstmuseum Bern und Museum Ludwig Köln: Amerikanische Kunst des 20. Jahrhunderts*, exh. cat., New York/Bern/Cologne 1978, 77–88.
8 Kaprow, Allan, "The Legacy of Jackson Pollock," in: *Art News* (57) 6 1958, 56 f.; cf. Kelley, Jeff, "Les expériences américaines," in: *Hors limites: L'art et la vie 1952–1994*, exh. cat. Centre Georges Pompidou, Paris 1994, 48; Ursprung 2003 (see note 5), 60–66.
9 There are major differences between the aims and implementation of Kiesler's sculptures. His wooden *Galaxies* are poorly suited for personal use, for a coexistence both as art objects and furniture. In this regard, the large, unwieldy constructions are no different from conventional sculptures. Thus, it is not surprising that Kiesler's spatial appropriation of the sculptures remains merely a pose. Cf. "Meant To Be Lived In," in: *LIFE Magazine* (32) 21 1952, fig. p. 79.
10 Cf. Kiesler, Frederick, "The Art of Architecture for Art," in: *Art News* (56) 6 1957, 50.
11 The book was in Kiesler's as well as Kaprow's library (cf. Kiesler's book inventory at the archive of the ÖFLKS), but today is no longer in the Kiesler library; for Kaprow cf. Ursprung 2003 (see note 5), 75, note 101.
12 Cf. Kelley 1994 (see note 8), 51 f.; Ursprung 2003, (see note 5), 75 f.
13 Neither the term "environment" coined in the 1950s nor "installation" precisely fits Kiesler's sculptures. In her dissertation the author chose the term "open artistic concept." Cf. Grunewald 2014 (see note 1), introduction to ch. 5.
14 On the concept of the "endless" in Kiesler's work, cf. Grunewald 2014 (see note 1), ch. 5.1.
15 Kiesler, Frederick, "Towards the Endless Sculpture" (1956, postscript 1960), in: ibid., *Inside the Endless House*, New York 1966, 18–31.

Prometheus (1956–1959, 1964) ausführlich beschreibt.[15] An diesem Beispiel demonstriert Kiesler seine offene künstlerische Haltung und sein intermediales Denken. Den Ausgangspunkt von *The Cup of Prometheus* bildet ein Modell des *Endless House*, das in Bronze gegossen und durch bewusstes „Basteln" mit sichtbar addierten, „gefundenen" Holzplanken und weiteren Bronzeelementen in rauer Dripping-Optik zu einem skulpturalen Ensemble verknüpft wurde.

Die langfristige zeitliche Entwicklung, die Kiesler mit dem Begriff „Endless" formuliert, stellt in ihrer Form des Prozesshaften eine Alternative zur Flüchtigkeit des Happenings und der Performance dar. „Endless" bedeutet zwar – wie bei Kieslers *Endless Sculptures* oder *Endless House*-Modellen – ein sichtbares, materialisiertes Werk, jedoch ohne definitive Form, da zumindest theoretisch keine Vollendung vorgesehen ist. Hier spielt Kieslers organische Kunstauffassung und seine Untersuchung von Strukturanalogien bei künstlerischen und stetig fortschreitenden natürlichen Wachstums- und Entwicklungsprozessen eine zentrale Rolle, wie er sie besonders über das für seine Generation hochaktuelle Buch *On Growth and Form* (1917) von D'Arcy Wentworth Thompson rezipiert hat.[16]

Neben einem abstrakt-formalen entwickelte Kiesler ab den späten 1940er Jahren einen emotional-expressiven Ansatz, der auf seine künstlerische Entwicklung und späte Verankerung innerhalb der amerikanischen Kunstszene hindeutet. Sein Interesse an Mythen und Symbolen lässt sich ebenso stark auf den Einfluss der New Yorker KünstlerInnen mit ihrer Verarbeitung und zum Teil Umdeutung von surrealistischen Ideen wie auf eine direkte Auseinandersetzung mit surrealistischen Theorien zurückführen.[17]

Ein Vergleich zwischen Kieslers erster hölzerner *Galaxy* (1947/48, Basis 1951) und Isamu Noguchis 1950 entstandener Bühnendekoration für Martha Grahams Choreografie *Judith*[18] verdeutlicht Kieslers Nähe zum Primitivismus der New Yorker Kunstszene der 1940er Jahre.[19] Sein Interesse an primitiver Kunst war ebenso wie bei den meisten amerikanischen KünstlerInnen nicht rein formal. Die Sehnsucht galt dem „Universellen", einem Mythos und zeitlosen religiösen Ausdruck, den die KünstlerInnen sowohl in der primitiven Stammeskunst als auch in anderen naturgeschichtlichen Formen, etwa aus den Bereichen der Geologie oder Archäologie fanden.[20] So zitiert David Smith mit dem *Jurassic Bird* (1945) oder dem *Royal Bird* (1947–1948) Skelette prähistorischer Wesen und bezieht sich damit auf ein primitives menschheitsgeschichtliches Erbe.[21] Dieser Umgang mit knochenartigen Formen unterscheidet sich von zeitgleichen Werken anderer KünstlerInnen wie etwa von Yves Tanguy, Alexander Calder oder Hans Arp, die besonders den Aspekt des Ungeformten, Amorphen und die Vielfalt der daraus ableitbaren Formenvarianten thematisieren.

Kieslers Skulpturen, deren Titel wie Namen von Theaterstücken klingen, erhalten durch ihr Gewicht, die Dauerhaftigkeit des Materials und die über den menschlichen Maßstab hinausreichende Dimensionierung eine große Schwere. Die einzelnen Elemente sind zum einen Ausdruck einer räumlichen Verspannung und zum anderen, wie etwa die Tür bei *Birth of a Lake* (1960–1964) oder der Aluminiumsitz bei *The Last Judgement*, szenografische[22] Elemente für eine bühnenhafte Kulisse.[23] Kiesler setzt bei seinen Skulpturen „Monumentalität"[24] im Sinne einer Verstärkung von „Wirkung"[25] gezielt für eine Inszenierung ein. Dies erinnert an das Vorgehen des Abstrakten Expressionismus, überdimensionale Bildträger mit mythologischen Inhalten zu kombinieren. Bei Kiesler kommt eine spielerische Überzeichnung hinzu, wie er sie auch am Theater und bei der Ausstellungs- und Schaufenstergestaltung einsetzt, um eine starke Fernwirkung zu erzeugen.

Das Spätwerk *Us, You, Me*, an dem Kiesler ab 1963 arbeitete, geht noch einen Schritt weiter, indem es den Gedanken von der Skulptur als Landschaft umsetzt. Wie eine Art neuzeitliche „Weltlandschaft" bildet es das moderne, urbane Leben ab. Eine universalistische Erzählung, die sich eingeklemmt zwischen Baustellenschild und Flugzeugabsturz unter dem strengen Blick eines fragmentierten *David* abspielt, der lässig auf die Hüfte gestützt seinen Revolver zückt und Funken sprüht, sobald er auf einen schlecht gelaunten Betrachter trifft.[26] Die Figur des *David*, ehemals von Michelangelo als politische Allegorie gebraucht, wird von Kiesler ironisch als kompetenter kunsthistorischer Zeuge eingesetzt. *Us, You, Me* zeugt von einem humorvollen Blick auf die Welt und beweist ein weiteres Mal Kieslers Bühnentalent.

15 Kiesler, Friedrich, „Towards the Endless Sculpture" (1956, Postscript 1960), in: Ders., *Inside the Endless House*, New York 1966, 18–31.
16 Thompson, D'Arcy Wentworth, *On Growth and Form*, Cambridge 1917; vgl. Grunewald 2014 (s. Anm. 1), Kapitel 3.4.
17 Das Interesse Kieslers an primitiven Kulturen und Mythen wurde bisher allein dem Einfluss der Surrealisten und besonders seiner Auseinandersetzung mit surrealistischen Inhalten bei der Gestaltung der *Salle de Superstition* in der Pariser Surrealistenausstellung der Galerie Maeght von 1947 zugeschrieben, vgl. Phillips, Lisa, *The Third Dimension, Sculpture of the New York School*, Ausst.kat. Whitney Museum of American Art, New York 1985, 20; Bogner, Dieter, „Vom Strukturdenken zum Strukturalismus", in: Bogner, Dieter (Hg.), *Friedrich Kiesler. Architekt Maler Bildhauer. 1890–1965*, Ausst.kat., Wien 1988, 218; Luyken, Gunda, „Kiesler plasticien: de la Galaxie à la ‚sculpture environnementale'", in: *Frederick Kiesler. Artiste-architecte*, Ausst.kat. Centre Georges Pompidou, Paris 1996, 155. Zur Themenwahl der amerikanischen KünstlerInnen, vgl. Sawin, Martica, *Surrealism in Exile and the Beginning of the New York School*, Cambridge (MA, USA) 1995, 20.
18 Vgl. Kramer, Hilton, „The Kiesler Show at the Whitney: One's Heart Sinks from the Hype", in: *The New York Observer*, 6.2.1989, 12.
19 Zu den Inspirationsquellen der Abstrakten ExpressionistInnen, vgl. Sandler, Irving, „Abstrakter Expressionismus: Der Lärm des Verkehrs auf dem Weg zum Walden Pond", in: Joachimides, Christos M./ Rosenthal, Norman (Hg.), *Amerikanische Kunst im 20. Jahrhundert. Malerei und Plastik 1913–1993*, Ausstellung im Martin-Gropius-Bau, Berlin und in der Royal Academy of Arts, London, München 1993, 91 f.
20 Vgl. Varnedoe, Kirk, „Abstrakter Expressionismus", in: Rubin, William (Hg.), *Primitivismus in der Kunst des 20. Jahrhunderts*, Ausst.kat. Museum of Modern Art, New York 1984, dt. Ausgabe München 1984, 639.
21 Vgl. Lichtenstern, Christa, *Vom Mythos zum Prozessdenken. Ovid-Rezeption – Surrealistische Ästhetik – Verwandlungsthematik der Nachkriegskunst* (Metamorphose in der Kunst des 19. und 20. Jahrhunderts, Bd. 2), Weinheim 1992, 168; Varnedoe 1984 (s. Anm. 20), 630.
22 Vgl. Fülscher, Bernadette, „Szenografie durch Inszenierung", in: Dies., *Gebaute Bilder – künstliche Welten. Szenografie und Inszenierung an der Expo.02*, Baden 2009, 29–31; *archithese* (40) 4 2010: Trüby, Stephan, „Die gesprengte Skene. Eine kurze Geschichte der Szenografie", 36–41, und Kesselring, Rahel, „Gedanken zur Eingrenzung und Aufweitung eines Begriffes", 42–44.
23 Vgl. Bogner, Dieter, „Alles Theater! Kieslers Ausstellungskonzepte aus dem Blickwinkel seiner Bühnengestaltung", in: Lesák, Barbara/Trabitsch, Thomas (Hg.), *Frederick Kiesler, Theatervisionär – Architekt – Künstler*, Ausst.kat. Österreichisches Theatermuseum, Wien 2012, 128.
24 Über die Reflexion des Monumentalen in Architektur und Kunst seit 1945, vgl. Ruhl, Carsten (Hg.), *Mythos Monument. Urbane Strategien in Architektur und Kunst seit 1945*, Bielefeld 2011.
25 Vgl. Urban, Annette, „Leben im *Continuous Moment* oder das Nachleben der Moderne als Monument im Bild", in: Ruhl 2011 (s. Anm. 24), 145.
26 Vgl. Kiesler, Friedrich, *Us, You, Me* (Dezember 1965), in: *Frederick Kiesler*, Ausst.kat. Howard Wise Gallery, New York 1969, 15.

In its form of processuality, the long-term temporal development that Kiesler formulated with the concept of the "endless" represents an alternative to the fleetingness of the happening and the performance. "Endless" means a visible, materialized work—as in Kiesler's *Endless Sculptures* or *Endless House* models—but without a definitive form, since at least in theory it was not intended to be completed. Here Kiesler's organic conception of art and his examination of structural analogies in artistic and constantly progressing natural processes of growth and development play a central role as he had received them in particular through the book *On Growth and Form* (1917) by D'Arcy Wentworth Thompson, which was highly relevant to his generation.[16]

Along with an abstract and formal approach, beginning in the late 1940s Kiesler developed an emotional and expressive approach that points toward his artistic development and late anchoring within the American art scene. His interest in myths and symbols can be traced back equally to the influence of the New York artists with their adaptation and in some cases reinterpretation of Surrealist ideas as well as to a direct engagement with Surrealist theories.[17]

A comparison between Kiesler's first wooden *Galaxy* (1947/48, base 1951) and Isamu Noguchi's scenery from 1950 for Martha Graham's dance *Judith*[18] illustrates Kiesler's closeness to primitivism in the New York art scene of the 1940s.[19] Kiesler's interest in primitive art was not purely formal, as with most American artists. He longed for the "universal," a myth and timeless religious expression, which artists found both in primitive tribal art and in other forms of natural history such as areas of geology or archaeology.[20] For instance, with his *Jurassic Bird* (1945) and *Royal Bird* (1947–1948) David Smith alluded to skeletons of prehistoric creatures and thus referred to a primitive heritage of human history.[21] This use of bone-like shapes contrasts with contemporary works by other artists such as Yves Tanguy, Alexander Calder, or Hans Arp, which dealt in particular with the aspect of the unformed, the amorphous, and the diversity of formal variations derived from these qualities.

Kiesler's sculptures, whose titles sound like the names of plays, take on a great heaviness due to their weight, the permanence of the material, and their dimensions, which extended beyond the human scale. The individual elements are on the one hand an expression of a spatial tension, and on the other hand, such as the door in *Birth of a Lake* (1960–1964) or the aluminum chair in *The Last Judgement*, scenographic[22] elements for a stage-like scenery.[23] In his sculptures, Kiesler deliberately used "monumentality"[24] to amplify their theatrical "effect."[25] This calls to mind the approach of the Abstract Expressionists in combining oversized canvases with mythological subject matter. In Kiesler's work there was also a playful exaggeration, which he also applied in his work for the theater and in his exhibition and window designs to draw attention from a distance.

The late work *Us, You, Me*, on which Kiesler worked beginning in 1963, goes one step further by implementing the idea of the sculpture as a landscape. Like a kind of modern "world landscape," it portrays modern, urban life. A universal story caught between a construction site sign and an airplane crash under the stern gaze of a fragmented *David* who draws his revolver casually resting on his hip and sprays sparks as soon as he encounters an ill-tempered viewer.[26] The figure of *David*, first used by Michelangelo as a political allegory, is used to ironic effect by Kiesler as a competent art-historical witness. *Us, You, Me* attests to a humorous view of the world and once again proves Kiesler's talent for the stage.

16 Thompson, D'Arcy Wentworth, *On Growth and Form*, Cambridge 1917; cf. Grunewald 2014 (see note 1), ch. 3.4.
17 Kiesler's interest in primitive cultures and myths has so far been attributed solely to the influence of the Surrealists and in particular to Kiesler's engagement with Surrealist ideas in designing the *Salle de Superstition* for the 1947 Surrealist exhibition at Galerie Maeght in Paris. Cf. Phillips, Lisa, *The Third Dimension, Sculpture of the New York School*, exh. cat. Whitney Museum of American Art, New York 1985, 20; Bogner, Dieter, "Vom Strukturdenken zum Strukturalismus," in: Bogner, Dieter (ed.), *Friedrich Kiesler: Architekt Maler Bildhauer: 1890–1965*, exh cat., Vienna 1988, 218; Luyken, Gunda, "Kiesler plasticien: de la Galaxie à la 'sculpture environnementale,'" in: *Frederick Kiesler: Artiste-architecte*, exh. cat. Centre Georges Pompidou, Paris 1996, 155. On the thematic choices of the American artists, cf. Sawin, Martica, *Surrealism in Exile and the Beginning of the New York School*, Cambridge (MA, USA) 1995, 20.
18 Cf. Kramer, Hilton, "The Kiesler Show at the Whitney: One's Heart Sinks from the Hype," in: *The New York Observer*, 6 Feb. 1989, 12.
19 On the sources of inspiration for the Abstract Expressionists, cf. Sandler, Irving, "Abstract Expressionism: The Noise of Traffic on the Way to Walden Pond" in: Joachimides, Christos M./Rosenthal, Norman (eds.), *American Art in the 20th Century: Painting and Sculpture 1913–1993*, exhibition at the Martin-Gropius-Bau, Berlin, and the Royal Academy of Arts, London, Munich 1993, 91 f.
20 Cf. Varnedoe, Kirk, "Abstrakter Expressionismus," in: Rubin, William (ed.), *Primitivismus in der Kunst des 20. Jahrhunderts*, exh. cat. Museum of Modern Art, New York 1984, German edition Munich 1984, 639.
21 Cf. Lichtenstern, Christa, *Vom Mythos zum Prozessdenken: Ovid-Rezeption – Surrealistische Ästhetik – Verwandlungsthematik der Nachkriegskunst* (Metamorphose in der Kunst des 19. und 20. Jahrhunderts, vol. 2), Weinheim 1992, 168; Varnedoe 1984 (see note 20), 630.
22 Cf. Fülscher, Bernadette, "Szenografie durch Inszenierung," in: ibid., *Gebaute Bilder – künstliche Welten. Szenografie und Inszenierung an der Expo.02*, Baden 2009, 29–31; *archithese* (40) 4 2010: Trüby, Stephan, "Die gesprengte Skene: Eine kurze Geschichte der Szenografie," 36–41, and Kesselring, Rahel, "Gedanken zur Eingrenzung und Aufweitung eines Begriffes," 42–44.
23 Cf. Bogner, Dieter, "Alles Theater! Kieslers Ausstellungskonzepte aus dem Blickwinkel seiner Bühnengestaltung," in: Lesák, Barbara/Trabitsch, Thomas (eds.), *Frederick Kiesler, Theatervisionär – Architekt – Künstler*, exh. cat. Österreichisches Theatermuseum, Vienna 2012, 128.
24 On the reflection of the monumental in architecture and art since 1945, cf. Ruhl, Carsten (ed.), *Mythos Monument: Urbane Strategien in Architektur und Kunst seit 1945*, Bielefeld 2011.
25 Cf. Urban, Annette, "Leben im *Continuous Moment* oder das Nachleben der Moderne als Monument im Bild," in: Ruhl 2011 (see note 24), 145.
26 Cf. Kiesler, Frederick, *Us, You, Me* (December 1965), in: *Frederick Kiesler*, exh. cat. Howard Wise Gallery, New York 1969, 15.

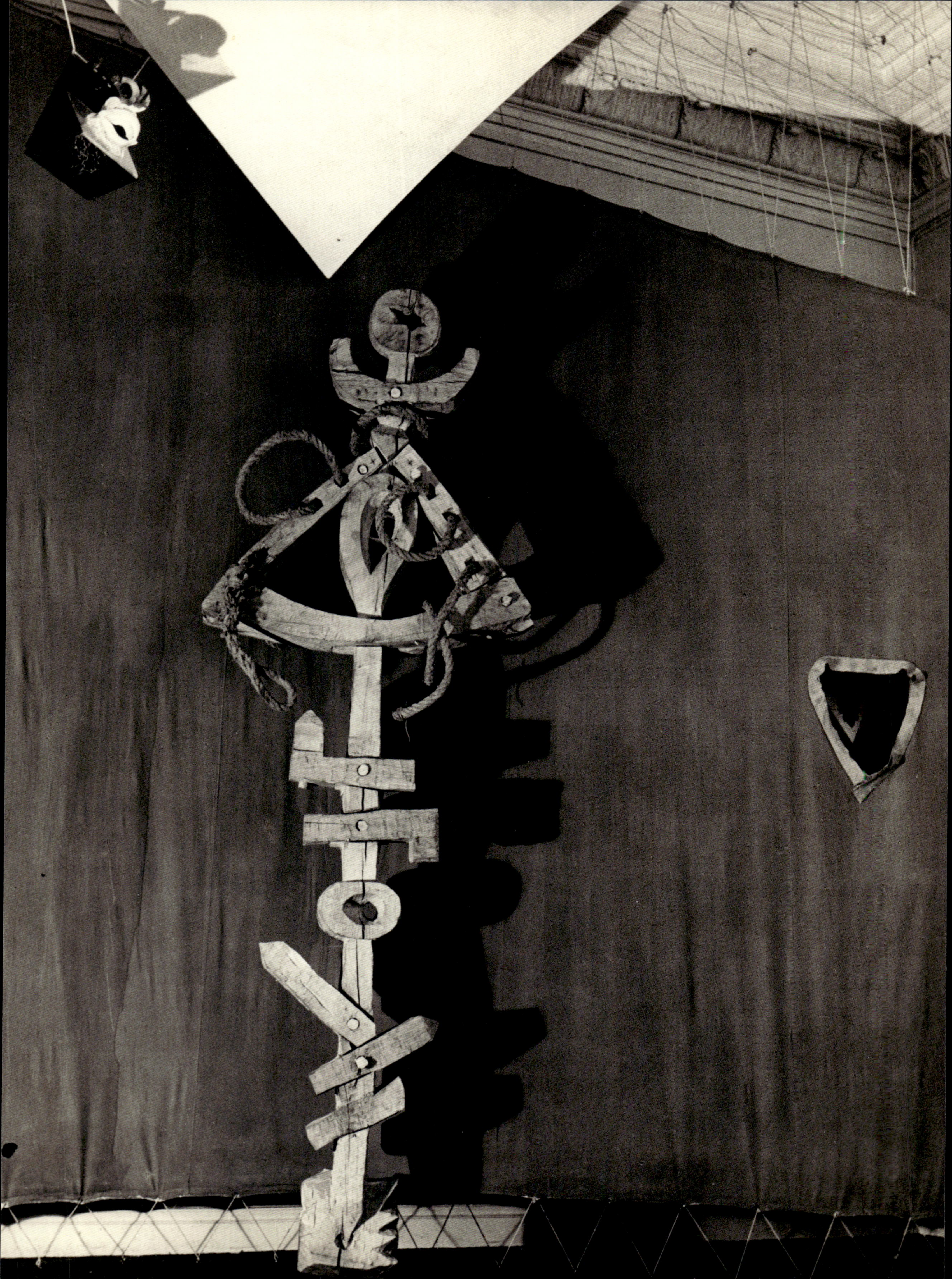

Exposition Internationale du Surréalisme, Figue anti-tabou in der *Salle de Superstition*, Paris, 1947, Foto: Willy Maywald; SW-Foto, Silbergelatineabzug auf Barytpapier
***Exposition Internationale du Surréalisme, Figue anti-tabou* in the *Salle de Superstition*,** Paris, 1947, Photo: Willy Maywald, BW photo; Gelatin silver print on baryta paper
ÖFLKS, PHO 925/0

Exposition Internationale du Surréalisme, Le totem des religions (Ausführung: Étienne Martin) in der *Salle de Superstition*, Paris, 1947, Foto: Willy Maywald, SW-Foto; Silbergelatineabzug auf Barytpapier
***Exposition Internationale du Surréalisme, Le totem des religions* (Execution: Étienne Martin) in the *Salle de Superstition*,** Paris, 1947, Photo: Willy Maywald, BW photo; Gelatin silver print on baryta paper
ÖFLKS, PHO 926/0

Wooden Galaxy for Philip Johnson, Ansicht der Skulptur im Garten vor Philip Johnsons *Glass House*, New Canaan (CT, USA), 1953, SW-Foto; Silbergelatineabzug auf Barytpapier
***Wooden Galaxy for Philip Johnson*, view of the sculpture in the garden in front of Philip Johnson's *Glass House*,** New Canaan (CT, USA), 1953, BW photo; Gelatin silver print on baryta paper
ÖFLKS, PHO 5890/0

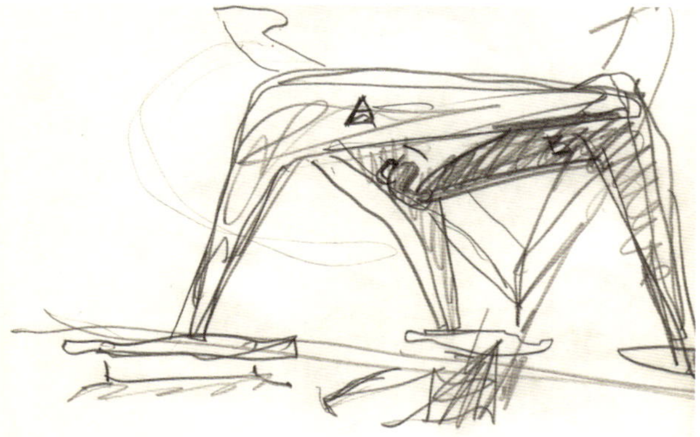

Wooden Galaxy for Philip Johnson, Studie, New York, 1947, Zeichnung; Bleistift auf Papier
***Wooden Galaxy for Philip Johnson*, study,** New York, 1947, Drawing; Pencil on paper
ÖFLKS, SFP 5605/0

Wooden Galaxy for Philip Johnson, Studie, New York, 1952/53, Zeichnung; Bleistift auf Papier
***Wooden Galaxy for Philip Johnson*, study,** New York, 1952/53, Drawing; Pencil on paper
ÖFLKS, SFP 1297/0

Wooden Galaxy für Nelson Rockefeller, 1952,
Foto: Gordon Parks
***Wooden Galaxy* for Nelson Rockefeller,** 1952,
Photo: Gordon Parks
ÖFLKS, PHO 6205/0
Courtesy of The Gordon Parks Foundation

Arch as a Rainbow of Shells, New York, 1959–1965, Ansicht einer Ausstellung 1978, Foto: unbekannt, SW-Foto; Silbergelatineabzug auf Barytpapier
Arch as a Rainbow of Shells, New York, 1959–1965, View of an exhibition 1978, Photo: unknown, BW photo; Gelatin silver print on baryta paper
ÖFLKS, PHO 6286/0

Friedrich Kieslers Atelier mit einem Papiermodell für eine *Shell Sculpture*, im Vordergrund ein Modell für ein *Endless House*, New York, 1960, Foto: unbekannt, SW-Foto; Silbergelatineabzug auf Barytpapier
Frederick Kiesler's studio with a paper model for a *Shell Sculpture*; in the foreground, a model for an *Endless House*, New York, 1960, Photo: unknown, BW photo, Gelatin silver print on baryta paper
ÖFLKS, PHO 5759/0

Papiermodell für eine *Shell Sculpture*, New York, 1960, Foto: unbekannt, SW-Foto; Silbergelatineabzug auf Barytpapier
Paper model for a *Shell Sculpture*, New York, 1960, Photo: unknown; BW photo, Gelatin silver print on baryta paper
ÖFLKS, PHO 5629/0

The Cup of Prometheus, New York, 1956–1964, Foto: unbekannt, SW-Foto; Silbergelatineabzug auf Barytpapier
***The Cup of Prometheus*, **New York, 1956–1964, Photo: unknown, BW photo; Gelatin silver print on baryta paper
ÖFLKS, PHO 1067/0

The Cup of Prometheus, Detail, New York, 1956–1959, Foto: Robert Weir, SW-Foto; Silbergelatineabzug auf Barytpapier
***The Cup of Prometheus*, Detail,** New York, 1956–1959, Photo: Robert Weir, BW photo; Gelatin silver print on baryta paper
ÖFLKS, PHO 5607/0

Studie zu *The Cup of Prometheus*, New York, 1958–1964, Zeichnung; Kugelschreiber auf Papier
Study for *The Cup of Prometheus*, New York, 1958–1964, Drawing; Ballpoint pen on paper
ÖFLKS, SFP 1221/0

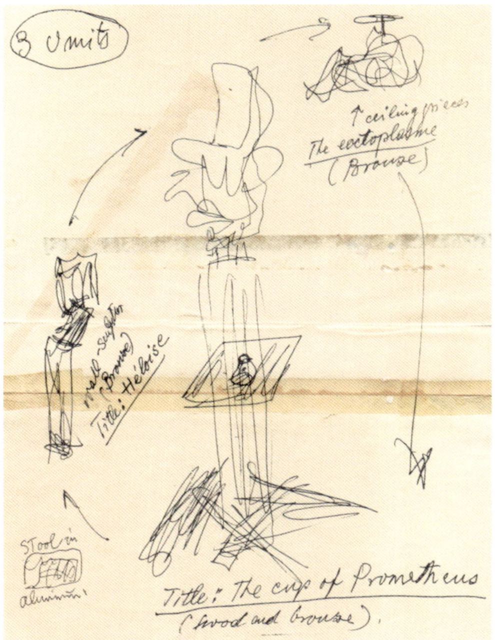

Studie zu *The Cup of Prometheus*, New York, 1956–1964, Zeichnung; Tusche auf Papier
Study for *The Cup of Prometheus*, New York, 1956–1964, Drawing; India ink on paper
ÖFLKS, SFP 5367/0

Studie zur *Grotto for Meditation*, New Harmony (IN, USA), 1962, Zeichnung; Kugelschreiber auf Papier
Study for the *Grotto for Meditation*, New Harmony (IN, USA), 1962, Drawing; Ballpoint pen on paper
ÖFLKS, SFP 1261/0

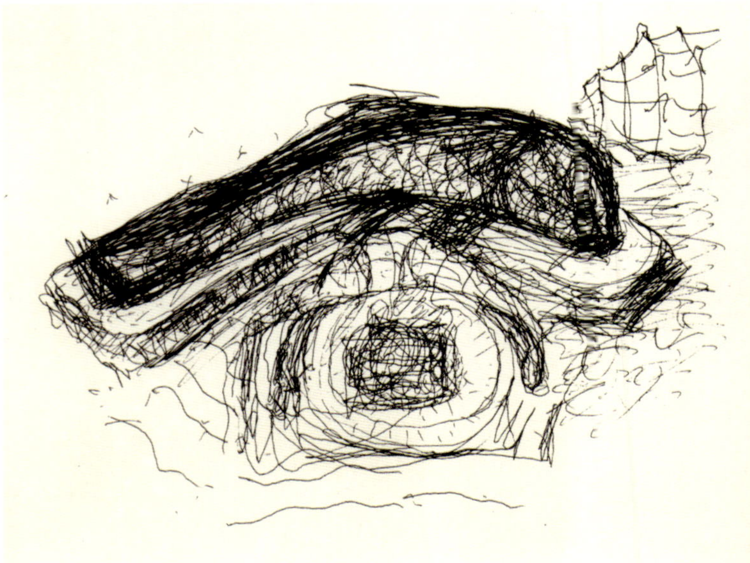

Grotto for Meditation, Studie für den *Dolphin*, New York, 1962, Zeichnung; Kugelschreiber auf Papier
***Grotto for Meditation*, study for the *Dolphin*,** New York, 1962, Drawing; Ballpoint pen on paper
ÖFLKS, SFP 6141/0

Ansicht eines Modells für die *Grotto for Meditation*, New York, 1963, Foto: Ryan Kevin, SW-Foto; Silbergelatineabzug auf Barytpapier
View of a model for the *Grotto for Meditation*, New York, 1963, Photo: Ryan Kevin, BW photo; Gelatin silver print on baryta paper
ÖFLKS, PHO 1053/2

Meine Skulptur ist eine Skulptur für den Gebrauch. Man kann sowohl mit ihr als auch in ihr leben. Eine Skulptur sollte nicht vom Auge allein abgetastet werden. Man sollte sich an ihr nicht nur ästhetisch, sondern auch physisch erfreuen. Sie ist eine Skulptur, die zur Entspannung dient.

Friedrich Kiesler, „Note on Correalism", in: Miller, Dorothy (Hg.), *Fifteen Americans*, Ausstellungskatalog Museum of Modern Art, New York 1952, 8.

Ansicht von Tonteilen von *Us, You, Me*,
New York 1960–1965, Foto: unbekannt,
SW-Foto; Silbergelatineabzug auf Barytpapier
View of clay pieces from *Us, You, Me*,
New York 1960–1965, Photo: unknown,
BW photo; Gelatin silver print on baryta paper
ÖFLKS, PHO 5784/0

My sculpture is a practical sculpture. It is both to be lived with and within. Sculpture should be touched not by the eye alone. It should be enjoyed not only esthetically but physically as well. This is a sculpture for relaxation.

Frederick Kiesler, "Note on Correalism," in: Miller, Dorothy (ed.), *Fifteen Americans*, exhibition catalog Museum of Modern Art, New York 1952, 8.

The Last Judgement in der Ausstellung *Environmental Sculpture*, Guggenheim Museum, New York, 1964, SW-Foto; Silbergelatineabzug auf Barytpapier
***The Last Judgement* in the exhibition *Environmental Sculpture*, Guggenheim Museum,** New York, 1964, BW photo; Gelatin silver print on baryta paper
ÖFLKS, PHO 5842/0

Friedrich Kieslers Atelier mit den Gussformen für *Bucephalus*, an der Wand Ansichtszeichnung für den *Shrine of the Book*, New York, 1964, SW-Foto; Silbergelatineabzug auf Barytpapier
Frederick Kiesler's studio with the casting molds for *Bucephalus*; on the wall, elevation drawings for the *Shrine of the Book*, New York, 1964, BW photo; Gelatin silver print on baryta paper
ÖFLKS, PHO 5718/1

Das traditionelle Kunstwerk, sei es ein Gemälde, eine Skulptur oder ein Werk der Architektur kann nicht länger als ein isoliertes Ganzes gesehen werden, sondern muss in Zusammenhang mit seiner Umgebung betrachtet werden, in der es sich befindet. Die Umgebung wird genauso wichtig wie das Objekt selbst, wenn nicht gar wichtiger, da die Objekte in den sie umgebenden Raum ausatmen und ebenso die Wirklichkeit um sie herum einatmen – in welchem Raum auch immer sie sich befinden, ob geschlossen oder weit geöffnet.

Friedrich Kiesler, „Second Manifesto of Correalism", in: *Art International* 9/2, März 1965, 16.

The traditional art object, be it a painting, a sculpture, a piece of architecture, is no longer seen as an isolated entity but must be considered within the context of this expanding environment. The environment becomes equally as important as the object, if not more so, because the object breathes into the surrounding and also inhales the realities of the environment no matter in what space, close or wide apart, open air or indoor.

Frederick Kiesler, "Second Manifesto of Correalism," in: *Art International* 9/2, March 1965, 16.

Megan R. Luke

Begleitereignisse
Über Kieslers *Galaxies*

15 Americans, Ausstellungskatalog Museum of Modern Art, New York, 1952
15 Americans, exhibition catalog Museum of Modern Art, New York, 1952

„Die Grundidee ist in dir, doch du weißt nicht, ob und wann sie herausbrechen wird. Man kann jedoch lernen, es an Begleitereignissen zu erkennen […]."
Friedrich Kiesler an Thomas Creighton, 1961[1]

Im April 1952 eröffnete das Museum of Modern Art in New York mit *Fifteen Americans* eine Serie von Gruppenausstellungen, die zum Ziel hatte, „eine begrenzte Zahl von Künstlern zu präsentieren und dafür jedem Künstler viel Raum – manchmal sogar eine ganze Galerie – zu widmen".[2] Friedrich Kiesler gesellte sich hier zu Malern wie Jackson Pollock und Mark Rothko, Bildhauern wie Herbert Ferber und Richard Lippold sowie dem Lichtkünstler Thomas Wilfred, Erfinder des Clavilux oder Farbenklaviers, das animierte Farbnebel auf eine Leinwand projizierte. Für die Kuratorin Dorothy Miller durchliefen die ausgewählten Arbeiten das gesamte medienübergreifende Spektrum zwischen Figuration und Abstraktion und vermittelten damit eine Gleichstellung beider Ausdrucksweisen in der zeitgenössischen amerikanischen Kunst. Am Beispiel Kieslers lässt sich untersuchen, wie diese formale Vielfalt erst durch das Bestreben vieler Künstler, mit der Wahrnehmung des Raums und seiner Begrenzung durch die stoffliche Form zu experimentieren, zustande kam.

Kiesler zeigte in *Fifteen Americans* zwei große, unscharf dimensionierte *Galaxies*: eine massive Holzkonstruktion, bestehend aus einer kubischen Pfosten-Riegel-Struktur über einem kreuzförmigen Fundament, sowie eine Konstellation aus 19 rahmenlosen, rechteckigen Malereien, die in zwei Gruppen in präziser Relation zueinander über eine Ausstellungswand verteilt hingen.[3] Durch die ausgedehnte Aneinanderfügung von heterogenen Teilen vereinnahmten die Arbeiten den architektonischen Ausstellungsraum, ohne sich darin aufzulösen. Die einzelnen Komponenten behielten ihre Singularität innerhalb des Ganzen bei, und das Ganze bewahrte seine Integrität, während es Raum, Architektur und Publikum in sich aufnahm. Wie Kiesler im Ausstellungskatalog schreibt, sieht er sein skulpturales Werk als etwas, das „aus divergierenden Teilen von Materie besteht, die zusammen- und gleichzeitig auf Abstand gehalten werden, ähnlich wie galaktische Strukturen, wobei jedes Stück eine correalistische Koexistenz mit den anderen führt". Ebenso fügt sich seine Anordnung von Bildern zu „einem Cluster, einer Nova, einer Galaxie" zusammen, auch wenn ihre Einzelteile durch Zwischenräume physisch getrennt waren.[4] Später beschreibt er, wie „die Intervalle zwischen den Einheiten für den Zusammenhang des ganzen Werks entscheidend wurden". Sie wirken ebenso auf seine Formenkomposition ein wie auf den „Betrachter, der in diese Welt eines sich ausdehnenden, künstlich geschaffenen Universums hineingezogen wird".[5] Die Antriebskraft der *Galaxies* lag eher in der Beziehung als in der Identität. Für Kiesler ist es vor allem die strukturierende Koexistenz des Unterschiedlichen – und nicht die totale Verschmelzung von Teilen oder die distanzierte Autonomie des Ganzen –, die die Form sichtbar macht und sie für die Wahrnehmung öffnet.[6]

Man kann sich vorstellen, wie diese *Galaxies* die von Miller formulierte Mission der Ausstellung versinnbildlichten – aber auch die Vielfalt der amerikanischen Moderne, die hier gezeigt werden sollte. Seit Kiesler 1926 Wien verlassen hatte, war er mit vielen verschiedenen New Yorker Künstlerkreisen verbunden. Über Howard Putzel war er in Kontakt mit Peggy Guggenheim gekommen, die ihn 1942 mit der Gestaltung ihrer Galerie *Art of This Century* beauftragt hatte – dem ersten von mehreren Ausstellungsräumen, die Kiesler als Orte konzipierte, an denen die surrealistischen Tendenzen europäischer und amerikanischer KünstlerInnen gemeinsam gezeigt werden konnten.[7] Inspiriert von diesen Umgebungen, in denen sich Bilder von der Wand loslösten und von allen Seiten betrachtet werden konnten, begann Jackson Pollock beispielsweise, mit großformatigen Malereien zu experimentieren und seinerseits mit Architekten zusammenzuarbeiten, um ganze architektonische Strukturen aus seinen Leinwänden zu entwerfen.[8] Im Jahr der Eröffnung von *Art of This Century* beteiligte sich Kiesler auch an der ersten Ausgabe der Zeitschrift *VVV*, die vom Bildhauer David Hare in Zusammenarbeit mit André Breton und Max Ernst herausgegeben worden war und sich als ein ähnlicher Ort des internationalen Austauschs erwies. Hare lud Kiesler ein, an der 1950 eröffneten Ausstellung *The Muralist and the Modern Architect* in der Kootz Gallery mitzuwirken, die KünstlerInnen

1 Creighton, Thomas, „Kiesler's Pursuit of an Idea", in: *Progressive Architecture* (42) 7 1961, 115.
2 Miller, Dorothy, „Foreword", in: *Fifteen Americans*, Ausst.kat. Museum of Modern Art, New York 1952, 5.
3 Siehe Okresek-Oshima, Tatjana, „The Space in Between: Kiesler's Galaxies", in: Pressler, Monika (Hg.), *The Space in Between: Kiesler's Galaxies*, Ausst.brosch. ÖFLKS, Wien 2009, 5–29.
4 Kiesler, Friedrich, „Note on Correalism", in: Miller, Dorothy (Hg.), *Fifteen Americans*, Ausst.kat. Museum of Modern Art, New York 1952, 8.
5 Kiesler, Friedrich, "Towards the Endless Sculpture" (25. Juli 1956), in: Ders., *Inside the Endless House. Art, People and Architecture: A Journal*, New York 1966, 20.
6 Siehe Bogner, Dieter (Hg.), „Inside the Endless House", in: *Frederick Kiesler 1890–1965: Inside the Endless House*, Valencia 1997, 19–26.
7 Siehe Phillips, Lisa, „Architect of Endless Innovation", in: Dies., *Frederick Kiesler*, Ausst.kat. Whitney Museum of American Art, New York 1989, 14–26; Davidson, Susan/Rylands, Philip (Hg.), *Peggy Guggenheim & Frederick Kiesler: The Story of Art of This Century*, New York 2004.
8 Drexler, Arthur, „Unframed Space: A Museum for Jackson Pollock's Paintings", in: *Interiors* (109), Jänner 1950, 90.

Corollary Happenings
On Kiesler's *Galaxies*

Megan R. Luke

"The central idea is in you, but you don't know when, and if, it will break through into the open. But one can learn to recognize it by corollary happenings […]."
Frederick Kiesler to Thomas Creighton, 1961[1]

In April 1952 the Museum of Modern Art in New York opened *Fifteen Americans*, one of a series of group shows that aimed "to present the work of a limited number of artists, devoting considerable space, in some instances a whole gallery, to the work of each one."[2] Here Frederick Kiesler joined the company of painters such as Jackson Pollock and Mark Rothko, sculptors Herbert Ferber and Richard Lippold, and the light artist Thomas Wilfred, inventor of the Clavilux keyboard that projected animated spumes of colored "lumina" on a screen. For the curator, Dorothy Miller, the selected works ran the gamut between figuration and abstraction across media, suggesting the equal viability of both idioms in contemporary American art. Yet, with Kiesler as our guide, we may consider how this formal diversity was a result of many artists' efforts to experiment with the perception of space and its delimitation through material form at this time.

Kiesler contributed two works to *Fifteen Americans*, and these *Galaxies* were of ambitious scale and ambiguous dimension. One was a massive wooden construction that consisted of a cubic post-and-beam structure set atop a cruciform base, and the other was a constellation of 19 unframed, painted rectangular panels arrayed in precise relation to one another in two groups across a gallery wall.[3] Through an expansive concatenation of heterogeneous parts, these works made considerable claims on the architectural space of the galleries, yet at no point did they dissolve into their ambient environment. Their individual components retained their singularity within each whole and that whole, in turn, maintained its integrity even as it absorbed space, architecture, and audience into its fold. As he wrote in the exhibition catalog, Kiesler saw his sculptural work "consisting of divergent chunks of matter, held together yet apart, appearing like galactic structures, each part leading a life of coexistence, of correality with the others." Likewise, his arrangement of paintings cohered into "one cluster, one nova, one galaxy," even as its component parts were physically separated by intervals of space.[4] He later described how "the intervals between the units became of major importance to the correlation of the total work," affecting both his composition of forms and "the observer who is drawn into this world of a man-made expanding universe."[5] The driving force of the *Galaxies* was relation rather than identity. Kiesler understood that it was the structuring co-existence of difference, rather than the total fusion of parts or the guarded autonomy of the whole, that brought form into visibility in the first place, opening it to perception.[6]

We may imagine now these *Galaxies* allegorize the mission Miller had articulated for the exhibition, and, by extension, the manifold of American modernism it set out to display. Ever since Kiesler had emigrated from Vienna in 1926, he had been involved with numerous and diverse artistic circles active in New York. Through Howard Putzel, he came in contact with Peggy Guggenheim, who commissioned him to design her *Art of This Century* Gallery in 1942, the first of several spaces he concocted where the Surrealist tendencies of European and American artists could be seen together.[7] Jackson Pollock, for example, began to experiment with large-scale paintings after his confrontation with these environments, where paintings could be detached from the walls that supported them and inspected in the round, and, in turn, he came to collaborate with architects to imagine entire architectural structures made out of his canvases.[8] The same year *Art of This Century* opened, Kiesler also contributed to the inaugural issue of *VVV*, edited by the sculptor David Hare together with André Breton and Max Ernst, which proved to be a similar space of international exchange. Hare invited Kiesler to collaborate for the 1950 exhibition, *The Muralist and the Modern Architect* at the Kootz Gallery, which paired several Abstract Expressionist artists with architects such as Philip Johnson, Marcel Breuer, and José Luis Sert. That year Kiesler began to frequent the Eighth-Street Club, participating in panels with George Brecht, Allan Kaprow, Claes Oldenburg, and Robert Rauschenberg. A friend of Marcel Duchamp and John Cage, he was a regular speaker

1 Creighton, Thomas, "Kiesler's Pursuit of an Idea," in: *Progressive Architecture* (42) 7 1961, 115.
2 Miller, Dorothy, "Foreword," in: *Fifteen Americans*, exh. cat. Museum of Modern Art, New York 1952, 5.
3 See Okresek-Oshima, Tatjana, "The Space in Between: Kiesler's Galaxies," in: Pressler, Monika (ed.), *The Space in Between: Kiesler's Galaxies*, exh. broch., ÖFLKS, Vienna 2009, 5–29.
4 Kiesler, Frederick, "Note on Correalism," in: Miller, Dorothy (ed.), *Fifteen Americans*, exh. cat. Museum of Modern Art, New York 1952, 8.
5 Kiesler, Frederick , "Towards the Endless Sculpture" (25 July 1956), in: Id., *Inside the Endless House. Art, People and Architecture: A Journal*, New York 1966 , 20.
6 See Bogner, Dieter (ed.), "Inside the Endless House," in: *Frederick Kiesler 1890–1965: Inside the Endless House*, Valencia 1997, 19–26.
7 See Phillips, Lisa, "Architect of Endless Innovation," in: id., *Frederick Kiesler*, exh. cat. Whitney Museum of American Art, New York 1989, 14–26; Davidson, Susan/Rylands, Philip (eds.), *Peggy Guggenheim & Frederick Kiesler: The Story of Art of This Century*, New York 2004.
8 Drexler, Arthur, "Unframed Space: A Museum for Jackson Pollock's Paintings," in: *Interiors* (109) January 1950, 90.

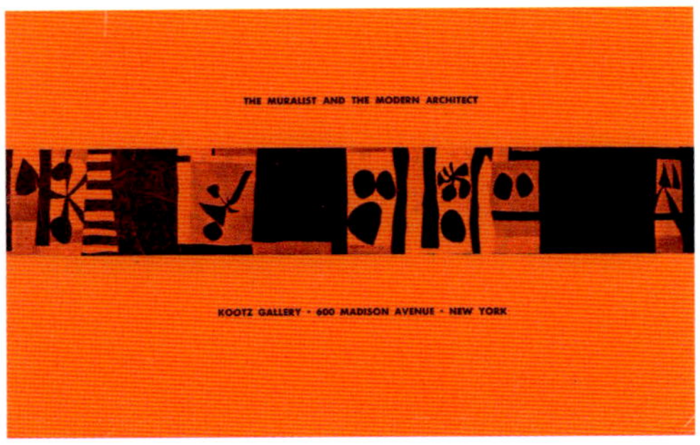

The Muralist and the Modern Architect, Ausstellungskatalog Kootz Gallery, New York, 1950
The Muralist and the Modern Architect, exhibition catalog Kootz Gallery, New York, 1950

des Abstrakten Expressionismus mit ArchitektInnen wie Philip Johnson, Marcel Breuer und José Luis Sert zusammenbrachte. Im selben Jahr begann Kiesler als Mitglied von „The Club" an Podiumsdiskussionen mit George Brecht, Allan Kaprow, Claes Oldenburg und Robert Rauschenberg teilzunehmen. Er war mit Marcel Duchamp und John Cage befreundet und trat regelmäßig als Redner in Symposien und Vorträgen im Museum of Modern Art und an der Yale University auf. Seine *Galaxies* wurden in Einzelausstellungen in den renommierten Galerien von Sidney Janis und Leo Castelli gezeigt.[9] So war Kiesler in den 1950er Jahren im Zentrum der New Yorker Szene angelangt und blieb dennoch auf seltsame Weise eine Randfigur innerhalb einer vorherrschenden Interpretation der Kunst jener Zeit, die die malerische Abstraktion aufwertete, indem sie die Integrität der Bildebene und deren Unabhängigkeit vom Raum der BetrachterInnen in den Vordergrund rückte. Wenn wir vor diesem Hintergrund zu Kieslers *Galaxies* zurückkehren, können wir besser verstehen, wie seine amerikanischen KollegInnen versuchten, sich „eine Bildoberfläche [vorzustellen], die die Welt wieder hereinließ", und in ihrer Arbeit ein gemeinsames Interesse daran zu erkennen, wie Kunst die Wahrnehmung konditioniert und die Beziehung zwischen Körper und Raum vermittelt.[10]

Ausgehend von seinen innovativen Arbeiten im Bereich der Theater- und Ausstellungsgestaltung lassen Kieslers *Galaxies* Kategorien wie Malerei und Skulptur miteinander verschmelzen. Bevor seine *Wooden Galaxy* (1947–1948) für *Fifteen Americans* umgebaut wurde, war sie Teil eines Bühnenbilds für seine Produktion von Darius Milhauds *Le pauvre matelot* [Der arme Matrose] an der Juilliard School. Kiesler adaptierte sie für die Galerie und später für den Außenbereich, nachdem Nelson Rockefeller sie für sein Anwesen erworben hatte.[11] Die Kontingenz der Arbeit in ihren veränderten Kontexten ist auch für die Beziehung zwischen den einzelnen Teilen und dem Ganzen innerhalb der *Galaxy* kennzeichnend. So trotzt sie jedem Versuch, aus ihrer Standfläche die Bauhöhe oder die Form der trapezoiden Baldachinstruktur abzuleiten. Keine Perspektive lässt vorausschauende Schlüsse auf die nächste zu. Diese Raumstruktur ist – wie Kiesler es in seinem Text zu *Fifteen Americans* ausdrückt – „gedacht, um mit und in ihr zu leben". Damit steht sie im Widerspruch zu einer Tendenz des architektonischen Funktionalismus (und bestimmter Debatten des skulpturalen Minimalismus des folgenden Jahrzehnts), die den Raum als einen idealen Kubus sieht, der sich allein durch seinen „flachen" Grundriss hinreichend darstellen lässt, als sei er unabhängig von den Menschen, die sich darin bewegen.[12] Auf einem Foto in der Zeitschrift *LIFE*, wo während der Ausstellung ein Artikel über Kiesler erschien, sehen wir den Künstler in einem der offenen Quadranten seiner *Galaxy*. Er ist sowohl lebender, temporärer Bestandteil des Kunstwerks als auch Verkörperung des Kerns, aus dem sich der Raum auszubreiten scheint. Wie viele Avantgardekünstler seiner Generation fasst Kiesler den Raum niemals als Leere auf, die unabhängig von unserer Erfahrung existiert und sich in einen Behälter einschließen lässt. Vielmehr wird der Raum durch Schnittpunkte gebildet – zwischen Energie- oder Formvektoren, zwischen Körpern und Umgebung. Insofern hält die *Wooden Galaxy* Kieslers frühes konstruktivistisches Anliegen aufrecht, das er in den einander durchdringenden Ebenen und Gerüsten seiner Entwürfe aus den 1920er Jahren entwickelt hatte.

Als praktizierender Architekt war sich Kiesler nur allzu bewusst, wie sehr seine Ideen von der zweidimensionalen Darstellungsebene von Skizzen, Plänen und Entwürfen abhängig waren. „Sie sind sozusagen auf Papier gefangen", räumt er ein, doch das war für ihn „umso mehr ein Grund, warum wir nicht *a priori* zweidimensional sehen oder fühlen dürfen".[13] Gerade diese Verschiedenheit der Dimensionen – zwischen Gedanke und Ausführung, grafischem Werkzeug und gebauter Form, Bildebene und Außenwelt – wird zum zentralen Thema seiner gemalten *Galaxies* der 1950er und 1960er Jahre. Werden die im Museum of Modern Art ausgestellten Arbeiten gemeinsam betrachtet, wird sichtbar, wie die gemalte *Galaxy* skizzenhaft die vertikalen Komponenten der *Wooden Galaxy* verarbeitet: Der obere Cluster aus Bildtafeln konzentriert sich auf die Verbindungsstellen der oberen Querbalken, während die untere Gruppe die zerlegte X-Form des Fundaments skizziert. Der stachelige Kamm auf der Holzskulptur wird durch federförmige Pinselstriche auf einer einzigen Bildzelle dargestellt. Die begrenzte Bildfläche kollaboriert mit den Zwischenräumen, um die konstruierte Form in Bildeinheiten aufzusplitten, die einzeln betrachtet abstrakt wirken. Jede Tafel enthält und definiert dadurch ein separates Element, das aus einer äußeren Materialkontinuität entfernt wurde. Die Tafeln werden wiederum in präzisen Beziehungen zueinander neu zusammengesetzt – zu einem figuralen Ganzen, das an der Wand angeordnet ist, und zu den skulptierten Formen, die sie repräsentieren. Dennoch gestattet Kiesler nicht, die beiden Cluster seiner gemalten *Galaxy* als diagrammatische „Grundrisse" seiner Holzkonstruktion zu verstehen – so, als würden diese aus einer statischen Vogelperspektive betrachtet und an die Wand projiziert werden. Er lehnt es ab, einen bestimmten Blickwinkel für die BetrachterInnen zu fixieren, der über die getrennten Tafeln hinweg konstant bleiben könnte. Stattdessen scheint jede Einheit ein

9 Siehe Phillips, Lisa, *Frederick Kiesler*, Ausst.kat. Whitney Museum of American Art, New York 1989, 154–158.
10 Steinberg, Leo, „Other Criteria", in: Ders., *Other Criteria: Confrontations with Twentieth Century Art*, New York 1972, 90.
11 Phillips, Lisa, „Environmental Artist", in: Dies. 1989 (s. Anm. 9), 119–20. Zur Bedeutung des Theaters für Kieslers Übergang „vom statischen Erscheinungsbild eines Raums zu dessen Öffnung in Richtung einer multiplen Mobilität all seiner Teile" siehe Creighton 1961 (s. Anm. 1), 111.
12 Kiesler 1952 (s. Anm. 4); siehe auch Kiesler, Friedrich, „Pseudo-Functionalism in Modern Architecture", *Partisan Review* (16) 7 1949, 739 f.
13 Kiesler 1949 (s. Anm. 12), 740.

for symposia and lectures at the Museum of Modern Art and Yale University, and he exhibited *Galaxies* in solo shows at major galleries run by Sidney Janis and Leo Castelli.[9] In the 1950s, therefore, Kiesler was at the center of the New York scene, yet he was also curiously marginal to it, and he would remain so within a dominant critical account of the art of the period that valorized painterly abstraction by privileging the integrity of the picture plane and its independence from the space of the beholder. By returning to his *Galaxies* within this context, we may better understand how his American peers attempted to imagine "a pictorial surface that let the world in again" and to recognize in their work a set of shared concerns about how art conditions perception and mediates the relationship between body and space.[10]

Indebted to his ingenious work in theater and exhibition design, Kiesler's *Galaxies* confounded categories like painting and sculpture. Prior to its modification for *Fifteen Americans*, components of his wooden *Galaxy* (1947–1948) had been part of a set for his production of Darius Milhaud's *Le pauvre matelot* [The Poor Sailor] at the Juilliard School. Kiesler adapted it from the stage to the gallery and, eventually, to outdoor surroundings after Nelson Rockefeller purchased it for his estate.[11] The contingency of the work upon its changing context also governed the relation of part to whole within the *Galaxy* itself. It defied any attempt to extrapolate either the elevations of its architecture or the form of its trapezoidal canopy from its footprint. No vantage could serve as a predictive analog for the next. This spatial structure was, as Kiesler put it in his statement for *Fifteen Americans*, "both to be lived with and within." It thereby contravened a bias within architectural functionalism (and in certain discussions of sculptural Minimalism in the decade to come) that treated space as an ideal cube that could be adequately represented by the "flat imprint" of its ground plan, as if it were independent of the people who moved within it.[12] In a photograph published in *LIFE* magazine for a feature dedicated to Kiesler during the run of the exhibition, we see the artist nestled in one of the open quadrants of this *Galaxy*. He is both a living component temporarily incorporated into the artwork's composition and the very embodiment of the core out of which its space appears to proliferate. Like many avant-garde artists of his generation, Kiesler never conceived of space as void that existed independently of our experience, capable of being enclosed within a box. Instead, it was established through intersection—between vectors of energy or form, between bodies and environment—and in this respect, his wooden *Galaxy* maintained his early constructivist concerns, elaborated in the interpenetrating planes and scaffolding of his designs from the 1920s.

As a practicing architect, Kiesler was well aware of how his design conception depended upon the planar surface of images, such as sketches, blueprints, and plans. "It is imprisoned on paper, so to speak," he acknowledged, but this was "all the more reason why we must not see two-dimensionally, or feel two-dimensionally *a priori*."[13] It was this dimensional difference —between thought and embodiment, graphic tool and constructed form, pictorial plane and external world—that became the very subject of his painted *Galaxies* of the 1950s and 1960s. Taking the works he exhibited at the Museum of Modern Art together, we see how the painted *Galaxy* offers a sketchy rendering of the vertical extremities of his wooden *Galaxy*: the top cluster of panels focus on the joints of its crowning beams whereas the lower group maps out the disjoined X-form of its base. The spiny comb in the sculptural structure is figured through feathered brushwork within a single pictorial cell. The delimited surface of the paintings collaborates with intervals of space to fragment the constructed form into atomized pictorial units that, taken individually, read abstractly. Each panel encloses and thereby defines a discrete element removed from an exterior material continuity. These panels are, in turn, set in precise relation to each other to be effectively conjoined anew—both into a figural whole arrayed on the wall and to the sculpted forms they serve to represent. Yet Kiesler does not permit the two groupings in his painted *Galaxy* to serve as diagrammatic "floor plans" of his wooden structure, as if we were seeing it from a stable bird's-eye perspective projected on the wall. He refuses to fix a stable point of view for the spectator, one that could remain consistent across the gaps separating each panel. Instead, each unit seems to depict a given element as if seen from a different angle, subtly recalling the extended mounts, curved walls, and suspended canvases in his interiors for *Art of This Century*. Each painted panel holds our attention equally as a part of a constellation and as a whole abstract composition in its own right. How we choose to identify it depends entirely upon whether we see the spatial interval as a separation or a suture. "The galaxy replaces the single painting with several continuous images which can be read in any direction," he explained. "The power that binds these units together is not composition in perspective, but the observer."[14]

Wooden Galaxy für Nelson Rockefeller, 1952, Foto: Gordon Parks
***Wooden Galaxy* for Nelson Rockefeller, 1952,** Photo: Gordon Parks
ÖFLKS, PHO 6205/0
Courtesy of The Gordon Parks Foundation

9 See Phillips, Lisa, *Frederick Kiesler*, exh. cat. Whitney Museum of American Art, New York 1989, 154–158.
10 Steinberg, Leo, "Other Criteria," in: id., *Other Criteria: Confrontations with Twentieth Century Art* New York 1972, 90.
11 Phillips, Lisa, "Environmental Artist," in: id. 1989 (see note 9), 119–20. On the importance of theater for directing Kiesler "from the static aspect of a room to opening it up into multiple mobility of all its parts," see Creighton 1961 (see note 1), 111.
12 Kiesler 1952 (see note 4); see also Kiesler, Frederick, "Pseudo-Functionalism in Modern Architecture," *Partisan Review* (16) 7 1949, 739 f.
13 Kiesler 1949 (see note 12), 740.
14 Lecture at Yale School of Architecture, typescript, ca. 1951, ÖFLKS; cited by Phillips 1989 (see note 9), 121.

bestimmtes Element aus einem anderen Winkel abzubilden – eine subtile Anspielung an die im Raum verspannten Halterungen, geschwungenen Wände und scheinbar frei schwebenden Leinwände in seiner Innenausstattung für *Art of This Century*. Jedes Bild kann gleichermaßen als Teil einer Konstellation oder als eigenständige abstrakte Komposition unsere Aufmerksamkeit fesseln. Wie wir es identifizieren, hängt gänzlich davon ab, ob wir den Zwischenraum als Trennung oder als Verbindungsnaht sehen. „Die *Galaxy* ersetzt das singuläre Bild durch mehrere ineinandergreifende Bildideen, die in beliebiger Richtung gelesen werden können", erklärte Kiesler. „Die Kraft, die sie zusammenhält, ist nicht die perspektivische Komposition, sondern der Betrachter selbst."[14]

Somit multiplizieren sich die Beziehungen zwischen der gemalten und der skulpturalen *Galaxy* und innerhalb ihrer Bestandteile, doch das Ergebnis ist keine endlose, offene und fortlaufende Akkumulation von Form. Jede *Galaxy* ist durch die Dialektik zwischen Figuration und Abstraktion begrenzt, die unaufhörlich in unserer verkörperten Wahrnehmung im belebten Raum oszilliert. Für seine erste Einzelausstellung der *Galaxies* in der Sidney Janis Gallery im Jahr 1954 machte Kiesler deutlich, dass diese Arbeiten „sowohl die Weite als auch die Begrenztheit des Gruppenlebens" besitzen, was jedem Cluster „seine natürliche Größe und Ausdehnung" verleihe. Einzelne Details wie die Farbmarkierungen innerhalb eines Bilds oder ein bestimmtes Bild innerhalb einer größeren Gruppe dienten „nicht der Ausschmückung, sondern der Intensivierung von Brennpunkten".[15] Der kombinatorische Charakter der *Galaxies* beruht also nicht auf der bloßen Anhäufung von Teilen, sondern auf der Qualität der Aufmerksamkeit, die wir ihnen entgegenbringen. Was diesen Arbeiten ihre Kontur verleiht, ist nicht eine undurchlässige Grenze oder der „klar definierte Kompetenzbereich" eines bestimmten Mediums, wie Clement Greenberg – eine der einflussreichsten Kritikerstimmen in der amerikanischen Kunstwelt der 1950er Jahre – es ausdrückt.[16] Kiesler überwindet die Begrenzung des Rahmens und die konventionelle Unterscheidung zwischen Malerei, Skulptur und Architektur und überträgt den BetrachterInnen die Verantwortung für den Zusammenhang des Werks. Die – sogar unverzichtbare – Fähigkeit einer *Galaxy*, zu wandern und sich an neue Umgebungen anzupassen, bedeutet darüber hinaus, dass er die Möglichkeit einer weiteren Veränderung nicht ausschließen konnte. Er erkannte, dass in dem Kreislauf, der Objekt, Raum und BetrachterInnen verbindet, seine *Galaxies*

„mit gewissenhafter Sorgfalt erweitert werden können, *bis die Kraft des inneren Magnetismus* erschöpft ist. Und sollten sie tatsächlich ihr (physisches) Ende erreichen, haben sie immer noch ein großes Potenzial, zur Kontinuität zu inspirieren, da der Betrachter nach seiner eigenen Vorstellung immer weitere Einheiten hinzufügen kann".[17]

Die Erforschung des Weltraums hatte großen Einfluss auf Kieslers spätere Ansichten. Dies wird deutlich, wenn er behauptet: „Das Umfeld wird genauso wichtig wie das Objekt, vielleicht sogar wichtiger. Denn das Objekt atmet in seine Umgebung hinaus und atmet auch die Wirklichkeit der Umgebung ein, ob eng beisammen oder weit auseinander, ob im Freien oder im Innenraum."[18] Eine solche Beschreibung des Prinzips von Geben und Nehmen zwischen innerem und äußerem Raum lässt sich gleichermaßen auf die Versuche Rauschenbergs und Kaprows anwenden, ihre Arbeiten für Umgebungsveränderungen zu sensibilisieren – oder auch auf Arbeiten von Ellsworth Kelly, bei denen die Malfläche auf den Boden verlagert wurde oder frei im Raum stand. Dennoch darf nicht vergessen werden, dass diese Ideen in Kieslers jahrzehntelangen Versuchen wurzelten, mit dem Projekt des *Endless House* den Begriff des umschlossenen Raums neu zu definieren: Wie konnten seine Konstruktionen für den Betrachter die Wahrnehmung und das Verständnis einer Welt außerhalb seines Körpers erleichtern und gleichzeitig „dazu zurückkehren, ihn schützend in den Raum einzubeziehen, statt ihn als einsamen Punkt in all der Unermesslichkeit zu isolieren"?[19] Für Kiesler war diese Frage für die Malerei ebenso drängend wie für die Architektur. Eine Malerei, die uns innerhalb der Welt platzierte und diese Welt dem Maßstab unseres Körpers anpasste, konnte selbst zu einer Art Architektur werden – Pollock und Rothko teilten dieses Verständnis. Auf zwei weiteren Fotos in der Zeitschrift *LIFE* sehen wir dieses Prinzip erneut durch Kieslers eigenen Körper umgesetzt. Er wird Bestandteil eines Raums, den er selbst geschaffen hat – ob zur Veranschaulichung des Maßstabs in einer Fotocollage, die den Aufbau einer elfteiligen *Galaxy* erläutert, oder bei der Arbeit an einer *Galaxy* aus mit Stoff verhangenen Wänden in seinem Studio. Beides erinnert daran, dass er seine „Bilder gern über die Decke und den Boden ausbreitet[e], ‚damit die Menschen hineingehen und davon umgeben sein können'".[20]

14 Vortrag an der Yale School of Architecture, Typoskript, um 1951, ÖFLKS; zitiert von Phillips 1989 (s. Anm. 9), 121.
15 Einladungstext zu *Galaxies by Kiesler* in der Sidney Janis Gallery, Typoskript, 1954, ÖFLKS.
16 Greenberg, Clement, „Modernist Painting" [1960], in: O'Brian, John (Hg.), *Modernism with a Vengeance, 1957–1969* (The Collected Essays and Criticism, Band 4), Chicago, London 1993, 86.
17 Kiesler (s. Anm. 5), 21.
18 Kiesler, Friedrich, „Second Manifesto of Correalism", in: *Art International* (9) 2, März 1965, 16. Dt. Übersetzung: www.kiesler.org (5.4.2016)
19 Kiesler, Friedrich, „The Endless House and its Psychological Lighting", *Interiors* 60, November 1950, 127.
20 „Meant To Be Lived In", in: *LIFE* (32) 21 1952, 81.

Relationships thereby multiply between the painted and constructed *Galaxies* and among their constituent parts, but the result is not an infinitely open-ended, additive accumulation of form. Each *Galaxy* is delimited by the dialectic between figuration and abstraction, which oscillates perpetually in our embodied perception in lived space. For his first solo exhibition of the *Galaxies* at Sidney Janis Gallery in 1954, Kiesler made clear that these works had "both the expanse and limitation of group-living," which gave each cluster "its natural measure of dimensions." Individual details, whether they are the colored marks deployed within a given panel or a single panel within a larger grouping, "are not the result of elaboration but of intensification of focal points."[15] In other words, the combinatory character of his *Galaxies* is not driven by sheer quantity of parts but by the quality of the attention we bring to them. What gives these works their contours is not an impermeable boundary or the "unique and proper area of competence" of a given medium, to invoke the words of Clement Greenberg, one of the dominant critical voices in American art in the 1950s.[16] Kiesler casts off the confinement of the frame and the conventional distinctions that separate painting, sculpture, and architecture to shift the responsibility of the cohesion of the work onto the beholder. What is more, the ability—even necessity—for a given *Galaxy* to migrate and adapt itself to new environments meant that he could not rule out the possibility of further modification. In this circuit connecting object, space, and viewer, Kiesler felt that his *Galaxies*

"could, with careful nurturing, be added to *until the power of the inner magnetism* is exhausted. And if they actually end (physically), their capacity to inspire continuity would still be great, in that the observer could go on adding more and more units according to his own imagination."[17]

The profound effect that the reality of extraterrestrial space exploration had on Kiesler's late thinking is the backdrop for his claim that "the environment becomes equally as important as the object, if not more so, because the object breathes into the surrounding and also inhales the realities of the environment no matter in what space, close or wide apart, open air or indoor."[18] Such a description of the give-and-take between inner and outer space could apply equally to attempts by Rauschenberg and Kaprow to sensitize their work to ambient change, or, even, to works by Ellsworth Kelly that shift the plane of painting onto the floor or to stand freely in space. Yet it is important, too, to recognize that these ideas were rooted in Kiesler's sustained attempts over decades to redefine enclosure with his project for the *Endless House*. How could his constructions facilitate the beholder's psychological and perceptual awareness of a world beyond his body and yet, at the same time, "return to shelter him and integrate him within space, instead of isolating him as a lonely pinpoint in all that immensity"?[19] For Kiesler, such a question was as urgent for painting as it was for architecture. By placing us within the world and by bringing that world into scale with our bodies, painting itself could become a kind of architecture, as Pollock and Rothko had also understood. In two other photographs published in *LIFE*, we again see this principle enacted by Kiesler's own body as it is absorbed by a space of his own making—whether providing scale in a photo-collage illustrating the layout of an eleven-part *Galaxy* or shown at work on a "draped mural" *Galaxy* in his studio, we are reminded how "he likes paintings to cover ceiling and floor, 'so people can walk into them, be surrounded by them.'"[20]

15 Text for invitation to *Galaxies by Kiesler* at Sidney Janis Gallery, typescript, 1954, ÖFLKS.
16 Greenberg, Clement, "Modernist Painting" [1960], in: O'Brian, John (ed.), *Modernism with a Vengeance, 1957–1969* (The Collected Essays and Criticism, vol. 4), Chicago, London 1993, 86.
17 Kiesler (see note 5), 21.
18 Kiesler, Frederick, "Second Manifesto of Correalism," in: *Art International* (9) 2, March 1965, 16.
19 Kiesler, Frederick, "The Endless House and its Psychological Lighting," *Interiors* 60, November 1950, 127.
20 "Meant To Be Lived In," in: *LIFE* (32) 21 1952, 81.

E. E. Cummings, *Portrait Galaxy*, New York, 1948
Dokumentationsfoto aus dem Nachlass des Künstlers
Photo documentation from the artist's estate

19-teilige *Galaxy*, New York, 1951, Gemälde; Lackfarbe und Tusche auf Karton, montiert auf Holzfaserplatten
19-piece *Galaxy*, New York, 1951, Painting; Lacquer paint and India ink on cardboard, mounted on fiberboard
ÖFLKS, MFP 1063/0

<
8-teilige *Galaxy* [Floor/Wall piece], New York, 1952, Gemälde; Ölfarbe auf Karton, auf Holzfaserplatten montiert
8-piece *Galaxy* [Floor/Wall piece], New York, 1952, Painting; Oil on cardboard, mounted on fiberboard panels
ÖFLKS, MFP 1043/0

4-teilige *Galaxy* [Hand and Foot piece], New York, frühe 1950er Jahre, Gemälde; Ölfarbe auf Karton, auf Holzfaserplatten montiert
4-piece *Galaxy* [Hand and Foot piece], New York, early 1950s, Painting; Oil on cardboard, mounted on fiberboard
ÖFLKS, MFP 1055/0

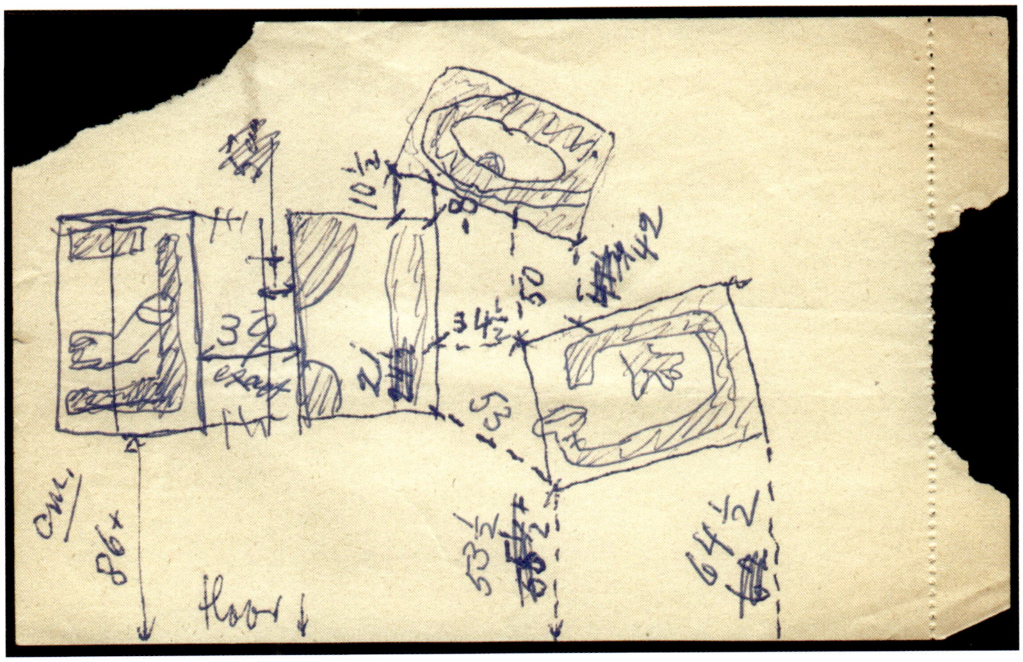

Skizze für den Hängeplan der *Hand and Foot Galaxy* aus einem Skizzenbuch, Vallauris (FR), 1955, Kugelschreiber auf Papier
Sketch for the placement plan of the *Hand and Foot Galaxy* out of a sketchbook, Vallauris (FR), 1955, Ballpoint pen on paper
ÖFLKS, SFP 319/0

Small horse Galaxy, New York, frühe 1950er Jahre,
Tempera auf Karton, kaschiert auf Holzplatten
Small horse Galaxy, New York, early 1950s,
Tempera on cardboard, affixed to wooden panels
Dokumentationsfoto aus dem Kiesler Archive, NY/Nachlass Lillian Kiesler in der Documentary photo from the Kiesler archive, NY/Lillian Kiesler estate in the ÖFLKS

Horse Galaxy, 1954, Installationsansicht *Frederick Kiesler: Horse Galaxy*, Jason McCoy Gallery, New York, 12. November – 24. Dezember 1998
***Horse Galaxy*, 1954, Installation view *Frederick Kiesler: Horse Galaxy*,** Jason McCoy Gallery, New York, 12 November – 24 December 1998
Courtesy of Jason McCoy Gallery, New York

Während ein Bild dem Raum hinzugefügt wird, wird die Galaxie in den Raum integriert. Daher sind die Abstände zwischen den Einheiten einer *Galaxie* ebenso wichtig wie die Einheiten selbst. Vor allem, da sie in die Umgebung einfließen und mit ihr verbunden sind.

Friedrich Kiesler, „Note on the Galaxies", Typoskript, 1950, ÖFLKS.

While a painting is an addition to space, a galaxy is an integration with space. Therefore the intervals between the units of a *Galaxy* are as important as the units themselves, particularly since these intervals flow in and connect with the surrounding area.

Frederick Kiesler, "Note on the Galaxies," typescript, 1950, ÖFLKS.

Galaxy A, 5-teilig, New York, um 1960, Tempera auf Karton, kaschiert auf Holzplatten
Galaxy A, 5-part, New York, ca. 1960, Tempera on cardboard, affixed to wooden panels
Dokumentationsfoto aus dem Kiesler Archive, NY/Nachlass Lillian Kiesler in der Documentary photo from the Kiesler archive, NY/Lillian Kiesler estate in the ÖFLKS

Galaxy F, 1960, Gouache, Kohle und Pastell auf Papier, Karton, Holz
Galaxy F, 1960, Gouache, charcoal and pastels on paper, cardboard, wood
museum moderner kunst stiftung ludwig wien

Gerd Zillner

Design by Light
Zu Friedrich Kieslers Gebrauch der Fotografie

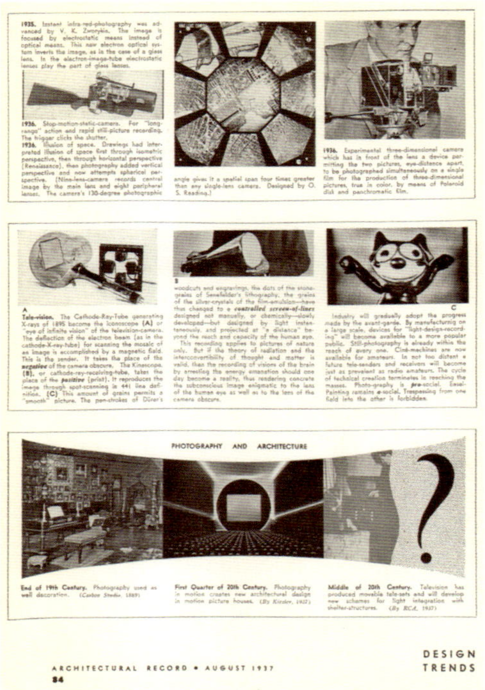

„Design-Correlation. Certain Data Pertaining to the Genesis of Design by Light. Part II", in: *Architectural Record* 82/8, August 1937, S. p. 84.

Betrachtet man den Nachlass Friedrich Kieslers, so fällt die ungemein große Anzahl an Fotografien auf. Mit ca. 5 000 Objekten bilden sie die größte Gruppe noch vor den Zeichnungen, der Korrespondenz oder den Plänen. Schon allein die Quantität lässt vermuten, dass die Fotografie für Kiesler einen besonderen Stellenwert einnahm und das, obwohl der Künstler selbst kaum fotografierte. Der Bestand erweist sich als sehr heterogen und umfasst Aufnahmen zur Dokumentation seiner ephemeren Bühnen-, Ausstellungs- und Galerieräume, Fotos von Architekturmodellen und skulpturalen Environments sowie eine Vielzahl an (Selbst-) Inszenierungen im Atelier oder im Kreise seiner Freunde. Auch der künstlerische Anspruch weist eine große Spannbreite auf und reicht von minutiös komponierten Inszenierungen seiner Werke sowie seiner eigenen Person bis zum beiläufigen Schnappschuss. Viele seiner visionären Projekte wie etwa die *Raumbühne* oder die *Raumstadt* sind nur durch Aufnahmen dokumentiert. Im Folgenden soll anhand ausgewählter Beispiele gezeigt werden, in welcher Art sich Kiesler der Fotografie bediente.

Kiesler behauptete gerne von sich, dass er in allen künstlerischen Disziplinen tätig war. Die Fotografie im Sinne einer autonomen künstlerischen Ausdrucksweise muss davon jedoch ausgenommen werden, denn bis auf wenige Schnappschüsse trat er nicht als Fotograf in Erscheinung. Umso größer war sein Bewusstsein um das Potenzial der Fotografie zur Vermittlung seiner künstlerischen Konzepte. Kiesler fungierte oft nicht nur als Auftraggeber, sondern begleitete vielfach den gesamten Entstehungsprozess, sein Beitrag ging weit über die Auswahl des passenden Abzugs hinaus. Kiesler collagierte Fotografien in Plan- und Entwurfszeichnungen, bediente sich der Retusche oder erschuf visuell ansprechende Fotomontagen.[1] Darüber hinaus setzte sich Kiesler auch schriftstellerisch mit der Fotografie auseinander. So veröffentlichte er in seiner Artikelserie zur „Design-Correlation" im *Architectural Record* einen zweiteiligen Aufsatz zur Geschichte der Fotografie bzw. deren technischen Entwicklung.[2] Kleinere Textfragmente und ein Essay zur Entstehung des Fotoporträts *Marcel Duchamp im Alter von 85 Jahren* runden Kieslers theoretische Reflexion über die Fotografie ab.[3] Der hohe Stellenwert, den die Fotografie für Kiesler einnimmt, zeigt sich auch in der Wahl der Fotografinnen und Fotografen, die sich wie ein Who's Who der Fotogeschichte des 20. Jahrhunderts liest, darunter Berenice Abbott, Ruth Bernhard, Hans Namuth, Arnold Newman oder Irving Penn.

Paris 1925: *Die Raumstadt*

„Was sind unsere Häuser mehr als Steinsärge, die aus der Erde in die Luft ragen", konstatierte Kiesler 1925 in seinem Manifest „Vitalbau – Raumstadt – Funktionelle Architektur" und forderte, dass wir „[...] uns von der Erde loslösen, [...] keine Mauern, keine Fundamente [...]. Ein System von Spannungen (tension) im freien Raume".[4] Der Auftrag, die Theatersektion des österreichischen Beitrags zur *Exposition internationale des Arts décoratifs et industriels modernes* zu gestalten, verschaffte Kiesler die Möglichkeit, seine radikale Streitschrift als reale, wenngleich modellhaft frei im Raum schwebende Stadtstruktur umzusetzen. Einige wenige Aufnahmen machen die ephemere Raumschöpfung auch heute noch visuell erfahrbar.

Kiesler ließ den ca. 23 Meter langen, 11 Meter breiten und 9,5 Meter hohen Raum mit einem schwarzen Tuch bespannen.[5] In diesem „neutralen" dunklen Raum, dessen Begrenzungen kaum wahrnehmbar waren, schwebte die von der Decke abgehängte Ausstellungsarchitektur. Den abstrakten Eigenwert der streng geometrischen Konstruktion steigerte Kiesler durch eine gezielte Beleuchtung, die Positionierung der Kamera und durch die Wahl des Ausschnitts. Er setzt seine *Raumstadt* mit spektakulären Diagonalansichten und einer gekonnten Lichtregie in Szene. Die starken Hell-Dunkel-Kontraste überblenden im wahrsten Sinne des Wortes jene Details, welche die *Raumstadt* als Ausstellungsgestaltung erkennbar machen.

1 Vgl. Kiesler, Friedrich, „Les Larves d'Imagie d'Henri Robert Marcel Duchamp", in: *View*, 1, März 1945, 24.
2 Kiesler, Frederick, „Design-Correlation. Certain Data Pertaining to the Genesis of Design by Light. Part I" in: *Architectural Record* 82/7, July 1937, 89–92, und „ Part II" in: *Architectural Record* 82/8, August 1937, 79–84. Der Titel ist eine Anspielung an Kieslers Aufsatz.
3 Vgl. Molderings, Herbert, *Marcel Duchamp im Alter von 85 Jahren. Eine Inkunabel der konzeptuellen Fotografie*, Köln 2013.
4 Kiesler, Friedrich, „Vitalbau – Raumstadt – Funktionelle Architektur", undatiertes Typoskript [1925], ÖFLKS, TXT 844/0.
5 Vgl. Weingraber, Thomas, „Rekonstruktion, Darstellung und Architektur von Friedrich Kieslers Raumvisionen, Wien–Paris 1924/25", in: Bogner, Dieter (Hg.), *Friedrich Kiesler. Architekt, Maler, Bildhauer. 1890-1965*, Ausstellungskatalog Museum Moderner Kunst, Wien 1988, 320–329.

Design by Light
On Frederick Kiesler's Use of Photography

Gerd Zillner

In contemplating Friedrich Kiesler's estate, one cannot help but notice the immensely large number of photographs. At around 5 000 objects, they represent the largest group, more than even drawings, correspondence, or plans. Their quantity alone leads one to suspect that photography was of special significance to Kiesler, and this despite the fact that the artist hardly ever took any photographs himself. The inventory is very heterogeneous and encompasses images documenting his ephemeral exhibition, stage, and gallery spaces, photos of architectural models and sculptural environments, as well as many of him posing in the studio or among his circle of friends. The artistic standard also demonstrates a large bandwidth ranging from incidental snapshots to meticulously composed stagings of his works and of himself. Many of his visionary projects like the *Raumbühne* [*Space Stage*] or the *Raumstadt* [*City in Space*] are only documented in photographs. The rest of this text will use selected examples to show the manner in which Kiesler employed photography.

Friedrich Kiesler und Hans Arp in Arps Atelier, Paris, 1947, Foto: unbekannt, SW-Foto; Silbergelatineabzug auf Barytpapier
Frederick Kiesler and Hans Arp in Arp's studio, Paris, 1947, Photo: unknown, BW photo; Gelatin silver print on baryta paper
ÖFLKS, PHO 249/0

Kiesler liked to say that he was active in all artistic disciplines. Photography in the sense of an autonomous artistic mode of expression must be omitted from this utterance, however, since, with the exception of a few snapshots, he did not engage in photography. So much the greater was his awareness of the potential of photography as a medium for conveying his artistic concepts. Often Kiesler was not merely a client, but frequently an accompanist to the entire process of development; his contribution went way beyond choosing a suitable print. Kiesler collaged photographs in planning and design sketches, utilized retouching, or created visually appealing photo montages.[1] Beyond this, Kiesler took up the topic of photography in his writing. Thus, in "Design Correlation," his series of articles for the *Architectural Record*, he published a two-part essay about the history of photography and its technical development.[2] Shorter text fragments and an essay about the production of the photo portrait *Marcel Duchamp at the Age of 85* round out Kiesler's theoretical reflections about photography.[3] The pride of place given to photography by Kiesler is also evident in his choice of photographers, who read like a Who's Who of 20th century photographic history and include Berenice Abbott, Ruth Bernhard, Hans Namuth, Arnold Newman, and Irving Penn.

Paris 1925: *The City in Space*

"What are our Houses but coffins towering up from the earth into the air?" declared Kiesler in 1925 in his manifesto "Organic buildings—the City in Space—Functional Architecture" and demanded "[...] Liberation from the ground; [...] No walls, no foundations; A system of spans (tension) in free space."[4] Being commissioned with the design of the theater section for the Austrian contribution to the *Exposition internationale des Arts décoratifs et industriels modernes* provided Kiesler with the opportunity to implement his radical polemic as a tangible—albeit in the form of a model—urban structure floating freely in space. A scant few photos allow us still today to visually experience this ephemeral spatial creation. Kiesler had the room (23 meters long, 11 meters wide, 9.5 meters high) sheathed in black cloth.[5] The exhibition architecture floated suspended from the ceiling in this "neutral," dark room. Kiesler heightened the intrinsic value of this geometric construction through targeted illumination, camera positioning, and through his choice of segment. He staged his *City in Space* with spectacular diagonal views and skillful handling of lighting. The stark light-dark contrasts virtually obscure the very details that would have made *City in Space* recognizable as an exhibition installation.

The Gertraud and Dieter Bogner collection includes an image wherein Kiesler employs retouching—applying a gray-blue color with a splatter screen to several surfaces—to enhance the already intense abstraction achieved by light-dark contrasts.[6] A closer examination of the historical photos of *City in Space* reveals the quite different gray-scale values of the individual

1 Cf. Kiesler, Frederick, "Les Larves d'Imagie d'Henri Robert Marcel Duchamp," in: *View*, 1, March 1945, 24.
2 Kiesler, Frederick, "Design-Correlation. Certain Data Pertaining to the Genesis of Design by Light. Part I," in: *Architectural Record* 82/7, July 1937, 89–92, and "Part II," in: *Architectural Record* 82/8, August 1937, 79–84. The title is an allusion to Kiesler's essay.
3 Molderings, Herbert, *Marcel Duchamp at the Age of 85. An Incunabulum of Conceptual Photography*, Cologne 2013.
4 Kiesler, Friedrich, „Vitalbau – Raumstadt – Funktionelle Architektur", undated typescript [1925], ÖFLKS, TXT 844/0; translation by Ross Wolfe (http://thecharnelhouse.org/2013/11/19/frederick-kiesler-city-of-space-1925/).
5 Cf. Weingraber, Thomas, "Rekonstruktion, Darstellung und Architektur von Friedrich Kieslers Raumvisionen, Wien–Paris 1924/25," in: Bogner, Dieter (ed.), *Friedrich Kiesler. Architekt, Maler, Bildhauer. 1890–1965*, exhibition catalog of the Museum Moderner Kunst, Vienna 1988, 320–329.
6 Gertraud and Dieter Bogner collection, on permanent loan to the ÖFLKS, PHO 876/3.

Illustration zu einer von Kiesler verworfenen Version des Artikels „On Correalism and Biotechnique", Tusche und Wasserfarbe auf Papier
Illustration for a version of the article "On Correalism and Biotechnique" discarded by Kiesler; India ink and watercolor on paper
ÖFLKS, SFP 5290/0

In der Sammlung Gertraud und Dieter Bogner hat sich eine Aufnahme erhalten, in der Kiesler die ohnehin schon starke Abstraktion durch die Hell-Dunkel-Kontraste mithilfe von Retuschen verstärkt, indem er mit Spritzgitter graublaue Farbe auf einige Flächen auftrug.[6] Bei einer genauen Betrachtung der historischen Aufnahmen der *Raumstadt* fallen die recht unterschiedlichen Grauwerte der einzelnen Flächen auf. Es liegt also nahe, dass sie von Kiesler farbig akzentuiert waren. Indirekt bestätigte Kiesler diese Behauptung selbst: Im Nachlass hat sich ein Glasdia der *Raumstadt* erhalten, das Kiesler für einen Vortrag anfertigen ließ, und welches er mit farbigen Kunststofffolien überklebt hatte.[7]

Flexible Architektur: Das *Woodstock Theatre*

Im September 1931 gewinnt Kiesler den Wettbewerb für ein „Festival Theater" in Woodstock, NY – u. a. gegen Konkurrenten wie Frank Lloyd Wright.[8] Die Ausführung fällt zwar der Weltwirtschaftskrise zum Opfer, anhand einiger Sepia-Prints, Funktionsdiagramme und eines Arbeitsmodells lässt sich das von Kiesler „The Universal" genannte Theatergebäude rekonstruieren.[9] Nach einer Analyse der kulturellen, sozialen und wirtschaftlichen Voraussetzungen entwirft Kiesler ein multifunktionales Veranstaltungszentrum, in dem alle Ausdrucksformen des Theaters „inter-agieren" können: „Sprech-Spiele, Sing-Spiele, Ton-Spiele, Licht-Spiele, Bewegungs-Spiele, Wett-Spiele, Sociale-Spiele".[10] Die Art des „Spiels" bestimmt die jeweilige Anordnung des Bühnen- und des Zuschauerbereiches.

Um die Multifunktionalität bzw. Flexibilität seiner Festspielhausarchitektur erklären zu können, fertigte Kiesler ein zerlegbares Kartonmodell an, das er beliebig zusammenstellen konnte. Die daraus entstandenen Konfigurationen ließ Kiesler fotografieren, die Aufnahmen veröffentlichte er zusammen mit Plänen und Diagrammen. Auf diese Weise gelang es ihm, die Dynamik der „Raum-Zeit-Kontinuität" zu vermitteln. Auf den veröffentlichten Fotos zeichnet Kiesler zur besseren Lesbarkeit die Konturen der abgenommenen Gebäudeteile und die Bühnenöffnung ein. Die Kreise und Balken der Diagramme übersetzt Kiesler wiederum zurück in die Fotografie, wenn er das Modell mit Murmeln und kleinen Holzklötzchen arrangiert.[11]

Biomorphe Abstraktion: *Die Nesting Tables*

Mitte der 1930er Jahre arbeitete Kiesler an der Einrichtung des Apartments für Marguerita und Charles Mergentime.[12] Marguerita Mergentime war Textildesignerin und so wie Kiesler Mitglied in der American Union of Decorative Artists and Craftsmen (AUDAC). Im Zuge dieser Arbeit entwickelte Kiesler die sogenannten *Nesting Tables*, eine Serie von in Aluminium gegossenen Beistelltischen, die aus zwei bis drei sich aneinanderschmiegenden Formen bestehen. Eine dreiteilige Version ist Teil von Mergentimes Apartment, zwei weitere zweiteilige Varianten befinden sich heute im Museum of Modern Art (MoMA) in New York bzw. in Privatbesitz.[13] In einem Vortrag, den Kiesler im Oktober 1965 im Rahmen seines Design-Seminars an der NYU (New York University) hielt, behauptete er, keine Fotos seiner Einrichtung dieser Wohnung zu besitzen. Und tatsächlich verfügt die Österreichische Friedrich und Lillian Kiesler-Privatstiftung heute nur über wenige Fotos der dreiteiligen Ausführung.

Von den zweiteiligen Tischen haben sich im Nachlass hingegen ungefähr 70 Fotografien erhalten. Es handelt sich dabei um aufwendige Inszenierungen der Objekte. Vor einem neutralen schwarzen Hintergrund scheinen die *Nesting Tables* frei im Raum zu schweben. Die Tische sind ihrer eigentlichen Funktion als Möbel entkleidet und werden als abstrakte Flächenkomposition gezeigt. Glanzpunkte und Lichtreflexionen akzentuieren die sanft geschwungenen Konturlinien. Es entsteht der Eindruck, dass die Tischbeine abmontiert und die Tischflächen gleich einem Arp'schen Relief an der Wand montiert wurden. Dass es sich bei den Aufnahmen um Möbel handelt, und nicht um autonome Kunstwerke, ist schwer auszumachen. Offensichtlich ist es gerade die Rückübersetzung in die Zweidimensionalität, die den Eigenwert der biomorphen Formen ausmacht.

Die meisten Aufnahmen der *Nesting Tables* wurden von Ben Schnall angefertigt, einem Fotografen, mit dem Kiesler immer wieder zusammenarbeitete. Er hat die *Nesting Tables* auch in einer zweiten Serie fotografiert, die weniger auf abstrakte Schauwerte abzielt, sondern Möglichkeiten der Benutzung inszeniert. Auffallend an dieser Fotoserie ist die Sexualisierung des Möbelobjektes, wenn etwa Fotomodelle rittlings und sich nach hinten lehnend auf der schmäleren oder nackt in Rückenansicht vor der breiteren Tischhälfte posieren. Offenbar plante Kiesler ein Correalismus-Manifest mit diesen Aufnahmen zu illustrieren, wovon ein Layoutkonzept zeugt, das mit in Tusche gezeichneten Kopien dieser Fotoserie bebildert ist.[14]

6 Sammlung Gertraud und Dieter Bogner, Dauerleihgabe an die ÖFLKS, PHO 876/3.
7 ÖFLKS, PHO 6416/0.
8 McGuire, Laura, *Space Within – Frederick Kiesler and the Architecture of an Idea*, Dissertation, The University of Texas in Austin, 2014, 174–180; Phillips, Stephen, *Elastic Architecture: Frederick Kiesler and his research practice*, Dissertation, Princeton University, 2008, 237 f.
9 Vgl. ÖFLKS, Box Öflks, pho 17 und Planfolder für Fotos, Pläne und Zeitungsausschnitte; Modell im Bestand v. Jason McCoy Inc., New York, Inv.-Nr. FK6519.
10 Kiesler, Friedrich, „A Festival Shelter. The Space Theatre for Woodstock, New York", in: *Shelter* 2/4, Mai 1932, 42–47.
11 ÖFLKS, PHO 833/0; Die Aufnahmen mit den Konturlinien befinden sich in den American Archives of Art in Washington, D.C.
12 Vgl. ÖFLKS (Hg.), *Friedrich Kiesler, Designer. Sitzmöbel der 30er und 40er Jahre*, Ostfildern 2005, 38 ff.
13 MoMA, NY, Inv. Nr.: 109.1996.a-b; sowie 20th Century Decorative Arts, (Auktionskat. LAMA Butterfields, Los Angeles 2002), Cover u. S. 26 f.
14 ÖFLKS: SFP 5289/0, SFP 5290 und SFP 6134/0.

surfaces, suggesting that Kiesler added the color accents. This assertion was indirectly confirmed by Kiesler himself: His estate included a glass slide of *City in Space*, which Kiesler had had made for a lecture and which he had pasted over with colorful plastic film.[7]

Flexible Architecture: *The Woodstock Theatre*

In September 1931 Kiesler won the competition for a "Festival Theatre" in Woodstock, New York—against competitors such as, among others, Frank Lloyd Wright.[8] The global financial crisis prevented realization of the project, but the theater building dubbed "The Universal" by Kiesler could be reconstructed on the basis of a working model, several sepia prints, and functional diagrams.[9] Following an analysis of the cultural, social, and economic conditions, Kiesler designed a multifunctional event center, wherein all forms of theatrical expression or "Spiel" could "inter-act": "Sprech-Spiele: Drama, Sing-Spiele: Opera, Ton-Spiele: Orchestra, Licht-Spiele: Cinema, Bewegungs-Spiele: Dance, Wett-Spiele: Sports, Sociale-Spiele: Convention."[10] The type of "play" determined the particular arrangement of the stage and audience areas.

In order to be able to explain the multifunctionality and flexibility of his festival venue architecture, Kiesler made a cardboard model, which he could take apart and reconstruct at will. After he had pictures taken of the resultant configurations, Kiesler published the photos together with plans and diagrams. Using such methods, he succeeded in conveying the dynamic of the "space-time continuum." On the published photos, to improve readability, Kiesler sketched the contours of the detached building components and the stage opening. By arranging the model with marbles and small wooden blocks, Kiesler translated the circles and beams of the diagrams back into the photography.[11]

Biomorphic Abstraction: *The Nesting Tables*

In the mid-1930s Kiesler worked on the interior of Marguerita und Charles Mergentime's apartment.[12] Marguerita Mergentime was a textile designer and, like Kiesler, member of the American Union of Decorative Artists and Craftsmen (AUDAC). In the course of this project, Kiesler developed the so-called *Nesting Tables*, a series of cast aluminum occasional tables consisting of two to three forms nestled against one another. A three-piece version is part of Mergentime's apartment; two further two-piece variants today are located in the Museum of Modern Art (MoMA) in New York and in private hands, respectively.[13] In a lecture held by Kiesler in October 1965 in the context of his design seminar at NYU (New York University), he claimed not to have any photos of his furnishings for this apartment. And it is true that the Austrian Frederick and Lillian Kiesler Private Foundation has very few photos of the three-piece version in its current holdings.

By contrast, about 70 photos of the two-piece tables were part of his estate. These depict the objects elaborately staged. The *Nesting Tables* appear to float freely in front of a neutral black background. The tables seem to be divested of their intended function as furniture and are shown as abstract planar compositions. Shiny highlights and reflected light accentuate the softly curved contour lines. One gets the impression that the table legs should be removed and the table surface mounted on the wall like an Arpian relief. It is difficult to discern that the images show pieces of furniture and not autonomous works of art. Ostensibly it is precisely the reverse translation into two-dimensionality that determines the intrinsic value of the biomorphic forms.

Most of the photos of the *Nesting Tables* were taken by Ben Schnall, a photographer with whom Kiesler worked time and again. He also photographed a second series of the *Nesting Tables*, which aimed less at abstract visual values, in favor of showing the possibilities for use. What is particularly striking about this photo series is the sexualization of the furniture, such as when models pose astride or leaning backwards on the narrower half of the table or naked, with their back toward the camera, in front of the broader half. Apparently, as evidenced by a layout concept embellished with inked copies of this photo series, Kiesler planned to illustrate a Correalism manifesto with these photos.[14]

Masterfully mounted: *The Mobile Home Library*

In 1937 at Columbia University, Kiesler founded the Laboratory for Design Correlation, which he headed until 1941.[15] Building on his theory of Correalism, Kiesler taught a design strategy

7 ÖFLKS, PHO 6416/0.
8 McGuire, Laura, *Space Within – Frederick Kiesler and the Architecture of an Idea*, dissertation, The University of Texas in Austin, 2014, 174–180; Phillips, Stephen, *Elastic Architecture: Frederick Kiesler and his research practice*, dissertation, Princeton University, 2008, 237 f.
9 Cf. ÖFLKS, Box Öflks, pho 17 and file of photos, plans, and newspaper clippings; model in the inventory of Jason McCoy Inc., New York, Inv.-Nr. FK6519.
10 Kiesler, Frederick, "A Festival Shelter. The Space Theatre for Woodstock, New York", in: *Shelter* 2/4, May 1932, 44.
11 ÖFLKS, PHO 833/0; The photographs with the contour lines are stored in the American Archives of Art in Washington, D.C.
12 Cf. ÖFLKS (ed.), *Friedrich Kiesler, Designer. Sitzmöbel der 30er und 40er Jahre*, Ostfildern 2005, 38 ff.
13 MoMA, NY, Inv. Nr.: 109.1996.a-b; and 20th Century Decorative Arts, (auction catalog LAMA Butterfields, Los Angeles 2002), Cover and p. 26 f.
14 ÖFLKS: SFP 5289/0, SFP 5290, and SFP 6134/0.
15 Cf. Phillips, Stephen, "Toward a Research Practice: Frederick Kiesler's Design-Correlation Laboratory," in: *Grey Room* 38, Winter 2010, 90–120.

Meisterhaft montiert: *Die Mobile Home Library*

Im Jahr 1937 gründete Kiesler das Laboratory for Design Correlation an der Columbia University, das er bis 1941 leitete.[15] Auf seiner Correalismus-Theorie aufbauend, unterrichtete Kiesler eine Designstrategie, die den Menschen in den Mittelpunkt stellte und die Dynamik des Kräfteaustausches zwischen diesem und seinen Umwelten berücksichtigte. Im zweiten Studienjahr ließ Kiesler seine Studierenden mithilfe eines Fallbeispiels die gelernten Techniken anhand einer alltäglichen und dadurch gewohnten Lebenssituation hinterfragen, neue Bedürfnisse ableiten und Gegenstände entwerfen. So entwickelten die Studierenden des Laboratory die *Mobile Home Library*. Bekannt wurde diese durch jenes Foto, das Kiesler 1939 im Artikel „On Correalism and Biotechnique"[16] verwendete: Es zeigt die aus vier Einheiten bestehende Bibliothek, die aus jeweils drei, also insgesamt aus zwölf 360-Grad-drehbaren Regalen bestand. Drei junge Männer vermitteln die von Kiesler eingeforderte und auf den Menschen bezogene Maßstäblichkeit. Bei genauer Betrachtung fällt auf, dass es sich bei der Aufnahme um eine meisterhafte Fotomontage handelt, denn de facto ließ Kiesler nur ein Kompartiment anfertigen. Im Archiv des Fotografen Ezra Stoller, den Kiesler für diese Aufgabe heranzog, haben sich Abzüge erhalten, mit deren Hilfe der Entstehungsprozess dieses Fotos sehr gut nachvollzogen werden kann. In einem Raum der Columbia University ließ Kiesler einen Kreis auf den Boden zeichnen, das Dreier-Kompartiment wurde platziert und fotografiert. Danach wurde es entlang der Kreislinie am Boden weiterbewegt und erneut abgelichtet, bis die Vollversion der *Mobile Home Library* nachgestellt worden war.

Fotomodell: Das *Endless House*

Wenige Architekturprojekte werden so sehr durch ein Modell repräsentiert wie Kieslers *Endless House*.[17] Im Winter 1958/59 entstanden zwei Modelle und mehrere skulpturale Studien, die Kiesler aus Maschendraht formte und mit Beton ausstrich. Sie dienten einerseits dazu, um die Maße abnehmen zu können, die als Grundlage der Ausführungspläne für den Skulpturengarten des MoMA benötigt wurden. Andererseits ließ er aufwendige Fotografien anfertigen, um seine visionäre Architektur vermitteln zu können. So verwundert es kaum, dass in der Presse und in Fachmagazinen fast ausschließlich Fotografien des Modells verwendet wurden. Zu dieser Serie gehören Aufnahmen der Drahtgitterstruktur bzw. des Making-of ebenso wie Details der Oberfläche und dramatisch ausgeleuchtete Gesamtansichten. Kiesler ließ auch Innenaufnahmen herstellen, um das für ihn so wichtige „Im-Inneren-Sein" vermitteln zu können. Diese Innenaufnahmen wurden dann auch als wandfüllende Blow-ups neben dem Modell in der 1960 im MoMA präsentierten Ausstellung *Visionary Architecture* gezeigt.[18] Auch hier wird wieder erkennbar, wie bewusst Kiesler die Möglichkeiten des Mediums der Fotografie ausreizte, um sein ungebautes, visionäres *Endless House* zu vermitteln. Man könnte mit Arthur Drexler, dem MoMA-Kurator und wichtigen Förderer Kieslers, festhalten, dass „das Model seine eigene Wirklichkeit erzeugte".[19]

Wie sehr sich Friedrich Kiesler mit diesem Projekt identifizierte, wird auch an den vielen Fotoporträts erkennbar, die Kiesler bei der Arbeit am bzw. vor, im oder hinter seinen *Endless House*-Modellen zeigen. Sie sind gekonnte (Selbst-)Inszenierungen, für die Kiesler u. a. Hans Namuth und Irving Penn engagierte. Drexler erkannte das Potenzial dieser Bilder und verwendete sie für eine Pressekampagne, die er in Lifestyle-Magazinen wie *Harper's Bazaar* und *Vogue* lancierte, um die Bekanntheit des Projektes zu fördern.

Fotografien von Architekturmodellen waren immer schon Interpretationen von Interpretationen – „mediale Verdoppelungen"[20]. Abschließend sei angemerkt, dass Kiesler bewusst mit der Wirkungsmächtigkeit der Fotografien seines *Endless House*-Modells operierte. Nicht ohne Kritik hielt er jedoch am 5. Januar 1960 fest, dass sich sein Gebäude schon verbreite, „[…] bevor ich überhaupt die Chance hatte, es zu bauen. Typisch für unsere Zeit: Künstler und Architekten befriedigen diesen Hunger nach Neuem und verwenden flache Fotografien von etwas, das noch gar nicht realisiert wurde, zur plastischen Inspiration. Allein ein Hinweis auf das, was getan werden könnte, schafft ein Tohuwabohu."[21]

15 Vgl. Phillips, Stephen, „Toward a Research Practice: Frederick Kiesler's Design-Correlation Laboratory", in: *Grey Room* 38, Winter 2010, 90–120.
16 Kiesler, Friedrich, „On Correalism and Biotechnique. A Definition and Test of a New Approach to Building Design", in: *Architectural Record* 86/3, September 1939, 60–75.
17 Vgl. Bollinger, Klaus/Medicus, Florian/ÖFLKS (Hg.), *Endless Kiesler*, Basel 2015. Vor allem der Aufsatz des Autors.
18 *Visionary Architecture*, Museum of Modern Art (MoMA), New York, Ausstellungsdauer: 29. September– 4. Dezember 1960.
19 Drexler, Arthur, „Engineer's architecture: truth and its consequences", in: Ders. (Hg.), *The Architecture of the École des Beaux-Arts*, London 1977, 15.
20 Sachsse, Rolf, „Eine kleine Geschichte der Architekturmodell-Fotografie", in: Elser, Oliver/Cachola Schmal, Peter, *Das Architekturmodell: Werkzeug, Fetisch, kleine Utopie*, Ausst. kat. Deutsches Architekturmuseum Frankfurt/Main, Zürich 2012, 23.
21 Kiesler, Friedrich, *Inside the Endless House*, New York 1966, 243.

that put the person in the middle and took into account the dynamic of the energy exchange between this person and his/her environments. Using case studies of quotidian and thus customary lifestyle situations, Kiesler guided his second-year students to question the techniques they had learned, derive new necessities, and design objects. As a consequence, Laboratory students came up with the *Mobile Home Library*. This became popular through the photo Kiesler used in 1939 in the article "On Correalism and Biotechnique"[16] showing the library composed of four units, each consisting of three—for a total of twelve—360-degree rotatable bookshelves. Three young men demonstrate the human scale Kiesler demanded. Close observation of the photograph reveals that the image is a masterful photo montage, for Kiesler de facto only had a single compartment built. The archives of photographer Ezra Stoller, whom Kiesler entrusted with this task, contain prints that have aided in elucidating the process that engendered this photo. In a room at Columbia University, Kiesler had a circle drawn on the floor; the triple compartment was placed on it and photographed. Then it was moved in an arc along the floor and photographed anew, until the full version of the *Mobile Home Library* had been replicated.

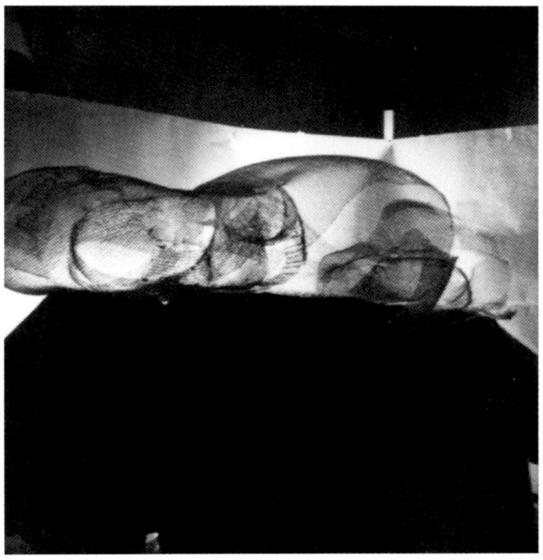

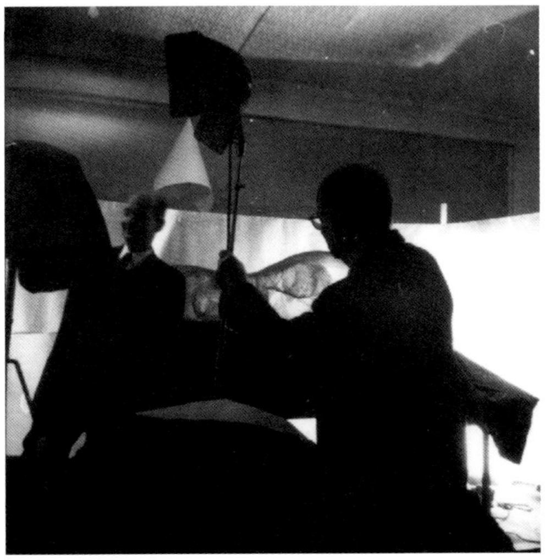

Zwei Details eines Kontaktabzugs mit Aufnahmen aus Kieslers Atelier beim Fotoshooting des Modells für ein *Endless House*, New York, 1959
SW-Foto; Silbergelatineabzug auf Barytpapier
Two details from a contact print showing Kiesler's studio with the photo shooting of the model for an *Endless House*, New York, 1959,
BW photo; Gelatin silver print on baryta paper
ÖFLKS, PHO 745/0

Photographic Model: *The Endless House*

Few architectural projects have been represented through a model as much as Kiesler's *Endless House*.[17] In the winter of 1958/59, Kiesler created two models and several sculptural studies out of wire mesh and coated them with concrete. On the one hand, they were used to take measurements that would be used as the basis for the plans for the MoMA's sculpture garden in New York. On the other hand, he had complex photographs made in order to communicate his visionary architecture. Hence it is hardly surprising that the press and professional magazines almost exclusively featured photographs of the model. This series includes images of the wire mesh structure and the making-of, as well as details of the surface and dramatically lit views of the whole. Kiesler also had interior photographs taken, so that he could convey the sense of being on the "inside," which he found so important. These interior photographs were displayed next to the model as wall-sized blowups in the *Visionary Architecture* exhibition presented by the MoMA in 1960.[18] Here, too, one can see how Kiesler consciously availed himself of the full palette of possibilities offered by the medium of photography in order to promulgate his unrealized, visionary *Endless House*. One could agree with Arthur Drexler, MoMA curator and an important supporter of Kiesler's, that "[t]he model generated its own truth."[19]

The extent to which Friedrich Kiesler identified with this project may be recognized through the many photo portraits showing Kiesler at work on, as well as in front of, in, and behind his *Endless House* models. They are skillful mise-en-scènes (of the self), for which Kiesler hired Hans Namuth and Irving Penn, among others. Drexler realized the potential of these images and used them for a media campaign he launched in lifestyle magazines like *Harper's Bazaar* and *Vogue* in order to promote the visibility of the project.

Photographs of architectural models have always been interpretations of interpretations—duplication through the media."[20] In closing, let it be noted that Kiesler consciously leveraged the effectiveness of his *Endless House* models. Not without criticism did he note on 5 January 1960 that his building was already being propagated, "[...] before I have even had a chance to build it. Typical of our time: artists and architects satisfying this hunger for novelty, and using for plastic inspiration, flat photographs of something that hasn't yet been realized. A hint of what could be done creates a hullabaloo."[21]

16 Kiesler, Frederick, "On Correalism and Biotechnique. A Definition and Test of a New Approach to Building Design," in: *Architectural Record* 86/3, September 1939, 60–75.
17 Cf. Bollinger, Klaus/Medicus, Florian/ÖFLKS (eds.), *Endless Kiesler*, Basel 2015. Mainly the author's essay.
18 *Visionary Architecture*, Museum of Modern Art (MoMA), New York, Exhibition dates: 29 September – 4 December 1960.
19 Drexler, Arthur, "Engineer's architecture: truth and its consequences," in: Id. (ed.), *The Architecture of the École des Beaux-Arts*, London 1977, 15.
20 Sachsse, Rolf, "Eine kleine Geschichte der Architekturmodell-Fotografie," in: Elser, Oliver/Cachola Schmal, Peter, *Das Architekturmodell: Werkzeug, Fetisch, kleine Utopie*, exhibition catalog Deutsches Architekturmuseum Frankfurt/Main, Zurich 2012, 23.
21 Kiesler, Frederick, *Inside the Endless House*, New York 1966, 243.

Diagonalansicht der *Raumstadt*, Paris, 1925,
Foto: unbekannt, retuschiertes SW-Foto;
Silbergelatineabzug auf Barytpapier, Bleistift,
Briefpapier
Diagonal view of the *City in Space*, Paris, 1925,
Photo: unknown, retouched BW photo; Gelatin
silver print on baryta paper, pencil, letterhead
ÖFLKS, PHO 876/3

Ansicht der *Raumstadt*, Paris, 1925, Foto: unbekannt; Glasplatten-Dia, von Friedrich Kiesler mit farbigen Klebefolien koloriert
View of the *City in Space*, Paris, 1925, Photo: unknown; lantern slide, colored by Frederick Kiesler with colorful adhesive film
ÖFLKS, PHO 6417/0

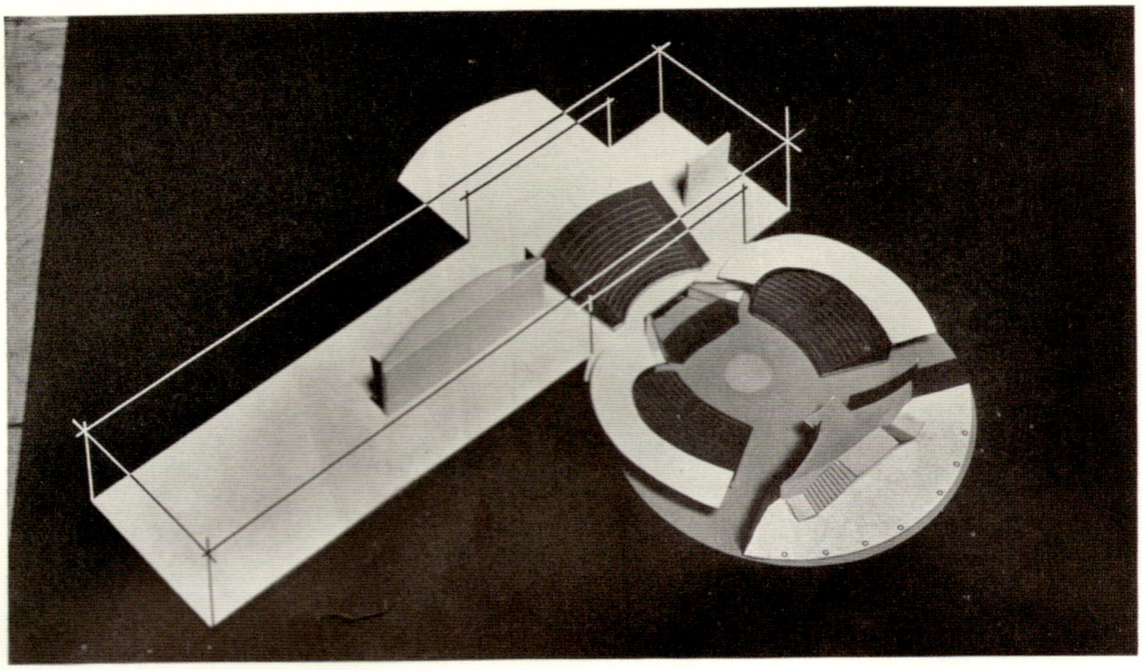

A view of the model showing the flexible enlargement possibilities when used as an arena, the movable seats of the smaller auditorium having been rolled across to augment the seating capacity of the main auditorium. The cyclorama has been moved to its storage position

Model of the "Universal" showing stage portion covered, and the stream-lining of the auditorium interior showing the several interrelated levels, connecting with the proscenium stage. The second level of the peripheral stage is shown in the foreground, to be partly used also as an open-air restaurant

Modellansicht des Zuschauerraums des *Woodstock Theatre*, New York, 1931, Foto: Jay Leyda, SW-Foto; Silbergelatineabzug auf Barytpapier
Model view of the auditorium of the *Woodstock Theatre*, New York, 1931, Photo: Jay Leyda, BW photo; Gelatin silver print on baryta paper
ÖFLKS, PHO 833/0

<
Ausschnitt mit Abbildungen zum ***Woodstock Theatre*** aus **„The Universal. A Multi-Purpose Community Center"**, in: *The Architectural Forum*, Dezember 1932, 535–542; Offsetdruck
Clipping with illustrations for the ***Woodstock Theatre*** from **"The Universal. A Multi-Purpose Community Center"** in: *The Architectural Forum*, December 1932, 535–542; Offset print
ÖFLKS, CLP 6214/0

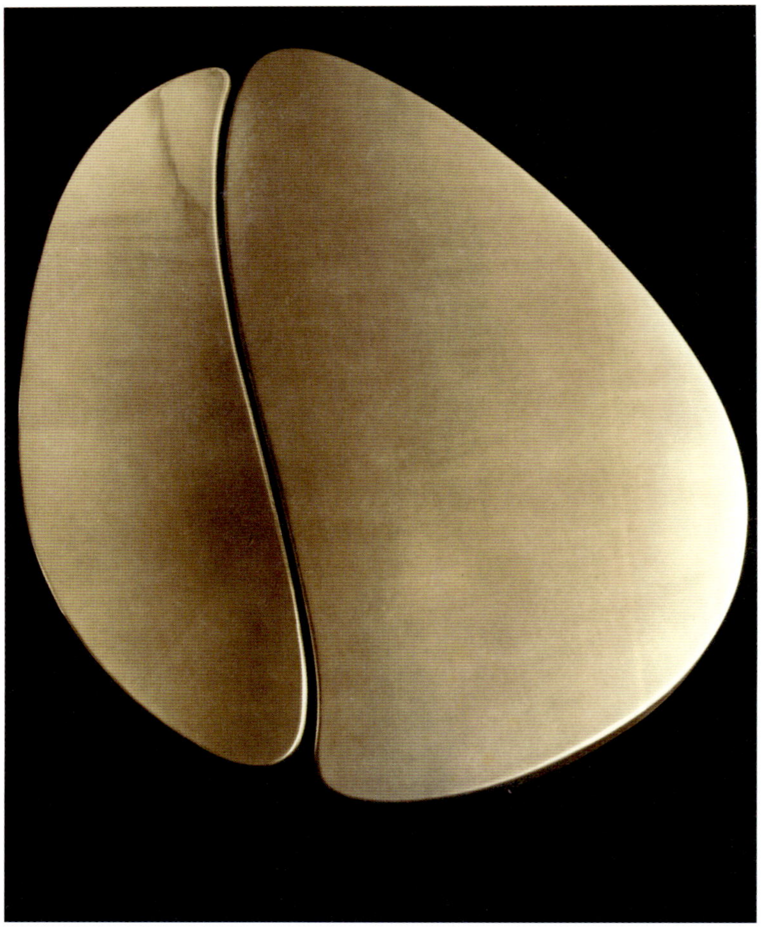

Nesting Table, New York, um 1935, Foto: Ben Schnall, SW-Foto; Silbergelatineabzug auf Barytpapier
***Nesting Table*, New York, ca. 1935, Photo: Ben Schnall, BW photo; Gelatin silver print on baryta paper**
ÖFLKS, PHO 5399/0

Unbekannte Frau auf einem Teil eines *Nesting Table*, New York, um 1935, Foto: Ben Schnall, SW-Foto; Silbergelatineabzug auf Barytpapier
Unknown woman on a a part of a *Nesting Table*, New York, ca. 1935, Photo: Ben Schnall, BW photo; Gelatin silver print on baryta paper
ÖFLKS, PHO 5396/1

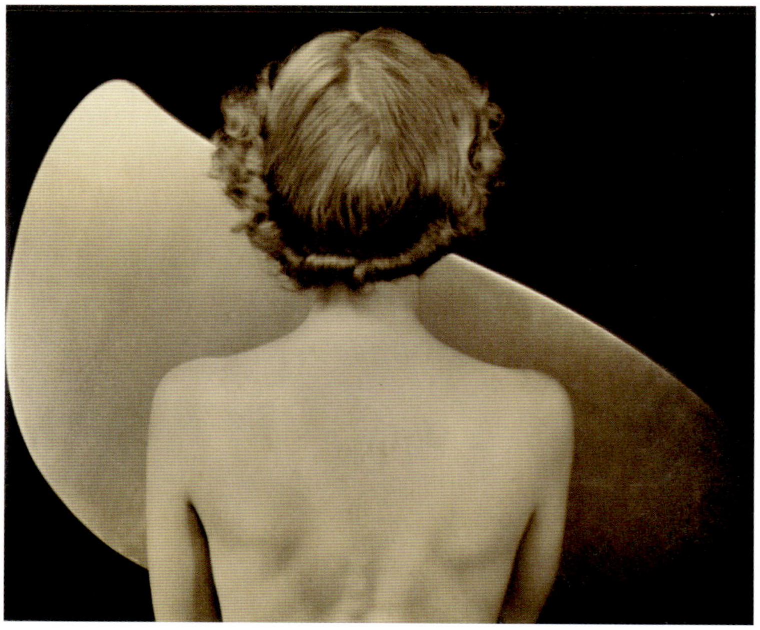

Unbekannte Frau vor einem Teil eines *Nesting Table*, New York, um 1935, Foto: Ben Schnall, SW-Foto; Silbergelatineabzug auf Barytpapier
Unknown woman in front of part of a *Nesting Table*, New York, ca. 1935, Photo: Ben Schnall, BW photo; Gelatin silver print on baryta paper
ÖFLKS, PHO 5393/1

Mobile Home Library, von Kiesler überarbeitete Fotomontage des Prototyps, New York, 1939, Foto: Ezra Stoller, SW-Foto; Silbergelatineabzug auf Barytpapier, Deckweiß, Buntstift
***Mobile Home Library*, Kiesler-revised photomontage of the protoptype,** New York, 1939, Photo: Ezra Stoller, BW photo; Gelatin silver print on baryta paper, opaque white, colored pencil
ÖFLKS, PHO 5553/0

Fotoshooting des Prototyps für Friedrich Kieslers *Mobile Home Library*, New York, 1939
Photo shoot of prototype for Frederick Kiesler's *Mobile Home Library*, New York, 1939
ID: 182B.010, ID: 182B.008

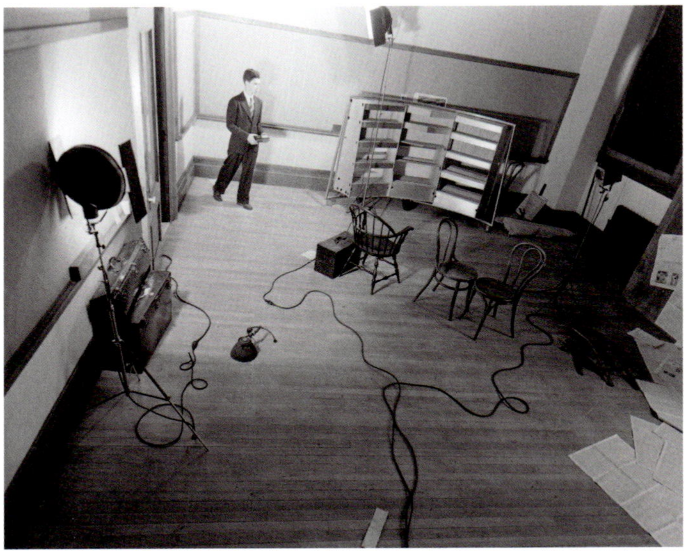

Visionary Architecture, Installationsansicht Museum of Modern Art, New York, 1960, Foto: George Barrows, SW-Foto; Silbergelatine Vintage Print
***Visionary Architecture*, installation view Museum of Modern Art,** New York, 1960, Photo: George Barrows, BW photo; Silver gelatin vintage print
Collection of the Museum of Modern Art, New York, IN670.13

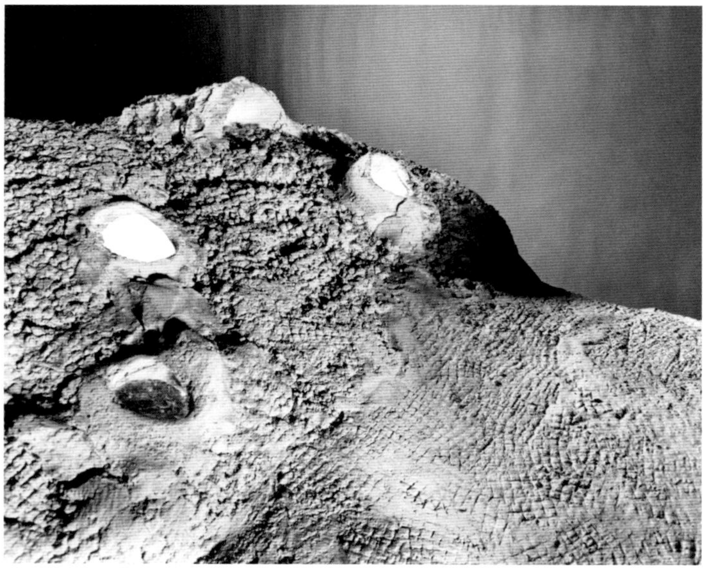

Modell für ein *Endless House*, Detail der Oberfläche, New York, 1959, Foto: George Barrows, SW-Foto; Silbergelatineabzug auf Barytpapier
Model for an *Endless House*, detail of the surface, New York, 1959, Photo: George Barrows, BW photo; Gelatin silver print on baryta paper
ÖFLKS, PHO 824/0

Modell für ein *Endless House*, Drahtgitterstruktur, New York, 1959, Foto: unbekannt, SW-Foto, Silbergelatineabzug auf Barytpapier
Model for an *Endless House*, wire mesh structure, New York, 1959, Photo: unknown, BW photo; Gelatin silver print on baryta paper
ÖFLKS, PHO 757/0

Abb. Fig. 192/193
Friedrich Kiesler mit seinem Modell für ein *Endless House*, New York, 1960, Foto: Irving Penn
Frederick Kiesler with his model of an *Endless House*, New York, 1960, Photo: Irving Penn
ÖFLKS, PHO 808/0

Friedrich Kiesler 1890–1965

1890 Friedrich Jacob Kiesler wird am 22. September 1890 in Czernowitz (damals Österreich-Ungarn, heute Ukraine) geboren. Sein Vater, Magistratsrat Dr. Julius Kiesler, ist für mehrere Jahrzehnte als Beamter im städtischen Dienst tätig und Sekretär der jüdischen Kultusgemeinde. Die Mutter, Rosa Kiesler, geb. Meisler, stirbt 1891, sodass Friedrich wohl vorwiegend in der geschwisterlichen Obhut seines neun Jahre älteren Bruders Emil und seiner 17 Jahre älteren Schwester Marie aufwächst.

Friedrich Jacob Kiesler was born on 22 September 1890 in Chernivtsi (then Austria-Hungary, now Ukraine). His father, city councilman Dr. Julius Kiesler, was a civil servant in the employ of the municipality for several decades; he was also the secretary of the Jewish Community. His mother, Rosa Kiesler, née Meisler, died in 1891, thus Kiesler likely grew up in the care of his siblings, brother Emil, 9 years older, and sister Marie, 17 years older.

1908 Nach Absolvierung der griechisch-orthodoxen Oberrealschule in Czernowitz zieht Kiesler für sein Studium nach Wien. Er bewirbt sich an der Akademie der bildenden Künste, wird aber abgelehnt. Daraufhin inskribiert er im Wintersemester 1908/09 an der Bauschule der k. k. Technischen Hochschule, wo er ein Jahr lang Architektur studiert. Der erneute Antritt bei der Aufnahmeprüfung an der Akademie im Jahr 1910 ist erfolgreich. Kiesler durchläuft dort insgesamt sechs Semester: zwei in der Allgemeinen Malerschule bei Rudolf Bacher und vier in der Spezialschule von Ferdinand Schmutzer (Kupferstecherei). Im Juli 1913 verlässt Kiesler die Akademie ohne Abschlusszeugnis.

After graduating from the Greek Orthodox high school in Chernivtsi, Kiesler moved to Vienna for his university education. He applied to the Academy of Fine Arts, but was not accepted. He subsequently enrolled in the winter semester 1908/09 at the architecture department of the Imperial Royal University of Technology, where he studied architecture for one year. A renewed attempt to pass the Academy's entrance exam in 1910 proved successful. Kiesler spent a total of six semesters there: two in the school of painting under Rudolf Bacher and four in the special school for copperplate engraving under Ferdinand Schmutzer. In July 1913, Kiesler quit the Academy without having earned a diploma.

1914 Mit Ausbruch des Ersten Weltkriegs wird Kiesler zum Militärdienst eingezogen: Nach Absolvierung des Einjährig-Freiwilligen Jahrs wird er als Landsturm-Infanterist dem k. u. k. Infanterie-Regiment 95 beim Kommando des Kriegsvermessungswesens zugeteilt. Im September 1917 wechselt er ins Kriegspressequartier (Kunstgruppe).

Upon the outbreak of the First World War, Kiesler was conscripted into military service. After completing his first year as an enlistee, he was assigned as a Landsturm-infantryman to the Imperial and Royal Infantry Regiment 95 in the military surveying detachment. In September 1917, he transferred to the military press bureau (art group).

1920 Am 19. August heiratet Friedrich Kiesler die 1897 in Skotschau (Schlesien, heutiges Polen) geborene Stephanie Frischer in der Wiener Synagoge.

On 19 August, Friedrich Kiesler married Stephanie Frischer, who was born in 1897 in Skoczów (Silesia, now Poland), at the Vienna Synagogue.

1923 Der erste dokumentierte Arbeitsauftrag kommt aus Berlin, wo sich die Kieslers ab Herbst 1921 immer wieder für mehrere Wochen aufhalten. Friedrich Kiesler übernimmt die Bühnengestaltung von Karel Čapeks Stück *W.U.R.* (Werstands Universal Robots), das am 29. März 1923 im Theater am Kurfürstendamm seine deutschsprachige Uraufführung feiert. Die elektromechanische Kulisse und der Einsatz von Filmprojektion bringen ihm Anerkennung seitens der in Berlin versammelten internationalen Avantgarde und führen u. a. zur Bekanntschaft mit Theo van Doesburg, Hans Richter und Mies van der Rohe.

Um die Jahreswende 1923/24 zeichnet Kiesler auch für ein weiteres Bühnenbild verantwortlich: Eugene O'Neills *Kaiser Jones* am Berliner Lustspielhaus, inszeniert von Berthold Viertel.

His first documented commission hailed from Berlin, where the Kieslers on occasion had been spending several weeks at a time since 1921. Friedrich Kiesler undertook the set design of Karel Čapek's piece *R.U.R.* (Rossum's Universal Robots), which premiered in German as *W.U.R.* (Werstands Universal Robots) on 29 March 1923 at the Theater am Kurfürstendamm. The electromechanical backdrop and the use of film projections brought him accolades from the international avant-garde assembled in Berlin and led to acquaintanceships with Theo van Doesburg, Hans Richter, and Mies van der Rohe.

Around the turn of the year 1923/24, Kiesler took on responsibility for a further stage set: Eugene O'Neill's *Kaiser Jones* [*Emperor Jones*] at Berlin's Lustspielhaus, directed by Berthold Viertel.

1924 Im Auftrag der Gesellschaft zur Förderung moderner Kunst in Wien organisiert und gestaltet Friedrich Kiesler die *Internationale Ausstellung neuer Theatertechnik* im Rahmen des Musik- und Theaterfestes der Stadt Wien. Er lädt VertreterInnen verschiedener Avantgarde-Bewegungen – von Bauhaus und De Stijl bis Konstruktivismus und Futurismus – ins Wiener Konzerthaus ein und vermittelt ihre Konzepte durch ein von ihm entwickeltes räumliches Präsentationssystem, dem sogenannten *Leger- und Trägersystem*. Außerdem erhält er die Möglichkeit, die *Raumbühne* als Modell einer Bühne der Zukunft im Maßstab eins zu eins bauen und bespielen zu lassen.

Commissioned by the Society for the Promotion of Modern Art in Vienna, Friedrich Kiesler organized and designed the *International Exhibition of New Theatre Techniques* for the Music and Theater Festival of the City of Vienna. He invited representatives of various avant-garde movements—from the Bauhaus and De Stijl to constructivism and futurism—to Vienna's Konzerthaus and made their concepts known via a spatial presentation system he had developed, the so-called *Leger- und Trägersystem* [*Leger (L) and Träger (T) System*]. He was also given the opportunity to build a 1:1 model of the *Raumbühne* [*Space Stage*] and to let actors perform on this stage of the future.

1925 In seiner Funktion als Kommissär der österreichischen Sektion der *Exposition internationale des Arts décoratifs et industriels modernes* in Paris lädt Josef Hoffmann Kiesler dazu ein, die österreichische Theaterabteilung zu gestalten. Wieder fällt Kiesler durch seine Präsentationsform auf: eine raumfüllende Struktur im Stil des

In his role as the commissioner of the Austrian pavilion of the *Exposition internationale des Arts décoratifs et industriels modernes* in Paris, Josef Hoffmann invited Kiesler to design the Austrian theater section. Kiesler again attracted attention through his form of presentation: a room-sized structure in the style of the Dutch neoplasticists. He proceeded to

holländischen Neoplastizismus. Als *Raumstadt* propagiert er sie daraufhin als Modell einer frei schwebenden Stadt der Zukunft, das zugehörige Manifest „Vitalbau – Raumstadt – Funktionelle Architektur" publiziert er in den Avantgarde-Zeitschriften *De Stijl* und *G*.

Während seiner Zeit in Paris arbeitet Kiesler an weiteren Architekturprojekten: einem automatischen Theater ohne Schauspieler (*Optophon*-Theater), einem horizontalen Wolkenkratzer, einem Warenhaus in Spiralenform sowie am Konzept zur Umgestaltung des Place de la Concorde. Die Idee der *Raumbühne* weitet er zu einem sphäroidischen Theatergebäude aus: dem *Endless Theatre*.

promulgate it as the *Raumstadt* [*City in Space*], a model of a free-floating city of the future; he published the accompanying manifesto [Manifesto of Tensionism 'Organic Building the City in Space Functional Architecture'] in the avant-garde journals *De Stijl* and *G*.

During his time in Paris, Kiesler worked on further architecture projects: an automatic theater without actors (the *Optophon* theater), a horizontal skyscraper, a spiral-shaped department store, as well as plans for a redesign of the Place de la Concorde. He expanded the idea of the *Raumbühne* [*Space Stage*] into a spheroidal theater building: the *Endless Theatre*.

1926 Kiesler wird von Jane Heap, Herausgeberin der Avantgarde-Zeitschrift *Little Review*, eingeladen, mit ihr in New York eine internationale Theaterausstellung zu organisieren. Am 19. Jänner verlassen die Kieslers auf dem Schiff *Leviathan* Europa, bereits am 27. Februar eröffnet die *International Theatre Exposition* im Steinway Building. Kiesler kuratiert den europäischen Ausstellungsteil und zeichnet verantwortlich für die Gestaltung von Katalog und Plakat.

Gemeinsam mit der Schauspielerin Maria Carmi verkündet Kiesler die Gründung eines International Theatre Arts Institute, für das er ein Doppeltheater in Brooklyn Heights plant. Das Projekt wird nicht realisiert.

Jane Heap, the editor of the avant-garde magazine *Little Review*, invited Kiesler to organize an international theater exhibition with her in New York. On 19 January the Kieslers departed Europe on the ship *Leviathan*; on 27 February, the *International Theatre Exposition* opened in the Steinway Building. Kiesler curated the European part of the exhibition and was responsible for the design of the catalog and the poster.

Together with actress Maria Carmi, Kiesler announced the founding of an International Theatre Arts Institute, for which he was planning a double theater in Brooklyn Heights. The project was not realized.

1927 Durch die Vermittlung der Kunstsammlerin Katherine Dreier, Mitbegründerin der Künstlerorganisation Société Anonyme Inc., wird Kiesler kurzzeitig im Architekturbüro Helmle, Corbett & Harrison tätig. Im Auftrag Dreiers zeichnet er außerdem Entwürfe für ein geplantes Museum moderner Kunst der Société Anonyme Inc. in Form eines 14-stöckigen Hochhauses mit modernster Beleuchtung und Lüftung.

Im August tritt Stefi Kiesler eine Stelle in der New York Public Library an. Sie arbeitet sich dort in den folgenden Jahren schnell hoch, holt die amerikanische Bibliothekarsausbildung nach und wird schließlich mit der Leitung der deutsch- und französischsprachigen Sammlungen im Hauptgebäude an der Fifth Avenue und 42nd Street betraut.

Through the efforts of art collector Katherine Dreier, cofounder of the artists' organization Société Anonyme Inc., Kiesler briefly joined the architecture firm Helmle, Corbett & Harrison. Dreier also commissioned him to draw up designs for the Société Anonyme Inc.'s museum of modern art, planned as a 14-story high-rise with state-of-the-art lighting and ventilation.

In August, Stefi Kiesler began working at the New York Public Library. In the ensuing years, she quickly ascended through the ranks, became certified as a foreign language specialist librarian, and eventually was appointed head of the German and French language collections at the main building on Fifth Avenue and 42nd Street.

1928 Für das Warenhaus Saks Fifth Avenue gestaltet Friedrich Kiesler eine Reihe Schaufenster und bedient sich dabei eines vollkommen neuartigen Präsentationskonzepts.

Friedrich Kiesler designed a series of show windows for retailer Saks Fifth Avenue and in the process availed himself of an entirely new presentation concept.

1929 Am 1. Februar eröffnet das *Film Guild Cinema*, Kieslers erstes realisiertes Bauprojekt in Amerika, mit einer prominent besuchten Gala. Das Gebäude der Film Arts Guild im New Yorker Greenwich Village wird als „The First 100 % Cinema" beworben: statt eines Vorhangs verkleidet eine wandfüllende Irisblende die Leinwand („Screen-o-scope"), die Projektion kann auf Decke und Seitenwände erweitert werden.

On 1 February, the *Film Guild Cinema*, Kiesler's first realized architectural project in America, opened with a gala attended by prominent guests. The Film Arts Guild's building in New York's Greenwich Village was advertised as "The First 100% Cinema"—instead of a curtain, a wall-sized iris diaphragm ("Screen-o-Scope") covered the screen; the projection could be expanded to the ceiling and side walls.

1930 Bei Brentano's erscheint Kieslers Buch *Contemporary Art Applied to the Store and its Display*, in dem er seine Erkenntnisse zur Schaufenstergestaltung mit dem Propagieren moderner Kunst verbindet. Am bekanntesten sind zwar Kieslers Auslagen für Saks Fifth Avenue, allerdings nimmt er immer wieder Aufträge aus diesem Bereich an. Im Frühjahr 1930 arbeitet er etwa an der Umgestaltung des Buchgeschäfts B. Westermann Co., Inc.

Im März findet eine Ausstellung der AUDAC (American Union of Decorative Artists and Craftsmen) im Grand Central Palace statt. Kiesler, seit 1928 Mitglied, übernimmt die Gestaltung und zeigt eigene Möbelentwürfe, wie den *Flying Desk*. Er gründet seine eigene Designfirma Planners Institute Inc., die bis 1945 existiert. Von der University

Kiesler's book *Contemporary Art Applied to the Store and its Display*, wherein he synthesized his insights about show window design and the promotion of modern art, was published by Brentano's. Although Kiesler's window displays for Saks Fifth Avenue are his best known, he nonetheless continued to accept commissions in this area. In the spring of 1930, he worked on the redesign of the B. Westermann Co., Inc. bookstore.

In March, the exhibition of the AUDAC (American Union of Decorative Artists and Craftsmen) took place in the Grand Central Palace. Kiesler, a member since 1928, took over responsibility for the design and showcased his own furniture concepts, such as the *Flying Desk*. He founded his own design firm, Planners Institute Inc., which stayed in

of the State of New York erhält Kiesler am 5. März die offizielle Architekten-Lizenz.

Von August bis Oktober reisen Stefi und Friedrich Kiesler nach Paris, um einerseits ihre sozialen Kontakte zum künstlerischen Avantgarde-Netzwerk aufzufrischen und andererseits ihre verlorengegangenen Lebendokumente wiederzubeschaffen.

business until 1945. On 5 March, Kiesler received his official architecture license from the University of the State of New York.

From August to October, Stefi and Friedrich Kiesler sojourned in Paris, on the one hand to cultivate their social contacts within the artistic avant-garde network and on the other to recover their lost personal documents.

1931 Mit seiner Einreichung eines flexiblen Kulturzentrums gewinnt Kiesler im Herbst den Wettbewerb für ein Festivaltheater in Woodstock, New York. In der Konkurrenz kann er sich unter anderem gegen Frank Lloyd Wright durchsetzen. Das Projekt wird nicht ausgeführt.

In the fall, Kiesler won the competition for a festival theater in Woodstock, New York, with his submission of a flexible cultural center; his competitors included Frank Lloyd Wright. The project was not realized.

1932 In der von Philip Johnson und Henry-Russell Hitchcock kuratierten *Modern Architecture: International Exhibition* im Museum of Modern Art New York ist Friedrich Kiesler mit Fotos des *Film Guild Cinema* vertreten.

In the Modern Ar*chitecture: International Exhibition*, curated by Philip Johnson and Henry-Russell Hitchcock at the Museum of Modern Art in New York, Friedrich Kiesler was represented with photographs of the *Film Guild Cinema.*

1933 Im Sommer fährt Kiesler regelmäßig nach Chicago: Mit der dort ansässigen Firma Sears, Roebuck & Co. verhandelt er bereits seit 1931 über das *Nucleus House*, ein massenproduziertes modulares Einfamilienhaus, das als „Versandhaus" („mail-order house") angeboten werden soll. In Chicago führt er außerdem Gespräche mit der Rembrandt Lamp Corporation, für die er Lampen entwirft.

Kiesler erhält den Auftrag, das Geschäftslokal der Modernage Furniture neu zu gestalten, und präsentiert im Zuge dessen in der großen Ausstellungshalle das begehbare Modell eines Einfamilienhauses. Das *Space House* weist erstmals in Kieslers Werk biomorphe Formen auf und markiert somit eine stilistische Kehrtwende. Seinen programmatischen Text „The Space-House. Annotations at Random" publiziert er Anfang 1934 in *Hound & Horn*, worin er sein Einfamilienhaus-Modell zur Demonstration von „Time Space Architecture" deklariert.

Im Herbst beginnt Kiesler eine Tätigkeit als Bühnenbildner an der Juilliard School of Music und wirkt dort in der Folge auch als Lehrender für den Fachbereich Oper/Theater. Dieses Beschäftigungsverhältnis, das Kiesler ein regelmäßiges Einkommen garantiert, wird bis zu seiner Pensionierung 1956 bestehen. Das erste Bühnenbild an der Juilliard School of Music entwirft Kiesler für die Oper *Helen Retires* (komponiert von George Antheil, Libretto von John Erskine), dessen Uraufführung im Februar 1934 stattfindet.

In the summer, Kiesler regularly traveled to Chicago to visit the headquarters of the firm Sears, Roebuck & Co., where he had been involved in negotiations since 1931 about the *Nucleus House*, a mass-produced, modular single-family home that was to be offered by mail-order. While in Chicago, he also visited the Rembrandt Lamp Corporation, for which he designed lamps.

Kiesler was hired for the redesign of the Modernage Furniture store; in the course of this project, he presented a walk-in model of a single-family home in the large exhibition hall. The *Space House* was the first Kiesler work to feature biomorphic forms, thus marking a stylistic turning point. He published his programmatic text "The Space-House. Annotations at Random" at the beginning of 1934 in *Hound & Horn*, wherein he declared his model of the single-family home to be a demonstration of "Time Space Architecture."

In the fall, Kiesler began working at the Juilliard School of Music as a Scenic Director; as a result, he also began working as a teacher at the Opera/Theater Department. This employment relationship, which guaranteed Kiesler a regular income, was maintained until his retirement in 1956. The first stage set Kiesler designed for the Juilliard School of Music was for the opera *Helen Retires* (composer: George Antheil, libretto: John Erskine), which premiered in February 1934.

1935 Für die Neugestaltung von Jay's Shoes gewinnt Kiesler den Preis für das beste Geschäftsdesign der Stadt Buffalo. Im September beziehen Friedrich und Stefi Kiesler das Penthouse mit der Adresse 56 Seventh Avenue, in dem sie bis an ihr Lebensende wohnen werden.

For his redesign of Jay's Shoes, Kiesler won a prize for the best store design in the city of Buffalo. In September, Friedrich and Stefi Kiesler moved into a penthouse at 56 Seventh Avenue, in which they lived until the end of their lives.

1936 Kiesler gestaltet die Wohnung des Ehepaars Charles und Marguerita Mergentime. Hierfür entstehen auch eigene Möbelkreationen, wie die *Party Lounge*, *Bed Couch* und der mehrteilige Aluminium-Nierentisch *Nesting Table*. Im Dezember erhält Friedrich Kiesler die amerikanische Staatsbürgerschaft, im Zuge dessen wird sein Name zu Frederick John Kiesler geändert.

Kiesler designed the interior of Charles und Marguerita Mergentime's apartment, for which he also created his own furniture designs, such as the *Party Lounge*, *Bed Couch*, and the multipartite, kidney-shaped, aluminum *Nesting Tables*. In December, Friedrich Kiesler became a naturalized American citizen and changed his name to Frederick John Kiesler.

1937 In der Architektur-Zeitschrift *Architectural Record* veröffentlicht Kiesler ab Februar eine Artikelserie unter dem Titel „Design Correlation", die er als „Kolumne zu Ausstellungsobjekten, Theater und Kino" bezeichnet. Die Themen reichen von Marcel Duchamps *Das große Glas* bis zu „Tiere und Architektur".

Friedrich Kiesler wird eingeladen, ab Herbst an der School of Architecture der Columbia University zu unterrichten. Dort gründet er ein Laboratory for Design Correlation, als dessen Direktor er bis zur Auflösung im Jahr 1941 fungiert. Projekte im Rahmen dieser Tätigkeit sind die *Mobile Home Library* und die *Vision Machine*.

Beginning in February, Kiesler published a series of articles entitled "Design-Correlation. A Column on Exhibits, the Theater and the Cinema" in the journal *Architectural Record*. Topics ranged from Marcel Duchamp's *The Large Glass* to "Animals and Architecture."

Frederick Kiesler was invited to teach at Columbia University's School of Architecture starting in the fall. There, he founded the Laboratory for Design Correlation and served as its director until it was disbanded in 1941. Projects that stemmed from this activity include the *Mobile Home Library* and the *Vision Machine*.

1939 In der September-Ausgabe des *Architectural Record* erscheint der Beitrag „On Correalism and Biotechnique. A Definition and Test of a New Approach to Building Design", einer von Kieslers wichtigsten theoretischen Texten. Sein Buch *Contemporary Art Applied to the Store and its Display* erscheint in einer zweiten Auflage.

The September edition of the *Architectural Record* included the contribution "On Correalism and Biotechnique. A Definition and Test of a New Approach to Building Design," one of Kiesler's most important theoretical texts. A second edition of his book *Contemporary Art Applied to the Store and its Display* was published.

1941 Nach der Auflösung des Laboratory for Design Correlation beginnt Kiesler an zwei Buchmanuskripten zu arbeiten: Das eine ist eine Abhandlung zum Correalismus (verschiedene Arbeitstitel: „On Correalism and Biotechnique", „Vereinigte Staaten der bildenden Künste"), das andere trägt den Titel „Magic Architecture. Origin and Future. The Story of Human Housing". Obwohl er in den folgenden Jahren daran schreibt, bleiben die Manuskripte unvollständig bzw. unveröffentlicht.

After the closure of the Laboratory for Design Correlation, Kiesler began to work on two book manuscripts: one was a treatise on Correalism (with different working titles: "On Correalism and Biotechnique," "The United States of Fine Arts"), the other was entitled "Magic Architecture. Origin and Future. The Story of Human Housing." Although he continued writing them in the following years, the manuscripts remained unfinished and unpublished.

1942 Die Kunstsammlerin Peggy Guggenheim beauftragt Kiesler mit der Umgestaltung zweier ehemaliger Schneiderwerkstätten zu Galerieräumlichkeiten. Die Museums-Galerie *Art of This Century* umfasst vier Bereiche: Abstract Gallery, Surrealist Gallery, Kinetic Gallery und Daylight Gallery. Kiesler hat die Möglichkeit, Erkenntnisse aus seiner Forschung am Laboratory for Design Correlation, insbesondere zur *Vision Machine*, in der Praxis zu erproben.

Art collector Peggy Guggenheim commissioned Kiesler with redesigning two former tailor workshops into gallery space. The museum gallery *Art of This Century* comprised four sections: Abstract Gallery, Surrealist Gallery, Daylight Gallery, and Kinetic Gallery. Kiesler was able to test out insights from his research in the Laboratory for Design Correlation in practice, particularly as regarded the *Vision Machine*.

1944 Friedrich Kiesler arbeitet an zwei Ausstellungsgestaltungen: einer *Ecology Exhibition* im American Museum of Natural History sowie einem Teilbereich der Präsentation *U.S. Housing in War and Peace* des National Council of American-Soviet Friendship Inc., die in der Sowjetunion zur Förderung des interkulturellen Austauschs gezeigt werden soll. Beide Konzepte bleiben unrealisiert.

Frederick Kiesler worked on two exhibition designs: an *Ecology Exhibition* in the American Museum of Natural History and a segment for the *U.S. Housing in War and Peace* presentation of the National Council of American-Soviet Friendship Inc., which was intended to be shown in the Soviet Union to foster intercultural exchange. Both concepts remained unrealized.

1945 André Breton bittet Kiesler, ein Layout für dessen Publikation *Ode á Charles Fourier* zu entwerfen.

André Breton requested Kiesler to design a layout for his publication *Ode á Charles Fourier*.

1946 Kiesler erhält einen Auftrag aus der Off-Broadway-Szene: Für John Hustons Inszenierung von Jean-Paul Sartres Drei-Personen-Stück *Huis Clos* [*Geschlossene Gesellschaft*] am Biltmore Theatre zeichnet er für Bühnenbild und Lichtdesign verantwortlich. Seine Überlegungen hält er im Text „A Theatre for the Poet" fest.

Kiesler got an assignment from the Off-Broadway scene, taking on responsibility for the set and lighting design of John Huston's production of Jean-Paul Sartre's three-person play *Huis Clos* [*No Exit*] at the Biltmore Theatre. He recorded his deliberations in the text "A Theatre for the Poet."

1947 Unter der Überschrift „Design's Bad Boy" publiziert das Magazin *Architectural Forum* im Februar ein ausführliches Porträt über Kiesler.

In diesem Jahr ist Friedrich Kiesler maßgeblich an der Gestaltung zweier surrealistischer Ausstellungen beteiligt. Am 3. März eröffnet die von Nicolas Calas kuratierte Schau *Bloodflames 1947* in der New Yorker Hugo Gallery. Kieslers Gestaltungskonzept inszeniert die Kunstwerke – beteiligt sind etwa Arshile Gorky, David Hare, Wifredo Lam und Isamu Noguchi – einerseits durch ihre Positionierung (auf dem Boden, an der Decke, schräg gestellt) und andererseits durch buntes Ausmalen der Räumlichkeiten.

Von Mai bis September hält sich Kiesler in Paris auf, wo ab 7. Juli die von Andre Breton und Marcel Duchamp initiierte *Exposition Internationale du Surréalisme* in der Galerie Maeght stattfindet. Zwei Bereiche (*Salle de Pluie, Le Dédale*) begleitet er als gestaltender Architekt, den dritten – *Salle de Superstition* [Raum des Aberglaubens] – konzipiert er auch inhaltlich. Kiesler nutzt die Gelegenheit, um die Vereinigung der Künste (Architektur, Malerei, Skulptur) zu veranschaulichen, und erschafft unter Mitwirkung von Roberto Matta, Joan Miró, Yves Tanguy u. a. ein Gesamtkunstwerk zum Thema Aberglauben. Genauere Ausführungen zu der von ihm verkündeten Vereinigung der Künste folgen in Kieslers wegweisendem „Manifeste du Corréalisme", das zwei Jahre später in einer Sondernummer der Zeitschrift *L'Architecture d'Aujourd'hui* erscheint.

In February, the magazine *Architectural Forum* published an extensive portrait about Kiesler under the title "Design's Bad Boy."

During this year, Kiesler was significantly involved in the design of two surrealist exhibitions. The show *Bloodflames 1947*, curated by Nicolas Calas, opened on 3 March in the Hugo Gallery in New York. Kiesler's design concept staged the artworks—Arshile Gorky, David Hare, Wifredo Lam, and Isamu Noguchi were among the participants—on the one hand through their positioning (on the floor, on the ceiling, placed obliquely) and on the other through colorfully painted exhibition rooms.

Kiesler spent May through September in Paris, where the *Exposition Internationale du Surréalisme* initiated by André Breton and Marcel Duchamp opened at the Galerie Maeght on 7 July. He was the architect responsible for the design of two areas (*Salle de Pluie, Le Dédale*); for the third, the *Salle de Superstition* [Hall of superstition], he also conceived the content. Kiesler leveraged the opportunity to visualize the unity of the arts (architecture, painting, sculpture) and created a Gesamtkunstwerk on the topic of superstition with the involvement of Roberto Matta, Joan Miró, and Yves Tanguy, among others. More detailed explications about the unity of the arts he was proclaiming followed in Kiesler's trailblazing "Manifeste du Corréalisme," which appeared two years later in a special edition of the magazine *L'Architecture d'Aujourd'hui*.

Kieslers Aufenthalt in Paris markiert den Beginn seines autonomen malerischen und plastischen Schaffens. In den folgenden Jahren porträtiert er mehrere KünstlerfreundInnen, darunter Marcel Duchamp, Hans Arp und Wifredo Lam, und bezeichnet die Werke als *Galaxial Portraits*.

Kiesler's stay in Paris marked the beginning of his autonomous work in painting and sculpture. In the years to follow, he would create portraits of numerous artist friends, including Marcel Duchamp, Hans Arp, and Wifredo Lam, works he designated as *Galaxial Portraits*

1950 Um das Zusammenspiel von Architektur, Malerei und Plastik geht es auch in der Ausstellung *The Muralist and the Modern Architect*, die am 3. Oktober in der Kootz Gallery, New York, eröffnet: Jeweils ein Architekt und ein bildender Künstler arbeiten gemeinsam an einem Projekt, darunter Walter Gropius, Robert Motherwell und Marcel Breuer. Kieslers erstes Modell eines *Endless House* aus Ton wird zusammen mit einer Skulptur David Hares präsentiert. Die Zeitschrift *Interiors* druckt in der November-Ausgabe Kieslers reich illustrierten Artikel „The Endless House and its Psychological Lighting" ab.

The interplay between architecture, painting, and sculpture was also the central theme of the exhibition *The Muralist and the Modern Architect*, which opened on 3 October in the Kootz Gallery in New York: One architect and one representative of the fine arts, respectively, worked on a project, among them Walter Gropius, Robert Motherwell, and Marcel Breuer. Kiesler's first clay model of an *Endless House* was presented in conjunction with a sculpture by David Hare. In its November edition, the magazine *Interiors* printed Kiesler's richly illustrated article "The Endless House and its Psychological Lighting."

1952 Das Museum of Modern Art, New York, zeigt Kiesler in der Schau *Fifteen Americans* neben Positionen wie Mark Rothko, Jackson Pollock und William Baziotes. Seine skulpturale *Galaxy*, eine Konstruktion aus Holzbrettern und Baumwurzeln, war bereits 1948 als Teil des Bühnenbilds für *The Poor Sailor* (Original franz. *Le pauvre matelot*, dt. *Der arme Matrose*, Komponist: Darius Milhaud, Libretto: Jean Cocteau) an der Juilliard School of Music zu sehen. Für die Oper als rustikale Hafenkneipe konzipiert, erinnern die organischen Formen an Fischknochen und Gräten, der Einfluss des Surrealismus wird hier deutlich. Die Zeitschrift *LIFE* veröffentlicht in seiner Mai-Ausgabe einen Artikel unter dem Titel „Meant To Be Lived In" mit einer großen Fotografie, die Kiesler mit seiner Skulptur zeigt.

Eine ähnliche hölzerne *Galaxy* konzipiert Kiesler für den Architekten Philip Johnson. Sie wird vor dessen ikonischem *Glass House* in New Canaan, Connecticut, installiert, allerdings bereits 1956 durch Blitzschlag zerstört.

Im Herbst widmet das Museum of Modern Art, New York, den innovativen Architekturkonzepten Friedrich Kieslers und Richard Buckminster Fullers eine eigene Ausstellung: In *Two Houses: New Ways to Build* wird das *Endless House* neben Fullers *Geodesic Dome* gestellt – beide werden zu Ikonen.

In *Fifteen Americans*, the Museum of Modern Art in New York featured Kiesler alongside positions like Mark Rothko, Jackson Pollock, and William Baziotes. His sculptural *Galaxy*, a construction out of wooden boards and tree roots, had already been on view in 1948 as part of the stage set for *The Poor Sailor (Original in French Le pauvre matelot;* composer: Darius Milhaud, libretto: Jean Cocteau) at the Juilliard School of Music. Conceived for the opera as a rustic quayside bar, the organic forms evoked fish bones and skeletons; the influence of surrealism was clearly visible here. In its May issue, the *LIFE* magazine published an article entitled "Meant To Be Lived In" accompanied by a large photo of Kiesler with his sculpture.

Kiesler conceived a similar wooden *Galaxy* for architect Philip Johnson. It was installed in front of the latter's iconic *Glass House* in New Canaan, Connecticut, it was already destroyed, however, in 1956 by a lightning strike.

In the fall, the Museum of Modern Art in New York dedicated an entire show to Frederick Kiesler's and Richard Buckminster Fuller's innovative architectural concepts. In *Two Houses: New Ways to Build*, the *Endless House* was placed beside Fuller's *Geodesic Dome*—both became icons.

1954 In der New Yorker Sidney Janis Gallery präsentiert Kiesler eine Reihe gemalter *Galaxies* (27. September bis 19. Oktober). Eine ähnliche Auswahl wird Anfang 1955 im Museum of Fine Arts, Houston, gezeigt.

In New York's Sidney Janis Gallery, Kiesler presented a series of painted *Galaxies* (27 September to 19 October). A similar selection was shown in early 1955 in the Museum of Fine Arts, Houston.

1955 Für das neu gegründete Empire State Music Festival in Ellenville, New York, baut Kiesler ein temporäres Sommertheater als Zirkuszelt. Sogar ein schweres Unwetter übersteht es heil, dabei angeschwemmtes Treibholz wird von Kiesler zu einer Kulisse für Shakespeares *The Tempest* weiterverarbeitet.

Im Sommer verbringt Kiesler mehrere Wochen im französischen Vallauris, wo er sich oft mit Pablo Picasso trifft und Skulpturen aus Keramik anfertigt. Die meisten seiner Plastiken, die ab Mitte der 1950er Jahre entstehen, lässt er allerdings in Bronze gießen, etwa *The Cup of Prometheus* und *The Arch as a Rainbow of Shells*.

For the newly founded Empire State Music Festival in Ellenville, New York, Kiesler built a temporary summer theater as a circus tent. This weathered even a severe summer storm undamaged; Kiesler employed driftwood washed up by the storm as the scenic design for Shakespeare's *The Tempest*.

In the summer, Kiesler spent several weeks in Vallauris, France, where he met often with Pablo Picasso and fashioned ceramic sculptures. Indeed, most of the sculptures he created from the mid-1950s onward he had cast in bronze, such as, for example, *The Cup of Prometheus* and *The Arch as a Rainbow of Shells*.

1956 Kiesler wird bei zwei Architekturprojekten herangezogen, um bestehende Pläne zu überarbeiten: einem Bürogebäude (*Stifel Buildung*) und einer Wohnhausanlage (*Washington Square Village Project*). Es handelt sich auf den ersten Blick um vergleichsweise pragmatische Entwürfe, die allerdings im Detail seine visionären Ansätze erkennen lassen.

Im Laufe des Jahres beginnt Kiesler, Notizen zu Projekten, Bekanntschaften und Reisen unter dem Arbeitstitel „An Architect's Diary" zu sammeln. Bis zu seinem Tod entsteht eine Fülle an Material, das auch

Kiesler was brought into two architecture projects to rework existing plans: an office building (*Stifel Building*) and a residential complex (*Washington Square Village Project*). At first glance, the designs appear to be comparatively pragmatic, but a more detailed examination reveals Kiesler's visionary approaches.

In the course of the year, Kiesler started gathering together notes on projects, acquaintances, and travels under the working title "An Architect's Diary." By the time of his death, a plethora of materials, also comprising poems and drawings, had been accumulated. The

Gedichte und Zeichnungen umfasst. Das Buch erscheint posthum 1966 bei Simon and Schuster als *Inside the Endless House: Art, People and Architecture. A Journal.*

book was published posthumously in 1966 by Simon and Schuster as *Inside the Endless House: Art, People and Architecture. A Journal.*

1957 Zusammen mit Armand Bartos gestaltet Kiesler im Auftrag des Entrepreneurs und Kunstsammlers Herbert Mayer Galerieräume im New Yorker Carlyle Hotel. Die World House Galleries, spezialisiert auf Kunst der klassischen Moderne, eröffnen am 22. Jänner mit der von Kiesler und Bartos kuratierten Schau *The Struggle for New Form*. Zwei visuell reizvolle Artikel erscheinen in Laufe des Jahres, die Kieslers Konzept erläutern: „Design in Continuity" im *Architectural Forum* sowie „The Art of Architecture for Art" in *Art News*.

Im Mai gründen Friedrich Kiesler und Armand Bartos das gemeinsame Architekturbüro „Kiesler and Bartos Architects". Sie arbeiten u. a. an einem Strandhaus für Karl Robbins in West Palm Beach und einem Universitätskrankenhaus. Ihr bedeutendstes Projekt ist der *Shrine of the Book* in Jerusalem, eine Aufbewahrungsstätte für alttestamentarische Schriftrollen, die in den Höhlen von Qumran am Toten Meer gefunden wurden. Im Herbst 1957 fliegen Kiesler und Bartos zu Erstgesprächen nach Israel, im Anschluss beginnen die langwierigen Planungsarbeiten.

Nach mehr als zwei Jahrzehnten und etwa 50 Bühnenbildern beendet Friedrich Kiesler im Juli seine Tätigkeit an der Juilliard School of Music und lässt sich pensionieren.

Under contract to entrepreneur and art collector Herbert Mayer, Kiesler, together with Armand Bartos, designed gallery rooms in New York's Carlyle Hotel. The World House Galleries, specializing in art of classical modernism, opened on 22 January with the show *The Struggle for New Form* curated by Kiesler and Bartos. In the course of the year, two visually appealing articles describing Kiesler's design were published: "Design in Continuity" in *Architectural Forum* and "The Art of Architecture for Art" in *Art News*.

In May, Frederick Kiesler and Armand Bartos founded the two-man architecture firm "Kiesler and Bartos Architects." They worked on, inter alia, a beach house for Karl Robbins in West Palm Beach and a university hospital. Their most important project was the *Shrine of the Book* in Jerusalem, a repository for Old Testament scrolls found in the Qumran Caves near the Dead Sea. In autumn 1957, Kiesler and Bartos flew to Israel for initial discussions; this was followed by laborious planning work.

In July, after more than two decades and about 50 stage sets, Frederick Kiesler ended his career at the Juilliard School of Music and entered retirement.

1958 Vom Museum of Modern Art erhält Kiesler die langersehnte Gelegenheit, sein Konzept eines *Endless House* praktisch umzusetzen, und zwar als lebensgroßes Modell im Garten des Museums. Neben einigen Entwurfszeichnungen und Plänen entstehen in den darauffolgenden Jahren insgesamt vier dreidimensionale Studien unterschiedlicher Größe. Das Eins-zu-eins-Modell wird letztlich nicht realisiert, Kieslers Studien werden dafür in der Ausstellung *Visionary Architecture* Ende 1960 präsentiert.

Für das Caramoor International Music Festival in Katonah, New York, soll Kiesler ein Sommertheater entwerfen. Die AuftraggeberInnen Walter und Lucie Rosen stellen dafür eine importierte venezianische Säulenkolonnade aus der Renaissance zur Verfügung, die zu einem Bühnenraum arrangiert werden.

The Museum of Modern Art gave Kiesler the long-awaited chance to implement his concept of an *Endless House* in practice, namely as a life-sized model in the museum's garden. In the ensuing years, in addition to draft drawings and plans, a total of four three-dimensional studies of various sizes came into being. In the end, the 1:1 model would not be realized, but Kiesler's studies would be presented at the *Visionary Architecture* exhibition towards the end of 1960.

Kiesler was to design a summer theater for the Caramoor International Music Festival in Katonah, New York. For this, clients Walter and Lucie Rosen made available an imported Venetian pillared colonnade from the Renaissance, which could be arranged into a stage space.

1959 Kiesler reist im September zum Congress of Art and Architecture nach Brasilien, besucht Brasília und besichtigt in São Paulo die Biennale.

Von der Ford Foundation erhält er ein Stipendium für die Gestaltung eines Ideal-Theaters, wofür er seine frühere Idee eines Doppeltheaters aufgreift und weiterentwickelt. *The Universal* soll maximale Flexibilität bieten und durch ein zehnstöckiges Hochhaus mit Büros, Rundfunkstationen und Galerien ergänzt werden. Kieslers Pläne und sein Aluminium-Modell werden zwischen Jänner 1962 und Jänner 1964 neben sieben weiteren Konzepten in der von der American Federation of Arts organisierten Wanderausstellung *The Ideal Theatre: Eight Concepts* präsentiert.

In September Kiesler traveled to Brazil for the Congress of Art and Architecture, visited Brasília, and viewed the Biennale in São Paulo.

He received a stipend from the Ford Foundation for the design of an Ideal Theatre, for which he took up and continued developing his earlier idea of a double theater. *The Universal* was intended to offer maximal flexibility and to be augmented with a ten-story high-rise with offices, radio stations, and galleries. Between January 1962 and January 1964, Kiesler's plans and his aluminum model were presented along with seven other concepts in the traveling exhibition *The Ideal Theatre: Eight Concepts*, organized by the American Federation of Arts.

1960 Der Fernsehsender CBS widmet Friedrich Kiesler am 20. März einen halbstündigen Beitrag im Rahmen der Sendung *Camera Three*.

On 20 March, the TV station CBS dedicated a half-hour segment to Frederick Kiesler on the program *Camera Three*.

1961 Leo Castelli zeigt in seiner Galerie die Ausstellung *Shell Sculptures and Galaxies* mit Malereien, Plastiken und verschiedenen *Endless House*-Studien Kieslers.

Mit Mary Sisler führt Kiesler Verhandlungen über die Errichtung eines *Endless House* in Palm Beach, Florida.

Die Zeitschrift *Progressive Architecture* veröffentlicht in der Juli-Ausgabe ein ausführliches Interview, das Thomas Creighton mit Friedrich Kiesler geführt hat.

In his gallery, Leo Castelli showed the exhibition *Shell Sculptures and Galaxies* with paintings, sculptures, and various *Endless House* studies by Kiesler.

Kiesler entered into negotiations with Mary Sisler about the construction of an *Endless House* in Palm Beach, Florida.

In its July edition, the magazine *Progressive Architecture* published a detailed interview conducted by Thomas Creighton with Frederick Kiesler.

1962 Kiesler schreibt eine Reihe Gedichte, die er unter dem Titel „Thirsty Paper" sammelt, aber nicht veröffentlicht.

Nach den um 1960 entstandenen *Shell Sculptures* arbeitet Kiesler nun an der Werkgruppe der *Landscape Sculptures* (*Earth Finger, The Marriage of Heaven and Earth, The Saviour has Risen*).

Mit 31. Dezember wird das gemeinsame Architekturbüro mit Armand Bartos offiziell aufgelöst. Die Arbeiten am *Shrine of the Book* in Jerusalem werden getrennt weitergeführt.

Kiesler wrote a series of poems, which he collected under the title "Thirsty Paper," but did not publish.

After the creation of *Shell Sculptures* around 1960, Kiesler was now occupied with the group of works called *Landscape Sculptures* (*Earth Finger, The Marriage of Heaven and Earth, The Saviour has Risen*).

By 31 December, the architectural office with Armand Bartos was officially dissolved. The two continued to work separately on the *Shrine of the Book* in Jerusalem.

1963 Im Auftrag Jane Blaffer Owens arbeitet Friedrich Kiesler an Plänen einer *Grotto for Meditation* (auch: *Cave of the New Being*) für die New Harmony Community in Indiana.

Stefi Kiesler stirbt am 3. September.

For client Jane Blaffer Owen, Frederick Kiesler drew up plans for a *Grotto for Meditation* (also: *Cave of the New Being*) for the New Harmony Community in Indiana.

Stefi Kiesler died on 3 September.

1964 Friedrich Kiesler erleidet im März einen Herzinfarkt. Am 26. März heiratet er die um 21 Jahre jüngere Lillian Olinsey, seine ehemalige Assistentin und langjährige Vertraute; Stefi Kiesler hatte ihm noch zu Lebzeiten dazu geraten.

Von Mai bis Juni zeigt das Solomon R. Guggenheim Museum die Ausstellung *Frederick Kiesler. Environmental Sculpture.* Kiesler arbeitet an einem skulpturalen Environment mit dem Titel *Us, You, Me* sowie einer raumfüllenden Plastik, die nach dem Pferd Alexanders des Großen *Bucephalus* benannt ist.

Frederick Kiesler suffered a heart attack in March. On 26 March he married his former assistant and long-term confidante Lillian Olinsey, 21 years his junior. Stefi Kiesler had advised him to do so while she was still living.

From May to June, the Solomon R. Guggenheim Museum showed the exhibition *Frederick Kiesler. Environmental Sculpture.* Kiesler worked on a sculptural environment entitled *Us, You, Me*, as well as on a massive sculpture named *Bucephalus* after Alexander the Great's horse.

1965 Im April 1965 wird der *Shrine of the Book* in Jerusalem feierlich eröffnet und bringt Kiesler und Bartos die „Gold Medal of Honor in Design and Craftsmanship" der Architectural League of New York ein.

Am 27. Dezember 1965 stirbt Friedrich Kiesler in New York. Bei seinem Begräbnis sprechen u. a. René d'Harnoncourt, der Direktor des Museum of Modern Art, New York, und der Komponist Virgil Thomson. Das Juilliard String Quartet spielt eine Komposition Arnold Schönbergs. Robert Rauschenberg rollt einen Autoreifen durch das Kirchenschiff und bemalt ihn neben dem Sarg in Blau, Gelb, Grün, Weiß und Rot.

In April 1965, the *Shrine of the Book* in Jerusalem was ceremonially inaugurated and earned Kiesler and Bartos the "Gold Medal of Honor in Design and Craftsmanship" awarded by the Architectural League of New York.

Frederick Kiesler died in New York on 27 December 1965. Speakers at his funeral included René d'Harnoncourt, director of the Museum of Modern Art in New York, und composer Virgil Thomson, among others. The Juilliard String Quartet played an Arnold Schönberg composition. Robert Rauschenberg rolled a car tire through the church nave and, next to the coffin, painted it blue, yellow, green, white, and red.

Zusammengestellt von Compiled by Jill Meißner

Verzeichnis der ausgestellten Objekte
List of Exhibits

Sofern nicht anders angegeben, sind alle Objekte Leihgaben der Österreichischen Friedrich und Lillian Kiesler-Privatstiftung.
Unless stated otherwise, all objects are loans from the Austrian Frederick and Lillian Kiesler Private Foundation.

Sofern nicht anders angegeben, sind alle Objekte der Sammlung Gertraud und Dieter Bogner Dauerleihgaben an die Österreichische Friedrich und Lillian Kiesler-Privatstiftung. **Unless stated otherwise, all objects from the Gertraud and Dieter Bogner collection are on permanent loan to the Austrian Frederick and Lillian Kiesler Private Foundation.**

Alle Maße in cm, sofern nicht anders angegeben: Höhe x Länge x Breite/Tiefe
All measurements given in cm, unless stated otherwise: height x length x width/depth

Kieslers Hang zum Gesamtkunstwerk
Kiesler's Proclivity for the Gesamtkunstwerk

Leger- und Trägersystem, Wien, 1924
Raumstadt, Paris, 1925
Schaufenster, Ausstellungen, Hochhäuser, Bücher: New York, 1920er/1930er Jahre
***Leger (L) and Träger (T) System*, Vienna, 1924**
***City in Space*, Paris, 1925**
Show windows, exhibitions, high-rises, books: New York, 1920s/1930s

Inside the Endless House. Art, People, and Architecture – A Journal
New York 1966
Leineneinband mit Schutzumschlag, 26,5 x 21 x 4
Linen binding with protective cover, 26.5 x 21 x 4
MED 50/0

Musik und Theaterfest der Stadt Wien 1924. Von Mitte September bis Mitte Oktober
Plakatgestaltung: Friedrich Kiesler
Druck: Österreichische Staatsdruckerei
Lithografie
Music and Theater Festival of the City of Vienna, 1924. From mid-September to mid-October
Poster design: Frederick Kiesler
Print: Austrian State Printing Office
Lithograph
63 x 95 cm
MAK, PI 1494

Internationale Kunstausstellung, Gesellschaft zur Förderung moderner Kunst in Wien, 11. September – 20. Oktober 1924, Sezession
Plakatgestaltung: Friedrich Kiesler
Druck: Secession
Lithografie
International Art Exhibition, Society for the Promotion of Modern Art in Vienna, 11 September – 20 October 1924, Secession
Poster design: Frederick Kiesler
Print: Secession
Lithograph
84 x 53 cm
MAK, PI 4791

Musik und Theaterfest der Stadt Wien 1924. *Internationale Ausstellung neuer Theatertechnik* im Konzerthaus. Unter der Mitwirkung der Gesellschaft zur Förderung moderner Kunst in Wien
Plakatgestaltung: Friedrich Kiesler
Druck: Österreichische Staatsdruckerei
Lithografie
Music and Theater Festival of the City of Vienna, 1924. *International Exhibition of New Theatre Techniques* in Vienna's Konzerthaus. In collaboration with the Society for the Promotion of Modern Art in Vienna
Poster design: Frederick Kiesler
Print: Austrian State Printing Office
Lithograph
127 x 187 cm
MAK, PI 4764

Träger-Type, *Internationale Ausstellung neuer Theatertechnik*
Wien, 1924/1980er Jahre
Reproduktion, SW-Foto
Fotopapier, 30,5 x 24
T-Type, *International Exhibition of New Theatre Techniques*
Vienna, 1924/1980er Jahre
Reproduction, BW photo
Photo paper, 30.5 x 24
PHO 7320/0

Internationale Ausstellung neuer Theatertechnik, Ausstellungskatalog
Wien, 1924
Offsetdruck
Papier, Kartoneinband, 22,6 x 16
***International Exhibition of New Theatre Techniques*, exhibition catalog**
Vienna, 1924
Offset print
Paper, cardboard cover, 22.6 x 16
MED 5025/0

Internationale Ausstellung neuer Theatertechnik, Einband des Ausstellungskatalogs
Wien, 1924
Offsetdruck
Papier, Kartoneinband, 22,6 x 16
***International Exhibition of New Theatre Techniques*, cover of the exhibition catalog**
Vienna, 1924
Offset print
Paper, cardboard cover, 22.6 x 16
MED 5025/0

Abrüstung der Kunst, lose Seite aus dem Katalog zur *Internationalen Ausstellung neuer Theatertechnik*
Wien, 1924
Offsetdruck, 22,6 x 16
Abrüstung der Kunst [disarmament of art], loose pages from the catalog for the *International Exhibition of New Theatre Techniques*
Vienna, 1924
Offset print, 22.6 x 16
MED 5025/0

De la nature morte vivante [Vom lebendigen Stillleben], lose Seiten aus dem Katalog zur *Internationalen Ausstellung neuer Theatertechnik*
Wien, 1924
Offsetdruck, 32 x 22,6
De la nature morte vivante* [Of the lively still life], loose pages from the catalog for the *International Exhibition of New Theatre Techniques
Vienna, 1924
Offset print, 32 x 22.6
MED 5025/1

Leger-Type (noch ohne Ausstellungsstücke) in der *Internationalen Ausstellung neuer Theatertechnik*
Wien, 1924/1980er Jahre
SW-Foto
Jüngerer Silbergelatineabzug, 30,5 x 24
L-Type (still without exhibition pieces) at the *International Exhibition of New Theatre Techniques*
Vienna, 1924/1980s
BW photo
More recent gelatin silver print, 30.5 x 24
PHO 6403/0

Internationale Ausstellung neuer Theatertechnik, Blick in die Ausstellung während des Auf- oder Abbaus
Wien, 1924/1980er Jahre
SW-Foto
Jüngerer Silbergelatineabzug, 24 x 30,5
***International Exhibition of New Theatre Techniques*, view into the exhibition during setup or teardown**
Vienna, 1924/1980s
BW photo
More recent gelatin silver print, 24 x 30.5
PHO 6404/0

Drei Grundelemente der Träger-Type, *Internationale Ausstellung neuer Theatertechnik*
Wien, 1924/1980er Jahre
Reproduktion, SW-Foto
Fotopapier, 24 x 30,5
Three basic elements of the T-Type, *International Exhibition of New Theatre Techniques*
Vienna, 1924/1980s
Reproduction, BW photo
Photo paper, 24 x 30.5
PHO 6405/0

Leger-Type des *Leger- und Trägersystems*, 1:1-Rekonstruktion
Wien, 1985
Holz
L-Type of the *Leger (L) and Träger (T) System*, 1:1 reconstruction
Vienna, 1985
Wood
428 x 450 x 300
Sammlung Gertraud und and Dieter Bogner collection
MOD 003/0

Träger-Type des *Leger- und Trägersystems*, 1:1-Rekonstruktion
Wien, 1985
Holz
T-Type of the *Leger (L) and Träger (T) System*, 1:1 reconstruction
Vienna, 1985
Wood
ca. 400 x 195 x 125
Sammlung Gertraud und and Dieter Bogner collection
MOD 003/1

Zwei Leger-Typen des *Leger- und Trägersystems*, 1:1-Rekonstruktion
Wien, 2016
Holz
Two L-Types of the *Leger (L) and Träger (T) System*, 1:1 reconstruction
Vienna, 2016
Wood
je each 428 x 450 x 300
MAK

Zwei Träger-Typen des *Leger- und Trägersystems*, 1:1-Rekonstruktion
Wien, 1985
Holz
Two T-Types of the *Leger (L) and Träger (T) System*, 1:1 reconstruction
Vienna, 1985
Wood
je each ca. 400 x 195 x 125
MAK

Exposition internationale des Arts décoratifs et industriels modernes, österreichischer Theaterbeitrag [*Raumstadt*] mit einem Bühnenbild von Alfred Roller
Paris, 1925
Foto: Henri Manuel
SW-Foto
Silbergelatineabzug auf Barytpapier, 23,8 x 17,85
***Exposition internationale des Arts décoratifs et industriels modernes*, Austrian theater contribution [*City in Space*] with a set design by Alfred Roller**
Paris, 1925
Photo: Henri Manuel
BW photo
Gelatin silver print on baryta paper, 23.8 x 17.85
PHO 190/0

Friedrich Kiesler mit Künstlerkollegen vor der *Raumstadt* (v. l. n. r.: 3 unbekannte Personen, Friedrich Kiesler, Theo van Doesburg, Josette Gris (?), George Antheil, Konstantin Melnikow (?), Boski Markus/Antheil, Jane Heap, Auguste Perret, unbekannte Person)
1925
SW-Foto
Silbergelatineabzug auf Barytpapier, 12,85 x 17,9
Frederick Kiesler with artist colleagues in front of the *City in Space* (from l. to r.: 3 unidentified persons, Frederick Kiesler, Theo van Doesburg, Josette Gris (?), George Antheil, Konstantin Melnikov (?), Boski Markus/Antheil, Jane Heap, Auguste Perret, unidentified person)
1925
BW photo
Gelatin silver print on baryta paper, 12.85 x 17.9
PHO 239/0

Exposition internationale des Arts décoratifs et industriels modernes, österreichischer Theaterbeitrag [*Raumstadt*]
Paris, 1925
Foto: J. Roseman
SW-Foto
Silbergelatineabzug auf Barytpapier, 23,9 x 29,7
***Exposition internationale des Arts décoratifs et industriels modernes*, Austrian theater contribution [*City in Space*]**
Paris, 1925
Photo: J. Roseman
BW photo
Gelatin silver print on baryta paper, 23.9 x 29.7
Sammlung Gertraud und and Dieter Bogner collection
PHO 330/0

Exposition internationale des Arts décoratifs et industriels modernes, österreichischer Theaterbeitrag [*Raumstadt*]
Paris, 1925
Foto: J. Roseman
SW-Foto
Silbergelatineabzug auf Barytpapier, 29,7 x 24
***Exposition internationale des Arts décoratifs et industriels modernes*, Austrian theater contribution [*City in Space*]**
Paris, 1925
Photo: J. Roseman
BW photo
Gelatin silver print on baryta paper, 29.7 x 24
PHO 331/0

Detailansicht der *Raumstadt* mit einem Modell der *Würfelbühne* von Hans Fritz
Paris, 1925
Foto: unbekannt
SW-Foto
Silbergelatineabzug auf Barytpapier, 18 x 23,8
Detail view of the *City in Space* with a model of the *cube stage* by Hans Fritz
Paris, 1925
Photo: unknown
BW photo
Gelatin silver print on baryta paper, 18 x 23.8
PHO 872/0

Exposition internationale des Arts décoratifs et industriels modernes, österreichischer Theaterbeitrag [*Raumstadt*], mit einem Modell der Ringbühne von Oskar Strnad
Paris, 1925
Foto: unbekannt
SW-Foto
Silbergelatineabzug auf Barytpapier
Exposition internationale des Arts décoratifs et industriels modernes*, Austrian theater contribution [*City in Space*], with a model of Oskar Strnad's *theater-in-the-round
Paris, 1925
BW photo
Photo: unknown
Gelatin silver print on baryta paper
18 x 13
PHO 874/0

Exposition internationale des Arts décoratifs et industriels modernes, österreichischer Theaterbeitrag [*Raumstadt*], Hinweistafel
Paris, 1925
Foto: unbekannt
SW-Foto
Silbergelatineabzug auf Barytpapier, 18 x 12,5
***Exposition internationale des Arts décoratifs et industriels modernes*, Austrian theater contribution [*City in Space*], information sign**
Paris, 1925
Photo: unknown
BW photo
Gelatin silver print on baryta paper, 18 x 12.5
PHO 877/0

Exposition internationale des Arts décoratifs et industriels modernes, österreichischer Theaterbeitrag [*Raumstadt*]
Paris, 1925
SW-Foto
Silbergelatineabzug auf Barytpapier, 25,5 x 20,5

***Exposition internationale des Arts décoratifs et industriels modernes*, Austrian theater contribution [*City in Space*]**
Paris, 1925
BW photo
Gelatin silver print on baryta paper, 25.5 x 20.5
PHO 875/0

Empfehlungsschreiben für Friedrich Kiesler
Wien, 10.3.1925
Typoskript
Anmerkungen mit Tinte auf Papier, 32,8 x 20,4
Letter of recommendation for Frederick Kiesler
Vienna, 10 Mar 1925
Typescript
Ink annotations on paper, 32.8 x 20.4
LET 6741/0

Manifest „Vitalbau – *Raumstadt* – Funktionelle Architektur"
Paris, 1925
Typoskript, 28 x 21,5
Manifesto of Tensionism "Organic Building – *City in Space* – Functional Architecture"
Paris, 1925
Typescript, 28 x 21.5
TXT 844/0

Theo von Doesburg
De Stijl, 10/11
1924–1925
Zeitschrift, 14 Seiten (unvollständig)
20,5 x 26
***De Stijl NB*, Nr. 12**
1924–1925
Magazine, 8 pages (incomplete)
20.5 x 26
Sammlung Dieter und and Gertraud Bogner collection im at the mumok, seit since 2007, MD 30/0

Friedrich Kiesler bei der Ankunft in New York
New York, 1926
Foto: Underwood & Underwood
SW-Foto
Silbergelatineabzug auf Barytpapier, 20,4 x 25,5
Frederick Kiesler upon his arrival in New York
New York, 1926
Photo: Underwood & Underwood
BW photo
Gelatin silver print on baryta paper, 20.4 x 25.5
PHO 2808/0

International Theatre Exposition, Blick in die Ausstellung
New York, 1926
SW-Foto
Silbergelatineabzug auf Barytpapier, 25,7 x 20,4
International Theatre Exposition, view into the exhibition
New York, 1926
BW photo
Gelatin silver print on baryta paper, 25.7 x 20.4
PHO 6444/0

International Theatre Exposition, Blick in die Ausstellung
New York, 1926
SW-Foto
Silbergelatineabzug auf Barytpapier, 20,3 x 25,6
International Theatre Exposition, view into the exhibition
New York, 1926
BW photo
Gelatin silver print on baryta paper, 20.3 x 25.6
PHO 6445/0

International Theatre Exposition, Blick in die Ausstellung
New York, 1926
SW-Foto
Silbergelatineabzug auf Barytpapier, 20,3 x 25,65
International Theatre Exposition, view into the exhibition
New York, 1926
BW photo
Gelatin silver print on baryta paper, 20.3 x 25.65
PHO 6447/1

International Theatre Exposition, Blick in die Ausstellung
New York, 1926
SW-Foto
Silbergelatineabzug auf Barytpapier, 20,3 x 25,65
International Theatre Exposition, view into the exhibition
New York, 1926
BW photo
Gelatin silver print on baryta paper, 20.3 x 25.65
PHO 6449/0

Friedrich Kiesler und Jane Heap beim Aufbau der International Theatre Exposition
New York, 1926
SW-Foto
Silbergelatineabzug auf Barytpapier, 18,6 x 24,7
Frederick Kiesler and Jane Heap during the setup of the International Theatre Exposition
New York, 1926
BW photo
Gelatin silver print on baryta paper, 18.6 x 24.7
PHO 6578/0

International Theatre Exposition, Informationsblatt
New York, 1926
Offsetdruck
Papier, 19 x 21,5
International Theatre Exposition, information sheet
New York, 1926
Offset print
Paper, 19 x 21.5
TXT 201/0

International Theatre Exposition, Informationsblatt
New York, 1926
Offsetdruck
Papier, 19 x 21,5
International Theatre Exposition, information sheet
New York, 1926
Offset print
Paper, 19 x 21.5
TXT 201/1

Saks Fifth Avenue, Schaufenstergestaltung
New York, 1928
SW-Foto
Silbergelatineabzug auf Barytpapier, 25,8 x 20,2
Saks Fifth Avenue, show window design
New York, 1928
BW photo
Gelatin silver print on baryta paper, 25.8 x 20.2
PHO 414/0

Museum moderner Kunst für die Société Anonyme
New York, 1927
Blaupause, Papier auf Karton, 88 x 35,4
Museum of modern art for the Société Anonyme
New York, 1927
Blueprint, paper on cardboard
88 x 35.4
PLN 401/0

Museum moderner Kunst für die Société Anonyme
New York, 1927
Blaupause, Papier auf Karton, 88 x 35,4
Museum of modern art for the Société Anonyme
New York, 1927
Blueprint, paper on cardboard, 88 x 35.4
PLN 402/0

Museum moderner Kunst für die Société Anonyme
New York, 1927
Sepiadruck
Papier auf Karton, 88 x 35,4
Museum of modern art for the Société Anonyme
New York, 1927
Sepia print
Paper on cardboard, 88 x 35.4
PLN 403/0

Friedrich Kiesler mit einem Präsentationsmöbel der Schaufenstergestaltung für Saks Fifth Avenue
New York, 1928
SW-Foto
Silbergelatineabzug auf Barytpapier, 25,3 x 20,2
Frederick Kiesler with a presentation furnishing for the show window design for Saks Fifth Avenue
New York, 1928
BW photo
Gelatin silver print on baryta paper, 25.3 x 20.2
PHO 416/0

International Theatre Exposition, lose Seiten aus dem Ausstellungskatalog
New York, 1926
Offsetdruck
Papier
29,5 x 22,5 (aufgeschlagen: ca. 29,5 x 45)
International Theatre Exposition, loose pages of the exhibition catalog
New York, 1926
Offset print
Paper, 29.5 x 22.5 (open: ca. 29.5 x 45)
TXT 7314/0

International Theatre Exposition, Blick in die Ausstellung
New York, 1926
SW-Foto
Silbergelatineabzug auf Barytpapier, 20,3 x 25,6
***International Theatre Exposition*, view into the exhibition**
New York, 1926
BW photo
Gelatin silver print on baryta paper, 20.3 x 25.6
PHO 6446/0

Schaufenstereinheiten des Kaufhauses Saks Fifth Avenue
New York, 1928
SW-Foto
Silbergelatineabzug auf Barytpapier, 25,4 x 20,2
Saks Fifth Avenue department store window display units
New York, 1928
BW photo
Gelatin silver print on baryta paper, 25.4 x 20.2
PHO 5872/0

Schaufenstereinheiten des Kaufhauses Saks Fifth Avenue
New York, 1928
SW-Foto
Silbergelatineabzug auf Barytpapier, 25,4 x 20,2
Saks Fifth Avenue department store window display units
New York, 1928
BW photo
Gelatin silver print on baryta paper, 25.4 x 20.2
PHO 6873/0

Contemporary Art Applied to the Store and its Display, New York 1930
Offsetdruck
Papier, Karton, 28 x 20,5 (aufgeschlagen: 28 x ca. 42)
Offset print
Paper, cardboard
28 x 20.5 (open: 28 x ca. 42)
MED 302/0

Saks Fifth Avenue, Schaufenstergestaltung
New York, 1928
SW-Foto
Silbergelatineabzug auf Barytpapier, 25,5 x 20,1
Saks Fifth Avenue, show window design
New York, 1928
BW photo
Gelatin silver print on baryta paper, 25.5 x 20.1
PHO 418/0

Saks Fifth Avenue, Schaufenstergestaltung
New York, 1928
SW-Foto
Silbergelatineabzug auf Barytpapier, 21,4 x 16,4
Saks Fifth Avenue, show window design
New York, 1928
BW photo
Gelatin silver print on baryta paper, 21.4 x 16.4
PHO 419/0

Saks Fifth Avenue, Schaufenstergestaltung
New York, 1928
SW-Foto
Silbergelatineabzug auf Barytpapier, 25,5 x 20,3
Saks Fifth Avenue, show window design
New York, 1928
BW photo
Gelatin silver print on baryta paper, 25.5 x 20.3
PHO 424/0

Saks Fifth Avenue, Schaufenstergestaltung
New York, 1928
SW-Foto
Silbergelatineabzug auf Barytpapier, 20,5 x 25,3
Saks Fifth Avenue, show window design
New York, 1928
BW photo
Gelatin silver print on baryta paper, 20.5 x 25.3
PHO 425/0

Saks Fifth Avenue, Schaufenstergestaltung
New York, 1928
SW-Foto
Silbergelatineabzug auf Barytpapier, 21,4 x 16,4
Saks Fifth Avenue, show window design
New York, 1928
BW photo
Gelatin silver print on baryta paper, 21.4 x 16.4
PHO 427/0

Saks Fifth Avenue, Schaufenstergestaltung
New York, 1928
SW-Foto
Silbergelatineabzug auf Barytpapier, 20,3 x 25,6
Saks Fifth Avenue, show window design
New York, 1928
BW photo
Gelatin silver print on baryta paper, 20.3 x 25.6
PHO 431/0

Saks Fifth Avenue, Schaufenstergestaltung
New York, 1928
SW-Foto
Silbergelatineabzug auf Barytpapier, 19,9 x 15,9
Saks Fifth Avenue, show window design
New York, 1928
BW photo
Gelatin silver print on baryta paper, 19.9 x 15.9
PHO 442/0

Schaufenstereinheiten des Kaufhauses Saks Fifth Avenue
New York, 1928
SW-Foto
Silbergelatineabzug auf Barytpapier, 25,4 x 20,2
Saks Fifth Avenue department store window display units
New York, 1928
BW photo
Gelatin silver print on baryta paper, 25.4 x 20.2
PHO 5872/0

Schaufenstereinheiten des Kaufhauses Saks Fifth Avenue
New York, 1928
SW-Foto
Silbergelatineabzug auf Barytpapier, 25,4 x 20,2
Saks Fifth Avenue department store window display units
New York, 1928
BW photo
Gelatin silver print on baryta paper, 25.4 x 20.2
PHO 6873/0

Contemporary Art Applied to the Store and its Display
New York, 1930
Offsetdruck
Papier, Karton, 28 x 20,5
(aufgeschlagen: 28 x ca. 42)
Offset print
Paper, cardboard
28 x 20.5 (open: 28 x ca. 42)
MED 302/0

Booklet der American Union of Decorative Artists and Craftsmen (AUDAC)
New York, 1930
Offsetdruck, 17,1 x 29
Booklet of the American Union of Decorative Artists and Craftsmen (AUDAC)
New York, 1930
Offset print, 17.1 x 29
TXT 5220/0

Büroeinrichtung, Präsentation der AUDAC auf der *12th Annual Home Show*, Grand Central Palace
New York, 1930
Ausstellungsgestaltung: Friedrich Kiesler
Foto: Ruth Bernhard
SW-Foto
Silbergelatineabzug auf Barytpapier, 22,2 x 18,5
Office furnishings, AUDAC presentation at the *12th Annual Home Show*, Grand Central Palace
New York, 1930
Exhibition design: Frederick Kiesler
Photo: Ruth Bernhard
BW photo
Gelatin silver print on baryta paper, 22.2 x 18.5
PHO 5357/1

Büroeinrichtung, Präsentation der AUDAC auf der *12th Annual Home Show*, Grand Central Palace
New York, 1930
Ausstellungsgestaltung: Friedrich Kiesler
Foto: Ruth Bernhard
SW-Foto
Silbergelatineabzug auf Barytpapier, 19,5 x 24,4

Office furnishings, AUDAC presentation at the *12th Annual Home Show*, Grand Central Palace
New York, 1930
Exhibition design: Frederick Kiesler
Photo: Ruth Bernhard
BW photo
Gelatin silver print on baryta paper, 19.5 x 24.4
PHO 5357/2

Büroeinrichtung, Präsentation der AUDAC auf der *12th Annual Home Show*, Grand Central Palace
New York, 1930
Ausstellungsgestaltung: Friedrich Kiesler
Foto: Ruth Bernhard
SW-Foto
Silbergelatineabzug auf Barytpapier, 18 x 21,4
Office furnishings, AUDAC presentation at the *12th Annual Home Show*, Grand Central Palace
New York, 1930
Exhibition design: Frederick Kiesler
Photo: Ruth Bernhard
BW photo
Gelatin silver print on baryta paper, 18 x 21.4
PHO 5359/1

Büroeinrichtung, Präsentation der AUDAC auf der *12th Annual Home Show*, Grand Central Palace
New York, 1930
Ausstellungsgestaltung: Friedrich Kiesler
Foto: Ruth Bernhard
SW-Foto
Silbergelatineabzug auf Barytpapier, 20,3 x 25,7
Office furnishings, AUDAC presentation at the *12th Annual Home Show*, Grand Central Palace
New York, 1930
Exhibition design: Frederick Kiesler
Photo: Ruth Bernhard
BW photo
Gelatin silver print on baryta paper, 20.3 x 25.7
PHO 5361/1

Büroeinrichtung, Präsentation der AUDAC auf der *12th Annual Home Show*, Grand Central Palace
New York, 1930
Ausstellungsgestaltung: Friedrich Kiesler
Foto: Ruth Bernhard
SW-Foto
Silbergelatineabzug auf Barytpapier, 19,3 x 22,3
Office furnishings, AUDAC presentation at the *12th Annual Home Show*, Grand Central Palace
New York, 1930
Exhibition design: Frederick Kiesler
Photo: Ruth Bernhard
BW photo
Gelatin silver print on baryta paper, 19.3 x 22.3
PHO 5362/0

Theater als sozialer Beziehungsraum
Theater as a Social Interaction Space

Bühnengestaltungen und Theaterprojekte, Berlin und Wien, 1920er Jahre
Bühnengestaltungen, Theater- und Kinoprojekte, New York
The Universal, 1961
Stage designs and theater projects, Berlin and Vienna, 1920s
Stage designs, theater and cinema projects, New York
***The Universal*, 1961**

Friedrich Kiesler in seinem Atelier oder seiner Wohnung
Wien, Anfang 1920er Jahre
SW-Foto
Barytpapier, 10,6 x 8,2
Frederick Kiesler in his studio or apartment
Vienna, early 1920s
BW photo
Baryta paper, 10.6 x 8.2
PHO 2809/0

Friedrich Kiesler in seinem Atelier oder seiner Wohnung
Wien, Anfang 1920er Jahre
SW-Foto
Barytpapier, 10,8 x 8,3
Frederick Kiesler in his studio or apartment
Vienna, early 1920s
BW photo
Baryta paper, 10.8 x 8.3
PHO 2817/0

Friedrich Kiesler in seinem Atelier oder seiner Wohnung
Wien, Anfang 1920er Jahre
SW-Foto
Barytpapier, 10,7 x 8,2
Frederick Kiesler in his studio or apartment
Vienna, early 1920s
BW photo
Baryta paper, 10.7 x 8.2
PHO 2818/0

Friedrich und Stefi Kiesler in ihrer Wiener Wohnung
Wien, Anfang 1920er Jahre
SW-Foto
Barytpapier, 10,6 x 8,2
Frederick and Stefi Kiesler in their Vienna apartment
Vienna, early 1920s
BW photo
Baryta paper, 10.6 x 8.2
PHO 2319/0

Friedrich und Stefi Kiesler in ihrer Wiener Wohnung
Wien, Anfang 1920er Jahre
SW-Foto
Barytpapier, 10,7 x 8,1
Frederick and Stefi Kiesler in their Vienna apartment
Vienna, early 1920s
BW photo
Baryta paper, 10.7 x 8.1
PHO 2820/0

Friedrich und Stefi Kiesler mit einer unbekannten Person
Wien, Anfang 1920er Jahre
SW-Foto
Barytpapier, 10,3 x 8,5
Frederick and Stefi Kiesler with an unidentified person
Vienna, early 1920s
BW photo
Baryta paper, 10.3 x 8.5
PHO 2821/0

Bühnenprospekt in Karel Čapeks *W.U.R.* mit Hervorhebung
Berlin, 1923
Reproduktion, SW-Foto
Tinte auf Barytpapier, Karton, Klebeband, 16,1 x 21,9
Backdrop in Karel Čapek's *W.U.R.* [*R.U.R.*] with accentuation
Berlin, 1923
Reproduction, BW photo
Ink on baryta paper, carboard, tape, 16.1 x 21.9
PHO 2921/2

Seitenansicht des Bühnenprospekts in Karel Čapeks *W.U.R.*
Berlin, 1923
Reproduktion, SW-Foto auf Barytpapier, 25,3 x 20,5
Side view of the backdrop in Karel Čapek's *W.U.R.* [*R.U.R.*]
Berlin, 1923
Reproduction, BW photo, 25.3 x 20.5
PHO 2921/5

Bühnenprospekt in Karel Čapeks *W.U.R.* mit Hervorhebung
Berlin, 1923
Reproduktion, SW-Foto
Tinte auf Barytpapier, Karton, Klebeband, 20,5 x 25,5
Backdrop in Karel Čapek's *W.U.R.* [*R.U.R.*] with accentuation
Berlin, 1923
Reproduction, BW photo
Ink on baryta paper, cardboard, tape, 20.5 x 25.5
PHO 2921/6

Bühnenprospekt in Karel Čapeks *W.U.R.*
Berlin, 1923
Reproduktion, SW-Foto
Barytpapier, 20,7 x 25,4
Backdrop in Karel Čapek's *W.U.R.* [*R.U.R.*]
Berlin, 1923
Reproduction, BW photo
Baryta paper, 20.7 x 25.4
PHO 2921/11

Das *Railway-Theater*, lose Seite des aus dem Katalog zur Internationalen Ausstellung neuer Theatertechnik
Wien, 1924
Offsetdruck
Karton, 22,8 x 15,7
The *Railway-Theatre*, loose page from the catalog for the *International Exhibition of New Theatre Techniques*
Vienna, 1924
Offset print
Cardboard, 22.8 x 15.7
MED 5024/0

Sechs Momentaufnahmen vom Spielablauf einer mechanischen Raumszenerie, lose Seiten aus dem Katalog zur Internationalen Ausstellung neuer Theatertechnik
Wien, 1924
Offsetdruck, 32 x 22,6
Six snapshots of the sequential progression of mechanical spatial scenery*, loose pages from the catalog for the *International Exhibition of New Theatre Techniques
Vienna, 1924
Offset print, 32 x 22.6
MED 5025/0

Raumbühne, Mittlerer Saal (heute Mozartsaal) des Wiener Konzerthauses beim Auf- oder Abbau
Wien, 1924
Historische Reproduktion, SW-Foto
Fotopapier, 25,4 x 20,3
***Space Stage*, middle hall (today's Mozartsaal) of the Vienna Konzerthaus, during setup or teardown**
Vienna, 1924
Historical reproduction, BW photo
Photo paper, 25.4 x 20.3
PHO 6408/0

Raumbühne, Mittlerer Saal (heute Mozartsaal) des Wiener Konzerthauses beim Auf- oder Abbau
Wien, 1924
SW-Foto
Silbergelatineabzug auf Barytpapier, 15,5 x 11,3
***Space Stage*, middle hall (today's Mozartsaal) of the Vienna Konzerthaus, during setup or teardown**
Vienna, 1924
BW photo
Gelatin silver print on baryta paper, 15.5 x 11.3
PHO 237/0

Friedrich Kiesler und Fernand Léger auf der *Raumbühne*
Wien, 1924
SW-Foto
Silbergelatineabzug auf Barytpapier
Frederick Kiesler and Fernand Léger on the *Space Stage*
Vienna, 1924
BW photo
Gelatin silver print on baryta paper
12 x 18
PHO 332/0

Proben auf der *Raumbühne* (*Methusalem* von Iwan Goll)
Wien, 1924
SW-Foto
Silbergelatineabzug auf Barytpapier, 11,9 x 17,1
Rehearsal on the *Space Stage* (*Methusalem* by Yvan Goll)
Vienna, 1924
BW photo
Gelatin silver print on baryta paper, 11.9 x 17.1
PHO 334/0

Raumbühne, Mittlerer Saal (heute Mozartsaal) des Wiener Konzerthauses beim Auf- oder Abbau
Wien, 1924
4 Fotos (Reproduktionen)
***Space Stage*, middle hall (today's Mozartsaal) of the Vienna Konzerthaus, during setup or teardown**
Vienna, 1924
4 photos (reproductions)
30 x 21; 21 x 30
Foto Photo: ÖNB/Wien Bildarchiv Picture Archives of the Austrian National Library 75.578-C, 75.579-C, 75.580-C und and 75.581-B

W.U.R., Theaterzettel für die Aufführung auf der Neuen Wiener Bühne
Wien, 20.10.1923
Offsetdruck
25,2 x 19,6
***W.U.R.* [*R.U.R.*], playbill for the performance at the Neue Wiener Bühne theater**
Vienna, 20 Oct 1923
Offset print
25.2 x 19.6
LD 203/0

De Stijl 3+4 [1923],
Offsetdruck
19,9 x 26,2
***De Stijl* 3+4 [1923],**
Offset print
19.9 x 26.2
MED 301/0

De Stijl 3+4 [1923]
Offsetdruck
19,9 x 26,2
***De Stijl* 3+4 [1923]**
Offset print
19.9 x 26.2
Sammlung Gertraud und and Dieter Bogner collection

Bühnenbildmodell „Im Dunkel" – *Raumbühne* (Rekonstruktion)
Entwurf: Friedrich Kiesler, New York, 1924
Rekonstruktion: 1987
Furniertes Lindenholz, 55 x 148,8 x 148,8
Stage set model "Im Dunkel" [In the dark] – *Space Stage* (reconstruction)
Design: Frederick Kiesler, New York, 1924
Reconstruktion: 1987
Veneered basswood, 55 x 148.8 x 148.8
Theatermuseum, Wien Vienna

International Theatre Exposition, Blick in die Ausstellung mit einem Modell für ein *Endless Theatre*
New York, 1926
Historische Reproduktion, SW-Foto
Fotopapier, 20,2 x 25,3
International Theatre Exposition, view into the exhibition with a model for an *Endless Theatre*
New York, 1924
Historical reproduction, BW photo
Photo paper, 20.2 x. 25.3
PHO 5961/0

Endless Theatre, Grundriss
Paris, 1925
Sepiadruck auf Papier, auf Leinwand kaschiert, 198,6 x 188
***Endless Theatre*, floor plan**
Paris, 1925
Sepia print on paper, affixed to canvas, 198.6 x 188
PLN 50/0

Endless Theatre, Grundriss
Paris, 1925
SW-Foto
Silbergelatineabzug auf Barytpapier, 8,1 x 8
***Endless Theatre*, floor plan**
Paris, 1925
BW photo
Gelatin silver print on baryta paper, 8.1 x 8
PHO 841/0

Endless Theatre, Längsschnitt
Paris, 1924
SW-Foto
Silbergelatineabzug auf Barytpapier, Karton, 6,8 x 12,4
***Endless Theatre*, longitudinal section**
Paris, 1924
BW photo
Gelatin silver print on baryta paper, 6.8 x 12.4
PHO 842/0

Modell für ein *Endless Theatre*
New York, 1924–1926
SW-Foto
Silbergelatineabzug auf Barytpapier
Model for an *Endless Theatre*
New York, 1924–1926
BW photo
Gelatin silver print on baryta paper
29 x 50
PHO 813/0

Endless Theatre, Längsschnitt
Wien, 1924/25
SW-Foto
Historische Reproduktion
25,2 x 50,8
***Endless Theatre*, longitudinal section**
Vienna, 1924/25
BW photo
Historical reproduction
25.2 x 50.8
PHO 842/2

Doppeltheater für Brooklyn Heights, Grundriss und Schnitt
New York, 1926
Negativreproduktion
Fotonegativ, Papier, 37,4 x 30,8
Double theater for Brooklyn Heights, floor plan and section
New York, 1926
Reproduction from a negative
Photo negative, paper, 37.4 x 30.8
PHO 6443/0

Doppeltheater für Brooklyn Heights, Axonometrie
New York, 1926
Plan, Aquarell, Tusche, Papier, Karton, 38 x 55,3
Double theater for Brooklyn Heights, axonometric
New York, 1926
Plan, watercolor, India ink, paper, cardboard, 38 x 55.3
MFP 1150/0

Film Guild Cinema, Blick in das Foyer
New York, 1929
SW-Foto
Silbergelatineabzug auf Barytpapier, 23,1 x 18
***Film Guild Cinema*, view into the foyer**
New York, 1929
BW photo
Gelatin silver print on baryta paper, 23.1 x 18
PHO 2788/0

Film Guild Cinema, Einblick in die Lounge
New York, 1929
Foto: unbekannt
SW-Foto
Silbergelatineabzug auf Barytpapier, 20,3 x 25,7
***Film Guild Cinema*, view into the lounge**
New York, 1929
Photo: unknown
BW photo
Gelatin silver print on baryta paper, 20.3 x 25.7
PHO 2795/0

Film Guild Cinema, Decke des Eingangsbereichs
New York, 1929
Foto: unbekannt
SW-Foto
Silbergelatineabzug auf Barytpapier, 23,3 x 18,7
***Film Guild Cinema*, ceiling of the entrance area**
New York, 1929
Photo: unknown
BW photo
Gelatin silver print on baryta paper, 23.3 x 18.7
PHO 2796/0

Friedrich Kiesler vor dem Eröffnungsplakat des *Film Guild Cinema*
New York, 1929
SW-Foto
Silbergelatineabzug auf Barytpapier, 16,7 x 16
Frederick Kiesler in front of the poster for the opening of the *Film Guild Cinema*
New York, 1929
Photo: unknown
BW photo
Gelatin silver print on baryta paper, 16.7 x 16
PHO 2797/0

Film Guild Cinema, Blick in das Auditorium
New York, 1929
Foto: unbekannt
SW-Foto
Silbergelatineabzug auf Barytpapier, 18,8 x 23,85
***Film Guild Cinema*, view into the auditorium**
New York, 1929
Photo: unknown
BW photo
Gelatin silver print on baryta paper, 18.8 x 23.85
PHO 2800/0

Film Guild Cinema, Ansicht einer Position der flexiblen Filmleinwand *Screen-o-scope*
New York, 1929
Foto: unbekannt
SW-Foto
Silbergelatineabzug auf Barytpapier, 18,6 x 18,8
***Film Guild Cinema*, view of a position of the flexible *Screen-o-scope* movie screen**
New York, 1929
Photo: unknown
BW photo
Gelatin silver print on baryta paper, 18.6 x 18.8
PHO 2806/0

Film Guild Cinema, Ansicht einer Position der flexiblem Filmleinwand *Screen-o-scope*,
New York, 1929
Foto: unbekannt
SW-Foto
Silbergelatineabzug auf Barytpapier, 18,8 x 19,6
***Film Guild Cinema*, view of a position of the flexible *Screen-o-scope* movie screen**
New York, 1929
Photo: unknown
BW photo
Gelatin silver print on baryta paper, 18.8 x 19.6
PHO 6179/0

Schnitt durch das *Film Guild Cinema*
New York, 1929
Xerox-Kopie
25,1 x 30,7
Section through the *Film Guild Cinema*
New York, 1929
Xerox copy
25.1 x 30.7
SFP 6152/0

Film Guild Cinema [Ein Haus für Licht- und Schall-Wellen]
New York, 1929
Typoskript
Bleistift, Durchschlagpapier, 27,6 x 21,5
***Film Guild Cinema* [A house for light and sound waves]**
New York, 1929
Typescript
Pencil, carbon paper, 27.6 x 21.5
TXT 6168/0

Film Guild Cinema, Schema des Auditoriums
New York, 1929
Typoskript
Anmerkungen mit Bleistift auf Papier, 25,6 x 20,3
***Film Guild Cinema*, diagram of the auditorium**
New York, 1929
Typescript
Pencil annotations on paper, 25.6 x 20.3
TXT 6169/0

Film Guild Cinema, Pressekommentare
New York, 1929
Offsetdruck
Karton, 12,9 x 19 [aufgeschlagen: 12,9 x 38,2]
***Film Guild Cinema*, press commentaries**
New York, 1929
Offset print
Cardboard, 12.9 x 19 [open: 12.9 x 38.2]
CLP 6145/0

Erläuterung der Multifunktionalität des *Woodstock Theatre*
New York, 1931
Reproduktion auf Papier, auf Holzfaserplatte montiert, 52,2 x 88,5
Explication of the multifunctionality of the *Woodstock Theatre*
New York, 1931
Reproduction on paper, mounted on fiberboard, 52.2 x 88.5
MED 840/0

Diagramm zur Multifunktionalität des *Woodstock Theatre*
New York, 1931
Reproduktion auf Papier, auf Holzfaserplatte montiert, 60,8 x 101
Diagram of the multifunctionality of the *Woodstock Theatre*
New York, 1931
Reproduction on paper, mounted on fiberboard, 60.8 x 101
MED 841/0

Woodstock Theatre, Schnitt
New York, 1931
Sepiadruck auf Papier 61,7 x 101
***Woodstock Theatre*, section**
New York, 1931
Sepia print on paper, 61.7 x 101
PLN 842/0

Woodstock Theatre, Grundriss
New York, 1931
Sepiadruck auf Papier, 61,7 x 101
***Woodstock Theatre*, floor plan**
New York, 1931
Sepia print on paper, 61.7 x 101
PLN 843/0

Woodstock Theatre, Ansicht des Auditoriums
New York, 1931
Sepiadruck auf Papier, 60,5 x 100,7
***Woodstock Theatre*, view of the auditorium**
New York, 1931
Sepia print on paper, 60.5 x 100.7
PLN 845/0

Woodstock Theatre, Grundriss
New York, 1931
Sepiadruck auf Papier, 60,6 x 101,5
***Woodstock Theatre*, floor plan**
New York, 1931
Sepia print on paper, 60.6 x 101.5
PLN 840/0

Woodstock Theatre, Modell mit Lageplan
New York, 1931
Foto: Studio Anton & Martin Bruehl
SW-Foto
Silbergelatineabzug auf Barytpapier, auf Karton montiert, 20,5 x 26
***Woodstock Theatre*, model with site plan**
New York, 1931
Photo: Studio Anton & Martin Bruehl
BW photo
Gelatin silver print on baryta paper, mounted on cardboard, 20.5 x 26
PHO 831/0

Woodstock Theatre, Modell
New York, 1931
Foto: Studio Anton & Martin Bruehl
SW-Foto
Silbergelatineabzug auf Barytpapier, auf Karton montiert, 18,5 x 24
***Woodstock Theatre*, model**
New York, 1931
Photo: Studio Anton & Martin Bruehl
BW photo
Gelatin silver print on baryta paper, mounted on cardboard, 18.5 x 24
PHO 834/0

Woodstock Theatre, Modell
New York, 1931
Foto: Studio Anton & Martin Bruehl
SW-Foto
Silbergelatineabzug auf Barytpapier, auf Karton montiert, 20,7 x 26
***Woodstock Theatre*, model**
New York, 1931
Photo: Studio Anton & Martin Bruehl
BW photo
Gelatin silver print on baryta paper, mounted on cardboard, 20.7 x 26
PHO 836/1

Woodstock Theatre, Modell
New York, 1931
Foto: Studio Anton & Martin Bruehl
SW-Foto
Silbergelatineabzug auf Barytpapier, auf Karton montiert, 21,5 x 27
***Woodstock Theatre*, model**
New York, 1931
Photo: Studio Anton & Martin Bruehl
BW photo
Gelatin silver print on baryta paper, mounted on cardboard, 21.5 x 27
PHO 837/0

Woodstock Theatre, Modell
New York, 1931
Foto: Studio Anton & Martin Bruehl
SW-Foto
Silbergelatineabzug auf Barytpapier, auf Karton montiert, 20,5 x 26
***Woodstock Theatre*, model**
New York, 1931
Photo: Studio Anton & Martin Bruehl
BW photo
Gelatin silver print on baryta paper, mounted on cardboard, 20.5 x 26
PHO 838/0

Woodstock Theatre, Modell
New York, 1931
Foto: Studio Anton & Martin Bruehl
SW-Foto
Silbergelatineabzug auf Barytpapier, auf Karton montiert
***Woodstock Theatre*, model**
New York, 1931
Photo: Studio Anton & Martin Bruehl
BW photo
Gelatin silver print on baryta paper, mounted on cardboard
21 x 26
PHO 839/0

De Stijl 10/11 [6. Jahrgang, 1924–1925]
Offsetdruck
Papier, 20,5 x 26 (aufgeschlagen: 20,5 x 51,5)
***De Stijl* 10/11 [6th volume, 1924–1925]**
Offset print
Paper, 20.5 x 26 (open: 20.5 x 51.5)
MED 300/0

De Stijl 10/11 [6. Jahrgang, 1924–1925]
Offsetdruck
Papier, 20,5 x 26 (aufgeschlagen: 20,5 x 51,5)
***De Stijl* 10/11 [6th volume, 1924–1925]**
Offset print
Paper, 20.5 x 26 (open: 20.5 x 51.5)
MED 300/0

SHELTER (2) 4 [Mai 1932], hier: S. 44/45
Offsetdruck
30,5 x 22,5 [aufgeschlagen: ca. 30,5 x 45]
***SHELTER* (2) 4 [May 1932], here: pp. 44/45**
Offset print
30.5 x 22.5 [open: ca. 30.5 x 45]
MED 303/0

Modell des *Universal Theatre*
1931
Lederkoffer (Rindsleder), mit Kartonstücken
50,8 x 30,5 x 12,7
Model of the *Universal Theatre*
Leather (cowhide) suitcase filled with cardboard parts
50.8 x 30.5 x 12.7
Jason McCoy Gallery, New York, FK6519

Bühnenbild für Jean-Paul Sartres *No Exit*, Aufführung am Biltmore Theatre
New York, 1946
Foto: unbekannt
SW-Foto
Silbergelatineabzug auf Barytpapier, 20,2 x 25,3
Stage set for Jean-Paul Sartre's *No Exit*, performance at the Biltmore Theatre
New York, 1946
Photo: unknown
BW photo
Gelatin silver print on baryta paper, 20.2 x 25.3
PHO 2934/0

Chormasken aus George Antheils Oper *Helen Retires*, Aufführung an der Juilliard School of Music
New York, 28.3.1934
Foto: unbekannt
SW-Foto
Silbergelatineabzug auf Barytpapier, 20,4 x 25,8
Chorus masks from George Antheil's opera *Helen Retires*, performance at the Juilliard School of Music
New York, 28 Mar 1934
Photo: unknown
BW photo
Gelatin silver print on baryta paper, 20.4 x 25.8
PHO 2938/0

Opernchor mit Masken und Kostüm aus George Antheils Oper *Helen Retires*, Aufführung an der Juilliard School of Music
New York, 1934
Foto: unbekannt
SW-Foto
Silbergelatineabzug auf Barytpapier, 20,3 x 25,3
Opera chorus with masks and costume from George Antheil's opera *Helen Retires*, performance at the Juilliard School of Music
New York, 28 Mar 1934
Photo: unknown
BW photo
Gelatin silver print on baryta paper, 20.3 x 25.3
PHO 2939/0

Bühnenszene mit Helen und den Fischern aus George Antheils Oper *Helen Retires*, Aufführung an der Juilliard School of Music
New York, 1934
Foto: unbekannt
SW-Foto
Silbergelatineabzug auf Barytpapier, 20,3 x 25,2
Stage scene with Helen and the fishermen from George Antheil's opera *Helen Retires*, performance at the Juilliard School of Music
New York, 1934
Photo: unknown
BW photo
Gelatin silver print on baryta paper, 20.3 x 25.2
PHO 2942/0

Bühnenszene mit Darstellern (2. Akt) aus George Antheils Oper *Helen Retires*, Aufführung an der Juilliard School of Music
New York, 1934
Foto: unbekannt
SW-Foto
Silbergelatineabzug auf Barytpapier, 20,4 x 25,2
Stage scene with actors (2nd act) from George Antheil's opera *Helen Retires*, performance at the Juilliard School of Music
New York, 1934
Photo: unknown
BW photo
Gelatin silver print on baryta paper, 20.4 x 25.2
PHO 2943/0

Bühnenszene aus John Laurence Seymours Oper *In The Pasha's Garden*, Aufführung an der Metropolitan Opera
New York, 1935
Foto: unbekannt
SW-Foto
Silbergelatineabzug auf Barytpapier, 20,4 x 25,4
Stage scene from John Laurence Seymour's opera *In The Pasha's Garden*, performance at the Metropolitan Opera
New York, 1935
Photo: unknown
BW photo
Gelatin silver print on baryta paper, 20.4 x 25.4
PHO 2944/0

Bühnenszene aus John Laurence Seymours Oper *In The Pasha's Garden*, Aufführung an der Metropolitan Opera
New York, 1935
Foto: unbekannt
SW-Foto
Silbergelatineabzug auf Barytpapier, 20,3 x 25,8
Stage scene from John Laurence Seymour's opera *In The Pasha's Garden*, performance at the Metropolitan Opera
New York, 1935
Photo: unknown
BW photo
Gelatin silver print on baryta paper, 20.3 x 25.8
PHO 2945/0

Detailansicht der Bühne ohne Darsteller für John Laurence Seymours Oper *In The Pasha's Garden*, Aufführung an der Metropolitan Opera

New York, 1935
Foto: unbekannt
SW-Foto
Silbergelatineabzug auf Barytpapier, 13,6 x 25,3
Detail view of the stage without actors for John Laurence Seymour's opera *In The Pasha's Garden*, performance at the Metropolitan Opera
New York, 1935
Photo: unknown
BW photo
Gelatin silver print on baryta paper, 13.6 x 25.3
PHO 2946/0

Bühnenszene mit Darstellern aus Robert Russell Bennetts Oper *Maria Malibran*, Aufführung an der Juilliard School of Music
New York, 1935
Foto: unbekannt
SW-Foto
Silbergelatineabzug auf Barytpapier, 20,2 x 27,7
Stage scene with actors from Robert Russell Bennett's opera *Maria Malibran*, performance at the Juilliard School of Music
New York, 1935
Photo: unknown
BW photo
Gelatin silver print on baryta paper, 20.2 x 27.7
PHO 2947/0

Bühnenbild für Jacques Iberts Oper *Angélique* mit Elementen des *Space Set*, Aufführung an der Juilliard School of Music
New York, 1948
Foto: unbekannt
SW-Foto
Silbergelatineabzug auf Barytpapier, 19,5 x 23,5
Stage set for Jacques Ibert's opera *Angélique*, with elements of the *Space Set*, performance at the Juilliard School of Music
New York, 1948
Photo: unknown
BW photo
Gelatin silver print on baryta paper, 19.5 x 23.5
PHO 2951/0

Szene aus Maurice Ravels Kurzoper *L'Heure espagnole*, Aufführung an der Juilliard School of Music
New York, 1939
Foto: unbekannt
SW-Foto
Silbergelatineabzug auf Barytpapier, 17,7 x 21,9
Scene from Maurice Ravel's short opera *L'Heure espagnole*, performance at the Juilliard School of Music
New York, 1939
Photo: unknown
BW photo
Gelatin silver print on baryta paper, 17.7 x 21.9
PHO 2952/0

Bühnenbild unter Verwendung von Elementen des *Space Set*, für Giacomo Puccinis Oper *Gianni Schicchi*, Aufführung an der Juilliard School of Music
New York, 1948
Foto: unbekannt
SW-Foto
Silbergelatineabzug auf Barytpapier, 10,2 x 12,6
Stage set employing elements of the *Space Set*, for Giacomo Puccini's opera *Gianni Schicchi*, performance at the Juilliard School of Music
New York, 1948
Photo: unknown
BW photo
Gelatin silver print on baryta paper, 10.2 x 12.6
PHO 2957/0

Bühnenbild unter Verwendung von Elementen des *Space Set*, für Giacomo Puccinis Oper *Gianni Schicchi*, Aufführung an der Juilliard School of Music
New York, 1948
Foto: unbekannt
SW-Foto
Silbergelatineabzug auf Barytpapier, 10,3 x 12,6
Stage set employing elements of the *Space Set*, for Giacomo Puccini's opera *Gianni Schicchi*, performance at the Juilliard School of Music
New York, 1948
Photo: unknown
BW photo
Gelatin silver print on baryta paper, 10.3 x 12.6
PHO 2958/0

Bühnenbild unter Verwendung von Elementen des *Space Set*, für Giacomo Puccinis Oper *Gianni Schicchi*, Aufführung an der Juilliard School of Music
New York, 1948
Foto: unbekannt
SW-Foto
Silbergelatineabzug auf Barytpapier, 10,6 x 12,3
Stage set employing elements of the *Space Set*, for Giacomo Puccini's opera *Gianni Schicchi*, performance at the Juilliard School of Music
New York, 1948
Photo: unknown
BW photo
Gelatin silver print on baryta paper, 10.6 x 12.3
PHO 2959/0

Bühnenbild unter Verwendung von Elementen des *Space Set*, für Giacomo Puccinis Oper *Gianni Schicchi*, Aufführung an der Juilliard School of Music
New York, 1948
Foto: unbekannt
SW-Foto
Silbergelatineabzug auf Barytpapier, 7,8 x 12,3
Stage set employing elements of the *Space Set*, for Giacomo Puccini's opera *Gianni Schicchi*, performance at the Juilliard School of Music
New York, 1948
Photo: unknown
BW photo
Gelatin silver print on baryta paper, 7.8 x 12.3
PHO 2960/0

Bühnenszene mit Darstellern (1. Akt) für Wolfgang Amadeus Mozarts Oper *Die Zauberflöte* mit Elementen des *Space Set*, Aufführung an der Juilliard School of Music
New York, 1940
Foto: unbekannt
SW-Foto
Silbergelatineabzug auf Barytpapier, 20,2 x 25,3
Stage scene with actors (1st act) in Wolfgang Amadeus Mozart's opera *Die Zauberflöte*, with elements of the *Space Set*, performance at the Juilliard School of Music
New York, 1940
Photo: unknown
BW photo
Gelatin silver print on baryta paper, 20.2 x 25.3
PHO 2982/0

Szene mit Darstellerin für Jacques Iberts Oper *Angélique* mit Elementen des *Space Set*, Aufführung an der Juilliard School of Music
New York, 1948
Foto: unbekannt
SW-Foto
Silbergelatineabzug auf Barytpapier, 20,2 x 25,3
Scene with actor in Jacques Ibert's opera *Angélique*, with elements of the *Space Set*, performance at the Juilliard School of Music

New York, 1948
Photo: unknown
BW photo
Gelatin silver print on baryta paper, 20.2 x 25.3
PHO 2949/1

Szene mit Darstellern (2. Akt) für George Antheils Oper *Helen Retires*, Aufführung an der Juilliard School of Music
New York, 1934
Foto: unbekannt
SW-Foto
Silbergelatineabzug auf Barytpapier, 20,2 x 25,5
Scene with actors (2nd act) in George Antheil's opera *Helen Retires*, performance at the Juilliard School of Music
New York, 1934
Photo: unknown
BW photo
Gelatin silver print on baryta paper, 20.2 x 25.5
PHO 3002/0

Masken für George Antheils Oper *Helen Retires*, Aufführung an der Juilliard School of Music
New York, 1934
Foto: Samuel H. Gottscho
SW-Foto
Silbergelatineabzug auf Barytpapier, 23,5 x 18,9
Masks for George Antheil's opera *Helen Retires*, performance at the Juilliard School of Music
New York, 1934
Photo: Samuel H. Gottscho
BW photo
Gelatin silver print on baryta paper, 23.5 x 18.9
PHO 3004/0

Friedrich Kiesler hinter dem *Flying Desk* in seinem Planners Institute
New York, 1930
SW-Foto
Silbergelatineabzug auf Barytpapier, 23,3 x 18,2
Frederick Kiesler behind the *Flying Desk* at his Planners Institute
New York, 1928
BW photo
Gelatin silver print on baryta paper, 23.3 x 18.2
PHO 2450/0

Caramoor Theatre, Nachtaufnahme des beleuchteten Theaterprospekts
Katonah (NY, USA), 1958
SW-Foto
Silbergelatineabzug auf Barytpapier, 20,2 x 25,2
Caramoor Theatre, night shot of the illuminated backdrop
Katonah (NY, USA), 1958
BW photo
Gelatin silver print on baryta paper, 20.2 x 25.2
PHO 2917/1

Caramoor Theatre, vor dem Umbau durch Kiesler
Katonah (NY, USA), 1957/58
SW-Foto
Silbergelatineabzug auf Barytpapier, 25,3 x 20,5
Caramoor Theatre, prior to the remodel by Kiesler
Katonah (NY, USA), 1957/58
BW photo
Gelatin silver print on baryta paper, 25.3 x 20.5
PHO 2917/2

Zelttheater für das *Empire State Music Festival*, Innenansicht mit Orchesterprobe
Ellenville (NY, USA), 1955
SW-Foto
Silbergelatineabzug auf Barytpapier, 20,8 x 25,4
Theater tent for the *Empire State Music Festival*, interior view with orchestra rehearsal
Ellenville (NY, USA), 1955
BW photo
Gelatin silver print on baryta paper, 20.8 x 25.4
PHO 2923/0

Zelttheater für das *Empire State Music Festival*
Ellenville (NY, USA), 1955
SW-Foto
Silbergelatineabzug auf Barytpapier, 20,7 x 25,4
Theater tent for the *Empire State Music Festival*
Ellenville (NY, USA), 1955
BW photo
Gelatin silver print on baryta paper, 20.7 x 25.4
PHO 2926/0

Zelttheater für das *Empire State Music Festival*
Ellenville (NY, USA), 1955
SW-Foto
Silbergelatineabzug auf Barytpapier, 20,8 x 25,4
Theater tent for the *Empire State Music Festival*
Ellenville (NY, USA), 1955
BW photo
Gelatin silver print on baryta paper, 20.8 x 25.4
PHO 2927/0

Zelttheater für das *Empire State Music Festival*, Innenansicht
Ellenville (NY, USA), 1955
SW-Foto
Silbergelatineabzug auf Barytpapier, 25,4 x 20,7
Theater tent for the *Empire State Music Festival*, interior view
Ellenville (NY, USA), 1955
BW photo
Gelatin silver print on baryta paper, 25.4 x 20.7
PHO 2929/0

The Tempest (William Shakespeare/Jean Sibelius), Oper, Bühnenszene mit Darstellern der Aufführung im Zelttheater des *Empire State Music Festivals*
Ellenville (NY, USA), 1955
Bühnenbild: Friedrich Kiesler
SW-Foto
Silbergelatineabzug auf Barytpapier, 22,4 x 19,3
The Tempest* (William Shakespeare/Jean Sibelius), opera, stage scene with actors from the performance in the theater tent of the *Empire State Music Festival
Ellenville (NY, USA), 1955
Set design: Frederick Kiesler
BW photo
Gelatin silver print on baryta paper, 22.4 x 19.3
PHO 2936/0

Studie für eine Stehlampe
New York, Mitte der 1930er Jahre
Zeichnung
Farbstift auf Papier, 27,9 x 21,5
Study for a floor lamp
New York, mid-1930s
Drawing
Colored pencil on paper, 27.9 x 21.5
SFP 222/0

The Universal. A Multi-Purpose Community Center
in: *The Architectural Forum*, Dezember 1932, 535–542
Offsetdruck
in: *The Architectural Forum*, December 1932, 535–542
Offset print
30 x 23
CLP 6214/0

Morton Eustis, „A Universal Theatre. Frederick Kiesler's All-Purpose Community Playhouse", in: *Theatre Arts Monthly*, Juni 1933, 447–458
Offsetdruck
in: Theatre Arts Monthly, June 1933, 447–458
Offset print
28 x 21
CLP 6215/0

The Universal, erste Konzeptzeichnung mit Grundriss und Schnitt
New York, 1959
Zeichnung
Bleistift und Buntstift auf Papier und Karton, 20,2 x 12,5 (mit Karton: 37,9 x 32,9)
***The Universal*, first draft of the concept with floor plan and section**
New York, 1959
Drawing
Pencil and colored pencil on paper and cardboard, 20.2 x 12.5 (with cardboard: 37.9 x 32.9)
SFP 705/0

Friedrich Kiesler vor dem Modell für *The Universal*
New York, 1962
SW-Foto
Silbergelatineabzug auf Barytpapier, auf Karton montiert, 27 x 34,8
Frederick Kiesler in front of the model for *The Universal*
New York, 1962
BW photo
Gelatin silver print on baryta paper, mounted on cardboard, 27 x 34.8
PHO 856/0

The Universal, Seitenansicht des Theaters aus einer frühen Planungsphase
New York, 1961
Zeichnung
Bleistift auf Transparentpapier, 43,3 x 60,5
***The Universal*, side elevation of the theater from an early planning phase**
New York, 1961
Pencil on tracing paper, 43.3 x 60.5
PLN 848/0

The Universal, Seitenansicht mit Blick auf den Eingang
New York, 1962
SW-Foto
Silbergelatineabzug auf Barytpapier, auf Karton montiert, 40,5 x 50,5 (Maße des Trägerkartons: 39,5 x 53,5)
***The Universal*, side elevation with a view of the entrance**
New York, 1962
BW photo
Gelatin silver print on baryta paper, mounted on cardboard, 40.5 x 50.5 (measurements of the mounting cardboard: 39.5 x 53.5)
PHO 5958/1

The Universal, teilweise geöffnetes Modell
New York, 1962
SW-Foto
Silbergelatineabzug auf Barytpapier, auf Karton montiert, 40,5 x 50,5 (Maße des Trägerkartons: 42,5 x 55)
***The Universal*, partially open model**
New York, 1962
BW photo
Gelatin silver print on baryta paper, mounted on cardboard, 40.5 x 50.5 (measurements of the mounting cardboard: 42.5 x 55)
PHO 5959/0

The Universal, geöffnetes Modell mit Blick auf das Auditorium
New York, 1962
SW-Foto
Silbergelatineabzug auf Barytpapier, auf Karton montiert, 31,5 x 50 (Maße des Trägerkartons: 39,5 x 53,5)

***The Universal*, open model with a view onto the auditorium**
New York, 1962
BW photo
Gelatin silver print on baryta paper, mounted on cardboard, 31.5 x 50 (measurements of the mounting cardboard: 39.5 x 53.5)
PHO 5960/0

The Universal, Blatt e, Querschnitte des großen und kleinen Theaters
New York, 1961
Sepiadruck auf Papier, 96,5 x 182
***The Universal*, folio e, cross sections of large and small theaters**
New York, 1961
Sepia print on paper, 96.5 x 182
PLN 550/0

The Universal, Blatt f, Grundriss
New York, 1961
Sepiadruck auf Papier, 96,7 x 181,5
***The Universal*, folio f, floor plan**
New York, 1961
Sepia print on paper, 96.7 x 181.5
PLN 558/0

The Universal, Blatt a, Vorderansicht
New York, 1961
Sepiadruck auf Papier, 197 x 107,8
***The Universal*, folio a, front elevation**
New York, 1961
Sepia print on paper, 197 x 107.8
PLN 559/0

Universal Theatre, Ausschnitt aus *Video clip from* stage design, theaters, models and commentary, with Robert Whitehead
1962
Video, 10 Min.
© 2007, Creative Arts Television
Footage Description Item: 620225

Biomorphe Formverwandlung – funktionelle Metamorphosen
Biomorphic Transformations—Functional Metamorphoses

U. S. Housing in War and Peace, Sonderschau in Moskau, Studie zur Werkpräsentation
New York, 1944/45
Gouache, Kugelschreiber, Tempera, Tusche auf Karton, 55,7 x 43,3
***U. S. Housing in War and Peace*, special exhibition in Moscow, study for the presentation of the work**
New York, 1944/45
Gouache, ballpoint pen, tempera, India ink on cardboard, 55.7 x 43.3
SFP1010/0

Bühnenszene mit Darstellern (2. Akt) aus George Antheils Oper *Helen Retires*, Aufführung an der Juilliard School of Music
New York, 1934
Abzug vom Originalnegativ, SW-Foto, Barytpapier, 20,3 x 27,7
Stage scene with actors (2nd act) from George Antheil's opera *Helen Retires*, performance at the Juilliard School of Music
New York, 1934
Print from the original negative, BW photo, Baryta paper, 20.3 x 27.7
PHO 2940/0

Illustration von André Bretons *Ovid*
New York, 1948
Zeichnung
Tinte auf Papier, 27,7 x 37,7
Illustration of André Breton's *Ovid*
New York, 1948
Drawing
Ink on paper, 27.7 x 37,7
MFP 1175/0

Studie für ein *Endless House*
New York, 1950
Zeichnung
Kugelschreiber auf Papier, 13,8 x 21,5
Study for an *Endless House*
New York, 1950
Drawing
Ballpoint pen on paper, 13.8 x 21.5
SFP 538/0

Studie für einen *Nesting Table*
New York, Mitte der 1930er Jahre
Zeichnung
Tinte auf Papier, 27,6 x 21,3
Study for a *Nesting Table*
New York, mid-1930s
Drawing
Ink on paper, 27.6 x 21.3
SFP 5725/0

Correalistisches Instrument
Entwurf: Friedrich Kiesler, 1942 (für die Galerie *Art of This Century* von Peggy Guggenheim, New York)
Re-Edition: Wittmann Möbelwerkstätten GmbH, 2002
Schwarzes Leder, schwarz gebeizte Esche, 84,5 x 39,5 x 100; Sitzhöhe: 38
Correalistic Instrument
Design: Frederick Kiesler, 1942 (for the gallery *Art of This Century* by Peggy Guggenheim, New York)
Re-edition: Wittmann Möbelwerkstätten GmbH, 2002
Black leather; ash, stained black, 84.5 x 39.5 x 100, seat height: 38
Wittmann Möbelwerkstätten GmbH

Correalistisches Instrument
Entwurf: Friedrich Kiesler, 1942 (für die Galerie *Art of This Century* von Peggy Guggenheim, New York)
Re-Edition: Wittmann Möbelwerkstätten GmbH, 2002
Rotes Leder, schwarz gebeizte Esche, 84,5 x 39,5 x 100; Sitzhöhe: 38
Correalistic Instrument
Design: Frederick Kiesler, 1942 (for the gallery *Art of This Century* by Peggy Guggenheim, New York)
Re-edition: Wittmann Möbelwerkstätten GmbH, 2002
Red leather; ash, stained black, 84.5 x 39.5 x 100, seat height: 38
Wittmann Möbelwerkstätten GmbH

Wahrnehmung, Magie und der neue Mythos (der Surrealisten)
Perception, Magic, and the (Surrealists') New Mythos

Art of This Century, New York, 1942
Exposition Internationale du Surréalisme, Galerie Maeght, Paris, 1947
Exposition Internationale du Surréalisme, Salle de Superstition, Galerie Maeght, Paris, 1947
Bloodflames 1947, Hugo Gallery, New York, 1947
Ecology Exhibition, New York, 1944
U. S. Housing in War and Peace, Sonderschau in Moskau
special exhibition in Moscow, 1945

Studie zu einem Betrachtungsapparat [zwei Personen auf einer Schaukel]
New York, 1942
Zeichnung
Bleistift auf Papier, 13,35 x 21,45
Study for a viewing device [two people on a swing]
New York, 1942
Drawing
Pencil on paper, 13.35 x 21.45
SFP 129/0

Studie zur Wahrnehmung von Kunst
New York, 1937–1942
Zeichnung
Tinte auf Papier, 21,45 x 13,85
Study on the perception of art
New York, 1937–1942
Drawing
Ink on paper, 21.45 x 13.85
SFP 483/0

Friedrich Kiesler vor einem Bild von Jean Hélion
New York, 1943
SW-Foto
Silbergelatineabzug auf Barytpapier, 13,4 x 14,85
Frederick Kiesler in front of a painting by Jean Hélion
New York, 1943
BW photo
Gelatin silver print on baryta paper, 13.4 x 14.85
PHO 463/0

Studie zur Wahrnehmung von Kunst [The hair-frame]
New York, 1942
Zeichnung
Bleistift und Tinte auf Papier, 21,5 x 28
Study on the perception of art [The hair-frame]
New York, 1942
Drawing
Pencil and ink on paper, 21.5 x 28
SFP 706/0

Studie zur menschlichen Wahrnehmung [Shortest – Longest]
New York, 1937–1942
Zeichnung
Tinte auf Papier, 21,5 x 13,95
Study on human perception [Shortest – Longest]
New York, 1937–1942
Drawing
Ink on paper, 21.5 x 13.95
SFP 858/0

Studie zur menschlichen Wahrnehmung [Do we see in a two-way system?]
New York, 1937
Zeichnung
Tinte auf Papier, 21,4 x 27,8
Study on human perception [Do we see in a two-way system?]
New York, 1937
Drawing
Ink on paper, 21.4 x 27.8
SFP 875/0

Detailstudie zur *Vision Machine* [The short coming of human sight] 2-teilig (Teil 2)
New York, 1937
Manuskript
Tinte auf Papier, 21,4 x 27,8
Detail study for the *Vision Machine* [The short coming of human sight] in 2 parts (part 2)
New York, 1937
Manuscript
Ink on paper, 21.4 x 27.8
CLP 876/1

Detailstudie zur *Vision Machine* [The short coming of human sight], 2-teilig (Teil 1)
New York, 1937
Zeichnung
Tinte auf Papier, 21,4 x 27,88
Detail study for the *Vision Machine* [The short coming of human sight] in 2 parts (part 1)
New York, 1937
Drawing
Ink on paper, 21.4 x 27.88
SFP 876/0

We live through Correalism
New York, 1937–1942
Zeichnung
Tinte auf Papier, 28 x 21,8
New York, 1937–1942
Drawing
Ink on paper, 28 x 21.8
SFP 1209/0

Textnotiz zur *Vision Machine* [The divisibility of everything is a new basic law]
New York, 1937–1942
Manuskript
Tinte auf Papier, 21,6 x 13,95
Note on the *Vision Machine* [The divisibility of everything is a new basic law]
New York, 1937–1942
Manuscript
Ink on paper, 21.6 x 13.95
TXT 860/0

Studie zur Wahrnehmung
New York, 1937
Zeichnung
Tinte auf Papier, 21,5 x 14
Study on perception
New York, 1937
Drawing
Ink on paper, 21.5 x 14
SFP 1210/0

Studie zur Wahrnehmung
New York, 1937
Zeichnung
Tinte auf Papier, 15,2 x 22,95
Study on perception
New York, 1937
Drawing
Ink on paper, 15.2 x 22.95
SFP 1211/0

Studie zu Wahrnehmungsapparaten für Kunst
New York, 1942
Zeichnung
Bleistift auf Papier, 21,45 x 27,9
Study on viewing devices for art
New York, 1942
Drawing
Pencil on paper, 21.45 x 27.9
SFP 5520/0

Studie zur Wahrnehmung von Kunst
New York, 1942
Zeichnung
Bleistift auf Papier, 21,5 x 27,9
Study on the perception of art
New York, 1942
Drawing
Pencil on paper, 21.5 x 27.9
SFP 5521/0

Studie zur Wahrnehmung [The Human – a terrestrial spectra]
New York, 1937
Zeichnung
Tinte auf Papier, 13,95 x 21,5
Study on perception [The Human – a terrestrial spectra]
New York, 1937
Drawing
Ink on paper, 13.95 x 21.5
SFP 6295/0

Studie zur Wahrnehmung [Artificial Growth of the Sense of Seeing]
New York, 1937
Zeichnung
Tinte auf Papier, 13,95 x 21,5
Study on perception [Artificial Growth of the Sense of Seeing]
New York, 1937
Drawing
Ink on paper, 13.95 x 21.5
SFP 6296/0

Brief von Peggy Guggenheim an Friedrich Kiesler [I want your help]
New York, 26.2.1942
Typoskript
Anmerkungen mit Tinte auf Papier, 27,7 x 21,5
Letter from Peggy Guggenheim to Frederick Kiesler [I want your help]
New York, 26 Feb 1942
Typescript
Ink annotations on paper, 27.7 x 21.5
LET 482/0

Art of This Century, Studie zu beweglichen Hängesystemen [Scheme A, Scheme B]
New York, 1942
Zeichnung
Tusche auf Papier, 21,4 x 14
***Art of This Century*, study on movable hanging systems [Scheme A, Scheme B]**
New York, 1942
Drawing
India ink on paper, 21.4 x 14
SFP 127/0

Art of This Century, Studie zur Bildinszenierung
New York, 1942
Zeichnung
Bleistift auf Papier, 21,5 x 13,85
***Art of This Century*, study on exhibiting pictures**
New York, 1942
Drawing
Pencil on paper, 21.5 x 13.85
SFP 453/0

Art of This Century, Studie zur Bildinszenierung
New York, 1942
Zeichnung
Bleistift auf Papier, 21,4 x 13,8
***Art of This Century*, study on exhibiting pictures**
New York, 1942
Drawing
Pencil on paper, 21.4 x 13.8
SFP 267/0

Art of This Century, Studie zum Beleuchtungssystem der *Surrealist Gallery*
New York, 1942
Zeichnung
Bleistift auf Papier, 21,5 x 27,85
Art of This Century*, study on the lighting system at the *Surrealist Gallery
New York, 1942
Drawing
Pencil on paper, 21.5 x 27.85
SFP 242/0

Art of This Century, Studie zu einem Beleuchtungskörper
New York, 1942
Zeichnung
Bleistift auf Papier, 14 x 21,5
***Art of This Century*, study for a light fixture**
New York, 1942
Drawing
Pencil on paper 14 x 21.5
SFP 246/0

Art of This Century, Studie zu einem Beleuchtungskörper
New York, 1942
Zeichnung
Bleistift auf Papier, 14 x 21,5
***Art of This Century*, study for a light fixture**
New York, 1942
Drawing
Pencil on paper 14 x 21.5
SFP 251/0

Art of This Century, Studie zur Bildhängung in der *Abstract Gallery*
New York, 1942
Zeichnung
Bleistift und Tusche auf Papier, 13,8 x 21,4
Art of This Century*, study on picture placement at the *Abstract Gallery
New York, 1942
Drawing
Pencil and India ink on paper, 13.8 x 21.4
SFP 459/0

Art of This Century, Studie zur Bildinszenierung
New York, 1942
Zeichnung
Bleistift auf Papier, 13,8 x 21,5
***Art of This Century*, study on exhibiting pictures**
New York, 1942
Drawing
Pencil on paper, 13.8 x 21.5
SFP 264/0

Art of This Century, Studie zur Bildinszenierung
New York, 1942
Zeichnung
Bleistift auf Papier, 21,5 x 14
***Art of This Century*, study on exhibiting pictures**
New York, 1942
Drawing
Pencil on paper, 21.5 x 14
SFP 265/0

Art of This Century, Studie zur Bildhängung und zu Beleuchtungssystemen
New York, 1942
Zeichnung
Tusche auf Papier, 20,2 x 27,8
***Art of This Century*, study on picture placement and on lighting systems**
New York, 1942
Drawing
India ink on paper, 20.2 x 27.8
SFP 270/0

Art of This Century, Studie zur Bildbetrachtung und zu beweglichen Bildhängesystemen
New York, 1942
Zeichnung
Tusche auf Papier, 27,7 x 37,6
***Art of This Century*, study on viewing pictures and on moveable picture placement systems**
New York, 1942
Drawing
India ink on paper, 27.7 x 37.6
SFP 278/0

Art of This Century, Studie zur Bildhängung in der *Abstract Gallery*
New York, 1942
Zeichnung
Tusche und Bleistift auf Papier, 14 x 21,5
Art of This Century*, study on picture placement at the *Abstract Gallery
New York, 1942
Drawing
India ink and pencil on paper, 14 x 21.5
SFP 279/0

Art of This Century, Studie zur Bildhängung in der *Abstract Gallery*
New York, 1942
Zeichnung
Tusche auf Papier, 21,5 x 14
Art of This Century*, study on picture placement at the *Abstract Gallery
New York, 1942
Drawing
India ink on paper, 21.5 x 14
SFP 280/0

Art of This Century, Studie zur Bildinszenierung
New York, 1942
Zeichnung
Bleistift auf Papier, 21,5 x 14
***Art of This Century*, study on exhibiting pictures**
New York, 1942
Drawing
Pencil on paper, 21.5 x 14
SFP 283/0

Art of This Century, Studie zu verschiedenen Bildhängesystemen
New York, 1942
Zeichnung
Bleistift auf Papier, 21,5 x 27,8
***Art of This Century*, study on various systems for picture placement**
New York, 1942
Drawing
Pencil on paper, 21.5 x 27.8
SFP 288/0

Art of This Century, Studie zur Bildinszenierung
New York, 1942
Zeichnung
Bleistift auf Papier, 13,85 x 21,5
***Art of This Century*, study on exhibiting pictures**
New York, 1942
Drawing
Pencil on paper, 13.85 x 21.5
SFP 305/0

Art of This Century, Studie zur Bildbetrachtung und zu Bildhängesystemen
New York, 1942
Zeichnung
Tusche auf Papier, 37,65 x 27,65
***Art of This Century*, study on viewing pictures and on picture placement systems**
New York, 1942
Drawing
Pencil on paper, 37.65 x 27.65
SFP 451/0

Note on Designing the Gallery
New York, 1942
Typoskript, 28 x 21,5
Typescript, 28 x 21.5
TXT 188/1

Art of This Century, Studie zur Präsentation von Alberto Giacomettis Skulptur *Femme égorgée* [Frau mit durchschnittener Kehle]
New York, 1942
Gouache und Tusche auf Aquarellpapier, 26,3 x 36
***Art of This Century*, study on the presentation of Alberto Giacometti's sculpture *Femme égorgée* [Woman with Her Throat Cut]**
New York, 1942
Gouache and India ink on watercolor paper, 26.3 x 36
SFP 272/0

Art of This Century, Studie zur Präsentation von Alberto Giacomettis Skulptur *Projet pour une place* [Projekt für einen Platz]
New York, 1942
Gouache und Tusche auf Aquarellpapier, 26,2 x 36
***Art of This Century*, study on the presentation of Alberto Giacometti's sculpture *Projet pour une place* [Project for a Square]**
New York, 1942
Gouache and India ink on watercolor paper, 26.2 x 36
SFP 275/0

Art of This Century, Studie zur Präsentation von Alberto Giacomettis Skulptur *Femme qui marche* [Schreitende Frau]
New York, 1942
Gouache und Tusche auf Aquarellpapier, 26,3 x 36
***Art of This Century*, study on the presentation of Alberto Giacometti's sculpture *Femme qui marche* [Woman Walking]**
New York, 1942
Gouache and India ink on watercolor paper, 26.3 x 36
SFP 388/0

Art of This Century, Studie zur Präsentation von Alexander Calders Mobile *Arc of Petals*
New York, 1942
Gouache und Tusche auf Aquarellpapier, 26,3 x 36,2
Art of This Century*, study on the presentation of Alexander Calder's mobile *Arc of Petals
New York, 1942
Gouache and India ink on watercolor paper, 26.3 x 36.2
SFP 389/0

Art of This Century, Studie zur Objektinszenierung in der *Surrealist Gallery*
New York, 1942
Gouache und Tusche auf Aquarellpapier, 27,8 x 35,8
Art of This Century*, study on exhibiting objects at the *Surrealist Gallery
New York, 1942
Gouache and India ink on watercolor paper, 27.8 x 35.8
SFP 390/0

Art of This Century, Studie zur Präsentation von Georges Vantongerloos *Construction of Volumetric Interrelationships*
New York, 1942
Gouache und Tusche auf Aquarellpapier, 26,3 x 36
Art of This Century*, study on the presentation of Georges Vantongerloo's *Construction of Volumetric Interrelationships
New York, 1942
Gouache and India ink on watercolor paper, 26.3 x 36
SFP 405/0

Art of This Century, Presseaussendung zu den architektonischen Aspekten der Galerie
New York, 1942
Typoskript mit handschriftlichen Anmerkungen auf Papier, 27,6 x 21,4
***Art of This Century*, press release on the architectural aspects of the gallery**
New York, 1942
Typescript with handwritten notes on paper, 27.6 x 21.4
TXT 190/0

Art of This Century, Studie für ein Präsentationsmöbel der *Painting Library* in der *Daylight Gallery*
New York, 1942
Zeichnung
Tusche auf Papier, 13,9 x 21,4
Art of This Century*, study for a piece of presentation furniture in the *Painting Library* at the *Daylight Gallery
New York, 1942
Drawing
India ink on paper, 13.9 x 21.4
SFP 480/0

Art of This Century, Studie für ein Präsentationsmöbel der *Painting Library* in der *Daylight Gallery*
New York, 1942
Zeichnung
Bleistift auf Papier, 21,5 x 27,8
Art of This Century*, study for a piece of presentation furniture in the *Painting Library* at the *Daylight Gallery
New York, 1942
Drawing
Pencil on paper, 21.5 x 27.8
SFP 481/0

Art of This Century, Ansicht der *Painting Library* in der *Daylight Gallery*
New York, 1942
Gouache und Tusche auf Aquarellpapier, 27,8 x 37,7
Art of This Century*, view of the *Painting Library* at the *Daylight Gallery
New York, 1942
Gouache and India ink on watercolor paper, 27.8 x 37.7
SFP 308/0

Art of This Century, Studie zur Benutzung eines Präsentationsmöbels der *Painting Library* in der *Daylight Gallery*
New York, 1942
Gouache und Tusche auf Aquarellpapier, 26,5 x 36,2
Art of This Century*, study on the use of a piece of presentation furniture in the *Painting Library* at the *Daylight Gallery
New York, 1942
Gouache and India ink on watercolor paper, 26.5 x 36.2
SFP 311/0

Art of This Century, Studie zur Benutzung eines Präsentationsmöbels der *Painting Library* in der *Daylight Gallery*
New York, 1942
Gouache und Tusche auf Aquarellpapier, 27,7 x 37,7
Art of This Century*, study on the use of a piece of presentation furniture in the *Painting Library* at the *Daylight Gallery
New York, 1942
Gouache and India ink on watercolor paper, 27.7 x 37.7
SFP 312/0

Auflistung der 18 Funktionen des *Correalistischen Möbels*
New York, 1942
Typoskript, 27,5 x 21,5
List of the 18 functions of the *Correalistic Furniture*
New York, 1942
Typescript, 27.5 x 21.5
TXT 185/0

Rocker und *Correalistisches Instrument* aus *Art of This Century*
New York, 1942
SW-Foto
Silbergelatineabzug auf Barytpapier, 20,2 x 25,4
Rocker* and *Correalistic Instrument* from *Art of This Century
New York, 1942
BW photo
Gelatin silver print on baryta paper, 20.2 x 25.4
PHO 341/0

Darstellung der 18 verschiedenen Funktionsmöglichkeiten des *Correalistischen Möbels*
New York, 1943
Offsetdruck
Papier, 12,2 x 28,1
Depiction of the 18 different functional possibilities of the *Correalistic Furniture*
New York, 1943
Offset print
Paper, 12.2 x 28.1
CLP 412/0

Art of This Century, Studie zu rollbaren Sitzeinheiten
New York, 1942
Zeichnung
Bleistift auf liniertem Papier, 19,8 x 31,69
***Art of This Century*, study on rollable seating elements**
New York, 1942
Drawing
Pencil on lined paper, 19.8 x 31.69
SFP 477/0

Studie zur multifunktionalen Nutzung des *Correalistischen Möbels* für *Art of This Century*
New York, 1942
Zeichnung
Bleistift auf Papier, 21,5 x 27,4
Study on the multifunctional use of the *Correalistic Furniture* for *Art of This Century*
New York, 1942
Drawing
Pencil on paper, 21.5 x 27.4
SFP 478/0

Art of This Century, Studien zu Sitzmöbeln
New York, 1942
Zeichnung
Bleistift auf Papier, 15 x 22,4
***Art of This Century*, studies on seating furniture**
New York, 1942
Drawing
Pencil on paper, 15 x 22.4
SFP 715/0

Art of This Century, Studien zu Sitzmöbeln
New York, 1942
Zeichnung
Bleistift auf Papier, 12 x 19
***Art of This Century*, studies on seating furniture**
New York, 1942
Drawing
Pencil on paper, 12 x 19
SFP 717/0

Art of This Century, Studie zu einem Sitzmöbel [*Correalistisches Instrument*]
New York, 1942
Tusche und Wasserfarbe auf Aquarellpapier, 36,3 x 50,3
***Art of This Century*, study for a piece of seating furniture [*Correalistic Instrument*]**
New York, 1942
India ink and watercolor on watercolor paper, 36.3 x 50.3
MFP 782/0

Art of This Century, Studie für ein Präsentationsmöbel der *Painting Library* in der *Daylight Gallery*
New York, 1942
Zeichnung
Bleistift auf Papier, 12,5 x 20,2
Art of This Century*, study for a piece of presentation furniture in the *Painting Library* at the *Daylight Gallery
New York, 1942
Drawing
Pencil on paper, 12.5 x 20.2
SFP 3626/0

Art of This Century, Skizze zur Beleuchtung der konkaven Wände der *Surrealist Gallery*
New York, 1942
Zeichnung
Bleistift auf Papier, 21,4 x 27,6
Art of This Century*, sketch for lighting the concave walls of the *Surrealist Gallery
New York, 1942
Drawing
Pencil on paper, 21.4 x 27.6
SFP 370/0

Art of This Century, Studie zur Gestaltung der konkaven Wände in der *Surrealist Gallery*
New York, 1942
Zeichnung
Bleistift auf Papier, 14 x 21,5
Art of This Century*, study on the design of the concave walls of the *Surrealist Gallery
New York, 1942
Drawing
Pencil on paper, 14 x 21.5
SFP 130/0

Art of This Century, Studie zur Deckenkonstruktion mit Beleuchtungssystem in der *Surrealist Gallery*
New York, 1942
Zeichnung
Bleistift auf Papier, 21,5 x 27,8
Art of This Century*, study on the ceiling construction with lighting system at the *Surrealist Gallery
New York, 1942
Drawing
Pencil on paper, 21.5 x 27.8
SFP 143/0

Art of This Century, Studie zur Bildhängung in der *Surrealist Gallery*
New York, 1942
Zeichnung
Bleistift auf Papier, 21,4 x 13,9
Art of This Century*, study on picture placement at the *Surrealist Gallery
New York, 1942
Drawing
Pencil on paper, 21.4 x 13.9
SFP 148/0

Art of This Century, Studie zur Bildhängung in der *Surrealist Gallery*
New York, 1942
Zeichnung
Bleistift auf Papier, 21,3 x 27,8
Art of This Century*, study on picture placement at the *Surrealist Gallery
New York, 1942
Drawing
Pencil on paper, 21.3 x 27.8
SFP 178/1

Art of This Century, Skizze zum Innenraum der *Surrealist Gallery*
New York, 1942
Zeichnung
Bleistift auf Papier, 21,3 x 27,5
Art of This Century*, sketch for the interior of the *Surrealist Gallery
New York, 1942
Drawing
Pencil on paper, 21.3 x 27.5
SFP 183/0

Art of This Century, Studie zur Bildpräsentation
New York, 1942
Gouache und Tusche auf Aquarellpapier, 28 x 35,8
***Art of This Century*, study on exhibiting pictures**
New York, 1942
Gouache and India ink on watercolor paper, 28 x 35.8
SFP 398/0

Art of This Century, Detailskizze zur Bildhalterung an den konkaven Wänden der *Surrealist Gallery*
New York, 1942
Zeichnung
Bleistift auf Papier, 13,9 x 21,5
Art of This Century*, detail sketch of the picture mountings on the concave walls of the *Surrealist Gallery
New York, 1942
Drawing
Pencil on paper, 13.9 x 21.5
SFP 412/0

Art of This Century, Skizzen zu Einrichtung und Mobiliar
New York, 1942
Zeichnung
Bleistift auf Papier, 28,9 x 22,8
***Art of This Century*, sketches of fittings and furniture**
New York, 1942
Drawing
Pencil on paper, 28.9 x 22.8
SFP 426/0

Art of This Century, Studie zur Bildinszenierung in der *Surrealist Gallery*
New York, 1942
Zeichnung
Bleistift auf Papier, 21,3 x 27,7
Art of This Century*, study on exhibiting pictures at the *Surrealist Gallery
New York, 1942
Drawing
Pencil on paper, 21.3 x 27.7
SFP 431/0

Art of This Century, Friedrich Kieslers Notizbuch mit Aufzeichnungen und Skizzen
New York, 1942
Notizbuch, 14,7 x 8,9
***Art of This Century*, Frederick Kiesler's notebook with notes and sketches**
New York, 1942
Notebook, 14.7 x 8.9
MED 253/0

Art of This Century, Einblick in die *Surrealist Gallery* Richtung Süden mit Friedrich Kiesler und einer unidentifizierten Frau
New York, 1942
Foto: Berenice Abbott
Ausstellungsgestaltung: Friedrich Kiesler
SW-Foto
Silbergelatineabzug auf Barytpapier, 20,2 x 25,4
***Art of This Century*, southward view of the *Surrealist Gallery* with Frederick Kiesler and an unidentified woman**
New York, 1942
Photo: Berenice Abbott
Exhibition design: Frederick Kiesler
BW photo
Gelatin silver print on baryta paper, 20.2 x 25.4
PHO 339/4

Art of This Century, Detailskizze zum Beleuchtungssystem der *Surrealist Gallery*
New York, 1942
Zeichnung
Bleistift auf Papier, 13,80 x 21,5
Art of This Century*, detail sketch of the lighting system at the *Surrealist Gallery
New York, 1942
Drawing
Pencil on paper, 13.80 x 21.5
SFP 248/1

Art of This Century, Studie zur Beleuchtung und den konkaven Wänden der *Surrealist Gallery*
New York, 1942
Zeichnung
Tusche auf Papier, 27,60 x 37,70
Art of This Century*, study on lighting and the concave walls of the *Surrealist Gallery
New York, 1942
Drawing
India ink on paper, 27.60 x 37.70
SFP 409/0

Art of This Century, Studie zum Betrachtungsapparat für Marcel Duchamps *Boîte-en-valise* [Schachtel im Koffer]
New York, 1942
Zeichnung
Bleistift auf Papier, 13,85 x 21,5
***Art of This Century*, study for the viewing device for Marcel Duchamp's *Boîte-en-valise* [Box in a Suitcase]**
New York, 1942
Drawing
Pencil on paper, 13.85 x 21.5
SFP 170/0

Art of This Century, Studien zu den Betrachtungsapparaten für Werke von Paul Klee und Marcel Duchamps *Boîte-en-valise* [Schachtel im Koffer]
New York, 1942
Zeichnung
Bleistift auf Papier, 27,8 x 21,4
***Art of This Century*, studies for the viewing devices for works by Paul Klee and Marcel Duchamp's *Boîte-en-valise* [Box in a Suitcase]**
New York, 1942
Drawing
Pencil on paper, 27.8 x 21.4
SFP 150/0

Art of This Century, Studie zu den Seilverspannungen der verschiedenen Bildhängesysteme in der *Abstract Gallery*
New York, 1942
Zeichnung
Bleistift auf Papier, 27,6 x 37,65
Art of This Century*, study on the cables for the various picture placement systems at the *Abstract Gallery
New York, 1942
Drawing
Pencil on paper, 27.6 x 37.65
SFP 233/0

Art of This Century, Studie zu verschiedenen Präsentationsmöbeln, u. a. in Form eines Klavierflügels
New York, 1942
Zeichnung
Bleistift auf Papier, 13,8 x 21,5
***Art of This Century*, study on various pieces of presentation furniture, including one in the form of a grand piano**
New York, 1942
Drawing
Pencil on paper, 13.8 x 21.5
SFP 260/0

Fotomontage der *Shadow Box* aus *Art of This Century* als Illustration für Friedrich Kieslers Artikel „Design-Correlation as an Approach to Architectural Planning" (in: *VVV*, März 1943)
New York, 1943
Offsetdruck, Papier, 28,5 x 22,3
Photomontage of the *Shadow Box* from *Art of This Century* as an illustration for Frederick Kiesler's article "Design-Correlation as an Approach to Architectural Planning" (in: *VVV*, March 1943)
New York, 1943
Offset print, paper, 28.5 x 22.3
CLP 100/0

Art of This Century, Studie zur Wandverspannung in der *Abstract Gallery*
New York, 1942
Gouache und Tusche auf Aquarellpapier, 36,1 x 26,4
Art of This Century*, study on the wall covering at the *Abstract Gallery
New York, 1942
Gouache and India ink on watercolor paper, 36.1 x 26.4
SFP 274/0

Art of This Century, Studie zur Bildhängung
New York, 1942
Zeichnung
Tusche auf Papier, 21,5 x 27,8
***Art of This Century*, study on picture placement**
New York, 1942
Drawing
India ink on paper, 21.5 x 27.8
SFP 294/0

Art of This Century, Studie für einen Betrachtungsapparat der *Kinetic Gallery*
New York, 1942
Zeichnung
Bleistift auf Papier, 14 x 21,4
Art of This Century*, study for a viewing device at the *Kinetic Gallery
New York, 1942
Drawing
Pencil on paper, 14 x 21.4
SFP 303/0

Art of This Century, Studie für eine Stellwand zur Bildbetrachtung
New York, 1942
Zeichnung
Bleistift auf Papier, 13,80 x 21,5
***Art of This Century*, study for a moveable wall for viewing pictures**
New York, 1942
Drawing
Pencil on paper, 13.80 x 21.5
SFP 304/0

Art of This Century, Studie zur Wandverspannung in der *Abstract Gallery*
New York, 1942
Zeichnung
Bleistift auf Papier, 13,7 x 21,5
Art of This Century*, study for the wall covering at the *Abstract Gallery
New York, 1942
Drawing
Pencil on paper, 13.7 x 21.5
SFP 306/0

Art of This Century, Studie zur Wandverspannung in der *Abstract Gallery*
New York, 1942
Zeichnung
Tusche auf Papier, 21,5 x 27,8
Art of This Century*, study for the wall covering at the *Abstract Gallery
New York, 1942
Drawing
India ink on paper, 21.5 x 27.8
SFP 307/0

Art of This Century, Friedrich Kiesler vor der Linse der *Shadow Box*
New York, 1942
SW-Foto
Silbergelatineabzug auf Barytpapier, 25,4 x 8,7
Art of This Century*, Frederick Kiesler in front of the lens of the *Shadow Box
New York, 1942
BW photo
Gelatin silver print on baryta paper, 25.4 x 8.7
PHO 349/0-3

Art of This Century, 1:3-Rekonstruktionsmodell der *Surrealist Gallery*
Los Angeles, 1989
Diverse Materialien, ca. 124,5 x 201 x 681 (gesamt)
Art of This Century*, 1:3 reconstruction model of the *Surrealist Gallery
Los Angeles, 1989
Diverse materials, ca. 124.5 x 201 x 681 (overall)
MOD 001/0

Fotomontage der *Shadow Box* aus *Art of This Century* als Illustration für Friedrich Kieslers Artikel „Design-Correlation as an Approach to Architectural Planning" (in: *VVV*, März 1943)
New York, 1943
Offsetdruck
Papier, 28,5 x 22,3
Photomontage of the *Shadow Box* from *Art of This Century* as an illustration for Frederick Kiesler's article "Design-Correlation as an Approach to Architectural Planning" (in: *VVV*, March 1943)
New York, 1943
Offset print
Paper, 28.5 x 22.3
CLP 100/1

Telegramm, Friedrich J. Kiesler an Margaret Ernst [Peggy Guggenheim]
New York, 1942
Schreibmaschine, Papier, 14 x 21,6
Telegram, Frederick J. Kiesler to Margaret Ernst [Peggy Guggenheim]
New York, 1942
Typewriter, paper, 14 x 21.6
LET 484/0

Art of This Century, Einblick in die *Painting Library* in der *Daylight Gallery*
New York, 1942
SW-Foto
Silbergelatineabzug auf Barytpapier, 18 x 23,5
Art of This Century*, view into the *Painting Library* at the *Daylight Gallery
New York, 1942
BW photo
Gelatin silver print on baryta paper, 18 x 23.5
PHO 348/0

Art of This Century, Einblick in die *Surrealist Gallery*
New York, 1942
SW-Foto
Historische Reproduktion auf Fotopapier, 39,7 x 50,6
Art of This Century*, view into the *Surrealist Gallery
New York, 1942
BW photo
Historical reproduction on photo paper, 39.7 x 50.6
PHO 388/0

Art of This Century, Einblick in die *Abstract Gallery*
New York, 1942
Foto: Berenice Abbott
SW-Foto
Silbergelatineabzug auf Barytpapier, 40,7 x 50,5
Art of This Century*, view into the *Abstract Gallery
New York, 1942
Photo: Berenice Abbott
BW photo
Gelatin silver print on baryta paper, 40.7 x 50.5
PHO 225/1

Art of This Century, Detail der *Painting Library* mit multifunktionalen Möbeln zur Bildbetrachtung
New York, 1942
Foto: K. W. Herrmann
SW-Foto
Silbergelatineabzug auf Barytpapier, 25,2 x 20,5
***Art of This Century*, detail of the *Painting Library* with multifunctional furniture for viewing pictures**
New York, 1942
Photo: K. W. Herrmann
BW photo
Gelatin silver print on baryta paper, 25.2 x 20.5
PHO 247/1

Art of This Century, Betrachtungsmechanismus für Marcel Duchamps *Boîte en valise* [Schachtel im Koffer]
New York, 1942
Foto: K. W. Herrmann
SW-Foto
Silbergelatineabzug auf Barytpapier, 19,9 x 20,7
***Art of This Century*, viewing device for Marcel Duchamp's *Boîte-en-valise* [Box in a Suitcase]**
New York, 1942
Photo: K. W. Herrmann
BW photo
Gelatin silver print on baryta paper, 19.9 x 20.7
PHO 230/0

Art of This Century, Einblick in die *Abstract Gallery*
New York, 1942
Foto: Berenice Abbott
SW-Foto
Silbergelatineabzug auf Barytpapier, 17,9 x 23,7
Art of This Century*, view into the *Abstract Gallery
New York, 1942
Photo: Berenice Abbott
BW photo
Gelatin silver print on baryta paper, 17.9 x 23.7
PHO 361/2

Art of This Century, Einblick in die *Abstract Gallery*
New York, 1942
SW-Foto
Silbergelatineabzug auf Barytpapier, 18 x 23,5
Art of This Century*, view into the *Abstract Gallery
New York, 1942
BW photo
Gelatin silver print on baryta paper, 18 x 23.5
PHO 246/0

Art of This Century, Alberto Giacomettis Skulptur *Femme égorgée* [Frau mit durchschnittener Kehle] auf dem multifunktionalen Möbelstück *Rocker*
New York, 1942
Foto: K. W. Herrmann
SW-Foto
Silbergelatineabzug auf Barytpapier 19,9 x 24,6
Art of This Century*, Alberto Giacometti's sculpture *Femme égorgée* [Woman with Her Throat Cut] on the multifunctional piece of furniture *Rocker
New York, 1942
Photo: K. W. Herrmann
BW photo
Gelatin silver print on baryta paper, 19.9 x 24.6
PHO 344/0

Art of This Century, Hans Richter mit Begleitung in der *Surrealist Gallery*
New York, 1942
Foto: K. W. Herrmann
SW-Foto
Silbergelatineabzug auf Barytpapier, 23,3 x 19,5
Art of This Century*, Hans Richter with a guest in the *Surrealist Gallery
New York, 1942
Photo: K. W. Herrmann
BW photo
Gelatin silver print on baryta paper, 23.3 x 19.5
PHO 457/0

Art of This Century, Betrachtungsapparat für Werke von Paul Klee
New York, 1942
Foto: Berenice Abbott
SW-Foto
Silbergelatineabzug auf Barytpapier, 18,7 x 23,7
***Art of This Century*, viewing device for works by Paul Klee**
New York, 1942
Photo: Berenice Abbott
BW photo
Gelatin silver print on baryta paper, 18.7 x 23.7
PHO 458/0

Friedrich Kiesler mit seiner Skulptur *Le totem des religions* (Ausführung: Étienne Martin)
Reproduktion eines Zeitungsausschnitts mit Erläuterung der einzelnen religiösen Symbole
1947
SW-Foto
Reproduktion auf Barytpapier, 35,3 x 16,5
Frederick Kiesler with his sculpture *Le totem des religions* (Execution: Étienne Martin)
Reproduction of a newspaper clipping with explication of the individual religious symbols
1947
BW photo
Reproduction on baryta paper, 35.3 x 16.5
PHO 930/0

The Moon Eye, Entwurf für eine nicht ausgeführte Installation in der *Salle Superstition*
1947
Zeichnung
Gouache und Tusche auf Papier, Transparentpapierfolie, 25,3 x 33,8
The Moon Eye*, Design for an installation (not realized) in the *Salle de Superstition
1947
Drawing
Gouache and India ink on paper, tracing paper overleaf, 25.3 x 33.8
SFP 1117/0

Studie zu *Le totem des religions*
1947
Zeichnung
Gouache und Tusche auf Papier, 33,8 x 25,3
Study for *Le totem des religions*
1947
Drawing
Gouache and India ink on paper, 33.8 x 25.3
SFP 1123/0

The Moon Eye, Entwurf für eine nicht ausgeführte Installation in der *Salle de Superstition*
1947
Zeichnung
Gouache und Tusche auf Papier, 50,5 x 37,7
The Moon Eye*, Design for an installation (not realized) in the *Salle de Superstition
1947
Drawing
Gouache and India ink on paper, 50.5 x 37.7
MFP 1019/0

Exposition Internationale du Surréalisme, Studie zur *Salle de Superstition*
1947
Zeichnung
Gouache und Tusche auf Papier, 37,55 x 50,5
Exposition Internationale du Surréalisme*, study for the *Salle de Superstition
1947
Drawing
Gouache and India ink on paper, 37.55 x 50.5
MFP 1020/0

Exposition Internationale du Surréalisme, Studie zur *Salle de Superstition* mit Varianten der *Figue anti-tabou*
1947
Zeichnung
Gouache und Tusche auf Papier, Transparentpapier 37,7 x 50,5
Exposition Internationale du Surréalisme*, study for the *Salle de Superstition* with variants of the *Figue anti-tabou
1947
Drawing
Gouache and India ink on paper, tracing paper, 37.7 x 50.5
MFP 1021/0

Friedrich Kiesler mit Arbeitern beim Würfelspiel während einer Pause des Aufbaus der *Exposition Internationale du Surréalisme*
Paris, 1947
SW-Foto
Silbergelatineabzug auf Barytpapier, 17,8 x 12,9
Frederick Kiesler playing a game of dice with workers while taking a break during the setup of the *Exposition Internationale du Surréalisme*
Paris, 1947
BW photo
Gelatin silver print on baryta paper, 17.8 x 12.9
PHO 996/1

Studie zu *Le totem des religions*
1947
Zeichnung
Kugelschreiber auf Papier, 21,5 x 13,9
Study for *Le totem des religions*
1947
Drawing
Ballpoint pen on paper, 21.5 x 13.9
SFP 5559/0

Studie zu *Le totem des religions*
1947
Zeichnung
Kugelschreiber auf Papier, 21,5 x 13,9
Study for *Le totem des religions*
1947
Drawing
Ballpoint pen on paper, 21.5 x 13.9
SFP 5562/0

Studie zu *Le totem des religions*
1947
Zeichnung
Kugelschreiber auf Papier, 21,5 x 13,9
Study for *Le totem des religions*
1947
Drawing
Ballpoint pen on paper, 21.5 x 13.9
SFP 5563/0

Studie zu *Le totem des religions*
1947
Zeichnung
Bleistift auf Papier, 21,5 x 13,9
Study for *Le totem des religions*
1947
Drawing
Pencil on paper, 21.5 x 13.9
SFP 5565/0

Studie zu *Le totem des religions*
1947
Zeichnung
Bleistift auf Papier, 21,5 x 13,9
Study for *Le totem des religions*
1947
Drawing
Pencil on paper, 21.5 x 13.9
SFP 5566/0

Studie zu *Le totem des religions*
1947
Zeichnung
Bleistift auf Papier, 21,5 x 13,9
Study for *Le totem des religions*
1947
Drawing
Pencil on paper, 21.5 x 13.9
SFP 5567/0

Hans Arp, *L'œuf de Kiesler et sa Salle de Superstition* [Kieslers Ei und seine *Salle de Superstition*]
1947
Typoskript
Anmerkungen mit Bleistift und Tinte auf Papier, 26,9 x 20,9
Hans Arp, *L'œuf de Kiesler et sa Salle de Superstition* [Kiesler's egg and his *Salle de Superstition*]
1947
Typescript
Pencil and ink annotations on paper, 26.9 x 20.9
TXT 611/0

Gebundenes Skizzenbuch mit Aufzeichnungen und Skizzen Friedrich Kieslers zu seiner Arbeit für die *Exposition Internationale du Surréalisme*
Paris, 1947
Gebundenes Skizzenbuch
Bleistift und Kugelschreiber auf Papier, 17,5 x 10,5 x 0,7
Bound sketchbook with Frederick Kiesler's notations and sketches on his work for the *Exposition Internationale du Surréalisme*
Paris, 1947
Bound sketchbook
Pencil and ballpoint pen on paper, 17.5 x 10.5 x 0.7
MED 613/0

Exposition Internationale du Surréalisme, Studie zur *Salle de Superstition*
1947
Zeichnung
Tusche auf Papier, 50 x 65
Exposition Internationale du Surréalisme*, study for the *Salle de Superstition
1947
Drawing
India ink on paper, 50 x 65
MFP 1022/0

Exposition Internationale du Surréalisme, Studie zur *Salle de Superstition* [Architecture becomes Painting]
1947
Zeichnung
Bleistift auf Papier, 28 x 21,5
***Exposition Internationale du Surréalisme*, study for the *Salle de Superstition* [Architecture becomes Painting]**
1947
Drawing
Pencil on paper, 28 x 21.5
SFP 1194/0

Exposition Internationale du Surréalisme, Studie zur *Salle de Superstition* [Malerei das Instrument wird]
Paris, 1947
Zeichnung
Bleistift auf Papier, 28 x 21,5
***Exposition Internationale du Surréalisme*, study for the *Salle de Superstition* [Painting becomes the Instrument]**
Paris, 1947
Drawing
Pencil on paper, 28 x 21.5
SFP 1195/0

Exposition Internationale du Surréalisme, Studie zur Wandverspannung in der *Salle de Superstition*
1947
Zeichnung
Kugelschreiber auf Papier, 32,5 x 50
Exposition Internationale du Surréalisme*, study for the wall covering in the *Salle de Superstition
1947
Drawing
Ballpoint pen on paper, 32.5 x 50
MFP 1040/0

Exposition Internationale du Surréalisme, Studie zur Inszenierung von Max Ernsts *Le lac, source d'angoisse* [Der See, Quell der Angst] in der *Salle de Superstition*
1947
Zeichnung
Tinte auf Papier, 25,3 x 33,9
Exposition Internationale du Surréalisme*, study for the staging of Max Ernst's *Le lac, source d'angoisse* [The sea, source of anguish] in the *Salle de Superstition
1947
Drawing
Ink on paper, 25.3 x 33.9
SFP 1203/0

Exposition Internationale du Surréalisme, Studie zur *Salle de Superstition*
1947
Zeichnung
Tinte auf Papier, 26 x 35,4
Exposition Internationale du Surréalisme*, study for the *Salle de Superstition
1947
Drawing
Ink on paper, 26 x 35.4
SFP 1205/0

Exposition Internationale du Surréalisme, Studie zur *Cascade architecturale* [architektonischer Wasserfall] in der *Salle de Superstition* [Hommage à Miró]
1947
Zeichnung
Tinte auf Papier, 25,3 x 33,9
***Exposition Internationale du Surréalisme*, study for the *Cascade architecturale* [architectural waterfall] in the *Salle de Superstition* [Hommage à Miró]**
1947
Drawing
Ink on paper, 25.3 x 33.9
SFP 1204/0

Exposition Internationale du Surréalisme, Studie zur *Salle de Superstition*
1947
Zeichnung
Tinte auf Papier, 25,7 x 35,3
Exposition Internationale du Surréalisme*, study for the *Salle de Superstition
1947
Drawing
Ink on paper, 25.7 x 35.3
SFP 1206/0

Exposition Internationale du Surréalisme, Eingang zur *Salle de Superstition* mit Julio de Diegos *L'Oiseau de mauvais augure* [Der Vogel des Unheils] über dem Eingang und Friedrich Kieslers *Figue anti-tabou* im Hintergrund
Paris, 1947
Foto: Remy Duval
SW-Foto
Silbergelatineabzug auf Barytpapier, 39,9 x 30,4
***Exposition Internationale du Surréalisme*, entrance to the *Salle de Superstition* with Julio de Diego's *L'Oiseau de mauvais augure* [The bird of bad augury] over the entryway and Frederick Kiesler's *Figue anti-tabou* in the background**
Paris, 1947
Foto: Remy Duval
BW photo
Gelatin silver print on baryta paper, 39.9 x 30.4
PHO 920/0

Exposition Internationale du Surréalisme, Friedrich Kiesler mit *Le totem des religions* in der *Salle de Superstition*
Paris, 1947
Foto: William Maywald
SW-Foto
Silbergelatineabzug auf Barytpapier, 29,4 x 23,3
Exposition Internationale du Surréalisme*, Frederick Kiesler with *Le totem des religions* in the *Salle de Superstition
Paris, 1947
Photo: William Maywald
BW photo
Gelatin silver print on baryta paper, 29.9 x 23.3
PHO 928/0

Exposition Internationale du Surréalisme, Blick in die *Salle de Superstition* mit Max Ernsts *Euclide* im Hintergrund
Paris, 1947
Foto: Remy Duval
SW-Foto
Silbergelatineabzug auf Barytpapier, 40,1 x 30,6

***Exposition Internationale du Surréalisme*, view into the *Salle de Superstition* with Max Ernst's *Euclide* in the background**
Paris, 1947
Photo: Remy Duval
BW photo
Gelatin silver print on baryta paper, 40.1 x 30.6
PHO 968/0

Exposition Internationale du Surréalisme, Blick in die *Salle de Superstition* mit Marcel Duchamps *Le Rayon vert* [Der grüne Strahl] im Hintergrund
Paris, 1947
Foto: Remy Duval
SW-Foto
Silbergelatineabzug auf Barytpapier, 39,4 x 30,4
***Exposition Internationale du Surréalisme*, view into the *Salle de Superstition* with Marcel Duchamp's *Le Rayon vert* [The green ray] in the background**
Paris, 1947
Photo: Remy Duval
BW photo
Gelatin silver print on baryta paper, 39.4 x 30.4
PHO 969/0

Exposition Internationale du Surréalisme, Blick in die *Salle de Superstition* mit Yves Tanguys *L'Échelle qui annonce la mort* [Die Leiter, die den Tod ankündigt]
Paris, 1947
Foto: Remy Duval
SW-Foto
Silbergelatineabzug auf Barytpapier, 40,4 x 30
***Exposition Internationale du Surréalisme*, view into the *Salle de Superstition* with Yves Tanguy's *L'Échelle qui annonce la mort* [The ladder announcing death]**
Paris, 1947
Photo: Remy Duval
BW photo
Gelatin silver print on baryta paper, 40.4 x 30
PHO 983/0

Exposition Internationale du Surréalisme, Blick in die *Salle de Superstition* mit Friedrich Kieslers *Figue anti-tabou* und Marcel Duchamps Le Rayon vert [Der grüne Strahl] im Hintergrund
Paris, 1947
Foto: Remy Duval
SW-Foto
Silbergelatineabzug auf Barytpapier, 40,5 x 30
***Exposition Internationale du Surréalisme*, view into the *Salle de Superstition* with Frederick Kiesler's *Figue anti-tabou* and Marcel Duchamp's Le Rayon vert [The green ray] in the background**
Paris, 1947
Photo: Remy Duval
BW photo
Gelatin silver print on baryta paper, 40.5 x 30
PHO 924/0

Exposition Internationale du Surréalisme, Blick in die *Salle de Superstition* mit Friedrich Kieslers *Le totem des religions*
Paris, 1947
Foto: Remy Duval
SW-Foto, Silbergelatineabzug auf Barytpapier, 40 x 30,4
Exposition Internationale du Surréalisme*, view into the *Salle de Superstition* with Frederick Kiesler's *Le totem des religions
Paris, 1947
Photo: Remy Duval
BW photo
Gelatin silver print on baryta paper, 40 x 30.4
PHO 937/0

Exposition Internationale du Surréalisme, Max Ernsts *Le Lac, source d'Angoisse* [Der See, Quell der Angst] auf der *Cascade architecturale* [architektonischer Wasserfall] in der *Salle de Superstition*
Paris, 1947
Foto: Remy Duval
SW-Foto
Silbergelatineabzug auf Barytpapier, 30 x 24,3
Exposition Internationale du Surréalisme*, Max Ernst's *Le lac, source d'angoisse* [The sea, source of anguish] on the *Cascade architecturale* [architectural waterfall] in the *Salle de Superstition
Paris, 1947
Photo: Remy Duval
BW photo
Gelatin silver print on baryta paper, 30 x 24.3
PHO 966/0

Exposition Internationale du Surréalisme, Blick in die *Salle de Superstition* mit der *Cascade architecturale* [architektonischer Wasserfall], dem Fries von Joan Miró, David Hares *L'homme-angoisse* [Angst-Mensch] und Yves Tanguys *L'Échelle qui annonce la mort* [Die Leiter, die den Tod ankündigt] im Hintergrund
Paris, 1947
Foto: Remy Duval
SW-Foto
Silbergelatineabzug auf Barytpapier, 40 x 30,5
***Exposition Internationale du Surréalisme*, view into the *Salle de Superstition* with the *Cascade architecturale* [architectural waterfall], the frieze by Joan Miró, David Hare's *L'homme-angoisse* [Anguish man], and Yves Tanguy's *L'Échelle qui annonce la mort* [The ladder announcing death] in the background**
Paris, 1947
Photo: Remy Duval
BW photo
Gelatin silver print on baryta paper, 40 x 30.5
PHO 970/0

Exposition Internationale du Surréalisme, Blick in die *Salle de Superstition* mit einer unbekannten Frau auf der Cascade architecturale [architektonischer Wasserfall] über Max Ernsts Le Lac, source d'Angoisse [Der See, Quell der Angst] und Yves Tanguys L'Échelle qui annonce la mort [Die Leiter, die den Tod ankündigt] im Hintergrund
Paris, 1947
Foto: William Maywald
SW-Foto
Silbergelatineabzug auf Barytpapier, 26 x 23,8
***Exposition Internationale du Surréalisme*, view into the *Salle de Superstition* with an unknown woman on the Cascade architecturale [architectural waterfall] over Max Ernst's Le lac, source d'angoisse [The sea, source of anguish] and Yves Tanguy's L'Échelle qui annonce la mort [The ladder announcing death] in the background**
Paris, 1947
Photo: William Maywald
BW photo
Gelatin silver print on baryta paper, 26 x 23.8
PHO 980/0

Bloodflames 1947, Studie zur Bildhängung
New York, 1947
Zeichnung
Tusche auf Papier, 25,9 x 35,4
***Bloodflames 1947*, study for picture placement**
New York, 1947
Drawing
India ink on paper, 25.9 x 35.4
SFP 1094/0

Bloodflames 1947, Studie zur Raumgestaltung und Lichtführung
New York, 1947
Zeichnung
Bleistift auf Papier, 21,5 x 27,8
***Bloodflames 1947*, study for the spatial and lighting design**
New York, 1947
Drawing
Pencil on paper, 21.5 x 27.8
SFP 1141/0

Bloodflames 1947, Studie zur Raumgestaltung und Bildhängung
New York, 1947
Zeichnung
Bleistift auf Papier, 21,5 x 27,8
***Bloodflames 1947*, study for the spatial design and picture placement**
New York, 1947
Drawing
Pencil on paper, 27.8 x 21.5
SFP 1143/0

Bloodflames 1947, Studie zur Raumgestaltung und Bildhängung
New York, 1947
Zeichnung
Bleistift auf Papier, 21,5 x 27,8
***Bloodflames 1947*, study for the spatial design and picture placement**
New York, 1947
Drawing
Pencil on paper, 21.5 x 27.8
SFP 1144/0

Bloodflames 1947, Studie zur Raumgestaltung und Bildhängung
New York, 1947
Zeichnung
Tusche auf Papier, 13,8 x 21,4
***Bloodflames 1947*, study for the spatial design and picture placement**
New York, 1947
Drawing
India ink on paper, 13.8 x 21.4
SFP 1145/0

Bloodflames 1947, Studie zur Raumgestaltung und Bildhängung
New York, 1947
Zeichnung
Bleistift auf Papier, 13,8 x 21,4
***Bloodflames 1947*, study for the spatial design and picture placement**
New York, 1947
Drawing
Pencil on paper, 13.8 x 21.4
SFP 1146/0

Bloodflames 1947, Studie zur Raumgestaltung
New York, 1947
Zeichnung
Bleistift auf Papier, 13,8 x 21,4
***Bloodflames 1947*, study for the spatial design**
New York, 1947
Drawing
Pencil on paper, 13.8 x 21.4
SFP 1147/0

Bloodflames 1947, Studie zur Raumgestaltung
New York, 1947
Zeichnung
Bleistift auf Papier, 13,8 x 21,4
***Bloodflames 1947*, study for the spatial design**
New York, 1947
Drawing
Pencil on paper, 13.8 x 21.4
SFP 1148/0

Bloodflames 1947, Studie zum Vorhang für Wifredo Lams *Le présent éternel* [Die ewige Gegenwart]
New York, 1947
Zeichnung
Bleistift auf Papier, 13,8 x 21,4
***Bloodflames 1947*, study for the curtain for Wifredo Lam's *Le présent éternel* [The eternal present]**
New York, 1947
Drawing
Pencil on paper, 13.8 x 21.4
SFP 1150/0

Bloodflames 1947, Studie zur Raumgestaltung und zur Bildpräsentation [turning seat]
New York, 1947
Zeichnung
Bleistift auf Papier, 13,8 x 21,4
***Bloodflames 1947*, study for the spatial design and picture presentation [turning seat]**
New York, 1947
Drawing
Pencil on paper, 13.8 x 21.4
SFP 1151/0

Bloodflames 1947, Studie zur Bildpräsentation und zur Beleuchtung
New York, 1947
Zeichnung
Bleistift auf Papier, 13,8 x 21,4
***Bloodflames 1947*, study for picture presentation and lighting**
New York, 1947
Drawing
Pencil on paper, 13.8 x 21.4
SFP 1152/0

Friedrich Kiesler in der Ausstellung *Bloodflames 1947*
New York, 1947
Ausstellungsgestaltung: Friedrich Kiesler
Foto: Morris Engel
SW-Foto
Silbergelatineabzug auf Barytpapier, 27,8 x 32,5
Frederick Kiesler in the exhibition *Bloodflames 1947*
New York, 1947
Exhibition design: Frederick Kiesler
Photo: Morris Engel
BW photo
Gelatin silver print on baryta paper, 27.8 x 32.5
PHO 4749/0

Hugo Gallery. Malerei ist das einfachste Mittel […]
New York, 1947
Manuskript
Bleistift auf Papier, 21,5 x 28,95
Hugo Gallery. Painting is the easiest […] way
New York, 1947
Manuscript
Pencil on paper, 21.5 x 28.95
TXT 5250/0

Bloodflames 1947, Ausstellungskatalog Hugo Gallery
New York, 1947
Offsetdruck
Papier, Kartoneinband
20,6 x 26,7
***Bloodflames 1947*, exhibition catalog Hugo Gallery**
New York, 1947
Offset print
Paper, cardboard cover
20.6 x 26.7
MED 150/0

Bloodflames 1947, Studie zur Wandgestaltung
New York, 1947
Zeichnung
Tusche auf Papier, 25,9 x 35,4
***Bloodflames 1947*, study for the wall design**
New York, 1947
Drawing
India ink on paper, 25.9 x 35.4
SFP 1088/0

Bloodflames 1947, Studie zur Wandgestaltung
New York, 1947
Zeichnung
Tusche auf Papier, 25,9 x 35,4
***Bloodflames 1947*, study for the wall design**
New York, 1947
Drawing
India ink on paper, 25.9 x 35.4
SFP 1089/0

Bloodflames 1947, Detailstudie zur Bildbetrachtung
New York, 1947
Zeichnung
Tusche auf Papier, 25,9 x 35,4
***Bloodflames 1947*, detailed study for viewing pictures**
New York, 1947
Drawing
India ink on paper, 25.9 x 35.4
SFP 1098/0

Bloodflames 1947, Studie zur Ausstellungsgestaltung
New York, 1947
Gouache und Tusche auf Papier, 25,9 x 35,4
***Bloodflames 1947*, study for the exhibition design**
New York, 1947
Gouache and India ink on paper, 25.9 x 35.4
SFP 1099/0

Bloodflames 1947, Studie zur Ausstellungsgestaltung
New York, 1947
Gouache und Tusche auf Papier, 25,9 x 35,4
***Bloodflames 1947*, study for the exhibition design**
New York, 1947
Gouache and India ink on paper, 25.9 x 35.4
SFP 1100/0

Bloodflames 1947, Studie zur Ausstellungsgestaltung
New York, 1947
Gouache und Tusche auf Papier, 25,9 x 35,4
***Bloodflames 1947*, study for the exhibition design**
New York, 1947
Gouache and India ink on paper, 25.9 x 35.4
SFP 1101/0

Nicolas Calas und Friedrich Kiesler in der Ausstellung *Bloodflames 1947*
New York, 1947
SW-Foto
Silbergelatineabzug auf Barytpapier, 18,3 x 24,5
Nicolas Calas and Frederick Kiesler in the exhibition *Bloodflames 1947*
New York, 1947
BW photo
Gelatin silver print on baryta paper, 18.3 x 24.5
PHO 1032/0

The bourgois's Exhibition, Textfragment
New York, 1947
Manuskript
Tinte auf Papier, 13,8 x 21,9
***The bourgois's Exhibition*, text fragment**
New York, 1947
Manuscript
Ink on paper, 13.8 x 21.9
TXT 858/0

Bloodflames 1947, Einladungskarte
New York, 1947
Offsetdruck
Karton, 10,8 x 13,3
***Bloodflames 1947*, invitation card**
New York, 1947
Offset print
Cardboard, 10.8 x 13.3
CLP 622/2

Bloodflames 1947, Einladungskarte
New York, 1947
Offsetdruck
Karton, 10,8 x 13,3
***Bloodflames 1947*, invitation card**
New York, 1947
Offset print
Cardboard, 10.8 x 13.3
CLP 622/4

Bloodflames 1947, Studie zur Bildpräsentation *Boomerang Frame*
New York, 1947
Zeichnung
Tusche auf Papier, 37.7 x 45,35
Bloodflames 1947, study on picture presentation _Boomerang Frame_
New York, 1947
Drawing
India ink on paper, 37.7 x 45.35
MFP 1089/0

Bloodflames 1947, Studie zur Bildpräsentation *Boomerang Frame*
New York, 1947
Zeichnung
Tusche auf Papier, 37,65 x 45,2
Bloodflames 1947, study on picture presentation _Boomerang Frame_
New York, 1947
Drawing
India ink on paper, 37.65 x 45.2
MFP 1090/0

Bloodflames 1947,
Ausstellungsansicht mit Werken von Gerald Kamrowski und Isamu Noguchi
New York, 1947
Ausstellungsgestaltung: Friedrich Kiesler
Foto: unbekannt
SW-Foto
Silbergelatineabzug auf Barytpapier, 18,2 x 24,6
Bloodflames 1947, exhibition view with works by Gerald Kamrowski and Isamu Noguchi
New York, 1947
Exhibition design: Frederick Kiesler
Photo: unknown
BW photo
Gelatin silver print on baryta paper, 18.2 x 24.6
PHO 1026/0

Bloodflames 1947,
Ausstellungsansicht mit Werken von Isamu Noguchi, David Hare und Roberto Matta im Vordergrund, von Jeanne Raynal und Helen Phillips im Hintergrund
New York, 1947
Ausstellungsgestaltung: Friedrich Kiesler
SW-Foto
Silbergelatineabzug auf Barytpapier, 19,55 x 24,5
Bloodflames 1947, exhibition view with works by Isamu Noguchi, David Hare, and Roberto Matta in front, and by Jeanne Raynal and Helen Phillips in back
New York, 1947
Exhibition design: Frederick Kiesler
BW photo
Gelatin silver print on baryta paper, 19.55 x 24.5
PHO 1027/0

Bloodflames 1947,
Ausstellungsansicht mit Werken von Gerald Kamrowski und Isamu Noguchi
New York, 1947
Ausstellungsgestaltung: Friedrich Kiesler
Foto: unbekannt
SW-Foto
Silbergelatineabzug auf Barytpapier, 18,8 x 24,4
Bloodflames 1947, exhibition view with works by Gerald Kamrowski and Isamu Noguchi
New York, 1947
Exhibition design: Frederick Kiesler
Photo: unknown
BW photo
Gelatin silver print on baryta paper, 18.8 x 24.4
PHO 1028/0

Bloodflames 1947,
Ausstellungsansicht mit Werken von Jeanne Raynal und Helen Phillips im Vordergrund und von Isamu Noguchi und David Hare im Hintergrund
New York, 1947
Ausstellungsgestaltung: Friedrich Kiesler
Foto: unbekannt
SW-Foto
Silbergelatineabzug auf Barytpapier, 20,6 x 19,5
Bloodflames 1947, exhibition view with works by Jeanne Raynal and Helen Phillips in front and by Isamu Noguchi and David Hare in back
New York, 1947
Exhibition design: Frederick Kiesler
Photo: unknown
BW photo
Gelatin silver print on baryta paper, 20.6 x 19.5
PHO 1029/0

Bloodflames 1947, Ausstellungsansicht mit Roberto Mattas Gemälden *Avoeu-gle!* und *A Grave Situation (j'ai j'eus)*
New York, 1947
Ausstellungsgestaltung: Friedrich Kiesler
Foto: unbekannt
SW-Foto
Silbergelatineabzug auf Barytpapier, 17,5 x 24,2
Bloodflames 1947, exhibition view with Roberto Matta's paintings _Avoeu-gle!_ and _A Grave Situation (j'ai j'eus)_
New York, 1947
Exhibition design: Frederick Kiesler
Photo: unknown
BW photo
Gelatin silver print on baryta paper, 17.5 x 24.2
PHO 1030/0

Bloodflames 1947, Modeaufnahmen in der Ausstellung
New York, 1947
Foto: Constantin Joffé, Vogue Studio
Ausstellungsgestaltung: Friedrich Kiesler
SW-Foto
Silbergelatineabzug auf Barytpapier, 27,5 x 33
Bloodflames 1947, fashion photographs in the exhibition
New York, 1947
Photo: Constantin Joffé, Vogue Studio
Exhibition design: Frederick Kiesler
BW photo
Gelatin silver print on baryta paper, 27.5 x 33
PHO 1033/1

Bloodflames 1947, Ausstellungsansicht mit zwei Besuchern beim Betrachten von Wifredo Lams *Le Présent éternel* [Die ewige Gegenwart]; im Vordergrund Skulpturen von Isamu Noguchi und David Hare
New York, 1947
Foto: Bernie Kaufmann
Ausstellungsgestaltung: Friedrich Kiesler
SW-Foto
Silbergelatineabzug auf Barytpapier, 25,4 x 20,7
Bloodflames 1947, exhibition view with two visitors observing Wifredo Lam's _Le Présent éternel_ [The eternal present]; sculptures by Isamu Noguchi and David Hare in the foreground
New York, 1947
Photo: Bernie Kaufmann
Exhibition design: Frederick Kiesler
BW photo
Gelatin silver print on baryta paper, 25.4 x 20.7
PHO 1034/0

Bloodflames 1947, Ausstellungsansicht mit der Inszenierung von Wifredo Lams *Le Présent éternel* [Die ewige Gegenwart]
New York, 1947
Ausstellungsgestaltung: Friedrich Kiesler
Foto: unbekannt
SW-Foto
Silbergelatineabzug auf Barytpapier, 25,3 x 20,5
Bloodflames 1947, exhibition view with staging of Wifredo Lam's _Le Présent éternel_ [The eternal present]
New York, 1947
Exhibition design: Frederick Kiesler
Photo: unknown
BW photo
Gelatin silver print on baryta paper, 25.3 x 20.5
PHO 1035/0

Bloodflames 1947, Max Ernst und Dorothea Tanning beim Betrachten von Wifredo Lams *Le Présent éternel* [Die ewige Gegenwart]
New York, 1947
Ausstellungsgestaltung: Friedrich Kiesler
Foto: unbekannt
SW-Foto
Silbergelatineabzug auf Barytpapier, 25,3 x 20,6
Bloodflames 1947, Max Ernst and Dorothea Tanning observing Wifredo Lam's _Le Présent éternel_ [The eternal present]
New York, 1947
Exhibition design: Frederick Kiesler
Photo: unknown
BW photo
Gelatin silver print on baryta paper, 25.3 x 20.6
PHO 1036/0

Bloodflames 1947, Nicolas Calas beim Betrachten von Wifredo Lams *Le Présent éternel* [Die ewige Gegenwart]
New York, 1947
Foto: Bernie Kaufmann
Ausstellungsgestaltung: Friedrich Kiesler
SW-Foto
Silbergelatineabzug auf Barytpapier, 25,4 x 20,6
Bloodflames 1947, Nicolas Calas observing Wifredo Lam's _Présent éternel_ [The eternal present]
New York, 1947
Photo: Bernie Kaufmann
Exhibition design: Frederick Kiesler
BW photo
Gelatin silver print on baryta paper, 25.4 x 20.6
PHO 1040/0

Bloodflames 1947, Ausstellungsansicht mit Helen Philips neben ihrer Skulptur *Dualism*
New York, 1947
Foto: Morris Engel
Ausstellungsgestaltung: Friedrich Kiesler
SW-Foto
Silbergelatineabzug auf Barytpapier, 25,3 x 20,5
Bloodflames 1947, exhibition view with Helen Philips next to her sculpture _Dualism_
New York, 1947
Photo: Morris Engel
Exhibition design: Frederick Kiesler
BW photo
Gelatin silver print on baryta paper, 25.3 x 20.5
PHO 1043/0

Bloodflames 1947, Ausstellungsansicht mit Nicolas Calas vor Roberto Mattas *A Grave Situation (j'ai j'eus)*
New York, 1947
Foto: Morris Engel
Ausstellungsgestaltung: Friedrich Kiesler
SW-Foto
Silbergelatineabzug auf Barytpapier, 20,5 x 25,3
Bloodflames 1947, exhibition view with Nicolas Calas in front of Roberto Matta's _A Grave Situation (j'ai j'eus)_
New York, 1947
Photo: Morris Engel
Exhibition design: Frederick Kiesler
BW photo
Gelatin silver print on baryta paper, 20.5 x 25.3
PHO 1045/0

U. S. Housing in War and Peace, Sonderschau in Moskau, Studie zur Werkpräsentation
New York, 1944/45
Zeichnung
Gouache und Tusche auf Papier, 27,7 x 37,6
U. S. Housing in War and Peace, special exhibition in Moscow, study for the presentation of the work
New York, 1944/45
Drawing
Gouache and India ink on paper, 27.7 x 37.6
SFP 1021/0

U. S. Housing in War and Peace, Sonderschau in Moskau, Studie zur Werkpräsentation
New York, 1944/45
Zeichnung
Tusche auf Papier, 27,6 x 37,9
U. S. Housing in War and Peace, special exhibition in Moscow, study for the presentation of the work
New York, 1944/45
Drawing
India ink on paper, 27.6 x 37.9
SFP 1024/0

U. S. Housing in War and Peace, Sonderausstellung in Moskau, Studie zur Werkpräsentation
New York, 1944/45
Zeichnung
Tusche auf Papier, 27,6 x 37,6
U. S. Housing in War and Peace, special exhibition in Moscow, study for the presentation of the work
New York, 1944/45
Drawing
India ink on paper, 27.6 x 37.6
SFP 1028/0

U. S. Housing in War and Peace, Sonderschau in Moskau, Studie zur Werkpräsentation
New York, 1944/45
Zeichnung
Tusche auf Papier, 27,6 x 37,6
U. S. Housing in War and Peace, special exhibition in Moscow, study for the presentation of the work
New York, 1944/45
Drawing
India ink on paper, 27.6 x 37.6
SFP 1030/0

U. S. Housing in War and Peace, Ausstellungsansicht der Sonderschau in Moskau
Moskau, 1945
SW-Foto
Silbergelatineabzug auf Barytpapier, 20,4 x 25,7
U. S. Housing in War and Peace, view of the special exhibition in Moscow
Moscow, 1945
BW photo
Gelatin silver print on baryta paper, 20.4 x 25.7
PHO 1009/0

U. S. Housing in War and Peace, Ausstellungsansicht der Sonderschau in Moskau
Moskau, 1945
SW-Foto
Silbergelatineabzug auf Barytpapier, 20,6 x 25,4
U. S. Housing in War and Peace, view of the special exhibition in Moscow
Moscow, 1945
BW photo
Gelatin silver print on baryta paper, 20.6 x 25.4
PHO 1016/0

U. S. Housing in War and Peace, Sonderschau in Moskau, Studie zur Bildhängung
New York, 1944
Zeichnung
Bleistift auf Papier, 13,8 x 21,3
U. S. Housing in War and Peace, special exhibition in Moscow, study for picture placement
New York, 1944
Drawing
Pencil on paper, 13.8 x 21.3
SFP 997/0

U. S. Housing in War and Peace, Sonderschau in Moskau, Studie zur Ausstellungsgestaltung
New York, 1944
Zeichnung
Gouache, Kugelschreiber und Tusche auf Papier, 57,6 x 72,2
U. S. Housing in War and Peace, special exhibition in Moscow, study for the exhibition design
New York, 1944
Drawing
Gouache, ballpoint pen, and India ink on paper, 57.6 x 72.2
MFP 1010/0

U. S. Housing in War and Peace, Ausstellungsansicht der Sonderschau in Moskau
Moskau, 1945
SW-Foto
Silbergelatineabzug auf Barytpapier, 20,4 x 25,9
U. S. Housing in War and Peace, view of the special exhibition in Moscow
Moscow, 1945
BW photo
Gelatin silver print on baryta paper, 20.4 x 25.9
PHO 1006/0

Brief von Harvey Wiley Corbett (Architects Committee) an Friedrich Kiesler
New York, 21.9.1944
Typoskript
Anmerkungen mit Tinte auf Briefpapier, 28 x 21,6
Letter from Harvey Wiley Corbett (Architects Committee) to Frederick Kiesler
New York, 21 Sep 1944
Typescript
Ink annotations on letterhead, 28 x 21.6
LET 5315/0

Brief von Friedrich Kiesler an Harvey Wiley Corbett (Architects Committee)
New York, 30.11.1944
Typoskript
Durchschlag auf Papier, 19,2 x 24,6
Letter from Frederick Kiesler to Harvey Wiley Corbett (Architects Committee)
New York, 30 Sep 1944
Typescript
Carbon copy on paper, 19.2 x 24.6
LET 5316/0

U. S. Housing in War and Peace, Sonderschau in Moskau, Studie zur Ausstellungsgestaltung
New York, 1944
Zeichnung
Gouache und Bleistift auf Papier, 27,65 x 37,6
U. S. Housing in War and Peace, special exhibition in Moscow, study for the exhibition design
New York, 1944
Drawing
Gouache and pencil on paper, 27.65 x 37.6
SFP 6609/0

U. S. Housing in War and Peace, Sonderschau in Moskau, Studie zur Ausstellungsgestaltung
New York, 1944
Zeichnung
Gouache und Bleistift auf Papier, 27,7 x 37,6

***U. S. Housing in War and Peace*, special exhibition in Moscow, study for the exhibition design**
New York, 1944
Drawing
Gouache and pencil on paper,
27.7 x 37.6
SFP 6610/0

U. S. Housing in War and Peace, Sonderschau in Moskau, Studie zur Ausstellungsgestaltung
New York, 1944
Zeichnung
Gouache und Bleistift auf Papier,
27,65 x 37,6
***U. S. Housing in War and Peace*, special exhibition in Moscow, study for the exhibition design**
New York, 1944
Drawing
Gouache and pencil on paper,
27.65 x 37.6
SFP 6611/0

U. S. Housing in War and Peace, Sonderschau in Moskau, Studie zur Ausstellungsgestaltung
New York, 1944
Zeichnung
Blauer Buntstift auf Papier, 13,9 x 21,4
***U. S. Housing in War and Peace*, special exhibition in Moscow, study for the exhibition design**
New York, 1944
Drawing
Blue colored pencil on paper, 13.9 x 21.4
SFP 6630/0

U. S. Housing in War and Peace, Sonderschau in Moskau, Studie zur Ausstellungsgestaltung
New York, 1944
Zeichnung
Bleistift auf Papier, 21,3 x 13,7
***U. S. Housing in War and Peace*, special exhibition in Moscow, study for the exhibition design**
New York, 1944
Drawing
Pencil on paper, 21.3 x 13.7
SFP 6644/0

U. S. Housing in War and Peace, Sonderschau in Moskau, Studie zur Ausstellungsgestaltung
New York, 1944
Zeichnung
Bleistift und Buntstift auf Papier,
13,8 x 42
***U. S. Housing in War and Peace*, special exhibition in Moscow, study for the exhibition design**
New York, 1944
Drawing
Pencil and colored pencil on paper,
13.8 x 42
SFP 6653/0

Ecology Exhibition, Studie für ein Projekt im American Museum of Natural History
New York, 1944
Zeichnung
Tusche auf Papier, 27,7 x 37,7
***Ecology Exhibition*, study for a project in the American Museum of Natural History**
New York, 1944
Drawing
India ink on paper, 27.7 x 37.7
SFP 6613/0

Ecology Exhibition, Studie für ein Projekt im American Museum of Natural History
New York, 1944
Zeichnung
Tinte auf Papier, 27,7 x 37,7
***Ecology Exhibition*, study for a project in the American Museum of Natural History**
New York, 1944
Drawing
Ink on paper, 27.7 x 37.7
SFP 6614/0

Ecology Exhibition, Studie für ein Projekt im American Museum of Natural History
New York, 1944
Zeichnung
Tinte auf Papier, 27,7 x 37,7
***Ecology Exhibition*, study for a project in the American Museum of Natural History**
New York, 1944
Drawing
Ink on paper, 27.7 x 37.7
SFP 6615/0

Ecology Exhibition, Konzept für das American Museum of Natural History
New York, 1944
Notizen
Bleistift auf Karteikärtchen, 12,8 x 20,35
Ecology Exhibition, concept for the American Museum of Natural History
New York, 1944
Notes
Pencil on index cards, 12.8 x 20.35
TXT 6663/0 (8 Seiten pages)

Leben mit und in der Kunst
Life with/in Art

Rockefeller Galaxy, 1952
Johnson Galaxy, 1952/53
Galaxies
Horse Galaxy und and *Bucephalus*
Skulpturen, 1950er/1960er Jahre
Sculptures, 1950s/1960s

The Tempest (William Shakespeare/ Jean Sibelius), Oper, Grundriss und Ansicht des Bühnenbildes für die Aufführung im Zelttheater des *Empire State Music Festivals*
Ellenville (NY, USA), 1955
Zeichnung
Bleistift auf Transparentpapier
The Tempest* (William Shakespeare/ Jean Sibelius), opera, floor plan and elevation of the set design for the performance in the theater tent of the *Empire State Music Festival
Ellenville (NY, USA), 1955
Drawing
Pencil on tracing paper, 35 x 43
PLN 125/0

The Tempest (William Shakespeare/ Jean Sibelius), Oper, Bühnenszene mit Darstellern der Aufführung im Zelttheater des *Empire State Music Festivals*
Ellenville (NY, USA), 1955
Bühnenbild: Friedrich Kiesler
SW-Foto
Silbergelatineabzug auf Barytpapier,
22,4 x 18,85
The Tempest* (William Shakespeare/ Jean Sibelius), opera, stage scene with actors from the performance in the theater tent of the *Empire State Music Festival
Ellenville (NY, USA), 1955
Set design: Frederick Kiesler
BW photo
Gelatin silver print on baryta paper,
22.4 x 18.85
PHO 2935/0

The Poor Sailor (Jean Cocteau/Darius Milhaud), Oper, Bühnenszene mit Darstellern der Aufführung an der Juilliard School of Music
New York, 1948
Bühnenbild: Friedrich Kiesler
SW-Foto
Silbergelatineabzug auf Barytpapier,
20,2 x 25,2
***The Poor Sailor* (Jean Cocteau/ Darius Milhaud), opera, stage scene with actors from the performance at the Juilliard School of Music**
New York, 1948
Set design: Frederick Kiesler
BW photo
Gelatin silver print on baryta paper,
20.2 x 25.2
PHO 2971/0

The Tempest, Studie zum Bühnenbild
New York, 1955
Zeichnung
Bleistift auf Papier, 21,45 x 27,75
***The Tempest*, study for the set design**
New York, 1955
Drawing
Pencil on paper, 21.45 x 27.75
SFP 1271/0

The Tempest, Studie zum Bühnenbild
New York, 1955
Zeichnung
Bleistift auf Papier, 21,3 x 27,7
***The Tempest*, study for the set design**
New York, 1955
Drawing
Pencil on paper, 21.3 x 27.7
SFP 1272/0

Wooden Galaxy for Philip Johnson, Studie
New York, 1952/53
Zeichnung
Bleistift auf Papier, 13,8 x 21,4
***Wooden Galaxy for Philip Johnson*, study**
New York, 1952/53
Drawing
Pencil on paper, 13.8 x 21.4
SFP 1284/0

Wooden Galaxy for Philip Johnson, Studie
New York, 1952/53
Zeichnung
Bleistift auf Papier, 21,65 x 27,8
***Wooden Galaxy for Philip Johnson*, study**
New York, 1952/53
Drawing
Pencil on paper, 21.65 x 27.8
SFP 1297/0

Telegramm von Philip Johnson an Friedrich Kiesler
6.6.1953
Kugelschreiber, Papier, 15,1 x 19,8
Telegram from Philip Johnson to Frederick Kiesler
6 Jun 1953
Ballpoint pen, paper, 15.1 x 19.8
LET 3571/0

The Tempest, Studie zum Bühnenbild
New York, 1955
Zeichnung
Bleistift auf Papier, 21,4 x 27,75
***The Tempest*, study for the set design**
New York, 1955
Drawing
Pencil on paper, 21.4 x 27.75
SFP 1561/0

Wooden Galaxy for Philip Johnson, Studie
New York 1952/53
Zeichnung
Bleistift auf Papier, 13,8 x 21,4
***Wooden Galaxy for Philip Johnson*, study**
New York, 1952/53
Drawing
Pencil on paper, 13.8 x 21.4
SFP 5444/0

Wooden Galaxy for Philip Johnson, Studie
New York 1952/53
Zeichnung
Kugelschreiber auf Papier, 13,8 x 21,5
***Wooden Galaxy for Philip Johnson*, study**
New York, 1952/53
Drawing
Ballpoint pen on paper, 13.8 x 21.5
SFP 5486/0

Wooden Galaxy for Philip Johnson, Studie
New York, 1952/53
Zeichnung
Kugelschreiber auf Papier, 13,8 x 21,5
***Wooden Galaxy for Philip Johnson*, study**
New York, 1952/53
Drawing
Ballpoint pen on paper, 13.8 x 21.5
SFP 5488/0

Wooden Galaxy for Philip Johnson, Ansicht der Skulptur im Garten vor Philip Johnsons Glass House
New Canaan (CT, USA), 1953
SW-Foto
Silbergelatineabzug auf Barytpapier,
25,2 x 20,2
***Wooden Galaxy for Philip Johnson*, view of the sculpture in the garden in front of Philip Johnson's Glass House**
New Canaan (CT, USA), 1953
BW photo
Gelatin silver print on baryta paper,
25.2 x 20.2
PHO 5890/0

Wooden Galaxy for Philip Johnson, Detailstudie
New York, 1952/53
Zeichnung
Kugelschreiber auf Papier, 13,7 x 21,4
***Wooden Galaxy for Philip Johnson*, detailed study**
New York, 1952/53
Drawing
Ballpoint pen on paper, 13.7 x 21.4
SFP 5619/0

Wooden Galaxy for Philip Johnson, Studie
New York, 1952/53
Zeichnung
Kugelschreiber auf Papier, 21,5 x 27,9
***Wooden Galaxy for Philip Johnson*, study**
New York, 1952/53
Drawing
Ballpoint pen on paper, 21.5 x 27.9
SFP 5629/0

Wooden Galaxy for Philip Johnson, Studie
New York, 1952/53
Zeichnung
Kugelschreiber auf Papier, 21,5 x 27,9
***Wooden Galaxy for Philip Johnson*, study**
New York, 1952/53
Drawing
Ballpoint pen on paper, 21.5 x 27.9
SFP 5630/0

Meant To Be Lived In
Ausschnitt aus der Zeitschrift *LIFE*,
26.5.1952
35,4 x 25,9
Clipping from *LIFE* magazine,
26 May 1952
35.4 x 25.9
CLP 6211/0

Frederick Kiesler (1890–1965): Galaxies, Ausstellungskatalog Alfred Kren Gallery
Papierierter Einband
***Frederick Kiesler (1890–1965): Galaxies*, exhibition catalog Alfred Kren Gallery**
Papered cover, 24 x 19
MED 160/0

Wooden Galaxy for Philip Johnson, Arbeitsmodell
New York, um 1951
Diverse Materialien: Holz, Schnüre, Knetmasse etc.
***Wooden Galaxy for Philip Johnson*, working model**
New York, ca. 1951
Diverse materials: wood, cords, modeling clay, etc., ca. 15 x 28 x 23
MOD 006/0

André Breton, Studiefür eine *Portrait Galaxy*
1947
Zeichnung
Bleistift auf Papier, 33,8 x 25,3
André Breton, study for a *Portrait Galaxy*
1947
Drawing
Pencil on paper, 33.8 x 25.3
SFP 1180/0

Wifredo Lam, Studie für eine *Portrait Galaxy*
New York, 1947
Zeichnung
Bleistift und Goldfarbe auf Papier,
35,5 x 27,5
Wifredo Lam, study for a *Portrait Galaxy*
New York, 1947
Drawing
Pencil and gold color on paper,
35.5 x 27.5
SFP 1181/0

Notizbuch zu Skulpturen und zu den *Galaxies*
1953
Notizbuch
Kugelschreiber, Papier, 16,2 x 10,6
Notebook on sculptures and the *Galaxies*

1953
Notebook
Ballpoint pen, paper, 16.2 x 10.6
MED 5988/0

Friedrich Kiesler in der 8-teiligen *Galaxy* [Floor/Wall Piece] in seinem Atelier
New York 1952
SW-Foto
Silbergelatineabzug auf Barytpapier, 33,2 x 25,5
Frederick Kiesler in the 8-piece *Galaxy* [Floor/Wall Piece] in his studio
New York, 1952
BW photo
Gelatin silver print on baryta paper, 33.2 x 25.5
PHO 6227/0

Galaxy H, Hängeplan
New York, 1961
Zeichnung
Bleistift und Buntstift auf Papier, 35,15 x 27,4
***Galaxy H*, placement plan**
New York, 1961
Drawing
Pencil and colored pencil on paper, 35.15 x 27.4
SFP 6267/0

Galaxy F, Hängeplan
New York, 1960
Zeichnung
Bleistift und Buntstift auf Papier, 35,15 x 27,4
***Galaxy F*, placement plan**
New York, 1960
Drawing
Pencil and colored pencil on paper, 35.15 x 27.4
SFP 6268/0

Galaxy A, Skizze des Hängeplans
New York, 1960
Zeichnung
Bleistift und Kugelschreiber auf Papier, 25,45 x 18,45
***Galaxy A*, sketch of the placement plan**
New York, 1960
Drawing
Pencil and ballpoint pen on paper, 25.45 x 18.45
SFP 6239/0

Henri Laugier, Studie für eine *Portrait Galaxy*
New York, 1949
Zeichnung
Grafitstift und Ölkreide auf Papier, 53 x 43,3
Henri Laugier, study for a *Portrait Galaxy*
New York, 1949
Drawing
Graphite pencil and oil pastel on paper, 53 x 43.3
MFF 1124/0

Friedrich Kiesler in der Gussform für *Bucephalus* liegend
New York, 1964
Foto: Adelaide de Menil
SW-Foto
Silbergelatineabzug auf Barytpapier, 34,1 x 23,6
Frederick Kiesler lying in the casting mold for *Bucephalus*
New York, 1964
Photo: Adelaide de Menil
BW photo
Gelatin silver print on baryta paper, 34.1 x 23.6
PHO 1068/0

Friedrich Kiesler bei der Arbeit an der Gussform für *Bucephalus*
Amagansett, Long Island (NY, USA), 1964
Foto: Hans Namuth
SW-Foto
Silbergelatineabzug auf Barytpapier, 27,6 x 36,5
Frederick Kiesler at work on the casting mold for *Bucephalus*
Amagansett, Long Island (NY, USA), 1964
Photo: Hans Namuth
BW photo
Gelatin silver print on baryta paper, 27.6 x 36.5
PHO 1070/0

Gussform für *Bucephalus*
New York, 1964
SW-Foto
Silbergelatineabzug auf Barytpapier, 18,7 x 24
Casting mold for *Bucephalus*
New York, 1964
BW photo
Gelatin silver print on baryta paper, 18.7 x 24
PHO 1071/0

Studie zu einer *Shell Sculpture*
New York, 1959
Zeichnung
Kugelschreiber auf Papier, 21 x 29,7
Study for a *Shell Sculpture*
New York, 1959
Drawing
Ballpoint pen on paper, 21 x 29.7
SFP 1379/0

Studie für *The Cup of Prometheus*
New York, 1958
Zeichnung
Kugelschreiber auf Papier, 29,7 x 21
Study for *The Cup of Prometheus*
New York, 1958
Drawing
Ballpoint pen on paper, 29.7 x 21
SFP 1415/0

Studie für eine *Shell Sculpture* [Wall sculpture]
New York, 1959
Zeichnung
Kugelschreiber auf Papier, 28 x 21,7
Study for a *Shell Sculpture* [Wall sculpture]
New York, 1959
Drawing
Ballpoint pen on paper, 28 x 21.7
SFP 1426/0

Studie für *The Cup of Prometheus*
New York, 1958
Zeichnung
Kugelschreiber auf Papier, 29,8 x 21
Study for *The Cup of Prometheus*
New York, 1958
Drawing
Ballpoint pen on paper, 29.8 x 21
SFP 1516/0

Studie zu einer *Shell Sculpture* [Floor to Ceiling Shells]
New York, 1958
Zeichnung
Kugelschreiber auf Papier, 29,7 x 21
Study for a *Shell Sculpture* [Floor to Ceiling Shells]
New York, 1958
Drawing
Ballpoint pen on paper, 29,7 x 21
SFP 1532/0

Papiermodell für eine *Shell Sculpture*
New York, 1960
SW-Foto
Silbergelatineabzug auf Barytpapier, 24,1 x 19,2
Paper model for a *Shell Sculpture*
New York, 1960
BW photo
Gelatin silver print on baryta paper, 24.1 x 19.2
PHO 5629/0

Shell Sculpture
New York, 1960
SW-Foto
Silbergelatineabzug auf Barytpapier, 20,5 x 25,3
BW photo
Gelatin silver print on baryta paper, 20.5 x 25.3
PHO 5646/0

Friedrich Kiesler vor einer *Shell Sculpture*
New York, 1958
Foto: Arnold Newman
SW-Foto
Silbergelatineabzug auf Barytpapier, 24,5 x 19,5
Frederick Kiesler in front of a *Shell Sculpture*
New York, 1958
Photo: Arnold Newman
BW photo
Gelatin silver print on baryta paper, 24.5 x 19.5x
PHO 5674/0

Friedrich Kiesler bei der Arbeit an der Gussform für *Bucephalus*
New York, 1964
Foto: Adelaide de Menil
SW-Foto
Silbergelatineabzug auf Barytpapier, 27,5 x 35
Frederick Kiesler at work on the casting mold for *Bucephalus*
New York, 1964
Photo: Adelaide de Menil
BW photo
Gelatin silver print on baryta paper, 27.5 x 35
PHO 5693/0

Gussform für *Bucephalus*
Amagansett, Long Island (NY, USA), 1964
Foto: John F. Waggaman
SW-Foto
Silbergelatineabzug auf Barytpapier, 20,4 x 25,3
Casting mold for *Bucephalus*
Amagansett, Long Island (NY, USA), 1964
Photo: John F. Waggaman
BW photo
Gelatin silver print on baryta paper, 20.4 x 25.3
PHO 5697/0

Studie für eine *Shell Sculpture*
New York, um 1960
Zeichnung
Kugelschreiber auf Papier, 29,7 x 21
Study for a *Shell Sculpture*
New York, ca. 1960
Drawing
Ballpoint pen on paper, 29.7 x 21
SFP 5433/0

Friedrich Kieslers Atelier mit einem Papiermodell für eine *Shell Sculpture*, im Vordergrund ein Modell für ein *Endless House*
New York, 1960
SW-Foto
Silbergelatineabzug auf Barytpapier, 24,5 x 19,2
Frederick Kiesler's studio with a paper model for a *Shell Sculpture*; in the foreground, a model for an *Endless House*
New York, 1960
BW photo
Gelatin silver print on baryta paper, 24.5 x 19.2
PHO 5759/0

Shell Sculpture [Heloise]
New York, 1959
Foto: Robert Weir
SW-Foto
Silbergelatineabzug auf Barytpapier, 35,4 x 28
Photo: Robert Weir
BW photo
Gelatin silver print on baryta paper, 35.4 x 28
PHO 5761/0

The Last Judgement in der Ausstellung *Environmental Sculpture*, Guggenheim Museum
New York, 1964
SW-Foto
Silbergelatineabzug auf Barytpapier, 20,4 x 25,3
***The Last Judgement* in the exhibition *Environmental Sculpture*, Guggenheim Museum**
New York, 1964
BW photo
Gelatin silver print on baryta paper, 20.4 x 25.3
PHO 5842/0

The Last Judgement, Detail
New York, 1964/65
Foto: Robert Weir
SW-Foto
Silbergelatineabzug auf Barytpapier, 25,3 x 20,3
Photo: Robert Weir
BW photo
Gelatin silver print on baryta paper, 25.3 x 20.3
PHO 5848/0

Studie für *Bucephalus*
New York, 1963
Zeichnung
Kugelschreiber auf Papier, 12,6 x 20,3
Study for *Bucephalus*
New York, 1963
Drawing
Ballpoint pen on paper, 12.6 x 20.3
SFP 5523/0

Studie für *Bucephalus*
New York, 1963
Zeichnung
Kugelschreiber auf Papier, 12,7 x 20,3
Study for *Bucephalus*
New York, 1963
Drawing
Ballpoint pen on paper, 12.7 x 20.3
SFP 5659/0

Studie für *Bucephalus*
New York, 1963
Zeichnung
Kugelschreiber auf Papier, 21,3 x 27,7
Study for *Bucephalus*
New York, 1963
Drawing
Ballpoint pen on paper, 21.3 x 27.7
SFP 6266/0

The Cup of Prometheus, Detail
New York, 1956
Foto: unbekannt
SW-Foto
Silbergelatineabzug auf Barytpapier, 24,4 x 14,8
Photo: unknown
BW photo
Gelatin silver print on baryta paper, 24.4 x 14.8
PHO 6320/0

The Cup of Prometheus
New York, 1956
Foto: unbekannt
SW-Foto
Silbergelatineabzug auf Barytpapier, 24,1 x 15,2
Photo: unknown
BW photo
Gelatin silver print on baryta paper, 24.1 x 15.2
PHO 6322/1

The tide of poetry
New York, 1962
Typoskript
Anmerkungen mit Kugelschreiber auf Papier, 28 x 21,6
Typescript
Ballpoint pen annotations on paper, 28 x 21.6
TXT 6493/0

Something New
Ausschnitt aus der Zeitschrift *TIME*, 11.10.1954
28,3 x 20,8
Clipping from *TIME* magazine, 11 Oct 1954
28.3 x 20.8
CLP 6400/0

Studie für eine *Horse Galaxy*
New York, 1954
Zeichnung
Kugelschreiber auf Papier, 27,7 x 21,3
Study for a *Horse Galaxy*
New York, 1954
Drawing
Ballpoint pen on paper, 27.7 x 21.3
SFP 7039/0

Studie für eine *Horse Galaxy*
New York, 1954
Zeichnung
Kugelschreiber auf Papier
Study for *Horse Galaxy*
New York, 1954
Drawing
Ballpoint pen on paper
18 x 16
SFP 7041/0

Studie für a *Horse Galaxy*
New York, 1954
Zeichnung
Kugelschreiber auf Papier, 14 x 21,4
Study for *Horse Galaxy*
New York, 1954
Drawing
Ballpoint pen on paper, 14 x 21.4
SFP 7048/0

Studie für eine *Horse Galaxy*
New York, 1954
Zeichnung
Kugelschreiber auf Papier, 15,9 x 25,5
Study for a *Horse Galaxy*
New York, 1954
Drawing
Ballpoint pen on paper, 15.9 x 25.5
SFP 7049/0

Studie für eine *Horse Galaxy*
New York, 1954
Zeichnung
Kugelschreiber auf Papier, 18,4 x 26,5
Study for a *Horse Galaxy*
New York, 1954
Drawing
Ballpoint pen on paper, 18.4 x 26.5
SFP 7050/0

Hängeplan für eine 3-teilige *Horse Galaxy*
New York, 1954
Zeichnung
Kugelschreiber auf Papier, 15,2 x 10,1
Placement plan for a 3-piece *Horse Galaxy*
New York, 1954
Drawing
Ballpoint pen on paper, 15.2 x 10.1
SFP 7051/0

Hängeplan für eine *Horse Galaxy*
New York, 1954
Zeichnung
Bleistift und Kugelschreiber auf Transparentpapier
34,7 x 42,7
Placement plan for a *Horse Galaxy*
New York, 1954
Drawing
Pencil and ballpoint pen on tracing paper, 34.7 x 42.7
MFP 1205/0

Studie für eine *Horse Galaxy*
New York, 1954
Zeichnung
Kugelschreiber, Serviette, Karton, 10,8 x 20,1
Study for a *Horse Galaxy*
New York, 1954
Drawing
Ballpoint pen, napkin, cardboard, 10.8 x 20.1
SFP 7052/0

Friedrich Kieslers Atelier mit den Gussformen für *Bucephalus*, an der Wand Ansichtszeichnung für den *Shrine of the Book*
New York, 1964
Foto: unbekannt
SW-Foto
Silbergelatineabzug auf Barytpapier, 19 x 23,9

Frederick Kiesler's studio with the casting molds for *Bucephalus*; on the wall, elevation drawings for the *Shrine of the Book*
New York, 1964
Photo: unknown
BW photo
Gelatin silver print on baryta paper, 19 x 23.9
PHO 5718/1

Conceptual Drawing for *The Last Judgement*
New York, 1962
Zeichnung
Verschiedene Kreiden auf Papier in originaler Rahmung, 240 x 95,5
Drawing
Various chalks on paper in original framing, 240 x 95.5
LFP 700/0

8-teilige *Galaxy* [Floor/Wall piece]
New York, 1952
Gemälde
Ölfarbe auf Karton, auf Holzfaserplatten montiert, ca. 248 x 218 / 192 x 225 (gesamt)
8-piece *Galaxy* [Floor/Wall piece]
New York, 1952
Painting
Oil on cardboard, mounted on fiberboard panels, ca. 248 x 218 / 192 x 225 (overall)
MFP 1043/0

4-teilige *Galaxy* [Hand and Foot piece]
New York, frühe 1950er Jahre
Gemälde
Ölfarbe auf Karton, auf Holzfaserplatten montiert, ca. 227 x 214 (gesamt)
4-piece *Galaxy* [Hand and Foot piece]
New York, early 1950s
Painting
Oil on cardboard, mounted on fiberboard, ca. 227 x 214 (overall)
MFP 1055/0

19-teilige *Galaxy*
New York, 1951
Gemälde
Lackfarbe und Tusche auf Karton, montiert auf Holzfaserplatten, ca. 413 x 269 (gesamt)
19-piece *Galaxy*
New York, 1951
Painting
Lacquer paint and India ink on cardboard, mounted on fiberboard, ca. 413 x 269 (overall)
MFP 1063/0

Wooden Galaxy for Philip Johnson, Arbeitsmodell
New York, um 1951
Diverse Materialien: Holz, Schnüre, Knetmasse etc.
***Wooden Galaxy for Philip Johnson*, working model**
New York, ca. 1951
Diverse materials: wood, cords, modeling clay, etc.
ca. 15 x 28 x 23
MOD 006/0

Landscape-Marriage of Heaven and Earth
1961–1964
Bronze, 184 x 161 x 64
Belvedere, Wien Vienna, Leihgabe permanent loan from the Österreichische Ludwig-Stiftung, Wien Austrian Ludwig Foundation for Art and Science, Vienna, Lg 1105

Galaxy F
1960
Gouache, Kohle und Pastell auf Papier, Karton, Holz, 198 x 163 x 17,5
Gouache, charcoal and pastels on paper, cardboard, wood, 198 x 163 x 17.5
museum moderner kunst stiftung ludwig wien, erworben acquired in 1988

Der Traum von der schwebenden Stadt
The Dream of the Floating City

Raumstadt
1925/2010
Holz
City in Space
1925/2010
Wood
ca. 600 x 1 000 x 800
Belvedere, Wien Vienna 11174

Gestalten als ganzheitliche Lebenswissenschaft
Design as Life Science

„On Correalism and Biotechnique", in: *Architectural Record*, September, 1939
Mobile Home Library, 1939
Vision Machine, 1940/42
Nesting Table, 1935/36

On Correalism and Biotechnique. A Definition and Test of a New Approach to Building Design
in: *Architectural Record*, 86/3, September 1939, 60–75
Separater Sonderdruck
Offsetdruck
Papier, 30,5 x 22,5
Separate reprint
Offset print
Paper, 30.5 x 22.5
MED 5981/0

On Correalism and Biotechnique. A Definition and Test of a New Approach to Building Design
in: *Architectural Record*, 86/3, September 1939, 60–75
Separater Sonderdruck
Offsetdruck
Papier, 30,5 x 22,5
Separate reprint
Offset print
Paper, 30.5 x 22.5
MED 5982/0

Studie zur Entwicklung der Klimatisierung [Mechanized room fan]
New York, Ende 1930er Jahre
Zeichnung
Tinte auf Papier, 13,95 x 21,55
Study on the development of air conditioning [Mechanized room fan]
New York, late 1930s
Drawing
Ink on paper, 13.95 x 21.55
SFP 6297/0

Studie zur Entwicklung der Belüftung [Artificial fan]
New York, Ende 1930er Jahre
Zeichnung
Tinte auf Papier, 14 x 21,55
Study on the development of ventilation [Artificial fan]
New York, late 1930s
Drawing
Ink on paper, 14 x 21.55
SFP 6298/0

Studie zur Entwicklung der Belüftung und Klimatisierung [replaced by biotecnic]
New York, Ende 1930er Jahre
Zeichnung
Tinte auf Papier, 13,95 x 21,55
Study on the development of ventilation and air conditioning [replaced by biotecnic]
New York, late 1930s
Drawing
Ink on paper, 13.95 x 21.55
SFP 6299/0

Correalism. Konzept zur Begriffsfindung
New York, Ende 1930er Jahre
Manuskript
Tinte auf Papier, 21,55 x 13,95
Correalism. Concept for determining terminology
New York, late 1930s
Manuscript
Ink on paper, 21.55 x 13.95
TXT 6183/0

Correalism. Bio-Technique. A New Approach to Design
New York, Ende 1930er Jahre
Typoskript, Xerox-Kopie
Papier, 27,9 x 21,6
New York, late 1930s
Typescript, Xerox copy
Paper
TXT 6411/0

On Correalism and Biotechnique. A Definition and Test of a New Approach to Building Design
in: *Architectural Record*, 86/3, September 1939, 60–75
Separater Sonderdruck, Offsetdruck
Papier, 30,5 x 22,5
Separate reprint, offset print
Paper, 30.5 x 22.5
MED 5981/1

On Correalism and Biotechnique. A Definition and Test of a New Approach to Building Design
in: *Architectural Record*, 86/3, September 1939, 60–75
Separater Sonderdruck, Offsetdruck
Papier, 30,5 x 22,5
Separate reprint, offset print
Paper, 30.5 x 22.5
MED 5981/2

On Correalism and Biotechnique. A Definition and Test of a New Approach to Building Design
in: *Architectural Record*, 86/3, September 1939, 60–75
Separater Sonderdruck, Offsetdruck
Papier, 30,5 x 22,5
Separate reprint, offset print
Paper, 30.5 x 22.5
MED 5981/3

Alden Thompson und Studierende des Laboratory for Design Correlation Skizzenrolle mit Studien zur *Library of St. Jerome* (eigentl. Vittore Carpaccios *Vision des Hl. Augustinus*, 1502–1507)
New York, 1937
Zeichnung
Bleistift, Buntstift und Tinte auf Transparentpapier, Holzstab
Alden Thompson and students of the Laboratory for Design Correlation Sketch roll with studies on the *Library of St. Jerome* (actually Vittore Carpaccio's *Vision of St. Augustine*, 1502–1507)
New York, 1937
Drawing
Pencil, colored pencil and ink on tracing paper, wooden staff
SFP 3620/0

Türschild des Laboratory for Design Correlation an der Columbia University
New York, 1937
Collage, Druck
Karton, Papier, 29,4 x 25,5
Doorplate for the Laboratory for Design Correlation at Columbia University
New York, 1937
Collage, print
Cardboard, paper, 29.4 x 25.5
LD 3616/0

Studie für eine Lesevorrichtung [Mirror]
New York, 1937
Zeichnung
Tinte auf Papier, 26,9 x 20
Study for a reading device [Mirror]
New York, 1937
Drawing
Ink on paper, 26.9 x 20
SFP 4341/0

Studie für eine Lesevorrichtung [Height]
New York, 1937
Zeichnung
Tinte auf Papier, 26,9 x 20
Study for a reading device [Height]
New York, 1937
Drawing
Ink on paper, 26.9 x 20
SFP 4342/0

Studie für eine Lesevorrichtung
New York, 1937
Zeichnung
Tinte auf Papier, 17,9 x 20
Study for a reading device
New York, 1937
Drawing
Ink on paper, 17.9 x 20
SFP 4343/0

Studierende des Laboratory for Design Correlation, Studie für eine Lesevorrichtung mit Projektor und Projektionsfläche
New York, 1937
Zeichnung
Bleistift und Tinte auf Papier, 27,9 x 21
Students of the Laboratory for Design Correlation, Study for a reading device with projector and projection surface
New York, 1937
Drawing
Pencil and ink on paper, 27.9 x 21
SFP 4946/0

Mobile Home Library, von Kiesler überarbeitete Fotomontage des Prototyps
New York, 1939
Foto: Ezra Stoller
SW-Foto
Silbergelatineabzug auf Barytpapier, Deckweiß, Buntstift, 15,3 x 20,3
***Mobile Home Library*, Kiesler-revised photomontage of the prototype**
New York, 1939
Photo: Ezra Stoller
BW photo
Gelatin silver print on baryta paper, opaque white, colored pencil, 15.3 x 20.3
PHO 5553/0

Studierende des Laboratory for Design Correlation, Diagramm zur Funktionalität, Ergonomie, Materialität und Details der *Mobile Home Library* [Energy-saving]
New York, 1937
Zeichnung
Bleistift auf Papier, 21,5 x 54,4
Students of the Laboratory for Design Correlation Diagram on the functionality, ergonomics, materiality, and details of the *Mobile Home Library* [Energy-saving]
New York, 1937
Drawing
Pencil on paper, 21.5 x 54.4
MFP 1081/0

Correlation-chart of book-storing. New measurements and terms, Entwurfszeichnung New York, 1937–1939
Zeichnung
Bleistift, Buntstift, Korrekturfarbe (weiß) auf Transpartentpapier, 50 x 37,5
Correlation chart of book-storing. New measurements and terms, design drawing
New York, 1937–1939
Drawing
Pencil, colored pencil, correction fluid (white) on tracing paper, 50 x 37.5
PLN 900/0

Second Report on Laboratory for Design Correlation
New York, 1937/38
Typoskript, 26,5 x 20,5
Typescript, 26.5 x 20.5
TXT 7208/0

Third Report on Laboratory for Design Correlation
New York, 13.11.1939
Typoskript
Anmerkungen mit Bleistift und Tinte auf Papier, 26,5 x 20
New York, 13 Nov 1939
Typescript
Pencil and ink annotations on paper, 26.5 x 20
TXT 7216/2

Vision Machine, Diagramm zur Relation von Bewusstsein und Kreation
New York, 1938
Zeichnung
Bleistift auf Transparentpapier 35,5 x 29,5
***Vision Machine*, diagram on the relationship of consciousness and creation**
New York, 1938
Drawing
Pencil on tracing paper, 35.5 x 29.5
SFP 848/0

Vision Machine, Studie für das Modell
New York, 1938
Zeichnung
Bleistift auf Papier, 19,5 x 21,6
***Vision Machine*, study for the model**
New York 1938
Drawing
Pencil on paper, 19.5 x 21.6
SFP 849/0

Friedrich Kiesler und Studierende des Laboratory for Design Correlation
Vision Machine, Studie [Transformer]
New York, 1938
Zeichnung
Bleistift und Buntstift auf Papier, 13,85 x 21,8
Frederick Kiesler and Laboratory for Design Correlation students
***Vision Machine*, study [Transformer]**
New York, 1938
Drawing
Pencil and colored pencil on paper, 13.85 x 21.8
SFP 851/0

Vision Machine, Detailstudie [abstract Reality – individual reality]
New York, 1938
Zeichnung
Tinte auf liniertem Papier, 20,5 x 29,75
***Vision Machine*, detailed study [abstract Reality – individual reality]**
New York, 1938
Drawing
Ink on lined paper, 20.5 x 29.75
SFP 854/0

Vision Machine, Detailstudie [Skizze für das Modell]
New York, 1938
Zeichnung
Tinte auf Papier, 21,3 x 27,8
***Vision Machine*, detailed study [sketch for the model]**
New York, 1938
Drawing
Ink on paper, 21.3 x 27.8
SFP 855/0

Vision Machine, Detailstudie [The human being is the environment himself]
New York, 1938
Zeichnung
Bleistift und Buntstift auf Papier, 21,2 x 27,55
***Vision Machine*, detailed study [The human being is the environment himself]**
New York, 1938
Drawing
Pencil and colored pencil on paper, 21.2 x 27.55
SFP 861/0

Vision Machine, Studie für die Tribüne
New York, 1938
Zeichnung
Bleistift auf Papier, 21,65 x 27,65
***Vision Machine*, study for the tribune**
New York, 1938
Drawing
Pencil on paper, 21.65 x 27.65
SFP 864/0

Vision Machine, Planskizze für die Anordnung
New York, 1938
Zeichnung
Bleistift auf Transparentpapier 32 x 45,7
***Vision Machine*, sketch of the layout plan**
New York, 1938
Drawing
Pencil on tracing paper, 32 x 45.7
SFP 865/0

Vision Machine, Diagrammstudie [Grafik zu verschiedenen Stufen des Bewusstseins]
New York, 1938
Zeichnung
Tinte auf Karteikärtchen, 15,2 x 10,2
***Vision Machine*, diagrammatic study [illustration of various levels of consciousness]**
New York, 1938
Drawing
Ink on index cards, 15.2 x 10.2
SFP 870/0

Vision Machine, Detailstudie [ability to re-create]
New York, 1938
Zeichnung
Bleistift auf Papier, 21,4 x 27,7
***Vision Machine*, detailed study [ability to re-create]**
New York, 1938
Drawing
Pencil on paper, 21.4 x 27.7
SFP 874/0

Vision Machine, Diagrammstudie [conscience – subconscience]
New York, 1938
Zeichnung
Tinte auf Karteikärtchen, 15,3 x 10,2
***Vision Machine*, diagrammatic study [conscience – subconscience]**
New York, 1938
Drawing
Ink on index cards, 15.3 x 10.2
SFP 881/0

Friedrich Kiesler und Studierende des Laboratory for Design Correlation
Vision Machine, Detailstudie [Tubes]
New York, 1938
Zeichnung
Bleistift und Buntstift auf Papier, 21,5 x 27,6
Frederick Kiesler and Laboratory for Design Correlation students
***Vision Machine*, detailed study [Tubes]**
New York, 1938
Drawing
Pencil and colored pencil on paper, 21.5 x 27.6
SFP 907/0

Plan zur *Vision Machine*
New York, 1940
Zeichnung
Bleistift, Buntstift, Transparentpapier, kaschiert auf Museumskarton, 98 x 154,5
Plan for the *Vision Machine*
New York, 1940
Drawing
Pencil, colored pencil, tracing paper, affixed to museum mounting board, 98 x 154.5
Sammlung Gertraud und and Dieter Bogner collection
LFP 102/0

Studie für einen Tisch [*Nesting Table*]
New York, 1933–1935
Zeichnung
Tusche auf Papier, 13,9 x 21,5
Study for a table [*Nesting Table*]
New York, 1933–1935
Drawing
India ink on paper, 13.9 x 21.5
SFP 5241/0

Studie für einen Tisch [*Nesting Table*]
New York, 1933–1935
Zeichnung
Tusche auf Papier, 21,6 x 13,9
Study for a table [*Nesting Table*]
New York, 1933–1935
Drawing
India ink on paper, 21.6 x 13.9
SFP 5242/0

Studie für einen Tisch [*Nesting Table*]
New York, 1933–1935
Zeichnung
Tusche auf Papier, 14 x 21,5
Study for a table [*Nesting Table*]
New York, 1933–1935
Drawing
India ink on paper, 14 x 21.5
SFP 5243/0

Studie für einen Tisch [*Nesting Table*]
New York, 1933–1935
Zeichnung
Tusche auf Papier, 21,5 x 13,9
Study for a table [*Nesting Table*]
New York, 1933–1935
Drawing
India ink on paper, 21.5 x 13.9
SFP 5247/0

Studie für einen Tisch [*Nesting Table*]
New York, 1933–1935
Zeichnung
Bleistift auf Papier, 14 x 21,4
Study for a table [*Nesting Table*]
New York, 1933–1935
Drawing
India ink on paper, 14 x 21.4
SFP 5261/0

Studie für einen Tisch [*Nesting Table*]
New York, 1933–1935
Zeichnung
Tusche auf Papier, 13,9 x 21,5
Study for a table [*Nesting Table*]
New York, 1933–1935
Drawing
India ink on paper, 13.9 x 21.5
SFP 5262/0

Studie für einen Tisch [*Nesting Table*]
New York, 1933–1935
Zeichnung
Bleistift und Buntstift auf Papier, 14 x 21,55
Study for a table [*Nesting Table*]
New York, 1933–1935
Drawing
Pencil and colored pencil on paper, 14 x 21.55
SFP 5286/0

Studie für einen Tisch [*Nesting Table*]
New York, 1933–1935
Zeichnung
Bleistift und Buntstift auf Papier, 13,9 x 23
Study for a table [*Nesting Table*]
New York, 1933–1935
Drawing
Pencil and colored pencil on paper, 13.9 x 23
SFP 5287/0

Positiv-Gussformen für die Tischbeine der *Nesting Tables*
New York, um 1935
Foto: Wyatt Davis
SW-Foto
Silbergelatineabzug auf Barytpapier, 19,3 x 24
Positive casting molds for the table legs of the *Nesting Tables*
New York, ca. 1935
Photo: Wyatt Davis
BW photo
Gelatin silver print on baryta paper, 19.3 x 24
PHO 5391/0

Unbekannte Frau vor einem Teil eines *Nesting Table*
New York, um 1935
Foto: Ben Schnall
SW-Foto
Silbergelatineabzug auf Barytpapier, 19 x 24,1
Unknown woman in front of part of a *Nesting Table*
New York, ca. 1935
Photo: Ben Schnall
BW photo
Gelatin silver print on baryta paper, 19 x 24.1
PHO 5393/1

Unbekannte Frau auf einem *Nesting Table*
New York, um 1935
Foto: Ben Schnall
SW-Foto
Silbergelatineabzug auf Barytpapier, 23,8 x 16,6
Unknown woman on a *Nesting Table*
New York, ca. 1935
Photo: Ben Schnall
BW photo
Gelatin silver print on baryta paper, 23.8 x 16.6
PHO 5394/0

Unbekannte Frau auf einem *Nesting Table*
New York, um 1935
Foto: Ben Schnall
SW-Foto
Silbergelatineabzug auf Barytpapier, 23,6 x 18,5
Unknown woman on a *Nesting Table*
New York, ca. 1935
Photo: Ben Schnall
BW photo
Gelatin silver print on baryta paper, 23.6 x 18.5
PHO 5395/0

Unbekannte Frau auf einem *Nesting Table*
New York, um 1935
Foto: Ben Schnall
SW-Foto
Silbergelatineabzug auf Barytpapier, 23,3 x 17,8
Unknown woman on a *Nesting Table*
New York, ca. 1935
Photo: Ben Schnall
BW photo
Gelatin silver print on baryta paper, 23.3 x 17.8
PHO 5396/1

Unbekannte Frau auf einem *Nesting Table*
New York, um 1935
Foto: Ben Schnall
SW-Foto
Silbergelatineabzug auf Barytpapier, 23,5 x 19
Unknown woman on a *Nesting Table*
New York, ca. 1935
Photo: Ben Schnall
BW photo
Gelatin silver print on baryta paper, 23.5 x 19
PHO 5397/1

Nesting Table, Unterseite mit abgenommenen Beinen
New York, um 1935
Foto: Wyatt Davis
SW-Foto
Silbergelatineabzug auf Barytpapier, 16,4 x 22
***Nesting Table*, bottom surface with legs removed**
New York, ca. 1935
Photo: Wyatt Davis
BW photo
Gelatin silver print on baryta paper, 16.4 x 22
PHO 5398/0

Nesting Table
New York, um 1935
Foto: Ben Schnall
SW-Foto
Silbergelatineabzug auf Barytpapier, 23,5 x 18,7
New York, ca. 1935
Photo: Ben Schnall
BW photo
Gelatin silver print on baryta paper, 23.5 x 18.7
PHO 5399/0

Teil eines *Nesting Table*
New York, um 1935
Foto: Ben Schnall
SW-Foto
Silbergelatineabzug auf Barytpapier, 23,5 x 18,8
Part of a *Nesting Table*
New York, ca. 1935
Photo: Ben Schnall
BW photo
Gelatin silver print on baryta paper, 23.5 x 18.8
PHO 5401/2

Nesting Table, Tischbein
New York, um 1935
Foto: Ben Schnall
SW-Foto
Silbergelatineabzug auf Barytpapier, 13,2 x 23,6
***Nesting Table*, table leg**
New York, ca. 1935
Photo: Ben Schnall
BW photo
Gelatin silver print on baryta paper, 13.2 x 23.6
PHO 5407/0

Nesting Table, Unterseite
New York, um 1935
Foto: Ben Schnall
SW-Foto
Silbergelatineabzug auf Barytpapier, 36 x 28 (Maße mit Karton)
***Nesting Table*, bottom surface**
New York, ca. 1935
Photo: Ben Schnall
BW photo
Gelatin silver print on baryta paper, 36 x 28 (measurements include cardbard)
PHO 5418/1

Studie für einen Tisch [*Nesting Tables*]
New York, 1933–1935
Zeichnung
Bleistift auf Papier, 21,3 x 27,6
Study for a table [*Nesting Tables*]
New York, 1933–1935
Drawing
Pencil on paper, 21.3 x 27.6
SFP 5727/0

Mobile Home Library, 1:10-Rekonstruktionsmodell
Wien, 2008
Kunststoff, Plexiglas, ca. 18,5 x 60 x 60
***Mobile Home Library*, 1:10 reconstruction model**
Vienna, 2008
Plastic, plexiglass, ca. 18.5 x 60 x 60
MOD 005/0

Mobile Home Library, Rekonstruktion
Entwurf: Friedrich Kiesler, 1938/39
Rekonstruktion: Peter Schamberger/Georg Wizany in Kooperation mit Wittmann Möbelwerkstätten GmbH und der ÖFLKS, 2008
Diverse Materialien, Holz, Kunststoff, Metall
3-teilig, je ca. 165 x 100 x 56
***Mobile Home Library*, reconstruction**
Design: Frederick Kiesler, 1938/39
Reconstruction: Peter Schamberger/Georg Wizany in cooperation with Wittmann Möbelwerkstätten GmbH and the ÖFLKS, 2008
Diverse materials, wood, plastic, metal
3 pieces, each ca. 165 x 100 x 56
Wittmann Möbelwerkstätten GmbH

Nesting Coffee Table
Entwurf: Friedrich Kiesler, 1935–1938
Re-Edition: Palazzetti, 1970–1980
Aluminiumguss
24,1 x 86,4 x 63,5 und 24 x 55,9 x 41,3
Nesting Coffee Table
Design: Frederick Kiesler, 1935–1938
Re-edition: Palazzetti, 1970–1980
Cast aluminum
24.1 x 86.4 x 63.5 and 24 x 55.9 x 41.3
Privatbesitz, Wien Private collection, Vienna

Mergentime Chair
Entwurf: Friedrich Kiesler, 1933 (für die Wohnung von Charles und Marguerite Mergentime, New York)
Re-Edition: Wittmann Möbelwerkstätten GmbH, 2015
Stahlrohr und braunes Leder
76 x 54 x 51 cm, Sitzhöhe: 49
Mergentime Chair
Design: Frederick Kiesler, 1933 (for the Charles und Marguerite Mergentime apartment, New York)
Re-edition: Wittmann Möbelwerkstätten GmbH, 2015
Steel tubing and brown leather
76 x 54 x 51, seat height: 49
Wittmann Möbelwerkstätten GmbH

Correalistisches Instrument
Entwurf: Friedrich Kiesler, 1942 (für die Galerie *Art of This Century* von Peggy Guggenheim, New York)
Re-Edition: Wittmann Möbelwerkstätten GmbH, 2002
Türkises Linoleum, schwarz gebeizte Esche
84,5 x 39,5 x 100; Sitzhöhe: 38
Correalistic Instrument
Design: Frederick Kiesler, 1942 (for the gallery *Art of This Century* by Peggy Guggenheim, New York)
Re-edition: Wittmann Möbelwerkstätten GmbH, 2002
Turquoise linoleum; ash, stained black
84.5 x 39.5 x 100, seat height: 38
Wittmann Möbelwerkstätten GmbH

Correalistischer Rocker
Entwurf: Friedrich Kiesler, 1942 (für die Galerie *Art of This Century* von Peggy Guggenheim, New York)
Re-Edition: Wittmann Möbelwerkstätten GmbH, 2002
Rotes Leder, schwarz gebeizte Esche
74,5 x 39,5 x 87,5; Sitzhöhe: 43
Correalistic Rocker
Design: Frederick Kiesler, 1942 (for the gallery *Art of This Century* by Peggy Guggenheim, New York)
Re-edition: Wittmann Möbelwerkstätten GmbH, 2002
Red leather; ash, stained black
74.5 x 39.5 x 87.5, seat height: 43
Wittmann Möbelwerkstätten GmbH

Metabolism Chart of
The Mobile Home Library
Entwurf: New York, 1939
Reproduktion: Wien, 2016
Vinyl
Design: New York, 1939
Reproduction: Vienna, 2016
Vinyl
139 x 750
MAK

Das Haus der Zukunft **The Future House**

Nucleus House, New York, 1931
Space House, Modernage Furniture Company, New York, 1933
„Manifeste du Corréalisme", in: *L'Architecture d'Aujourd'hui*, Paris, 1949
Endless House, 1950
Surrealistische Architekturvisionen **Surrealist Architectural Visions**
Endless House, 1959
Endless House, 1959

Studie zur Fassadengestaltung eines Kaufhauses
New York, 1927
Collage
Bleistift, Foto, Tusche auf Karton, 50,7 x 47
Study for the façade design of a department store
New York, 1927
Collage
Pencil, photo, India ink on cardboard, 50.7 x 47
LFP 100/0

Entwurf für ein Wohnhaus
New York, um 1926
Kolorierte Planzeichnung
Tusche, Wasserfarbe (Spritzgittertechnik) auf Papier, 38 x 56
Design of a residence
New York, ca. 1926
Colored planning drawing
India ink, watercolor (spatter screen technique) on paper, 38 x 56
MFP 1148/0

Nuclear House, Plan für das Copyright-Office
New York, 1931
Plankopie
Anmerkungen mit Farbstift und Tinte auf Papier, 26,6 x 56,5
***Nuclear House*, plan for the copyright office**
New York, 1931
Copy of plan
Colored pencil and ink annotations on paper, 26.6 x 56.5
MFP 1149/0

Ultimate Purpose, Text zum *Nucleus House*
New York, 1931
Typoskript
Papier, 32,8 x 21,6
Ultimate Purpose*, text on the *Nucleus House
New York, 1931
Typescript
Paper, 32.8 x 21.6
TXT 6436/0

Brief von Friedrich Kiesler an die Library of Congress, Copyright Office
New York, 20.8.1931
Typoskript
Papier, 21,4 x 13,8
Letter from Frederick Kiesler to the Library of Congress, Copyright Office
New York, 20 Aug 1931
Typescript
Paper, 21.4 x 13.8
LET 6195/0

Space House, Seitenansicht der Fassade, Schauraum der Modernage Furniture Company
New York, 1933
Foto: Fay S. Lincoln
SW-Foto, Abzug vom Originalnegativ Barytpapier, Karton, 23,9 x 19 (mit Karton: 42 x 33)
***Space House*, side elevation of the façade, showroom of the Modernage Furniture Company**
New York, 1933
Photo: Fay S. Lincoln
BW photo, print from the original negative
Baryta paper, cardboard, 23.9 x 19 (with cardboard: 42 x 33)
PHO 879/2

Space House, Schrägansicht der Fassade, Schauraum der Modernage Furniture Company
New York, 1933
Foto: Fay S. Lincoln
Handabzug vom Originalnegativ
Silbergelatine auf Barytpapier, Karton, 19 x 24 (mit Karton: 45 x 33)
***Space House*, oblique view of the façade, showroom of the Modernage Furniture Company**
New York, 1933
Photo: Fay S. Lincoln
Handmade print from the original negative
Gelatin silver print on baryta paper, cardboard, 19 x 24 (with cardboard: 45 x 33)
PHO 880/0

Space House, überarbeitete Fotomontage
New York, 1933 (Foto) bis 1944 (Überarbeitung)
SW-Foto, übermalt; Barytpapier; Gouache auf Papier, 18,8 x 23,9
***Space House*, revised photo montage**
New York, 1933 (photo) until 1944 (revision)
BW photo, painted over; baryta paper; gouache on paper, 18.8 x 23.9
Sammlung Gertraud und and Dieter Bogner collection
SFP 813/0

Progression Chart of Architecture
New York, 1933
Zeichnung
Bleistift und Tinte auf Papier, 21,5 x 31,6
Drawing
Pencil and ink on paper, 21.5 x 31.6
TXT 845/0

Progression Chart of Architecture
New York, 1933
Zeichnung
Bleistift und Tinte auf Papier, 21,5 x 27,8
Drawing
Pencil and ink on paper, 21.5 x 27.8
TXT 846/0

Morphology of Architecture, Vorlage für eine Illustration zum *Progression Chart of Architecture* aus einem Textkonvolut zum *Space House*
New York, 1933
Manuskript
Tinte auf Papier
21,5 x 13,8
Morphology of Architecture*, template for an illustration for the *Progression Chart of Architecture* from a bundle of texts about the *Space House
New York, 1933
Manuscript
Ink on paper, 21.5 x 13.8
TXT 3582/0 (N1)

Time Space Architecture, Vorlage für das *Progression Chart of Architecture* aus einem Textkonvolut zum *Space House*
New York, 1933
Manuskript
Tinte auf Papier
21,5 x 13,8
Time Space Architecture*, template for the *Progression Chart of Architecture* from a bundle of texts about the *Space House
New York, 1933
Manuscript
Ink on paper 21.5 x 13.8
TXT 3583/0 (N1)

Time Space Architecture, Vorlage für das *Progression Chart of Architecture* aus einem Textkonvolut zum *Space House*
New York, 1933
Manuskript
Tinte auf Papier
21,5 x 13,8
Time Space Architecture*, template for the *Progression Chart of Architecture* from a bundle of texts about the *Space House
New York, 1933
Manuscript
Ink on paper, 21.5 x 13.8
TXT 3583/0 (N2)

Metabolism Chart of the House, Studie für ein Diagramm zum *Space House*
New York, 1933
Zeichnung
Bleistift und Tinte auf Papier, 13,9 x 21,6
***Metabolism Chart of the House*, study for a *Space House* diagram**
New York, 1933
Drawing
Pencil and ink on paper, 13.9 x 21.6
TXT 3584/0

Metabolism Chart of the House, Studie für ein Diagramm zum *Space House*
New York, 1933
Zeichnung
Bleistift und Tinte auf Papier, 21,5 x 13,8
***Metabolism Chart of the House*, study for a *Space House* diagram**
New York, 1933
Drawing
Pencil and ink on paper, 21.5 x 13.8
TXT 3585/0

Metabolism Chart of the House, Studie für ein Diagramm zum *Space House*
New York, 1933
Typoskript
Anmerkungen mit Bleistift auf Papier, 27,7 x 21,3
***Metabolism Chart of the House*, study for a *Space House* diagram**
New York, 1933
Typescript
Pencil annotations on paper, 27.7 x 21.3
TXT 3586/0

Das Haus muss endlich ein Kosmos in sich selbst werden
New York, 1930er Jahre
Typoskript
Anmerkungen mit Bleistift auf Papier, 28 x 21,5
The house must be a cosmos in itself
New York, 1930s
Typescript
Pencil annotations on paper, 28 x 21.5
TXT 6454/0

Space House, Übermalung eines Zeitungsartikels
New York, 1939–1944
Clipping, Offsetdruck
Ölfarbe, Zeitungspapier
11,5 x 22
***Space House*, painted-over newspaper article**
New York, 1939–1944
Clipping, offset print
Oil paint, newspaper, 11,5 x 22
CLP 6466/0

Space House, Studie für das „Manifeste du Corréalisme"
New York, um 1947
Zeichnung mit ausklappbaren Teilen
Bleistift auf Papier, 13,8 x 21,5
***Space House*, study for the "Manifeste du Corréalisme"**
New York, ca. 1947
Drawing with pop-up sections
Pencil on paper, 13.8 x 21.5
SFP 6668/0

Space House, Studie für das „Manifeste du Corréalisme"
New York, um 1947
Zeichnung mit ausklappbaren Teilen
Bleistift, Buntstift auf Papier, 13,9 x 21,4
***Space House*, study for the "Manifeste du Corréalisme"**
New York, ca. 1947
Drawing with pop-up sections
Pencil, colored pencil on paper, 13.9 x 21.4
SFP 6668/3

Space House, Modell 1:25
USA, 1933
Modellbau: A. Stiller, K. Schwarz, 1994
Holz
***Space House*, model 1:25**
Model construction: A. Stiller, K. Schwarz, 1994
Wood
ca. 116 x 58 x 27
Architekturzentrum Wien Vienna, Sammlung collection, S-152-001-M

Studie für ein *Endless House* [*Paris Endless*]
Paris, 1947
Collage
Gouache und Tusche auf Papier, auf Karton montiert, 50 x 69,5
Study for an *Endless House* [*Paris Endless*]
Paris, 1947
Collage
Gouache and India ink on paper, mounted on cardboard, 50 x 69.5
SFP 495/0

Studie für ein *Endless House* [*Paris Endless*]
Paris, 1947
Gouache und Tusche auf Papier, 30,2 x 46
Study for a *Endless House* [*Paris Endless*]
Paris, 1947
Gouache and India ink on paper, 30.2 x 46
SFP 496/0

Studie für ein *Endless House* [*Paris Endless*]
Paris, 1947
Bleistift, Gouache und Tusche auf Papier, 45,9 x 30,2
Study for an *Endless House* [*Paris Endless*]
Paris, 1947
Pencil, gouache and India ink on paper, 45.9 x 30.2
SFP 499/0

Studie für ein *Endless House* [*Paris Endless*]
Paris, 1947
Collage
Kugelschreiber auf Papier, auf Karton montiert
35,2 x 49
Study for an *Endless House* [*Paris Endless*]
Paris, 1947
Collage
Ballpoint pen on paper, mounted on cardboard, 35.2 x 49
SFP 504/0

Endless House, Modell für die Kootz Gallery mit einer Skulptur von David Hare
New York, 1950
SW-Foto
Silbergelatineabzug auf Barytpapier, 18,8 x 23,4
***Endless House*, model for the Kootz Gallery with a sculpture by David Hare**
New York, 1950
BW photo
Gelatin silver print on baryta paper, 18.8 x 23.4
PHO 521/0

Endless House, Modell für die Kootz Gallery mit einer Skulptur von David Hare
New York, 1950
SW-Foto
Silbergelatineabzug auf Barytpapier, 18,8 x 23,5
***Endless House*, model for the Kootz Gallery with a sculpture by David Hare**
New York, 1950
BW photo
Gelatin silver print on baryta paper, 18.8 x 23.5
PHO 522/0

Studie für ein *Endless House* [*Tooth House*]
New York, 1948
Zeichnung
Kugelschreiber auf Papier, 21,4 x 28
Study for an *Endless House* [*Tooth House*]
New York, 1948
Drawing
Ballpoint pen on paper, 21.4 x 28
SFP 520/0

Studie für ein *Endless House* [*Tooth House*]
New York, 1948
Zeichnung
Kugelschreiber auf Papier, 21,3 x 27,7
Study for an *Endless House* [*Tooth House*]
New York, 1948
Drawing
Ballpoint pen on paper, 21.3 x 27.7
SFP 531/0

Studie für ein *Endless House*
New York, 1950
Zeichnung
Kugelschreiber auf Papier, 13,7 x 21,4
Study for an *Endless House*
New York, 1950
Drawing
Ballpoint pen on paper, 13.7 x 21.4
SFP 539/0

Studie für ein *Endless House*
New York, 1950
Zeichnung
Kugelschreiber auf Papier, 21,2 x 27,5
Study for an *Endless House*
New York, 1950
Drawing
Ballpoint pen on paper, 21.2 x 27.5
SFP 544/0

Studie für ein *Endless House*
New York, 1950
Zeichnung
Kugelschreiber auf Papier, 13,8 x 21,[illegible]

Study for an *Endless House*
New York, 1950
Drawing
Ballpoint pen on paper, 13.8 x 21.5
SFP 577/0

Studie für ein *Endless House*
New York, 1950
Zeichnung
Kugelschreiber auf Papier, 21,35 x 27,6
Study for an *Endless House*
New York, 1950
Drawing
Ballpoint pen on paper, 21.35 x 27.6
SFP 580/0

Studie für ein *Endless House*
New York, 1950
Zeichnung
Kugelschreiber auf Papier, 13,8 x 21,3
Study for an *Endless House*
New York, 1950
Drawing
Ballpoint pen on paper, 13.8 x 21.3
SFP 582/0

Endless House, Modell
New York, 1950
Foto: Percy Rainford
SW-Foto
Silbergelatineabzug auf Barytpapier, 18 x 23,4
***Endless House*, model**
New York, 1950
Photo: Percy Rainford
BW photo
Gelatin silver print on baryta paper, 18 x 23.4
PHO 620/0

Modell für ein *Endless House*
New York, 1950
SW-Foto
Silbergelatineabzug auf Barytpapier, 16,6 x 23,8
Model for an *Endless House*
New York, 1950
BW photo
Gelatin silver print on baryta paper, 16.6 x 23.8
PHO 621/1

Studie für ein *Endless House*
New York, 1950
Zeichnung
Tusche auf Karton, 37,5 x 45,1
Study for an *Endless House*
New York, 1950
Drawing
India ink on cardboard, 37.5 x 45.1
SFP 622/0

Frederick J. Kiesler's endless house and its psychological lighting
Ausschnitt aus dem Magazin *Interiors*, November 1950
Offsetdruck
Bleistift, Filzstift, Kugelschreiber auf Papier 30,4 x 20,4
Clipping from Interiors magazine, November 1950
Offset print
Pencil, felt-tip pen, ballpoint pen on paper, 30.4 x 20.4
CLP 6178/0

The Muralist and the modern architect, Ausstellungskatalog Kootz Gallery
New York, 1950
Offsetdruck
Papier, Karton, 15,25 x 24
***The Muralist and the modern architect*, Kootz Gallery exhibition catalog**
New York, 1950
Offset print
Paper, cardboard, 15.25 x 24
MED 616/1

Manifeste du Corréalisme
in: *L'Architecture d'Aujourd'hui*, 2.6.1949, 80–105
Separater Sonderdruck, Offsetdruck
Papier, Kartonumschlag
in: *L'Architecture d'Aujourd'hui*, 2 Jun 1949, 80–105
Separate reprint, offset print
Paper, cardboard cover
MED 101/10

Manifeste du Corréalisme
in: *L'Architecture d'Aujourd'hui*, 2.6.1949, 80–105
Separater Sonderdruck, Offsetdruck
Papier, Kartonumschlag
in: *L'Architecture d'Aujourd'hui*, 2 Jun 1949, 80–105
Separate reprint, offset print
Paper, cardboard cover
MED 101/11

Manifeste du Corréalisme
in: *L'Architecture d'Aujourd'hui*, 2.6.1949, 80–105
Separater Sonderdruck, Offsetdruck
Papier, Kartonumschlag
in: *L'Architecture d'Aujourd'hui*, 2 Jun 1949, 80–105
Separate reprint, offset print
Paper, cardboard cover
MED 101/12

Modell für ein *Endless House*, Drahtstruktur
New York, 1959
SW-Foto
Silbergelatineabzug auf Barytpapier, 9,6 x 23,2
Model for an *Endless House*, wire structure
New York, 1959
BW photo
Gelatin silver print on baryta paper, 9.6 x 23.2
PHO 748/0

Modell für ein *Endless House*, Drahtstruktur
New York, 1959
SW-Foto
Silbergelatineabzug auf Barytpapier, 9,5 x 19,8
Model for an *Endless House*, wire structure
New York, 1959
BW photo
Gelatin silver print on baryta paper, 9.5 x 19.8
PHO 749/0

Modell für ein *Endless House*, Drahtstruktur
New York, 1959
SW-Foto
Silbergelatineabzug auf Barytpapier, 11,3 x 23,6
Model for an *Endless House*, wire structure
New York, 1959
BW photo
Gelatin silver print on baryta paper, 11.3 x 23.6
PHO 751/0

Modell für ein *Endless House*, Drahtstruktur
New York, 1959
SW-Foto
Silbergelatineabzug auf Barytpapier, 12,1 x 24,5
Model for an *Endless House*, wire structure
New York, 1959
BW photo
Gelatin silver print on baryta paper, 12.1 x 24.5
PHO 766/0

Friedrich Kiesler mit Modell des *Endless House*
New York, 1960
Foto: Irving Penn
SW-Foto
Silbergelatineabzug auf Barytpapier, 20,3 x 25,3
Frederick Kiesler with an *Endless House* model
New York, 1960
Photo: Irving Penn
BW photo
Gelatin silver print on baryta paper, 20.3 x 25.3
PHO 771/0

Modell für ein *Endless House*, Innenansicht
New York, 1960
Foto: George Barrows
SW-Foto
Silbergelatineabzug auf Barytpapier, 20,5 x 25,3
Model for an *Endless House*, interior view
New York, 1960
Photo: George Barrows
BW photo
Gelatin silver print on baryta paper, 20.5 x 25.3
PHO 776/0

Modell für ein *Endless House*, Innenansicht
New York, 1959
Foto: Alex J. Langley
SW-Foto
Silbergelatineabzug auf Barytpapier, 20,6 x 25,4
Model for an *Endless House*, interior view
New York, 1959
Photo: Alex J. Langley
BW photo
Gelatin silver print on baryta paper, 20.6 x 25.4
PHO 779/0

Modell für ein *Endless House*, Innenansicht
New York, 1959
Foto: Alex J. Langley
SW-Foto
Silbergelatineabzug auf Barytpapier, 20,7 x 25,4
Model for an *Endless House*, interior view
New York, 1959
Photo: Alex J. Langley
BW photo
Gelatin silver print on baryta paper, 20.7 x 25.4
PHO 780/0

Modell für ein *Endless House* in Friedrich Kieslers Atelier
New York, 1960
Foto: George Barrows
SW-Foto
Silbergelatineabzug auf Barytpapier, 20,6 x 25,4
Model for an *Endless House* in Frederick Kiesler's studio
New York, 1960
Photo: George Barrows
BW photo
Gelatin silver print on baryta paper, 20.6 x 25.4
PHO 784/0

Modell für ein *Endless House*
New York, 1960
Foto: George Barrows
SW-Foto
Silbergelatineabzug auf Barytpapier, 25,35 x 20,5
Model for an *Endless House*
New York, 1960
Photo: George Barrows
BW photo
Gelatin silver print on baryta paper, 25.35 x 20.5
PHO 786/0

Modell für ein *Endless House*, Gesamtansicht
New York, 1960
Foto: George Barrows
SW-Foto
Silbergelatineabzug auf Barytpapier, 20,5 x 25,3
Model for an *Endless House*, overall view
New York, 1960
Photo: George Barrows
BW photo
Gelatin silver print on baryta paper, 20.5 x 25.3
PHO 782/7

Modell für ein *Endless House*, Gesamtansicht
New York, 1960
Foto: George Barrows
SW-Foto
Silbergelatineabzug auf Barytpapier, 20,5 x 25,4
Model for an *Endless House*, overall view
New York, 1960
Photo: George Barrows
BW photo
Gelatin silver print on baryta paper, 20.5 x 25.4
PHO 789/1

Friedrich Kiesler mit einem Modell des *Endless House*
New York, 1960
Foto: Irving Penn
SW-Foto
Silbergelatineabzug auf Barytpapier, 16,8 x 23,9
Frederick Kiesler with a model of the *Endless House*
New York, 1960
Photo: Irving Penn
BW photo
Gelatin silver print on baryta paper, 16.8 x 23.9
PHO 808/0

Studie für ein *Endless House*
New York, 1959
Zeichnung
Bleistift auf Papier, 21 x 29,6
Study for an *Endless House*
New York, 1959
Drawing
Pencil on paper, 21 x 29.6
SFP 656/0

Studie für ein *Endless House*
New York, 1959
Zeichnung
Kugelschreiber auf Papier, 21 x 29,65
Study for an *Endless House*
New York, 1959
Drawing
Ballpoint pen on paper, 21 x 29.65
SFP 666/0

Studie für ein *Endless House* [Stair]
New York, 1959
Zeichnung
Bleistift auf Karton, 20,7 x 30,3
Study for an *Endless House* [Stair]
New York, 1959
Drawing
Pencil on cardboard, 20.7 x 30.3
SFP 685/0

Modell für ein *Endless House*, Innenansicht
New York, 1959
Foto: George Barrows
SW-Foto
Silbergelatineabzug auf Barytpapier, 20,7 x 25,4
Model for an *Endless House*, interior view
New York, 1959
Photo: George Barrows
BW photo
Gelatin silver print on baryta paper, 20.7 x 25.4
PHO 814/0

Studie für ein *Endless House* [*Endless House* Coordinates]
New York, 1959
Zeichnung
Kohle auf Karton, 56 x 76,2
Study for an *Endless House* [*Endless House* Coordinates]
New York, 1959
Drawing
Charcoal on cardboard, 56 x 76.2
MFP 1051/0

Studie für ein *Endless House* [Ceiling Light for *Endless House*]
New York, 1959
Zeichnung
Kohle auf Karton, 55,6 x 75,8
Study for an *Endless House* [Ceiling Light for *Endless House*]
New York, 1959
Drawing
Charcoal on cardboard, 55.6 x 75.8
MFP 1052/0

Studie für ein *Endless House*
New York, 1959
Zeichnung
Bleistift auf Papier, 21 x 29,7
Study for an *Endless House*
New York, 1959
Drawing
Pencil on paper, 21 x 29.7
SFP 5378/0

Endless House, Grundrisse und Ansichten
New York, 1959
Blaupause auf Papier, 90 x 126,5
***Endless House*, plans and elevations**
New York, 1959
Blueprint on paper, 90 x 126.5
PLN 300/0

Endless House, Gesamtansicht
New York, 1959
SW-Foto
Silbergelatineabzug, auf Holzfaserplatte montiert, 117 x 190.5
***Endless House*, overall view**
New York, 1959
BW photo
Gelatin silver print, mounted on fiberboard, 117 x 190,5
PHO 100/0

Galaxy Studie for *Endless House*
New York, 1959
Zeichnung
Kohle auf Papier, montiert auf Hartfaserplatte in originaler Rahmung, 114,8 x 145,5
Drawing
Charcoal on paper, mounted on high-density fiberboard in original framing, 114.8 x 145.5
Sammlung Gertraud und and Dieter Bogner collection
LFP 2170/0

Galaxy Studie for *Endless House*
New York, 1959
Zeichnung
Kohle auf Papier, montiert auf Hartfaserplatte in originaler Rahmung, 119,4 x 152,4
Drawing
Charcoal on paper, mounted on fiberboard in original framing, 119.4 x 152.4
LFP 2171/0

Galaxy Studie for *Endless House*
New York, 1959
Zeichnung
Kohle auf Papier, montiert auf Hartfaserplatte in originaler Rahmung
Drawing
Charcoal on paper, mounted on fiberboard in original framing
115 x 145
LFP 2172/0

Modell für ein *Endless House*
New York, 1959
Maschendraht, Holz, Zementgemisch
Model for an *Endless House*
New York, 1959
Wire mesh, wood, cement mixture
ca. 70 x 65 x 130
Sammlung Gertraud und and Dieter Bogner collection
MOD 004/0

The Endless House
1960
Video, 28 Min.
© 2007, Creative Arts Television
Footage Description Item: 600320

Mythos und Religion
Myth and Religion

Grotto for Meditation (auch **also:** *Cave of the New Being)*, 1963/64
Us, You, Me, 1963/64
Shrine of the Book, Jerusalem, 1957/65

„In the Owen Laboratory, built 1858", Studie einer *Sea Shell* im Besitz von Jane Owen
New Harmony (IN, USA), 21.10.1962
Zeichnung
Bleistift auf Papier
"In the Owen Laboratory, built 1858," study for a *Sea Shell* owned by Jane Owen
New Harmony (IN, USA), 21 Oct 1962
Drawing
Pencil on paper
15 x 20
SFP 1257/0

Studie zur *Grotto for Meditation*
New York, 1962
Zeichnung
Kugelschreiber auf Papier, 21,6 x 28
Study for the *Grotto for Meditation*
New York, 1962
Drawing
Ballpoint pen on paper, 21.6 x 28
SFP 1262/0

Notizbuch zur *Grotto for Meditation*, hier: Studie für die Grotte
New Harmony (IN, USA), New York, 18.10.1962
Gebundenes Notizbuch
Bleistift, Kugelschreiber auf Papier, Kartoneinband
21,3 x 17 (aufgeschlagen: ca. 21,3 x 34)
Notebook for the *Grotto for Meditation*, here: study for the grotto
New Harmony (IN, USA), New York, 18 Oct 1962
Bound notebook
Pencil, ballpoint pen on paper, cardboard cover
21.3 x 17 (open: ca. 21.3 x 34)
MED 868/0

Grotto for Meditation, Studie einer *Sea-Shell*
New York, 1963
Zeichnung
Bleistift auf Papier, 21 x 29,7
Grotto for Meditation*, study of a *Sea-Shell
New York, 1963
Drawing
Pencil on paper, 21 x 29.7
SFP 5432/0

Aufnahme der „test section" der *Grotto for Meditation*
New Harmony (IN, USA), 1963
Farbfoto auf Fotopapier, 8,9 x 12,7
Photo of the test section of the *Grotto for Meditation*
New Harmony (IN, USA), 1963
Color photo on photo paper, 8.9 x 12.7
PHO 6119/2

Aufnahme der „test section" der *Grotto for Meditation*
New Harmony (IN, USA), 1963
Farbfoto auf Fotopapier, 8,9 x 12,7
Photo of the test section of the *Grotto for Meditation*
New Harmony (IN, USA), 1963
Color photo on photo paper, 8.9 x 12.7
PHO 6119/3

Aufnahme der „test section" der *Grotto for Meditation*
New Harmony (IN, USA), 1963
Farbfoto auf Fotopapier, 12,7 x 8,9
Photo of the test section of the *Grotto for Meditation*
New Harmony (IN, USA), 1963
Color photo on photo paper, 12.7 x 8.9
PHO 6119/5

Aufnahme der „test section" der *Grotto for Meditation*
New Harmony (IN, USA), 1963
Farbfoto auf Fotopapier, 12,7 x 8,9
Photo of the test section of the *Grotto for Meditation*
New Harmony (IN, USA), 1963
Color photo on photo paper, 12.7 x 8.9
PHO 6119/7

Grotto for Meditation, Studie für den *Dolphin*
New York, 1962
Zeichnung
Kugelschreiber auf Papier, 21,7 x 27,8
Grotto for Meditation*, study for the *Dolphin
New York, 1962
Drawing
Ballpoint pen on paper, 21.7 x 27.8
SFP 6137/0

Grotto for Meditation, Studie für den *Dolphin*
New York, 1962
Zeichnung
Kugelschreiber auf Papier, 21,6 x 27,8
Grotto for Meditation*, study for the *Dolphin
New York, 1962
Drawing
Ballpoint pen on paper, 21.6 x 27.8
SFP 6140/0

Grotto for Meditation, Studie für den *Dolphin*
New York, 1962
Zeichnung
Kugelschreiber und Bleistift auf Papier, 21,6 x 27,8
Grotto for Meditation*, study for the *Dolphin
New York, 1962
Drawing
Ballpoint pen and pencil on paper, 21.6 x 27.8
SFP 6141/0

Grotto for Meditation, Schnitt durch den *Dolphin*, „test section"
New York, 1963
Zeichnung
Bleistift auf Transparentpapier, 21,2 x 27,8
***Grotto for Meditation*, section through the *Dolphin*, test section**
New York, 1963
Drawing
Pencil on tracing paper, 21.2 x 27.8
SFP 6148/1

Grotto for Meditation, Schnitt durch die Grotte, „test section"
New York, 1963
Zeichnung
Bleistift auf Transparentpapier, 21,4 x 27,8
***Grotto for Meditation*, section through the grotto, test section**
New York, 1963
Drawing
Pencil on tracing paper, 21.4 x 27.8
SFP 6149/0

Friedrich Kiesler mit einem Tonmodell für die *Grotto for Meditation*
New York, 8.2.1963
SW-Foto, Polaroid, 6,4 x 9,6
Frederick Kiesler with a clay model for the *Grotto for Meditation*
New York, 8 Feb 1963
BW photo, Polaroid, 6.4 x 9.6
PHO 6157/0

Friedrich Kiesler mit einem Tonmodell für die *Grotto for Meditation*
New York, 22.2.1963
SW-Foto, Polaroid, 6,4 x 9,4
Frederick Kiesler with a clay model for the *Grotto for Meditation*
New York, 22 Feb 1963
BW photo, Polaroid, 6.4 x 9.6
PHO 6158/0

Grotto for Meditation, Ansicht der Grotte
New York, 1962
Zeichnung
Bleistift auf Transparentpapier
***Grotto for Meditation*, elevation of the grotto**
New York, 1962
Drawing
Pencil on tracing paper
55 x 48
MFP 1250/0

Grotto for Meditation for New Harmonie
Bronze, 82,6 x 61 x 14,6
Bronze, 82.6 x 61 x 14.6
ALBERTINA, Wien Vienna, KF01

Grotto for Meditation
1963
Gebrannter Ton, 63,5 x 86,4 x 14
Fired Clay, 63.5 x 86.4 x 14
Jason McCoy Gallery, New York, FK6527

Modell *Grotto*
ca. 1963
Plastilin, Holz (Steckbrett), 15,2 x 35,6 x 17,8
***Grotto* model**
Plasticine, wood (breadboard), 15.2 x 35.6 x 17.8
Jason McCoy Gallery, New York, FK6554

Modell für *Us, You, Me*
ca. 1962–1963
Bemalter Gips, bemaltes Pappelholz, Draht, Bleistift auf Papier mit Collage
Maße variabel
Model for *Us, You, Me*
Painted plaster, painted poplar wood, wire, pencil on paper with collage
Dimensions variable
Jason McCoy Gallery, New York, FK5784

Shrine of the Book, Schnitt und Grundriss
New York, 1963
Zeichnung
Bleistift und Buntstift auf Transparentpapier, 60,5 x 60,5
***Shrine of the Book*, section and floor plan**
New York, 1963
Drawing
Pencil and colored pencil on tracing paper, 60.5 x 60.5
PLN 127/0

The Architecture of the *Shrine of the Book*
New York, 1965
Textkonvolut
Schreibmaschine, Bleistift, Papier (Seite 1), 28 x 21,7
Bundle of texts
Typewriter, pencil, paper (page 1), 28 x 21.7
TXT 5186/0

The Architecture of the *Shrine of the Book*
New York, 1965
Textkonvolut
Schreibmaschine, Bleistift, Papier (Seite 2), 28 x 21,7
Bundle of texts
Typewriter, pencil, paper (page 2), 28 x 21.7
TXT 5186/1

Notizbuch mit Skizzen zum *Shrine of the Book* und Adressen
1956–1960
Gebundenes Notizbuch
Bleistift, Kugelschreiber, Papier, 12,5 x 8 (geschlossener Zustand; geöffnet: ca. 12,5 x 16,5)
Notebook with sketches for the *Shrine of the Book* and addresses
1956–1960
Bound notebook
Pencil, ballpoint pen, paper, 12.5 x 8 (when closed; ca. 12.5 x 16.5 when open)
MED 5990/0

Studie für den *Shrine of the Book*
New York, um 1960
Zeichnung
Kugelschreiber, Tinte, Papier, 29,4 x 64,9
Study for the *Shrine of the Book*
New York, ca. 1960
Drawing
Ballpoint pen, ink, paper, 29.4 x 64.9
MED 1152/0

Studie für den *Shrine of the Book*
New York, 1959
Zeichnung
Bleistift auf Papier, 10,5 x 23,1
Study for the *Shrine of the Book*
New York, 1959
Drawing
Pencil on paper, 10.5 x 23.1
SFP 6594/0

Old Jerusalem
Jerusalem, 1962
Zeichnung
Kugelschreiber auf Papier, auf Karton montiert, 11,7 x 17,7
Drawing
Ballpoint pen on paper, mounted on cardboard, 11.7 x 17.7
SFP 6596/0

Studie für den *Shrine of the Book*
New York, 1959
Zeichnung
Bleistift, Kugelschreiber auf Papier, 25,4 x 33
Study for the *Shrine of the Book*
New York, 1959
Drawing
Pencil, ballpoint pen on paper, 25.4 x 33
SFP 6599/0

Old Jerusalem
Jerusalem, 1957
Zeichnung
Kugelschreiber auf Papier, 13,9 x 21,8
Drawing
Ballpoint pen on paper, 13.9 x 21.8
SFP 6669/0

Studie für den *Shrine of the Book*
New York, 1959
Zeichnung
Kugelschreiber auf Papier, 8 x 12,4
Study for the *Shrine of the Book*
New York, 1959
Drawing
Ballpoint pen on paper, 8 x 12.4
SFP 6673/0

Shrine of the Book, Schnitte
New York, 1960
Plankopie
Blaupause, Papier, 79 x 122
***Shrine of the Book*, sections**
New York, 1960
Plan (copy)
Blueprint, paper, 79 x 122
PLN 171/0

Shrine of the Book, Baugerüst für die Errichtung der Kuppel
Jerusalem, 1963
Foto: Alfred Bernheim
SW-Foto
Silbergelatineabzug auf Barytpapier, 23,1 x 18
***Shrine of the Book*, scaffolding for the construction of the cupola**
Jerusalem, 1963
Photo: Alfred Bernheim
BW photo
Gelatin silver print on baryta paper, 23.1 x 18
PHO 5169/0

Shrine of the Book, Baustelle mit Kuppel und Basaltwand
Jerusalem, 1963
Foto: Alfred Bernheim
SW-Foto
Silbergelatineabzug auf Barytpapier, 18,1 x 22,6
***Shrine of the Book* construction site with cupola and basalt wall**
Jerusalem, 1963
Photo: Alfred Bernheim
BW photo
Gelatin silver print on baryta paper, 18.1 x 22.6
PHO 5173/0

Shrine of the Book, Baustelle mit Baugerüst für die Kuppel
Jerusalem, 1963
Foto: Alfred Bernheim
SW-Foto
Silbergelatineabzug auf Barytpapier, 18,1 x 23,9
***Shrine of the Book*, construction site with scaffolding for the cupola**
Jerusalem, 1963
Photo: Alfred Bernheim
BW photo
Gelatin silver print on baryta paper, 18.1 x 23.9
PHO 5179/0

Shrine of the Book, Innenaufnahme der Kuppel mit der Jesajarolle als zentrales Ausstellungsstück
Jerusalem, 1965
Foto: Ezra Stoller
SW-Foto
Silbergelatineabzug auf Barytpapier (Ausstellungsabzug, 1987), 40,3 x 50,6
***Shrine of the Book*, photo (interior) of the cupola with the Isaiah Scroll as the main exhibition piece**
Jerusalem, 1965
Photo: Ezra Stoller
BW photo
Gelatin silver print on baryta paper (exhibition print, 1987), 40.3 x 50.6
Sammlung Gertraud und and Dieter Bogner collection, PHO 6084/0

Shrine of the Book, Innenaufnahme des geöffneten Gittertors und des Korridors
Jerusalem, 1965
Foto: Ezra Stoller
SW-Foto
Silbergelatineabzug auf Barytpapier (Ausstellungsabzug, 1987), 40,3 x 50,6
***Shrine of the Book*, photo (interior) of the open wrought iron gate and the corridor**
Jerusalem, 1965
Photo: Ezra Stoller
BW photo
Gelatin silver print on baryta paper (exhibition print, 1987), 40.3 x 50.6
Sammlung Gertraud und and Dieter Bogner collection, PHO 6086/0

Shrine of The Book, Blick auf Basaltwand und Kuppel
Jerusalem, 1965
Foto: Ezra Stoller
SW-Foto
Silbergelatineabzug auf Barytpapier (Ausstellungsabzug, 1987), 40,3 x 50,5

***Shrine of the Book*, view of the basalt wall and cupola**
Jerusalem, 1965
Photo: Ezra Stoller
BW photo
Gelatin silver print on baryta paper (exhibition print, 1987), 40.3 x 50.5
Sammlung Gertraud und and Dieter Bogner collection, PHO 6494/0

Shrine of The Book, Blick durch die Bäume des Olivenhains auf Basaltwand und Kuppel
Jerusalem, 1965
Foto: Ezra Stoller
SW-Foto
Silbergelatineabzug auf Barytpapier (Ausstellungsabzug, 1987), 40,3 x 50,5
***Shrine of the Book*, view through the trees of the olive grove onto the basalt wall and cupola**
Jerusalem, 1965
Photo: Ezra Stoller
BW photo
Gelatin silver print on baryta paper (exhibition print, 1987), 40.3 x 50.5
Sammlung Gertraud und and Dieter Bogner collection, PHO 6496/0

Shrine of the Book, Konstruktion der Kuppel
Jerusalem, 1964/65
Foto: Alfred Bernheim
SW-Foto
Silbergelatineabzug auf Barytpapier, 17,7 x 23
***Shrine of the Book*, structure of the cupola**
Jerusalem, 1964/65
Photo: Alfred Bernheim
BW photo
Gelatin silver print on baryta paper, 17.7 x 23
PHO 7321/0

Shrine of the Book, Perspektivische Gesamtansicht, Teil 1 von 4
New York, 1963
Sepiadruck auf Papier, auf Holzfaserplatte kaschiert
***Shrine of the Book*, overall perspective view, part 1 of 4**
New York, 1963
Sepia print on paper, affixed to fiberboard
178 x 89
PLN 116/1

Shrine of the Book, Perspektivische Gesamtansicht, Teil 2 von 4
New York, 1963
Sepiadruck auf Papier, auf Holzfaserplatte kaschiert
***Shrine of the Book*, overall perspective view, part 2 of 4**
New York, 1963
Sepia print on paper, affixed to fiberboard
177 x 87
PLN 117/1

Shrine of the Book, Perspektivische Gesamtansicht, Teil 3 von 4
New York, 1963
Sepiadruck auf Papier, auf Holzfaserplatte kaschiert
***Shrine of the Book*, overall perspective view, part 3 of 4**
New York, 1963
Sepia print on paper, affixed to fiberboard
178 x 85
PLN 118/1

Shrine of the Book, Perspektivische Gesamtansicht, Teil 4 von 4
New York, 1963
Sepiadruck auf Papier, auf Holzfaserplatte kaschiert
***Shrine of the Book*, overall perspective view, part 4 of 4**
New York, 1963
Sepia print on paper, affixed to fiberboard
178 x 85
PLN 147/1

Shrine of the Book, Ansicht des Innenhofs mit Treppenabgang
Jerusalem, 1965
SW-Foto
Silbergelatineabzug auf Barytpapier (Ausstellungsabzug, 1987), 40,3 x 51
***Shrine of the Book*, view of the courtyard with descending stairs**
Jerusalem, 1965
BW photo
Gelatin silver print on baryta paper (exhibition print, 1987), 40.3 x 51
Sammlung Gertraud und and Dieter Bogner collection, PHO 6079/0

Shrine of the Book, Blick in den Ausstellungsraum
Jerusalem, 1965
SW-Foto
Silbergelatineabzug auf Barytpapier (Ausstellungsabzug, 1987), 40,3 x 51
***Shrine of the Book*, view into the exhibition room**
Jerusalem, 1965
BW photo
Gelatin silver print on baryta paper (exhibition print, 1987), 40.3 x 51
Sammlung Gertraud und and Dieter Bogner collection, PHO 6088/0

Künstlerische Interventionen
Artistic Interventions

Leonor Antunes
I stand like a mirror before you
2015
Plexiglas, Messingplatten, Messingschrauben
Plexiglass, brass plates, brass screws
220 x 126 x 30
Courtesy of the artist and kurimanzutto, Mexico City

Leonor Antunes
Untitled (Saks Fifth Avenue)
2015
Messing, Mixed Media
Brass, mixed media
382 x 260 x 80
Courtesy of the artist

Janina Audick
Talent
2016
Bühnenmodell
Karton, Metall, 22 x 38 x 30,3
Stage model
Cardboard, metal, 22 x 38 x 30.3
Courtesy of the artist

Janina Audick
ja gerne z.b. Stuttgart
2016
Acryl auf Leinwand
[yes, gladly, e.g. Stuttgart]
2016
Acrylic on canvas
50 x 60
Courtesy of the artist

Janina Audick
i tried to be soft, prettier, less awake
2016
Acryl auf Leinwand
Acrylic on canvas
50 x 60
Courtesy of the artist

Céline Condorelli
Swindelier
2015
Kupferrohr, Ventilator, Licht, Lightboard, Lautsprecher, MP3-Player, Tonspur, C-type Drucke
Copper pipe, fan, light, lightboard, speaker, mp3 player, audio track, C-type prints
H 200; Ø 65

On one of its arms it holds:
The Strategy of Everything
2015
Einfarbiger Siebdruck, Tageszeitung (*Claridad*, 22. Jänner 2015)
One colour silkscreen print, daily newspaper (*Claridad*, 22 January 2015)

Sound of the Swindelier
2015
22 Min.

Repeating Revolving Scene
2016
Programmierte Lichtsequenz, 70 Sek. alle 5 Min.
Programmed light sequence, 70 sec. every 5 min.
Courtesy of the artist

Verena Dengler mit with Janina Audick und and Sachiko Hara: Black Widows
Die Geburt des Bucephalus [The birth of Bucephalus]
2016
Performance
Video und Musik: Sacha Benedetti
Video and music: Sacha Benedetti
Courtesy of the artists

Verena Dengler mit with Janina Audick und and Sachiko Hara: Black Widows
Die Geburt des Bucephalus [The birth of Bucephalus]
2016
Video und Musik: Sacha Benedetti
Video and music: Sacha Benedetti
Courtesy of the artists

Verena Dengler
Invoice (Kiesler/Black Widows)
2016
Teppich, getuftet
Carpet, tufted
150 x 200
Courtesy of the artist and Galerie Meyer Kainer, Vienna

Verena Dengler
Pferdegeburt (Kiesler/Black Widows) [Equine birth (Kiesler/ Black Widows)]
2016
Teppich, getuftet
Carpet, tufted
150 x 200
Courtesy of the artist and Galerie Meyer Kainer, Vienna

Verena Dengler
„Whitney" „Galaktinowitsch" „Zephyrin"
2016
3-D-Druck, 5 Unikate, je 21 x 12,5 x 9
3D print, 5 unica, each 21 x 12.5 x 9
Courtesy of the artist and Galerie Meyer Kainer, Vienna

Verena Dengler
Bucephalus
2016
Ausführung: Sappy Rauth & Irene Schachner, Atelier Vote, Wien
Keramik, glasiert
Execution: Sappy Rauth & Irene Schachner, Atelier Vote, Vienna
Ceramics, glazed
ca. 42 x 27 x 18
Courtesy of the artist

Verena Dengler
„Amy" „Gianni" „Prince"
2016
Ausführung: CHPG 3-D-Druck, Wien
3-D-Druck, 3 Unikate, je 21 x 12.5 x 9
Execution: CHPG 3-D-Druck, Vienna
3D print, 3 unica, each 21 x 12.5 x 9
Courtesy of the artist

Verena Dengler
Mea Culpa (Bühnenbild: Janina Audick, 2009, Christoph Schlingensief, Burgtheater, Wien)
2016
Aquarell auf Papier
Mea Culpa (Set design: Janina Audick, 2009, Christoph Schlingensief, Burgtheater, Vienna)
2016
Watercolor on paper
24 x 32
Courtesy of the artist

Verena Dengler
Fraktus (Bühnenbild: Janina Audick, 2014, Studio Braun, Thalia Theater, Hamburg)
2016
Aquarell auf Papier
Fraktus (Set design: Janina Audick, 2014, Studio Braun, Thalia Theater, Hamburg)
2016
Watercolor on paper
24 x 32
Courtesy of the artist

Verena Dengler
Talent („Revolver der Überschüsse", Bühnenbild: Janina Audick, 2013, René Pollesch, Schauspiel Stuttgart)
2016
Aquarell auf Papier
Talent ("Revolver of the Surpluses," Set design: Janina Audick, 2013, René Pollesch, Schauspiel Stuttgart)
2016
Watercolor on paper
24 x 32
Courtesy of the artist

Apolonija Šušteršič mit with Hild Borchgrevink, Nina Krogh, Linn Lervik und and Ida Uvaas, Studentinnen des Students in the Art and Public Space-Programms program an der at the Kunsthøgskolen i Oslo (KHiO, Kunsthochschule Oslo Oslo National Academy of the Arts): Stefi Kiesler
Calender notes, June–October 1945
2016
Textinstallation
Text installation
© 2016 ÖFLKS

Calender note, 30 October 1945
2016
Stefi Kiesler, Kalender 1945
Calender note, 30 October 1945
2016
Stefi Kiesler, 1945 calender
© 2016 ÖFLKS, MED 860/0
Courtesy of Stefi Kiesler

Lili Reynaud-Dewar
Monsieur Kiesler I am wearing your *Endless House*. How does it suit me?
2016
Maschendraht, Männerkleidung, HD-Video
Maße des Kostüms: 80 x 160 x 60
Chicken wire, men clothes, HD video
Costume dimensions: 80 x 160 x 60
Courtesy of the artist and Galerie Emanuel Layr

Rirkrit Tiravanija
untitled 2016 (ballet correalismus sans mécanique) (feat. Karl Holmqvist)
2016
Performance
Courtesy of the artist

Bibliografie **Bibliography**

Auxiliadora, Maria/Perez, Galvez: „Raumnotierungen: Dynamische Kristallografien in Architektur und Tanz", in: Lesák, Barbara/Trabitsch, Thomas (Hg. eds.), *Kiesler, Theatervisionär*, 2012, a.a.O. loc. cit.

Benjamin, Walter, *Das Passagen-Werk*, Hg. von ed. by Rolf Tiedemann, Frankfurt/Main 1982

Binswanger, Mathias, „Internet der Dinge: Das Ende des souveränen Konsumenten", in: *Die Zeit* 12/2016, 26.3.2016.

Boeckl, Matthias (Hg. ed.), *Visionäre und Vertriebene. Österreichische Spuren in der modernen amerikanischen Architektur*, Berlin 1995.

Bogner, Dieter (Hg. ed.), *Friedrich Kiesler: Architekt, Maler, Bildhauer. 1890–1965*, Ausst.kat. exh. cat. Museum moderner Kunst, Wien Vienna 1988.

Bogner, Dieter (Hg. ed.), „Vom Strukturdenken zum Strukturalismus", in: Ders. Id. (Hg. ed.), *Friedrich Kiesler*, 1988, a.a.O. loc. cit., 209–218.

Bogner, Dieter (Hg. ed.), „Architecture as Biotechnique. Friedrich Kiesler und das Space House von 1933", in: Boeckl (Hg. ed.), Matthias (Hg. ed.), *Visionäre und Vertriebene*, 1995, a.a.O. loc. cit., 139–154.

Bogner, Dieter (Hg. ed.), *Frederick Kiesler 1890–1965, En el interior de la Endless House*, Ausst.kat. exh. cat. IVAM Centre Julio Gonzalez, Valencia 1997 bzw. resp. *Friedrich Kiesler 1890–1965. Inside the Endless House*, Ausst.kat. exh. cat. Historisches Museum der Stadt Wien, Wien/Köln/Weimar 1997.

Bogner, Dieter, „Inside the Endless House", in: Ders. Id. (Hg. ed.), *Kiesler. Inside the Endless House*, 1997, a.a.O. loc. cit., 9–17, 19–26.

Bogner, Dieter, „Alles Theater! Kieslers Ausstellungskonzepte aus dem Blickwinkel seiner Bühnengestaltung", in: Lesák, Barbara/ Trabitsch, Thomas (Hg. eds.), *Kiesler, Theatervisionär*, 2012, a.a.O. loc. cit., 123–131.

Bollinger, Klaus/Medicus, Florian/ÖFLKS (Hg. eds.), *Endless Kiesler*, Basel 2015.

Braun, Helmut (Hg. ed.), *Czernowitz. Die Geschichte einer untergegangenen Kulturmetropole*, 3. A., Berlin 2013.

Breton, André/Duchamp, Marcel (Hg. eds.), *Le Surréalisme en 1947. Exposition Internationale du Surréalisme*, Ausst.kat. exh. cat. Galerie Maeght, Paris 1947.

Creighton, Thomas, „Kiesler's Pursuit of an Idea", in: *Progressive Architecture* (42) 7 1961, 104–123.

Dan, Joseph, *Kabbalah: A Very Short Introduction*, New York 2006.

Davidson, Susan/Rylands, Philip (Hg. eds.), *Peggy Guggenheim & Frederick Kiesler: The Story of Art of This Century*, New York 2004.

Derrida, Jacques, „Die différance", in: Engelmann, Peter (Hg. ed.), *Postmoderne und Dekonstruktion. Texte französischer Philosophen der Gegenwart*, Stuttgart 1993, 76–113.

Drexler, Arthur, „Unframed Space: A Museum for Jackson Pollock's Paintings", in: *Interiors* (109) January 1950, 90.

Drexler, Arthur, „Engineer's architecture: truth and its consequences", in: Ders. Id. (Hg. ed.), *The Architecture of the École des Beaux-Arts*, London 1977, 13–59.

Flusser, Vilém, *Von der Freiheit des Migranten. Einsprüche gegen den Nationalismus*, Hamburg 2013.

Frazer, James, *The Golden Bough: A Study in Magic and Religion* [1890], New York 1929, 2 Bd. vols.; gekürzte Ausg. abridged ed. [1922], London 1996.

Frobenius, Leo, *Kulturgeschichte Afrikas* [1933], Zürich Zurich 1954.

Fülscher, Bernadette, „Szenografie durch Inszenierung", in: Dies. Id., *Gebaute Bilder – künstliche Welten. Szenografie und Inszenierung an der Expo. 02*, Baden (CH) 2009, 29–31.

Gohr, Siegfried/Luyken, Gunda (Hg. eds.), *Frederick J. Kiesler: Selected Writings*, Ostfildern bei Stuttgart 1996.

Goodman, Cynthia, „Friedrich Kiesler – Die Kunst revolutionärer Ausstellungstechniken", in: Bogner, (Hg. ed.), *Kiesler* 1988, a.a.O. loc. cit. 273–285.

Greenberg, Clement, „Modernist Painting" [1960], in: O'Brian, John (Hg. ed.), *Modernism with a Vengeance, 1957–1969* (The Collected Essays and Criticism, vol. 4), Chicago, London 1993, 85–93.

Grunewald, Almut, *Friedrich Kiesler. Seine Skulpturen und sein offenes künstlerisches Konzept*, Dissertationsschrift, TU München Munich 2014.

Habermas, Jürgen, *Nachmetaphysisches Denken. Philosophische Aufsätze*, Frankfurt/Main 1992.

Hausleitner, Mariana, „Eine wechselvolle Geschichte. Die Bukowina und die Stadt Czernowitz vom 18. bis zum 20. Jahrhundert", in: Braun, Helmut, *Czernowitz*, 2013, a.a.O. loc. cit., 31–81.

Kaprow, Allan, „The Legacy of Jackson Pollock", in: *Art News* (57) 6 1958, 24–26, 55–57.

Kelley, Jeff, „Les expériences américaines", in: *Hors limites. L'art et la vie 1952–1994*, Ausst.kat. exh. cat. Centre Georges Pompidou, Paris 1994, 48–63.

Kesselring, Rahel, „Gedanken zur Eingrenzung und Aufweitung eines Begriffes", in: *archithese* (40) 4 2010, 42–44.

Kiesler, F., „Das Railway-Theater", in: Ders. Id. (Hg. ed.), *Internationale Ausstellung neuer Theatertechnik*, Ausst.kat. exh. cat. Wiener Konzerthaus, Wien Vienna 1924; Reprint Wien Vienna 1975, Cover.

Kiesler, F., „Die Kulisse explodiert", in: *Pásmo* 5/6 1924, 1.

Kiesler, F., „Vitalbau – Raumstadt – Funktionelle Architektur", in: *De Stijl* 6 10/11 1925, 141 f.

Kiesler, F., „The Ideology of the Show Window [about 1928]", in: Gohr, Siegfried/Luyken, Gunda (Hg. eds.), *Kiesler. Selected Writings*, 1996, a.a.O. loc. cit., 13 f.

Kiesler, F., *Contemporary Art Applied to the Store and its Display*, New York 1930.

Kiesler, F., „A Festival Shelter. The Space Theatre for Woodstock, New York", in: *Shelter* 2/4, Mai May 1932, 42–47.

Kiesler, F., „Notes on Architecture. The Space-House, Annotations at Random", in: *Hound & Horn* Jänner–März January–March 1934, 292–297.

Kiesler, F., „One Living Space Convertible into Many Rooms", in: *Home Beautiful*, Jänner January 1934, 32.

Kiesler, F., „Design-Correlation. Certain Data Pertaining to the Genesis of Design by Light. Part I" in: *Architectural Record* 82/7, Juli July 1937, 89–92, und and „ Part II" in: *Architectural Record* 82/8, August 1937, 79–84.

Kiesler, F., „Some Notes on Show Windows" [1938], in: ÖFLKS/Müller, Vanessa Joan/Lo Pinto, Luca (Hg. eds.), *Function Follows Vision*, 2016, a.a.O. loc. cit., 106.

Kiesler, F., „On Correalism and Biotechnique. A Definition and Test of a New Approach to Building Design", in: *Architectural Record* 86/3, September 1939, 60–75.

Kiesler, F., „Les Larves d'Imagie d'Henri Robert Marcel Duchamp", in: *View* 1, März March 1945, 24.

Kiesler, F., *Magic Architecture. Origin and Future. The Story of Human Housing*, unveröff. Buchmanuskript unpubl. book manuscript (ca. 1941–1947), ÖFLKS.

Kiesler, F., „L'Architecture magique de la Salle de Superstition", in: Breton, André/Duchamp, Marcel (Hg. eds.), *Le Surréalisme en 1947*, 1947, a.a.O. loc. cit., 131–134.

Kiesler, F., „Manifeste du Corréalisme", in: *L'Architecture d'Aujourd'hui*, 2.6.1949, 80–105; Faksimile facsimile in: Bogner, Dieter (Hg. ed.), *Friedrich Kiesler*, 1997, a.a.O. loc. cit., 92–121.

Kiesler, F., „Pseudo Functionalism in Modern Architecture", in: *Partisan Review* (16) 7 1949, 733–742.

Kiesler, F., „The Endless House and its Psychological Lighting", in: *Interiors* 60, November 1950, 122–129.

Kiesler, F., "Note on Correalism," in: Miller, Dorothy (Hg. ed.), *Fifteen Americans*, Ausst.kat. exh. cat. Museum of Modern Art, New York 1952, 8.

Kiesler, F., „The Art of Architecture for Art", in: *Art News* (56) 6 1957, 38–43, 50, 52, 54.

Kiesler, F., „The ‚Endless House': A Man-Built Cosmos [1962]", in: Gohr, Siegfried/Luyken (Hg. eds.), Gunda, *Kiesler. Selected Writings*, 1996, a.a.O. loc. cit., 126–129.

Kiesler, F., „Second Manifesto of Correalism", in: *Art International* (9) 2, März March 1965, 16 f.

Kiesler, F., *Inside the Endless House. Art, People and Architecture: A Journal*, New York 1966.

Kiesler, F., „Towards the Endless Sculpture" (1956, Postscript 1960), in: Ders. Id., *Inside the Endless House*, 1966, a.a.O. loc. cit., 18–31.

Kiesler, F., *Us, You, Me* (Dezember December 1965), in: *Frederick Kiesler*, Ausst.kat. exh. cat. Howard Wise Gallery, New York 1969, 4–15.

Klonk, Charlotte, *Spaces of Experience: Art Gallery Interiors from 1800–2000*, New Haven & London, 2009.

Koch, Hans-Gerd/Kittler, Wolf/Neumann, Gerhard (Hg. eds.), *Franz Kafka. Drucke zu Lebzeiten*, Frankfurt/Main 1994.

Kramer, Hilton, „The Kiesler Show at the Whitney: One's Heart sinks from the Hype", in: *The New York Observer*, 6.2.1989, 1, 12.

Krauss, Rosalind E., *Passages in Modern Sculpture* [1977], 13. Aufl. ed., Cambridge (MA) 1999.

Krejci, Harald, „Endless House – Endless Story. Zum Konzept des Endless House 1947–1961", in: ÖFLKS/MMK (Hg. eds.), *Kiesler: Endless House*, 2003, a.a.O. loc. cit., 11–14.

Kuh, Anton, „Das Drama auf der Rutschbahn. Die Eröffnung der Raumbühne", in: *Prager Tagblatt* 5.10.1924, 11.

Lachner, Carolyn, „Amerikanische Malerei und Bildhauerei 1945–1976", in: Museum of Modern Art (Hg. ed.), *Museum of Modern Art New York zu Gast im Kunstmuseum Bern und Museum Ludwig Köln: Amerikanische Kunst des 20. Jahrhunderts*, Ausst.kat. exh. cat., New York et al. 1978, 77–88.

Lesák, Barbara, *Die Kulisse explodiert: Friedrich Kieslers Theaterexperimente und Architekturprojekte 1923–1925*, Wien Vienna 1988.

Lesák, Barbara/Trabitsch, Thomas (Hg. eds.), *Frederick Kiesler. Theatervisionär – Architekt – Künstler*, Ausst.kat. exh. cat. Theatermuseum, Wien Vienna 2012.

Lichtenstern, Christa, *Vom Mythos zum Prozessdenken. Ovid-Rezeption – Surrealistische Ästhetik – Verwandlungsthematik der Nachkriegskunst* (Metamorphose in der Kunst des 19. und 20. Jahrhunderts, Bd. 2), Weinheim 1992.

Lispector, Clarice, „The Egg and the Chicken" [„O ovo e a galinha"], in: Benjamin Moser (Hg. ed.), *Clarice Lispector. The Complete Stories*, London 2015.

Luyken, Gunda, „Kiesler plasticien: de la Galaxie à la ‚sculpture environnementale'", in: *Frederick Kiesler. Artiste-architecte*, Ausst.kat. exh. cat. Centre Georges Pompidou, Paris 1996, 155–165.

Meißner, Jill, *Stefi Kiesler (1897–1963). Künstlerfrau – Vermittlerin – Literatin*, Diplomarbeit, Universität Wien, Philologisch-Kulturwissenschaftliche Fakultät, Wien Vienna 2013.

Miller, Dorothy (Hg. ed.), *Fifteen Americans*, Ausst.kat. exh. cat. Museum of Modern Art, New York 1952.

McGuire, Laura, *Space Within – Frederick Kiesler and the Architecture of an Idea*, Dissertation, The University of Texas in Austin, 2014.

Molderings, Herbert, *Marcel Duchamp im Alter von 85 Jahren. Eine Inkunabel der konzeptuellen Fotografie* [*Marcel Duchamp at the Age of 85. An Incunabulum of Conceptual Photography*], Köln Cologne 2013.

Museum of Fine Arts (Hg. ed.), *Galaxies by Frederick Kiesler*, Ausst.kat. exh. cat. Houston 1955.

Okresek-Oshima, Tatjana, „The Space in Between: Kiesler's Galaxies", in: Pessler, Monika (Hg. ed.), *The Space in Between*, 2009, a.a.O. loc. cit., 5–29.

ÖFLKS/MMK (Hg. eds.), *Friedrich Kiesler: Endless House 1947–1961*, Ausst.kat. exh. cat. MMK, Ostfildern-Ruit 2003.

ÖFLKS (Hg. ed.), *Friedrich Kiesler, Designer. Sitzmöbel der 30er und 40er Jahre*, Ostfildern 2005.

ÖFLKS/Müller, Vanessa Joan/Lo Pinto, Luca (Hg. eds.), *Function Follows Vision, Vision Follows Reality*, Berlin 2016.

Phillips, Lisa, *The Third Dimension, Sculpture of the New York School*, Ausst.kat. exh. cat. Whitney Museum of American Art, New York 1985.

Phillips, Lisa, *Frederick Kiesler*, Ausst.kat. exh. cat. Whitney Museum of American Art, New York 1989.

Phillips, Lisa, „Architect of Endless Innovation", in: Dies. id., *Frederick Kiesler*, 1989, a.a.O. loc. cit., 14–26.

Phillips, Lisa, „Environmental Artist", in: Dies. id., *Frederick Kiesler*, 1989, a.a.O. loc. cit., 108–138.

Phillips, Stephen, *Elastic Architecture: Frederick Kiesler and his research practice*, Dissertation, Princeton University, 2008.

Phillips, Stephen, „Toward a Research Practice: Frederick Kiesler's Design-Correlation Laboratory", in: *Grey Room* 38, Winter 2010, 90–120.

Pressler, Monika (Hg. ed.), *The Space in Between: Kiesler's Galaxies*, Ausst.brosch. exh. broch. ÖFLKS, Wien Vienna 2009.

Rubin, William (Hg. ed.), *Primitivismus in der Kunst des 20. Jahrhunderts*, Ausst.kat. exh. cat. Museum of Modern Art, New York 1984 (dt. Ausg. German ed.: München Munich 1984).

Ruhl, Carsten (Hg. ed.), *Mythos Monument. Urbane Strategien in Architektur und Kunst seit 1945*, Bielefeld 2011.

Rycho, Peter, *Czernowitz als geistige Lebensform. Die Stadt und ihre Kultur*, in: Braun, Helmut (Hg.), *Czernowitz. Die Geschichte einer untergegangenen Kulturmetropole*, 3. A., Berlin 2013, 7–9.

Sachsse, Rolf, „Eine kleine Geschichte der Architekturmodell-Fotografie", in: Elser, Oliver/Cachola Schmal, Peter, *Das Architekturmodell: Werkzeug, Fetisch, kleine Utopie*, Ausst.kat. exh. cat. Deutsches Architekturmuseum Frankfurt/Main, Zürich Zurich 2012, 23.

Sandler, Irving, „Abstrakter Expressionismus: Der Lärm des Verkehrs auf dem Weg zum Walden Pond", in: Joachimides, Christos M./ Rosenthal, Norman (Hg. eds.), *Amerikanische Kunst im 20. Jahrhundert. Malerei und Plastik 1913–1993*. Ausstellung im exhibition at the Martin Gropius Bau, Berlin und in der and at the Royal Academy of Arts, London München Munich 1993, 89–96.

Sawin, Martica, *Surrealism in Exile and the Beginning of the New York School*, Cambridge (MA) 1995.

Simmel, Georg, „Berliner Gewerbe-Ausstellung" [1896], in: Ders. Id., *Aufsätze und Abhandlungen 1894–1900*, Gesamtausg. Bd. 5 complete ed. vol. 5, hg. von ed. by Heinz-Jürgen Dahme, David P. Frisby, Frankfurt/Main 1992.

Staniszewski, Mary Anne, *The Power of Display: A History of Exhibition Displays at the Museum of Modern Art*.

Steinberg, Leo, *Other Criteria: Confrontations with Twentieth Century Art* New York, 1972.

Steinberg, Leo, "Other Criteria," in: Ders. Id., *Other Criteria*, 1972, a.a.O. loc. cit., 55–91.

Thierolf, Corinna, *Amerikanische Kunst des 20. Jahrhunderts in der Pinakothek der Moderne*, hg. von ed. by Pinakothek der Moderne/ Bayerische Staatsgemäldesammlungen, München Munich (Bestandskataloge zur Kunst des 20. Jahrhunderts, Bd. vol. 3), Ostfildern 2002, 28.

Thomposon, D'Arcy Wentworth, *On Growth and Form*, Cambridge 1917.

Trüby, Stephan, „Die gesprengte Skene. Eine kurze Geschichte der Szenografie", in: *arch+these* (40) 4 2010, 36–41.

Urban, Annette, „Leben im *Continuous Moment* oder das Nachleben der Moderne als Monument im Bild", in: Ruhl, Carsten (Hg. ed.), *Mythos Monument. Urbane Strategien in Architektur und Kunst seit 1945*, Bielefeld 2011, 145–182.

Ursprung, Philip *Grenzen der Kunst*, München Munich 2003.

Ursprung, Philip, „The Spiritualist of Woolworth': Duchamp in the eyes of Allan Kaprow and Robert Smithson", in: Banz, Stefan (Hg. ed.), *Marcel Duchamp and the Forestay Waterfall*, Zürich Zurich 2010, 234–239.

U.S. Atomic Energy Commission, „A summary of accidents and incidents involving radiation in atomic energy activities—June 1945 thru December 1955", Washington, D.C. 1956.

Varnedoe, Kirk, „Abstrakter Expressionismus", in: Rubin, William (Hg. ed.), *Primitivismus*, 1984 (dt. Ausg. German ed.: München Munich 1984), a.a.O. loc. cit., 629–669.

Weingraber, Thomas, „Rekonstruktion, Darstellung und Architektur von Friedrich Kieslers Raum-visionen, Wien–Paris 1924/25", in: Bogner, Dieter (Hg. ed.), *Friedrich Kiesler*, 1988, a.a.O. loc. cit., 320–329.

Yavetz, Zvi, *Erinnerungen an Czernowitz. Wo Menschen und Bücher lebten*, 2. Aufl. ed., München Munich 2008.

Zeilig, Martin „Louis Slotin and ‚The Invisible Killer'", in: *The Beaver* (75) 4, August–September 1995, 20–27.

"Meant To Be Lived In. A Designer-Sculptor disposes of one of his ‚Galaxies' for $4,500," in: *LIFE* (32) 21 1952, 79–83.

"Smashing the Atom," *New York World Telegram*, 18. November 1936.

"Radar Waves Find New Force in Atom," *The New York Times*, Sunday, 21. September 1947.

Register Index

Ausstellungen **Exhibitions**

Galerien und Ausstellungshäuser **Galleries and exhibition halls**

Kunstwerke und Bücher von F. Kiesler **Art work and books by F. Kiesler**

Abkürzungsverzeichnis **List of Abbreviations**

ÖFLKS	Österreichische Friedrich und Lillian Kiesler-Privatstiftung, Wien Austrian Frederick and Lillian Kiesler Private Foundation, Vienna
MMK	Museum für Moderne Kunst, Frankfurt/Main

Bildnachweis **Photo Credits**

PREMIUM SPONSOR

OESTERREICHISCHE WERKSTAETTEN

Für die großzügige Unterstützung danken wir

For their generous support we would like to thank

Richard Grubman and Caroline Mortimer

Dank an Thanks to

Galerie Meyer Kainer, Wien Vienna

für die Unterstützung des Projekts von

for supporting the project of Verena Dengler